"十二五"普通高等教育本科国家级规划教材

国际商法

（第4版）

International Business Law

（4th Edition）

沈四宝　王　军　沈　健　编著

对外经济贸易大学出版社
中国·北京

图书在版编目（CIP）数据

国际商法 / 沈四宝，王军，沈健编著．—4 版．—
北京：对外经济贸易大学出版社，2022.5（2024.1 重印）
“十二五”普通高等教育本科国家级规划教材
ISBN 978-7-5663-2390-3

Ⅰ．①国…　Ⅱ．①沈…②王…③沈…　Ⅲ．①国际商法-高等学校-教材　Ⅳ．①D996.1

中国版本图书馆 CIP 数据核字（2022）第 063123 号

国际商法（第 4 版）

International Business Law（4th Edition）

沈四宝　王　军　沈　健　**编著**

责任编辑：邱蓓蓓

出版发行：对外经济贸易大学出版社
社　　址：北京市朝阳区惠新东街 10 号
网　　址：www.uibep.com
资源网址：www.uibepresources.com
邮政编码：100029
邮购电话：010-64492338
发行部电话：010-64492342
E-mail：uibep@126.com

成品尺寸：185mm×260mm
印　　张：25
字　　数：578 千字
ISBN 978-7-5663-2390-3
印　　刷：北京市泰锐印刷有限责任公司
版　　次：2022 年 5 月北京第 4 版
印　　次：2024 年 1 月第 2 次印刷
定　　价：59.00 元

作者简介

沈四宝 从1983年起，长期在对外经济贸易大学法学院担任教授、博导，曾任法学院院长。从2008年起，又分别在上海大学法学院和澳门科技大学法学院担任教授、博导和院长。身体力行“法律的真谛是实践”理念数十年，培养了一批具有真才实学的有影响力的学生，荣获了教育部颁发的“国家级教学名师奖”，并享受国务院津贴。现任教育部社会科学委员会法学学部委员、中国国际经济贸易法学研究会会长、中国法学会学术委员会委员、国际商会中国国家委员会（ICC China）仲裁委员会主席、深圳国际仲裁院理事长、最高人民法院国际商事专家委员会首批委员、最高人民法院司法案例研究院专家、贸促会—中国国际商会调解中心副主任、北京华贸硅谷律师事务所创办人。曾任最高人民法院专家咨询员和监督员、中国国际经济贸易仲裁委员会副主席、第四、第五届国务院学位委员会法学评议组成员。主要研究方向为：国际商法、商事组织法（公司法）、商事仲裁法以及外商投资法、国际经济法（公法）、WTO法、国际贸易法及国际投资法，并作为核心专家参与多部涉外经贸法的起草及修改工作。代表性著作有《法律的真谛是实践》《西方国家公司法原理》《中国对外贸易法》《国际商法》《中国涉外经贸法》等。其中《西方国家公司法原理》于2008年荣获中国法学会首届中国法学优秀成果奖。

王军 对外经济贸易大学法学院教授，美国康涅狄格大学法学院 Martin-Flynn Global Law Professor，中国法学会国际经济法学研究会副会长，北京、上海、深圳等多地仲裁委员会仲裁员；曾任对外经济贸易大学法学院院长、国务院学位委员会第六届学科评议组法学组成员。

主要学术履历为：1986年在中国政法大学获法学硕士学位；2006年在对外经济贸易大学获国际法学博士学位；1991年至1992年在美国洛杉矶市 Loyola Law School 进修；2004年至2005年，作为中美政府 Fulbright 项目访问学者在美国哈佛大学法学院进修和讲学；在我国合同法、侵权法、涉外民事关系法律适用法的起草过程中，受全国人大法工委聘请，成为核心层专家。

代表性学术成果有：《侵权损害赔偿制度比较研究》《侵权法上严格责任的原理和实践》《海洋石油污染损害赔偿制度比较研究》《美国合同法》《合同冲突法》《美国法律史》（译著）《美国合同法案例选评》《美国侵权法案例选评》《国际私法案例选评》等。

沈健 中央财经大学法学院副教授，硕士生导师，教务处副处长，国际法教研室主任，国际商法研究中心副主任，北京市法学会国际经济法学研究会副会长，中国法学会国际经济法学研究会理事；广州、天津、石家庄、哈尔滨、宁波等多地仲裁委员会仲裁员；2013年入选北京高等学校“青年英才计划”。

主要研究方向为：国际商法、国际经济法、国际投资法、国际商事仲裁与调解、外商投资企业法、比较商事组织法等。主要教授课程为：国际商法、国际经济法、法律英语、FDI Law in China等。主要学术成果有《公司并购中目标公司的董事责任研究》（专著）、《中国自贸试验区投资便利化研究》（专著）、《中国商事仲裁制度的特征与自主创新》（论文）、《公司章程在新<公司法>中的重要地位与作用》（论文）等，并有3篇教学案例入选全国法律专业学位研究生教育指导委员会法律硕士专业学位教学案例。

第4版前言

自此书的第一版于2002年出版以来，国际国内形势发生了重大的变化。全球正经历着百年未有之大变局。全球化深刻地改变了世界经济版图。互联网和数字化使我们的星球成为地球村。共建“一带一路”成为深受欢迎的国际公共产品和国际合作平台。与此同时，国际商法也正在发生急剧的变化。

中国加入世界贸易组织已满20周年。我国已经使国内的法律、政策与世界贸易组织规则相对接。“社会主义法治国家建设深入推进，全面依法治国总体格局基本形成，中国特色社会主义法治体系加快建设，司法体制改革取得重大进展，社会公平正义保障更为坚实，法治中国建设开创新局面。”我国的涉外法治，尤其是涉外经济贸易法，正在以前所未有的广度和深度向前发展。在民商法领域，《中华人民共和国民法典》（以下简称《民法典》）的顺利实施举世瞩目。在国际上，我国已经成为世界第二大经济体，综合国力的提高有目共睹。在这样的形势下，在此书的第4版即将出版之际，有必要思考的是：修订和出版此书的意义是什么？换言之，时至今日，我们的学生，为什么更有必要研习国际商法？

首先，本书坚持以习近平法治思想为统领，紧紧围绕新时代全面依法治国实践，切实加强扎根中国文化、立足中国国情、解决中国问题的法学理论研究，并将思想政治教育元素有机融入教材之中。在加强外国法与比较法研究，合理借鉴国外有益经验的同时，不做西方理论的“搬运工”，“统筹推进国内法治和涉外法治”，构建中国自主的法学知识体系，服务推进全面依法治国实践。

其次，党的二十大报告明确提出，深入实施人才强国战略。培养造就大批德才兼备的高素质人才，是国家和民族长远发展大计。这意味着，在今天，为了运用法律手段维护我国主权、安全、发展利益，维护我国公民、法人在海外及外国公民、法人在我国的正当权益，必须把涉外法治人才的培养，放在一个举足轻重的地位。这就决定了，编写和出版高质量的培养涉外法治人才的教科书，不仅依然有重要意义，而且是一项奠基性的任务。

再次，对从事涉外法律实务的人来说，尤其在“推进高水平对外开放”的当下，国际商法是我国企业走向世界的重要工具箱。举例来说，在一起国际商事争端中，作为一个律师，如果对于相关国家的法律有较为全面的了解，就有可能对案件未来走向作出预判。在此基础上，就能帮助当事人作适当和明智的决策。

最后，本书适应数字化转型的需要，将配套的教学辅助资源以数字化的方式呈现，既符合学生的使用习惯，又可以实时更新资料，做到与时代发展同步。本书为教师提供了教学大纲、知识图谱以及全部教学课件，并在每一章后以二维码的形式附有扩展阅读材料。阅读材料的选取和分析有助于学生更加深入理解党的二十大精神。同时，学生可在每一章学习结束后，扫描二维码进行在线做题，并可在全书结束时，扫码随机抽取全书练习题，进行自测。本书的数字化升级为使用者提供了新型交互式的学习场景，创新了国际商法的教与学，优化了数字化教学质量。

关于本教材的发展历程：早在2006年，本教材就被教育部评为“普通高等教育‘十一五’国家级规划教材”。2016年，本教材的第3版被评为“‘十二五’普通高等教育本科国家级规划教材”。与此同时，对外经济贸易大学开设的“国际商法”课程（使用本教材）也获得了多个奖项。2005年，该课程被教育部评为“国家级高等教育精品课程”。2013年，该课程成为教育部批准的“第三批国家级精品资源共享课程”。2016年，该课程获批“国家级精品资源共享课”。本教材自出版以来，在全国的影响不断扩大。在全国范围内，已经有几十所院校使用本教材开设“国际商法”课程或类似的课程。

本教材的这一版对第3版主要作了如下修订：

第一章（绪论）在深刻介绍大陆法系和英美法系基本原则的基础上，阐明了我国坚持全面依法治国，为全球治理体系的改革和建设贡献中国智慧和中国方案的理念；与此同时，对国际商事法律的新发展进行了较全面的分析，其中包括但不限于《联合国关于调解所产生的国际和解协议公约》和《承认及执行外国仲裁裁决公约》。

在第二章（代理法）、第三章（合伙企业法）、第四章（公司法）和第十一章（国际商事仲裁）中，主要根据我国法律和司法实践的发展，对相关的内容进行了修改，尤其是涉及《民法典》和《中华人民共和国公司法》的内容。

第五章（外商投资企业法）是本次修订的重点之一。由于《中华人民共和国外商投资法》取代了这一领域原有的法律，该章的内容改动较大，例如增加了“国家安全审查制度”一节。

第六章（合同法）和第七章（货物买卖法）重点修改了因《民法典》的生效和《中华人民共和国合同法》的废止而导致的相关法律变化。

第八章（产品责任法）和第九章（票据法）作了局部的修改。第八章主要根据我国在这一领域法律的变化，包括《民法典》《产品质量法》《消费者权益保护法》等，对相关内容进行了修改。第九章（票据法）补充了我国法律的相关内容。

本教材共分十一章。其中，第一至第五章和第十、十一章由沈四宝、沈健撰写；第六至九章由王军撰写。

沈健副教授一直在国际商法领域潜心研究，拥有十余年的国际商法教学与科研经历，对本书的修订与完善做出了很大的贡献。

我们衷心地希望，本教材这一版的出版能够为我国涉外法治人才的培养做出新的贡献，并希望广大读者能够就本教材如何进一步完善提出宝贵的意见和建议。

本书配备以下教学辅助资源，读者可扫描书中二维码进行在线学习或下载：

1. 教学大纲
2. 教学课件（PPT）
3. 知识图谱
4. 各章在线试题（请扫描各章结尾处二维码）

5. 各章扩展阅读材料及分析（请扫描各章结尾处二维码）
6. 全书随机练习

教学大纲在线阅读

课件、教学大纲、知识图谱下载

全书随机练习

第3版前言

1982年，沈达明、冯大同、赵宏勋共同撰写并出版了《国际商法》教材（上下册）。该书作为对外经贸院校基本的法律教材，对我国国际化法律人才的培养和国际商法教学的发展起到了引领作用。在以后近20年的历程中，该教材及其修改本在全国的影响力远远越过了外经贸院校的书斋，不仅影响了外经贸法律战线上的几代学子，而且在理论框架和实务操作方面推动了我国涉外法制建设的发展。

2002年，沈四宝、王军、焦津洪撰写了新版的《国际商法》教材。与过去的《国际商法》教材相比，新教材根据国际范围内商事法的新发展，在内容和领域上，都进行了较大程度的改写。这部教材于2005年被评为北京市高等教育精品教材，2006年被教育部评为"普通高等教育'十一五'国家级规划教材"，同年还获得司法部"第二届全国法学教材与科研成果奖"，其第二版于2014年被评为"十二五"普通高等教育本科国家级规划教材。

在对外经济贸易大学，以2002年版《国际商法》为主要教材的"国际商法"课程，先后获得北京市高等教育精品课程、北京市教育教学成果（高等教育）一等奖和国家级高等教育精品课程等荣誉。2010年，沈四宝、王军撰写了《国际商法（第2版）》，进一步完善了2002年版《国际商法》的内容。

关于何谓国际商法，目前并没有形成统一的认识。以上提到的沈达明等的《国际商法》版本和沈四宝等的《国际商法》版本所秉承的理念是：(1) 国际商法是商人在国际商事活动中最经常使用和依赖的法律。其中，最核心的内容是商事组织法、合同法和货物买卖法。(2) 国际商法是私法。因此，主权国家对国际贸易活动进行管制的法律，不在该书涉及的范围内。(3) 国际商法主要是实体法。所以，除了国际商事仲裁之外，该书不包括其他的程序法的内容。(4) 国际商法应该以比较法为主要的研究方法。因此，除了相关的国际公约之外，国际商法对相关制度的研究和介绍，应涵盖主要发达国家的相关法律并跟踪其新发展。

自1982年以来，在国际经贸法律教学战线上辛勤工作的大量学者、专家和教授，也出版了数十种不同版本和不同内容的"国际商法"教材。如此多的"国际商法"教材的诞生，使这一领域的教学形成了百花齐放、百家争鸣的局面，与此同时，也鞭策着我们不断地更新和完善由我们撰写的《国际商法》，特别是把我们在长期从事国际商法教学、科研和法律事务工作的过程中获得的新认识和新经验融入教材当中。

本教材是沈四宝和王军共同编写的《国际商法（第3版）》，作为2010年《国际商法（第2版）》的续编。本教材对第二版的重要改动包括：(1) 反映了外商投资企业法的新发展。具体而言，针对近几年一些法律法规、部分规章的修改，尤其是我国《公司法》的修改，本教材第五章（外商投资企业法）进行了相应修订。(2) 对第三章（合作企业法）进行了部分调整。(3) 反映了德国债法改革后的新内容。具体地说，随着《德国债法现代化法》于2002年生效和对《德国民法典》的相应修改，德国合同法的内容发生了很大的变化。本教材第六章（合同法）经过改写，反映了这种变化。(4) 反映了《国际商事合同通则》内容的更新。《国际商事合同通则》于1994年形成最初的版本，2004年经历了第一次修改，2010年又经历了新的修改。

本教材共分11章，其中，第一至五章和第十、十一章由沈四宝撰写，第六至九章由王军撰写。还要提到的是，中央财经大学法学院的沈健老师为本书的许多章节作了修改和补充，特此表示感谢。

我们衷心地希望本书能为国际商法的教学添砖加瓦。本书中的不足之处，谨请读者提出修改意见。

编著者

2016年3月

第2版前言

此书是作为全国精品教材出版的，2004年被评为北京市高等教育精品教材，并于2006年被评为普通高等教育“十一五”国家级规划教材。基于这样的背景，在书写这一版《国际商法》的序言时，作者感到十分欣慰；与此同时，鉴于此书将会在更大的范围内产生影响，也感到了巨大的压力。

近年来，国际商法学科和课程的独立性越来越引起人们的关注。这首先是由于知识的分类走向细化的必然性。从古至今，人类对知识的探索、积累和发展经历了从粗分到细化的过程。人类法学学科建设和法学教育的发展也经历了同样的历程。从一定意义上说，一个国家法学课程细化的程度代表着其法律教育发达的程度。① 在我国目前的教育体制下，法学专业的课程被分为16个门类，其中包括国际法。国际经济法是国际法的一个分支，而国际商法一般又被理解为国际经济法的一个分支。其结果是，在许多法律院校，国际商法是作为国际经济法课程的一部分在一门课程中开设的，这在一定程度上阻碍了国际经济法教学乃至国际商法教学的发展。今天，随着国际经济贸易和法学科学的发展，国际商法的内容得到了不断的扩展，其中所含门类也越来越丰富、越来越细化。② 这是促使国际商法独立的客观条件。

其次，从概念上说，国际经济法是经济法在国际领域的延伸，而经济法属于公法；国际商法是商法在国际领域的延伸，而商法属于私法。因此，让国际商法和国际经济法在学科乃至课程上分立门户，具有逻辑上的合理性。

更为重要的是，从构建学生合理的知识结构的需要出发，认可国际商法的独立性，将其设置成为独立的学科和课程，可以实现学生专业知识的细化和深化，使其知识结构适应日益国际化和商业化的社会需求。

与2002年出版的《国际商法》相比，这一版《国际商法》对一些章节作了较大程度的“瘦身”，以便使其内容更加清晰和凝练。此外，在有些章节③中，作者在写法上

---

① 笔者注意到，目前许多发达国家的排名靠前的法学院的课程都能开设到100门左右。

② 目前对外经济贸易大学法学院在“国际商法”的名目下，已经设置了一系列独立的课程。其中包括比较商事组织法、比较公司融资法、比较破产法、比较证券法、比较合同法、国际货物买卖法、比较财产法、比较侵权法、比较产品责任法、海商法、比较保险法、国际信用证法律与实务、比较票据法、国际商事仲裁等。

③ 例如第七章“货物买卖法”。

进行了“改革”：将较多原汁原味的经典法律条文引入书中，使学生有机会对其作出自己的评判，而不是仅仅让他们记住教科书的作者得出的结论性的观点。

本书共包括11章。其中，第一至五章和第十、十一章由沈四宝撰写；第六至九章由王军撰写。

编著者

2010年10月

原版前言

由沈达明、冯大同、赵宏勋三位教授编著的《国际商法》教材自 1980 年正式出版至今（最后一版是 1992 年），发行已达数十万册。该书作为对外经贸院校基本的法律教材，在教学实践中发挥了巨大的作用。可以不夸大地说，在近 20 年的历程中，该教材的影响力及其作用已经远远越过外经贸校园的书斋，整整影响了外经贸法律战线上的几代学子，从而在外经贸法律教育战线上树立了一面鲜明的旗帜。

自 1992 年以来，在国际经贸法律教学战线上辛勤工作的大量学者、专家和教授，也出版了数十种不同版本和不同内容的“国际商法”教材，这么多版本的“国际商法”教材的诞生，使国际商法的教学形成了百花齐放、百家争鸣的崭新局面，从而鼓励我们尝试着也能把我们长期从事国际商法教学中的点滴经验，包括在这个时期内多次在国外从事国际商法研究和教学方面获得的某些前沿知识和体会编写成书，奉献给需要这方面知识的学生及其他学者。我们三人曾在 1999 年编辑并由法律出版社出版的《国际商法教学案例（英文）选编》一书，对国际商法教学的进一步发展起到了一定的推动作用，已经三次印刷，并已被教育部作为全国法学研究生的推荐教材。经过三年的试用过程，我们认为重新编写《国际商法》一书既存在必要性，也存在着可能性。

我们对外经济贸易大学法学院在从事国际商法教学的同时，始终注意形成自己的独特的教学体系和教学风格。在教学目标上，我们强调为两个市场，即国际市场及国内市场，培养“三会”人才，即培养懂法律、懂经贸且精通专业外语的律师和其他法律工作者，使我们的学生在学习国际商法的同时，能将教材变成把三种知识融会贯通的工具。为达此目的，我们在国际商法教学过程中，提倡案例教学，同时试行双语教学法。

实践证明，在国际商法教学中实行案例教学，对于培养学生的综合分析问题能力、分清主次和真伪的能力以及理论联系实际的能力方面，都起着直接的促进作用。同样，在国际商法教学中逐步实行双语教学，对培养学生掌握专业英语能力，原汁原味地理解外国法律的精髓，适应加入世界贸易组织（WTO）形势的需要都是必不可少的。

今天，中国已加入 WTO，中国经济正在逐步地融入世界经济，中国市场正在和国际市场连成一片。我国的涉外经贸法律必须与 WTO 的法律原则和协议保持一致，这是我国政府入世时的承诺。因此，我们必须用比较的眼光来了解中国法和外国法的异同，用比较的眼光来分析国际惯例和国际公约对我国法律的影响和作用，从严格意义上来说，国际商法实际上是各国的比较商法。因此，本书的一个重要特点就是强调了各国商法（尤其是大陆法系与英美法系）之间的比较，包括与国际公约和国际惯例的比较。

我们作为国际商法的编著者，都有幸长期受到沈达明和冯大同教授的教诲。在沈、冯教授开创的国际经济法专业的基础上，我们与全院教职工一起，经过多年的奋斗，使我院国际法专业能列入全国重点学科。究其原因，其中不容忽略的一条就是以“国际商法”为重要方向的国际法专业办出了特色，培养出了人才，开创了独特的适应新时代要求的国际法教学模式。

我们三位作者在国际商法的领域内长期合作，曾先后合编了《国际商法案例（英文）选编》，共同主编了《国际商法论丛》（现已第五卷），一起出版了《中国涉外经贸法（第二版）》。

本书共分十章，其中沈四宝教授负责撰写第一章、第三章、第四章、第五章和第十章；王军教授负责撰写第六章；焦津洪教授负责撰写第二章、第七章、第八章和第九章；本部分是在原《国际商法》相应章节的基础上修订而成的。

我们衷心地希望本书能为国际商法的教学添砖加瓦。如本书有不足之处，谨请读者提出修改意见。

编者

2002年10月

目　　录

第一章 绪　　论

第一节　国际商法概述

一、国际商法的概念

国际商事法（International Business Law），简称国际商法，是指调整国际商事主体和国际商事行为的各种法律规范的总称。它强调的是各国商人（企业）之间从事跨国境的商业活动，尤其是跨国间贸易和投资活动方面的法律规范。这种法律规范调整的对象随着经济全球化进程的加快和知识经济时代的到来，早已突破了传统的商事法范围，而增加了许多新的领域，比如，传统意义上的（货物）买卖法，已经演变成除包含货物买卖法以外还包括技术贸易法及服务贸易法；此外，如外国私人直接投资、租赁、融资、工程承包及合作生产也都超出了传统的商事法调整的范围，因此西方国家往往把调整上述各种商业交易的法律用国际商事交易法（The Law of International Business Transactions）来概括。在我国，不少学者又把国际商事法称为国际商贸法。但是国际商事法中传统的内容，如代理、合伙、公司、合同买卖、票据、信托等仍然是国际商法的核心内容与基础。

要特别说明的是，国际商法与国际经济法既有联系又有区别。其共同点都是调整跨国之间商事活动（包括商事组织本身）的各种关系的法律规范总和。其主要不同点就在于国际商法的主体仅限于各国的商人及各种商事组织，如合伙、公司，而不包括国家、国际组织。也就是说，国际经济法的主体更加广泛，它除了包括商人及商事组织之外，还包括国家及国际组织在内。另外，国际商法作为国际法学科的一个独立分支，还与国际公法、国际私法有着不可分割的特殊关联性。这在本书中会不断得到阐述。

二、国际商法的渊源

国际商法的渊源，主要是指国际商法产生的依据及其表现形式，包括国际（商务）条约、国际（商事）惯例和各国商事立法。

（一）国际（商务）条约

各国缔结的有关国际经济活动的国际条约或公约历来被普遍认为是国际商法的重要渊源。1969年《维也纳条约法公约》第2条第1款（甲）规定：“称‘条约’者，谓国家间所缔结而以国际法为准之国际书面协定，不论其载于一项单独文书或两项以上之单独文书内，亦不论其特定名称为何。”

条约对缔约国有拘束力，国家必须遵守条约，这是根据“约定必须遵守”的古老的国际法原则得出的结论。各国通过缔结条约（或公约），就可以将某些强制性的法律规范加之于当事人，当事人必须遵守。

条约分双边条约和多边条约（又称公约）。但一般来说，条约只对缔约国有拘束力，而对非缔约国并无拘束力。这是因为条约只规定缔约国之间的权利和义务关系。但许多商事方面的多边条约或公约中所作出的规定，往往反映了商品经济的一般规律，通常被认为属于商业活动应予遵守的规范，因而往往会得到非缔约国的遵守，尤其是那些参加国较多、历史较长久的公约。

由于国际商法所具有的私法特性，在某些情况下，国际条约（或公约）的效力并非是具有绝对强制执行力的。在某些情况下，有的国际条约（或公约）只有在当事人之间的法律行为中予以采用时，才适用于当事人之间的法律关系，比如1980年《联合国国际货物销售合同公约》第6条规定，双方当事人可以减少该公约的任何规定或改变其效力。这也充分体现了在私法领域当事人“意思自治”的原则。参加公约时，成员国往往采取“保留”的做法就是一种重要措施。

作为商事性双边条约的主要有通商航海条约、贸易协定、贸易议定书、相互保护和促进投资协定、避免双重征税和防止偷税漏税协定等。

作为多边条约（公约）的主要有：调整国际货物买卖的1980年《联合国国际货物销售合同公约》；调整国际海上货物运输的《海牙规则》《海牙—维斯比规则》《汉堡规则》；调整国际航空运输的《华沙公约》；调整国际铁路货物运输的《国际货约》《国际货协》；调整国际票据法律关系的《关于本票、汇票的日内瓦公约》《关于支票的日内瓦公约》；关于国际投资的《解决一国与他国国民投资争议的公约》（又称《华盛顿公约》）、《多边投资担保机构公约》；关于国际仲裁的《承认及执行外国仲裁裁决公约》（又称《纽约公约》）；关于国际调解的《联合国关于调解所产生的国际和解协议公约》（又称《新加坡公约》）；关于知识产权的《保护工业产权巴黎公约》《商标注册马德里公约》《伯尔尼公约》《日内瓦公约》《世界版权公约》；等等。

上述条约和公约都反映了缔约国对外经济贸易政策的要求，并为缔约国的商业组织实现其商事活动所服务。中华人民共和国成立以来，我国已同世界各国签订了为数众多的国际贸易条约与协定，它为加强和发展我国同世界各国的经济贸易关系发挥了相当重要的作用。

（二）国际（商事）惯例

国际（商事）惯例，是指国际经济法主体重复类似的行为而上升为对其具有拘束力的规范。《国际法院规约》第38条规定，法院适用法律时对国际惯例的解释是经接受为法律的通例。《联合国国际货物销售合同公约》第9条对国际贸易惯例的解释为："在国际贸易上已为有关特定贸易所涉同类合同的当事人所广泛知道并为他们所经常遵守。"法律上的惯例与习惯是有本质的不同的，前者一旦被当事人采用，便对该当事人具有法律拘束力；后者只是一种习惯的行为。从这个意义上说，虽然国际惯例没有普遍的约束力，无法与国际公约的效力相比，但在某些具体的当事人之间却有像国际公约一样的强制力。比如，有些国际惯例已经被某些国家纳入其国内的成文法，从而具有了法律的普遍约束力；还有些国家的国内法规定，国际惯例的适用无须当事人明确表示同意。由此可见，目前国际惯例与国际公约在强制力上的这种区别已经被渐渐淡化了，采用国际惯例已经成为国际上的一种趋势。

一项习惯最终形成惯例，要有一个漫长的逐渐形成的过程。在这个过程中，既需要各国商人重复的类似行为，又需要各国对这种行为逐步制定成规则。因此，在国际上，一项习惯的形成，由习惯上升为惯例，成为国际商事法的一个组成部分，来之不易，应该重视并予以遵守。因此，一些法学家称国际惯例为"世界通用的语言"。

国际惯例在国际商事中较为常见，或者说，在当今世界上如果没有这种国际惯例，或者说各国商人不承认这些惯例具有法律拘束力，那么国际贸易这座大厦顷刻之间就会倒塌。因为这些惯例已成为国际贸易得以正常进行的支柱。例如，目前在国际贸易中影响最大的贸易惯例是国际商会制定的《国际贸易术语解释通则》和《商业跟单信用证统一惯例》。这两套国际贸易惯例在世界上已经得到绝大多数国家和地区的承认，而且在实践中起着举足轻重的作用。我国对国际商事活动中的国际惯例，历来给予高度的重视，并严格予以遵守。

（三）国内法

国际经贸关系具有多样性和复杂性，现有的国际公约和惯例不可能全部满足实践中的需求；而且个人或企业在从事超越国境的经贸和商事活动时，更多是选择某国的国内法为准则。因此，国内法在国际商法中仍占有重要地位。

国内法的范围涵盖实体法、程序法和冲突法。在实践中，由于西方国家对外经贸交往活动频繁，其立法相对起步较早，体系较为完备，这些国家的有关法律对其他国家的立法和实践有着相当大的影响。我国自从20世纪70年代末以来，国际商贸活动得到了长足的发展，在全球范围内成为经济持续高速发展的国家之一，是国际商界关注的焦点。因此，越来越多的外国投资者、法律工作者关注并研究我国的商事立法。或者可以这么说，中国涉外经贸法律制度已成为国际商法中不可缺少的重要部分。

三、国际商法的主要内容

由于国际商法涉及的范围很广，在有限的课时内讲授全部内容是很困难的，也是不现实的，根据对外经贸院校的课程设置及教学的需要，本教材主要包括如下内容：(1) 绪论；(2) 商事主体法，包括代理法、合伙企业法、公司法；(3) 商事行为法，包括商事合同法、货物买卖法、外商投资法、产品责任法、票据法、信托法以及国际商事仲裁。应该说，上述内容是国际商法的核心部分，但不等于全部内容。此外，随着世界各国经济的发展和商事立法的加强，国际商法的内容也势必随之变得更加丰富。

第二节 大陆法系

西方国家的法制在其长期的历史发展中形成了大陆法系（又称民法法系）和普通法系（又称英美法系）两大法系。这两大法系都有着悠久的历史，都受到罗马法的深刻影响，同时都在世界各国的立法历史上，尤其是对各国商法的形成和发展，进而对国际商法的产生和发展产生过重大的影响。从现实出发，研究国际商法必须了解这两大法系。

一、大陆法系的概念及其分布范围

（一）大陆法系的概念

大陆法系（Continental Family）一般是指以罗马法为基础而形成和发展起来的一个完整的法律体系的总称。它主要是在罗马帝国的消亡过程中，在欧洲大陆，尤其是在西欧国家中逐渐发展起来的法律制度。因此，罗马法的概念和原则对大陆法系的形成和发展产生了强烈和直接的影响。

大陆法系名称的由来就是由于该法系首先是在欧洲大陆出现和形成的，并具有法典的特征，因此大陆法系又称为法典法系（Code Family）。

大陆法系还有一个重要的名称，即民法法系（Civil Law Family）。这是因为首先大陆法系中的民法受罗马法的影响最为强烈和广泛；其次，大陆法系是以法国法和德国法为主而发展起来的，而法、德两国的法律都是法典式的，尤其是法国在19世纪初编纂的《法国民法典》和德国在19世纪末编纂的《德国民法典》，它们对大陆法系的发展都具有强大的推动作用，以至于大陆法系又被直接称为民法法系；最后，属于大陆法系的国家远远不限于欧洲大陆的范围，因此，民法法系的称谓具有更为通用的趋向。

（二）大陆法系的分布范围

大陆法系可以说源远流长，其分布范围非常广泛，其特点是以欧洲大陆为中心，遍布世界各地。

如前所述，大陆法系是以法国和德国为主的，它们的立法形式、法律原则及法律思想对大陆法系的形成都具有重大作用，因而不少学者主张大陆法系在欧洲大陆可分为法国分支和德国分支两个分支系：前者包括拉丁语系各国，即法国、比利时、西班牙、葡萄牙、意大利等国；后者包括日耳曼语系各国，即德国、奥地利、瑞士、荷兰等国。以法德两国为代表的大陆法系，特别是法国的民法典，对其他地区之所以有重大的影响，部分原因是法国对其他国家和地区的军事占领或法国、西班牙、葡萄牙、荷兰的早期殖民征服。北欧各国即挪威、瑞典、丹麦、芬兰和冰岛的法律，通称为斯堪的纳维亚法律，基本上也属于大陆法系。

在亚洲，日本自1868年“明治维新”以来的法律以及泰国等国法律，亦属大陆法系。

在北美，美国的路易斯安那州及加拿大的魁北克省法律，也因历史上的原因，属于大陆法系范围。

在非洲，如刚果、卢旺达、布隆迪等国法律，由于以前的殖民地历史，属于大陆法系；北非如阿尔及利亚、摩洛哥、突尼斯等国的法律，也受到大陆法系的强烈影响。

二、大陆法系的特点

首先，大陆法系的首要特点就是强调成文法的作用，它在结构上强调法律的系统化、归类化、法典化和逻辑性。

其次，大陆法系各国把全部法律区分为公法和私法两大部分。早期把法律分为公法和私法的是罗马法学家乌尔比安，他认为“公法是与罗马国家状况有关的法律，私法是与个人利益有关的法律”。大陆法系各国继承了罗马法的这种分类方法，并根据现代法律发展的状况，进一步把公法再细分为宪法、行政法、刑法、诉讼法和国际公法；把私法分为民法、商法等。大陆法系各国在这些法律领域中基本上都使用相同的法律制度和法律概念。

再次，大陆法系各国都进行大规模的法典编纂工作。近代意义上的法典，是指对某一部门法进行系统的、全面的编纂，从而使之成为一个正式的法律文献。

1804年的《法国民法典》是19世纪大陆法系法典的一个典型。从这一法典开始，法国和其他很多欧洲大陆国家相继进行了广泛的立法活动，尤其是编纂法典的活动。除民法典之外，还有商法典、刑法典、刑诉法典等。

最后，大陆法系国家法律的效力渊源，主要是制定法，而不是判例。在司法过程中，法官的判决只是起着加强对法律的解释作用。在大陆法系，法官解释法律的方法可以归纳为文法解释、逻辑解释、历史解释和目的解释四种。但这些方法只是起着对法律的注释作用，其本身并不构成法律的一部分。

大陆法系的上述特征，都是全面地、直接地受到罗马法影响的结果，或者说，大陆法系全面地继承了罗马法的主要内容才形成了其上述特征。

三、大陆法系各国的法院组织

大陆法系各国的法院组织虽然各有特点，但都有一些共同之处，主要表现在：法院的审级层次基本相同；各国除普通法院以外，都有一些专门法院与普通法院并存。

各国法院基本上都分为三级，即第一审法院、上诉法院和最高法院。有的国家根据诉讼的性质和金额的大小设立各种不同的第一审法院。有的国家除普通法院外，还设有商事法院、亲属法院和劳动法院，专门受理有关商务关系、家庭关系和劳资关系的案件。但商事法院限于第一审，所以并不成为与普通法院并行的体系。有些国家如意大利、荷兰、葡萄牙与巴西等国，已取消了商事法院，把这类案件移交普通法院受理。上诉法院主要是受理对第一审法院判决不服的上诉案件，但对可以提出上诉的条件，各国有不同的规定。在有的国家，最高法院就是上诉审法院或再上诉审法院。有的国家则规定，最高法院只能维持或撤销原判决，不能进行实体审理。

此外，有些国家如德国、法国、奥地利、比利时、意大利、芬兰、卢森堡、瑞典等国，还设有行政法院并构成独立的审级层次；有些国家如西班牙、瑞士以及大多数法语非洲国家，虽然设有行政法院，但隶属于最高法院行政诉讼庭，没有形成独立的审级层次；另外一些国家如日本、丹麦、挪威、阿根廷、巴西、智利、秘鲁等国，则不设行政法院。

有些国家除设有行政法院系统外，还有其他一些独立的司法机关，如德国设有劳动法、税法的最高联邦法院，瑞士设有关于海关法、军事法、社会保险法等的联邦法院。有些大陆法系国家实行联邦制，其法院组织体系更为复杂，往往在州法院之上还设有联邦法院。

第三节　普通法系

一、普通法系的概念

普通法系（Common Law），又称英美法系，是西方国家中与大陆法系并列的一种法律传统，它的历史和影响也相当悠久和广泛。普通法系是指英国中世纪以来的法律，是以普通法为基础的、与以罗马法为基础的民法法系相比较而存在的一种法律制度；应当提到的是，普通法系以英国普通法为基础，但并不仅指普通法，它是指在英国的三种法律，即普通法、衡平法和制定法的总称。尽管衡平法和制定法对普通法系的形成也有影响，但不及普通法。

美国法律，作为一个整体来说，属于普通法系，但它有自己的、不同于英国法的很多特征。就像民法法系以法、德两国法律为代表，分为两个支系一样，普通法系可以英、美两国法律为代表，分为英国法和美国法两个支系。普通法系又可称为英美法系。

应当提到的是，美国法律自 19 世纪后期起就离开了英国法律独立发展。在第二次世界大战后，美国法律独立发展的倾向日益加强。有的西方比较法学家甚至对“英美法”这一名称提出质疑。美国法律的这种变化是由许多因素造成的：首先，“二战”后美国成为西方发达国家中最强大的国家。其次，西方国家法律领导地位的改变。据有的比较法学家分析，自 19 世纪前半期起，法国法律占领导地位；19 世纪后期起至 20 世纪初，德国取得领导地位；“二战”后，又转至美国。此时，西方法学家的注意力普遍转向美国。再次，“二战”后，美国的法律制度与法学思想、法律教育对其他西方国家有相当大的影响。最后，美国是一个建国仅 200 多年的联邦制国家，它的法律颇为复杂又有许多特点，这也是其引人注意的原因之一。

二、普通法系的分布范围

如前所述，普通法系形成于英国，之后扩展到美国及其他过去曾受英国殖民统治的国家，主要包括加拿大、澳大利亚、新西兰、爱尔兰、印度、巴基斯坦、马来西亚和新加坡。此外，中国香港在英国发动鸦片战争时期被英国所占领，直至 1997 年 7 月 1 日，中国政府对香港恢复行使主权，成立香港特别行政区，也采用英美法。南非原属大陆法体系，后被英国吞并，又受到英国法的影响，是大陆法与普通法的混合物。斯里兰卡也有类似情况。菲律宾原是西班牙殖民地，属大陆法系，后来随着美国势力的渗入，引进了英美普通法的因素，所以菲律宾法也是一种混合体。但是，英国的苏格兰、美国的路易斯安那州和加拿大的魁北克省却不是普通法系，而属于大陆法系。

三、英国的法律制度

（一）英国法的结构及其特点

英国法与大陆法的区别，不仅表现在前者是以判例法作为法的主要渊源、后者则以成文法作为法的主要渊源上，而且二者在法律的结构、范畴和概念方面也有许多不同之处。

英国法不像大陆法那样把法律明确地分为公法与私法，而是分为普通法与衡平法（Equity Law）两部分。这种二元性的结构是英国法的一个主要特点。其中，衡平法是在 14 世纪为了补充和匡正当时不完善的普通法，由枢密大臣法院发展起来的。两者虽然都是判例法，但各有特点，其主要区别如下：

1. 救济方法（remedies）不同

普通法只有两种救济方法，一种是金钱赔偿（relief in the form of money），另一种是返还财产（restoration of property），但以金钱损害赔偿作为主要的救济方法。衡平法法院为了弥补普通法的不足，发展了一些新的救济方法，主要有：

（1）实际履行（specific performance），有时又称为依约履行，即衡平法法院可判令负有义务的一方当事人按照合同的规定履行其应负的义务，但以违约所遭受的损害不能以金钱赔偿得到满足，或损害的金额无法确定者为限。

（2）禁令（injunction）。衡平法法院可以发出禁令，命令当事人作某种行为或不作某种行为，以事先防止不法行为和违约行为的发生。在下列情况下，衡平法法院可以发出禁令：① 防止不法损害动产或不动产；② 防止发生违约行为；③ 防止违反信托的行为；④ 防止官吏或政府机构的不法行为；⑤ 制止不法征收租税。

2. 诉讼程序不同

衡平法法院有自己的诉讼程序与证据规则。它与普通法法院的不同之处主要在于：（1）普通法法院有陪审团制度，衡平法法院则不设陪审团；（2）普通法法院听取口头答辩，采取口头询问方式审理案件，而衡平法法院则采取书面审理方式。总的来说，衡平法法院的诉讼程序比较灵活。

3. 法院的组织系统不同

从 14 世纪后半叶起，衡平法法院成为独立的法院。此后，在一个相当长的时期内，英国出现了普通法法院与衡平法法院两种法院并存的局面，直到 1875 年颁布了法院组织法，才取消了普通法法院与衡平法法院的划分，建立了统一的法院体系，普通法和衡平法都由同一法院适用，而且将衡平法优先于普通法的原则在法律上规定下来。经过这次改革以后，在高等法院内设有王座法庭（queen's bench division），适用普通法的诉讼程序法；另外设有枢密大臣法庭（chancery division），适用衡平法的书面诉讼程序。现在，在确定某案件应属于高等法院内的王座法庭还是枢密大臣法庭管辖时，不是根据该案件适用的法律是属于普通法还是衡平法来确定，而是考虑以哪一种诉讼程序对该案件的审理最为合适来确定。原则上凡适宜于用口头诉讼程序审理的案件则由王座法庭管辖。现在，普通法包括刑法、合同法和侵权行为（民事责任）法，但在这些法律部门中也适用由衡平法发展起来的不正确说明（misrepresentation）、不正当的影响（undue influence）以及禁止自食其言（estoppel）等原则。衡平法则包括不动产（real property）、公司（company）法、信托（trust）法、破产（bankruptcy）法、遗嘱（will）与继承（inherence）法等。

4. 法律术语不同

为了避免与普通法法院发生冲突，衡平法法院在司法活动中使用它自己所特有的法律术语，例如，在衡平法中起诉称为 Suit，而不称 Action；权利称为 Interests，而不称 Rights；判决称为 Decree，而不称 Judgment；判令支付金钱损害赔偿称为 Compensation，而不称 Damages；等等。所以，如果我们不了解英国法律的历史发展过程，就无法理解这些同义词或近似词特定的法律含义。为了适应英国法律的特点，英国的律师和法官也分为两类，一种是普通法律师（common lawyers），另一种是衡平法律师（equity lawyers）。他们受不同的训练，用不同的方法，分别处理不同的案件。这些情况都是大陆法系国家所没有的。

英国法的另一个特点是重视程序法，与此相反，大陆法系国家则重视实体法较多于注重程序法。英国法有一句格言："救济先于权利"（remedies precede rights）。这里所谓救济是指通过一定的诉讼程序给予当事人以法律上的保护，这是属于程序法的范畴，而权利则是属于实体法的范畴。这表明诉讼程序在英国法中占有十分重要的地位。这种形式主义的诉讼程序至今还有很大的影响。虽然经过 19 世纪末的司法改革以后，英国的诉讼程序比以前有所简化，但总的来说，英国的诉讼法和证据法还是十分繁琐、复杂的。

（二）英国的法院组织

英国法是判例法，但并不是任何法院的判决都能形成先例（precedent），都具有约束力，而是只有高级法院的判决才是先例，才有约束力。因此，为了理解判例法的形成过程，必须首先了解英国法院的组织情况。

英国的司法体系十分复杂，具有三套司法体系——英格兰和威尔士一套，苏格兰一套，北爱尔兰一套。虽然体系复杂，但英国的法院组织具有一定的规律。英国的法院分为民事法院（Civil Courts）和刑事法院（Criminal Courts）两种。在民事法院系统中，民事法院又分为低级法院、高等法院和最高法院。最高法院为联合王国最高法院（Supreme Court of the United Kingdom），也称英国最高法院（British Supreme Court），是英国司法的最高审级，同时也是英国最高的上诉机关，审理包括英格兰、苏格兰、威尔士和北爱尔兰在内的英国全域内的民事上诉案件。最高法院是依据《2005 年宪制改革法案》第三章而设立，并于2009年10月1日起开始运作。最高法院设立之前，上议院（House of Lords）是审级最高的法院，其由12位同时拥有上院议员身份的常任上诉法官（Lord of Appeal in Ordinary）组成，上议院审理上诉案件的机构为上议院上诉委员会（Appellate Committee of the House of Lords），有时上议院上诉委员会的法官与海外领地的法官共同组成枢密院司法小组（Judicial Committee of the Privy Council）受理对海外领地最高法院判决的上诉案件和未排除这种管辖权的英联邦各成员国（如新加坡等）最高法院判决的上诉案件。最高法院设立后，最高法院司法权力主要继承自上议院，同时也取代了上议院在司法领域的职能。最高法院的审讯不设陪审团，陪审团不会参与审讯及裁判。

高等法院包括高级法院（High Court of Justice）和上诉法院（Court of Appeal）。1972年改组以后，高级法院又分为三个庭，即王座法庭、枢密大臣法庭和亲属法庭（Family Division）。在王座法庭内设有海事法庭（Admiralty Court）与商事法庭（Commercial Court）；在枢密大臣法庭内设有公司法庭与破产法庭。每个法庭都有从律师中选任的专业法官，并有特殊的诉讼程序。高级法院作为第一审法院时，由独任法官审理，对于民事案件在例外情况下有陪审团参加。

英国的低级法院主要有郡法院（County Court）和治安法院（Magistrate's Court）。郡法院负责审理民事案件，主要是涉讼金额比较小的案件。这些法院的法官称为巡回法官，主要从律师中选任。治安法院负责审理轻微犯罪行为的案件，这种法院的法官称为治安法官。这些法官在亲属法方面（如夫妻分居、赡养义务、儿女监护等）也有审判权。对郡法院的判决如有不服，可直接向上诉法院上诉；对治安法院的判决如有不服，可向王冠法院或王座法庭上诉。

英国没有一套独立的行政法院，这一点与大陆法系国家是不同的。

此外，英国不设检察官制度。其理由是，检察官出席法庭会破坏司法独立的原则，而且会破坏刑事案件的原告人与被告人的平等地位。

（三）英国法的渊源

从历史上看，英国是判例法国家，判例法是英国法的主要渊源，成文法（statute，亦译制定法）居于次要地位。但是，自19世纪末20世纪初以来，英国资产阶级为了适应社会关系和国家活动日益复杂化的要求，国家机关的立法活动大大加强，颁布了大量的法律，成文法在社会生活中的作用日渐重要。现将英国法的基本渊源分别介绍如下：

1. 判例法（case law）

判例法是英国法的主要渊源，它是由高等法院的法官以判决的形式发展起来的法律规则。判例法的一个主要特点是，法院在判决中所包括的判决理由（ratio decidendi）必须得到遵循，即对作出判例的法院本身和对下级法院日后处理同类案件均具有约束力，否则，就谈不上判例法。

这就是19世纪上半叶确立起来的所谓“先例约束力”的原则（rule of precedent）。这一原则包括以下几个内容：

（1）上议院的判决是具有约束力的先例，对全国各级审判机关都有约束力，一切审判机关都必须遵循。过去，上议院本身也要受它所作出的先例的约束，但 1966 年枢密大臣宣布，以后上议院可不受其先例的约束，使上议院可以根据形势的发展变化改变它以前所作出的先例。

（2）上诉法院的判决可构成对下级法院有约束力的先例，而且对上诉法院本身也有约束力。

（3）高级法院的每一个庭的判决对一切低级法院有约束力，对高等法院的其他各庭以及对王冠法院也有很大的说服力。

（4）有些法院，还要遵守其以前判决中的原则。

由此可见，只有上议院、上诉法院和高级法院的判决才能构成先例，才具有约束力，至于其他法院或准司法机关（即各种委员会）的判决则只有说服力，而没有约束力。说服力和约束力是两个不同的概念，具有约束力的先例是必须遵守的，而具有说服力的判决，则可由法官根据具体情况斟酌办理。

这里必须指出的是，即使是具有先例约束力的高级法院的判决，也并不是整个判决的全文都构成先例，都具有约束力。英国高级法院的判决分为两个部分：一部分是法官作出该判决的理由；另一部分是法官在解释判决的理由时所阐述的与该判决有关的英国法律规则，其目的是为了说明该项判决，但这并不是作出该判决所必需的，称为题外的话（obiter dicta）。区别这两部分内容是十分重要的，因为按照英国的普通法，只有前者才能构成先例，才具有判例法的约束力，而后者则不能构成先例，没有约束力，它只是凭借作出该判决的法官的威望以及他所作的分析正确与否而具有不同程度的说服力，这种先例约束力的原则，对普通法和衡平法都同样适用。

但是，英国的法院并不公布判决的全部，而是只公布其中的一部分。上议院只公布其判决的 75%，上诉法院只公布 25%，高级法院只公布 10%。这样做的目的是为了把那些不涉及新问题、不宜作为先例的判决剔除在外。但即使如此，英国法院数百年来公布的判例的数量仍然十分可观。到 20 世纪初，英国的判例汇编已达 1 800 卷。如此庞杂的判例，给学习和掌握英国法造成了很大的困难。

2. 成文法

成文法是英国法的重要渊源。成文法是由英国的议会（Parliament）制定的，议会由下议院（House of Commons）、上议院以及君主（the Monarch）组成。议会意味着主权，从传统上来说，由议会制定的成文法应优于任何其他的法律渊源。

但是，由于英国法从历史上说主要是判例法，按照英国的传统理论，判例法是基础，成文法只是对判例法所作的补充或修正。他们认为，法律规则（legal rule）应当包含在高等法院判决的“判决理由”之内。因此，即使是议会制定的成文法也必须经过法院判决加以解释。因此，在某些情况下，成文法可能被曲解后被吸收到英国的法律体系里去。虽然这种理论在 20 世纪以后已经有了很大的改变，但是这种法律传统仍然有一定的影响，成文法还是要通过判例法才能起作用。这是英国法的又一个特点。

3. 习惯（custom）

在盎格鲁撒克逊时代，通行习惯法，习惯是当时法的主要渊源。但是，在英国普通法形成的过程中，法的渊源是判例法而不是习惯法。因此，习惯现在在英国法律中所起的作用极小。

四、美国的法律制度

美国是18世纪后期才成为一个独立国家的，在这以前，它曾经是英、法、荷等欧洲国家的殖民地。美国独立初期，由于普遍存在着对英国统治的敌视，因而英国的普通法也受到反对。许多州都宣布禁止援引1776年以后的英国判例。但是，由于美国毕竟同英国渊源较深，英国普通法在殖民统治时期已经有相当大的影响，而且两国都以英语作为共同的语言，因此，美国最后还是留在普通法体系内，并与英国一道成为普通法系中最重要的两个国家。

（一）美国法的结构

美国属于普通法体系。美国与英国一样以判例法作为法的主要渊源，而把成文法看作是对判例法的补充或修正。美国法采用英国法的范畴、概念和分类方法，也存在普通法与衡平法的区别，这是美国法与英国法相同的地方。但由于美国是联邦制国家，在美国法律中，既包括联邦法，也包括州法，因此美国法律的结构同英国有很大的差异。

美国法律分为联邦法与州法两大部分，这是美国法律结构的一个主要特点。美国联邦宪法对联邦和各州的立法权都作了明确的规定。根据1791年《美国宪法修正案》第10条的规定，凡宪法未授予联邦或未禁止各州行使的权力，均属于各州。这就是说，各州的立法权是原则，联邦的立法权属于例外，各州保留了相当大一部分立法权。但联邦的法律高于各州的法律，如州法与联邦法有抵触时，应适用联邦法。在民事立法方面，联邦的立法权范围主要包括银行、工业、国际贸易、州际贸易、专利权和税收等事宜，但即使在上述范围内也并不排除各州的立法权。各州不得在联邦立法权范围外制定与联邦法律相抵触的法律，但可以制定补充性或附加性的法律。例如，联邦有联邦的税法，各州也有各州的税法，各依其法，各收其税。

在普通法方面，情况比较复杂，特别是在联邦法院是否要受州的判例法的约束，以及是否存在着一种总的联邦普通法（federal general common law）的问题上，美国曾经有过一个演变的过程。1789年《联邦司法机关法》（Judicature Act）规定，凡是没有联邦法律可供援引的事项，联邦法院应按其所在地的法律冲突规则（conflict of laws）来确定应适用哪一个州的法律。1938年，最高法院在另一个判例中明确宣布不存在所谓“总的联邦普通法”（there is no federal general common law）。最高法院法官布朗狄斯（Brandeis）宣布：除联邦国会法律所管辖的事项外，应适用州法，而州法应当包括州的成文法和判例法。这项原则至今仍然适用。但是在纯粹属于联邦立法权范围内的事项，联邦法院可以发展联邦的普通法；在这些问题上，联邦法院的判决，特别是联邦最高法院的判决具有约束力。

由于美国的特殊历史条件，使各州在立法方面享有很大的权力。尽管进入21世纪以来，联邦立法活动大大加强，联邦法的作用不断上升，但是在日常社会经济生活中，州法仍然起着十分重要的作用。因此，我们在研究美国法律或者在对美贸易中，不仅要了解美国的联邦法，而且还要了解有关州的法律。美国各州的法律大体上是相似的，但也存在着不少差异。

（二）美国的法院组织

美国的法院组织也反映出联邦制的特点，设有联邦法院与州法院两套系统。现将这两套法院的组织形式及其管辖权限分别介绍如下：

1. 联邦法院

美国的联邦法院不同于德国、加拿大、澳大利亚和瑞士等国的联邦法院，后者的联邦法院是设在各级法院之上的，一般只受理上诉案件，不受理第一审案件；而美国联邦法院在许多情况下可以作为第一审级法院，受理第一审案件。美国联邦法院主要有三种：（1）地区法院（District Court）；（2）美国上诉法院（U.S. Court of Appeal）；（3）美国最高法院（U.S. Supreme Court）。地区法院共有94所，分设在全国各州境内。地区法院在审理案件时实行独任制，由一名法官进行审判。上诉法院共有13所，是第二审级法院，上诉案件由3名法官负责审理。最高法院设在首都华盛顿，由首席法官（chief justice）1人、法官（associate justice）8人组成。最高法院是行使司法权的最高机构，其法官由总统经参议院2/3的多数同意后任命，并终身任职。最高法院在涉及国际法和一方当事人为州的案件中作为第一审法院，并作为对州最高法院判决后上诉案件的第二审法院。最高法院在审理案件时，由9名法官共同审理。除上述一般的联邦法院外，还设有特别联邦法院，如受理有关税收的联邦法院，以及受理涉及国家责任问题的案件的联邦法院等。此外，美国法律还授予某些联邦的行政机关（administrative agencies）或委员会（commissions）以审判权。对于这些机关的裁决如有不服，可向联邦上诉法院或美国最高法院提起上诉。

美国最高法院有一项很重要的权力，就是对法律是否符合宪法行使监督权。此项权力并不是来自美国宪法的规定，而是由美国联邦法院在1803年的一个判例中确立起来的。依据这项权力，美国最高法院不仅有权对联邦和各州的法律是否符合宪法进行监督，如认为某项法律违宪，可拒绝执行，而且有权对各种法院实行的判例法进行监督，如认为某个判例违反宪法，最高法院可以予以撤销。

2. 州法院

美国各州都有自己的法院系统，而且各州的法院设置有所不同。但一般来说，各州都设有两个审级，即第一审法院和上诉审法院。

美国各州的第一审法院主要包括两类法院：（1）有限管辖法院（court of limited jurisdiction）：通常设在县、市，主要审理轻微的刑事案件和金额较小的民事案件，如违反治安、交通和金额在一定数量以下的案件。（2）普通管辖法院（general jurisdiction courts）：对涉及州法的一般民事、刑事案件享有管辖权，如谋杀、强奸、盗窃等重大刑事案件和违约、离婚、抚养等民事案件，均由这类法院审理。

上诉审法院（appellate courts）：包括州的上诉法院和州最高法院。

3. 联邦法院与州法院的管辖权

联邦法院仅在美国宪法或国会法律授予审判权的范围内才有管辖权。确定联邦法院是否有管辖权的主要依据是：（1）诉讼的性质：凡涉及联邦宪法、条约的案件，联邦法院有管辖权；（2）当事人的状况：凡涉及属于两个州的当事人之间的诉讼案件而且其诉讼标的金额在一定数量以上者，联邦法院有管辖权；联邦法院管辖权范围外的案件，州法院都有管辖权。而且，即使属于联邦法院管辖权范围内的案件，当事人也可以向州法院起诉。但凡是第一审不属于联邦法院管辖的案件，对于州的第一审法院对该案所作出的判决，当事人不能向美国联邦最高法院提起上诉。

（三）美国法的渊源

美国同英国一样，都属于判例法国家，判例是美国法的主要渊源。但自 19 世纪末以来，成文法的数量大大增加，成文法在社会生活中的作用越来越重要。因此，某些美国法学家认为，现在的美国法律制度既不是纯粹的判例法，也不是完全的成文法，而是一种混合的制度（mixed system）。虽然如此，美国至今仍然强调判例法，即使是成文法也要通过法院判决的解释方能发挥作用。

1. 判例法

美国法主要来源于判例法，尤其是在私法方面，主要是由判例法组成的。

19 世纪以来在英国形成的“先例约束力”的原则，在美国也同样适用。但由于美国是联邦制国家，存在着联邦法与州法的区别。因此，在适用先例约束力的原则时，美国在其司法实践中也形成了其独特的特点。

在美国的司法实践中，先例约束力主要体现为：（1）在州法方面，州的下级法院须受其上级法院判例的约束，特别是受州最高法院判例的约束；（2）在联邦法方面，须受联邦法院判例的约束，特别是受美国最高法院判例的约束；（3）联邦法院在审理涉及联邦法的案件时，须受其上级联邦法院判例的约束，而在审理涉及州法的案件时，则须受相应的州法院的判例的约束，但以该判例不违反联邦法为原则；（4）联邦和州的最高法院不受它们以前确立的先例的约束，它们可以推翻过去的先例，并确立新的法律原则。

美国法律制度的发展，是成文法与判例法相互作用的结果。立法机关可以通过成文法改变判例法中某些已经过时的法律规则，使法律适应社会经济、政治发展的要求；但另一方面，成文法又必须经过法院判例的解释才能起作用。因此，在美国真正起作用的不是法律条文的本身，而是经过法院判例予以解释的法律规则才是适用的法律。如果立法者认为法院的判例偏离立法的目标太远，他们可以制定新的法律予以匡正。

美国的判例数量是很大的。据统计，单是各州和联邦最高法院每年大约要判处 23 000—30 000 件案件，全国每年大约要出版判例汇编 350 卷。要熟悉如此浩繁的判例是十分困难的。为了克服各州判例的不确定性和有矛盾的地方，把各州的判例法统一起来，1923 年成立了美国法学会（American Law Institute）。该法学会将同经济活动有密切联系的商法和部分民法的判例法进行综合整理，编纂成各种判例法汇编，称为《法律重述》（Restatement of the Law）。这些法律重述采取法典形式，分为篇、章，由条文组成。法律重述的内容都属于州法的范围。现已出版的共有数十卷，主要包括：（1）合同；（2）代理；（3）法律冲突；（4）侵权行为；（5）物权；（6）物权担保；（7）准合同；（8）信托；（9）司法判决。

此外，还有两种补充《法律重述》的汇编：一种称为“法律的重述”，内容是记载美国各级法院援引《法律重述》某项条文所作的判决，这些判决可能适用《法律重述》的原则，也可能抛开《法律重述》的原则，或者赋予它以新的内容。另一种称为《州法重述》，其内容是记载各州对《法律重述》所持的态度。从1952年以来，《法律重述》第二版已先后出版。

应当指出，这些“重述”本身并不是法典，没有法律效力，属于私人汇编性质，但由于它们所包含的都是一些公认的判例法原则，因而也经常被司法机关参考引用。

2. 成文法

美国有两种成文法，即联邦的成文法与各州的成文法。在联邦法律中，美国宪法占有十分重要的地位。美国联邦最高法院对宪法有解释权。美国最高法院认为，宪法不同于一般的法律，而是一切法律之源，美国的一切其他法律，包括判例法，其力量都来源于宪法。因此，凡是违反宪法的法律或判例，美国各法院都有权不予执行。美国最高法院在解释宪法时，采取所谓的“弹性”解释方法，这样就便于最高法院的法官可以根据社会政治、经济条件的变化，对已有的法律予以扬弃，以便更好地维护统治阶级的政治统治和经济利益。

自19世纪末叶以来，联邦和各州的立法活动都大大加强，特别是在社会立法和经济立法方面，出现了成文法取代普通法的趋势。例如，关于反托拉斯方面的法律，从1890年颁布《谢尔曼法》开始，都是以联邦制定的有关法律为准绳的。

第四节　当代中国法律制度

一、当代中国法律制度的发展

1949年中华人民共和国成立后，国民党政权的“六法全书”及其整个法律制度被彻底废除。从1949—1957年期间，中华人民共和国的社会主义法制在废除旧的司法制度的基础上初步建设起来。1954年9月20日，第一届全国人民代表大会第一次会议通过了新中国第一部正式宪法。1957年以后，由于“左倾”思潮的影响，片面强调群众运动，轻视法律，把法律视为“管、卡、压”的法律虚无主义泛滥，中国法制建设遭受了很大挫折。在“文化大革命”的十年内乱中，“四人帮”提出了“彻底砸烂公检法”的口号，社会主义法制遭到粗暴的践踏和破坏。

“文化大革命”结束以后，特别是1978年中国共产党十一届三中全会以后，党和国家的工作重心转移到以经济建设为中心的四个现代化建设方面上来，发扬社会主义民主、健全社会主义法制成为新时期党和国家的重要任务之一。自1978年以来，党和国家采取了一系列重大措施，为加强社会主义法制做了大量工作。经过不懈的努力，一个立足中国国情和实际、适应改革开放和社会主义现代化建设需要、集中体现党和人民意志的，以宪法为核心，以宪法相关法、民商法，行政法，经济法等多个法律部门的法律为主干，由法律、行政法规、地方性法规与自治条例、单行条例等三个层次的法律规范构成的中国特色社会主义法律体系已经形成。当前，中华民族正处在伟大复兴的关键时期，必须加快完善以宪法为核心的中国特色社会主义法律体系，必须坚定不移走中国特色社会主义法治道路，推进全面依法治国，坚持依法治国、依法执政、依法行政共同推进，坚持法治国家、法治政府、法治社会一体建设。

二、中国法律的渊源

当代中国法律的渊源主要有：首先，以宪法为核心的制定法；其次，法律解释，即有权解释机关对现行法律或法律条文所作的解释和说明。中国法律渊源的划分，受到了中国历史上以及前苏联在法律渊源方面的影响，但主要是根据中国自 1949 年以来，特别是根据自改革开放以来的 40 多年立法和执法的经验而总结出来的，它具有鲜明的中国社会主义初级阶段自身的特点。与西方国家两大法系相比，当代中国的法律渊源较接近大陆法系，与普通法系则有较大差别。

（一）制定法

当代中国法律的渊源是以宪法为核心和各种制定法为主的形式。宪法是国家的根本法，所以在法的渊源中居于核心地位。制定法，又可称成文法，是指国家机关依据法定职权和程序制定的各种规范性文件。中国实行中央和地方相结合的立法体制。根据宪法及有关法律的规定，全国人民代表大会及其常务委员会行使国家立法权，负责修改宪法，制定和修改法律；国务院有权制定行政法规；省、自治区、直辖市人民代表大会及其常务委员会有权制定各种地方性法规。

作为法律渊源的制定法主要有以下形式：

1. 宪法

1982 年 12 月 4 日，第五届全国人民代表大会通过了新的《中华人民共和国宪法》。《宪法》序言中规定："本宪法以法律的形式确认了中国各族人民奋斗的成果，规定了国家的根本制度和根本任务，是国家的根本法，具有最高的法律效力。"因此，一切法律、法令、法规、决议、命令等均不得与宪法相抵触。宪法的修改必须经过特别的法律程序，应由全国人大常委会或者 1/5 以上的全国人大代表提议，并由全国人大以全体代表的 2/3 以上多数通过方为有效。宪法由全国人大及其常委会监督实施。

现行宪法是在八二宪法的基础上，先后经过 1988 年、1993 年、1999 年、2004 年和 2018 年五次修改，宪法由序言、总纲、公民的基本权利和义务、国家机构以及国家标志（包括国旗、国歌、国徽、首都）共五部分组成。

2. 法律

广义的法律包括宪法及其他由全国人大及其常委会分别制定的法律文件。狭义的法律则仅指全国人大及其常委会制定的、主要规定和调整国家和社会生活某一方面问题的法律。法律从属于宪法，其效力仅次于宪法。

法律分为基本法和基本法以外的法律。中国目前的基本法律主要有立法法、监察法、民法典、刑法、行政法、公司法、证券法、合伙企业法、外商投资法、反垄断法、反不正当竞争法、仲裁法、民事诉讼法、行政诉讼法、刑事诉讼法等。

此外，全国人大及其常委会除专属立法权外，还可以授权立法。全国人大及其常委会有权作出决定，授权国务院可以根据实际需要，对民事基本制度，基本经济制度以及财政、海关、金融和外贸的基本制度，诉讼和仲裁制度等尚未制定法律的事项先制定行政法规。2015年修改的立法法，进一步明确有关授权立法的具体内容，规定了授权决定应当明确授权的目的、事项、范围、期限以及被授权机关实施授权决定应当遵循的原则。为确保重大改革于法有据、顺利实施，十二届全国人大及其常委会共作出21件授权决定和改革决定，涉及自由贸易试验区、农村集体土地制度、司法体制等方面的一批重大改革。

3. 行政法规

作为国家最高行政机关，国务院有权根据宪法和法律制定行政法规发布决定和命令。国务院制定的行政法规直接调整全国政治、经济、文化、教育等各个方面的事项，其效力仅次于宪法和法律。

4. 地方性法规和经济特区法规

根据宪法的规定，省、直辖市的人民代表大会和它们的常务委员会，在不同宪法、法律、行政法规相抵触的前提下，可以制定地方性法规，报全国人民代表大会常务委员会备案。设区的市的人民代表大会和它们的常务委员会，在不同宪法、法律、行政法规和本省、自治区的地方性法规相抵触的前提下，可以依照法律规定制定地方性法规，报本省、自治区人民代表大会常务委员会批准后施行。此外，《外商投资法》也规定，国家根据需要，设立特殊经济区域，或者在部分地区实行外商投资试验性政策措施，促进外商投资，扩大对外开放。在此基础上，我国通过了一批涉及对外开放、经济特区、自由贸易区的决议、决定，确保对外开放领域重大改革于法有据。

例如，1981年通过决议授权广东、福建制定所属经济特区的各项单行经济法规，1988年通过决议建立海南经济特区，1992年、1994年、1996年分别通过决定授权深圳、厦门、汕头和珠海制定经济特区法规和规章，为经济特区发展提供法律支持。2013年和2014年先后通过决定授权国务院在上海、广东、天津、福建四个自由贸易试验区暂时调整有关法律规定的行政审批事项，2020年通过决定授权国务院在海南自由贸易港暂时调整实施有关法律规定，为创新对外开放模式提供法律保障。

5. 特别行政区的法律

1985年4月，全国人大批准了中国政府与英国政府关于香港问题的联合声明及其附件。中国已于1997年7月1日对香港恢复行使主权，并设立中华人民共和国香港特别行政区。香港特别行政区直辖于中国中央政府，并享有高度自治权。中国对香港的基本政策已由《中华人民共和国香港特别行政区基本法》规定下来，并保持50年不变。香港特别行政区成立后，香港原有的法律（包括普通法、衡平法、条例、附属立法、习惯法）基本不变。因此，香港特别行政区所实行的法律包括《基本法》、上述香港原有的法律和香港特别行政区立法机关制定的法律三类。

1987年4月11日，全国人大批准了中国政府与葡萄牙政府关于澳门问题的联合声明及其附件。中国已于1999年12月20日起对澳门恢复行使主权，并设立澳门特别行政区。澳门特别行政区所实行的法律，其结构和类型与香港特别行政区的法律基本相似。

（二）法律解释

中国法律的另一种重要渊源是有权解释机关对现行法律或法律条文所作的解释和说明。法律解释通常分为立法解释、司法解释和行政解释。

1. 立法解释

根据1982年《宪法》的规定，全国人大常委会对宪法和法律拥有解释权。凡关于宪法或法律的条文本身需要进一步明确界限或作补充规定的，由全国人大常委会进行解释或以法律加以规定。省、自治区、直辖市人大常委会有权对地方性法规进行解释。

2. 司法解释

对于法院审判工作和检察院检察工作中具体应用法律的问题，分别由最高人民法院和最高人民检察院进行解释。它们所作的解释对其下级法院及检察院的审判和检察工作均有拘束力。

有关民事和经济法律的司法解释主要由最高人民法院作出。最高人民法院的司法解释主要采取两种形式：一是当一些重要的民事和经济法规颁布或施行一段时间后，最高人民法院常常对于在具体适用该法律的过程中所遇到或可能遇到的问题提出综合性、系统性的意见，作为各级法院在审理有关案件时的指导。例如，最高人民法院在《民法通则》《合同法》《继承法》等民事、经济法律实行后都分别制定了关于贯彻执行这些法律的若干问题的解答或意见。二是针对下级人民法院就某一具体案件或疑问所请求解答的问题作出“批复”，对其中涉及的适用法律问题予以解释。

3. 行政解释

国务院及其主管部门对有关法律和法规所作的解释称为“行政解释”。行政解释主要涉及两个方面的内容：一是对不属于审判和检察工作中的其他法律如何具体应用的问题所作的解释；二是国务院及其主管机关在行使职权时对国务院及其主管机关本身所制定的行政法规所作的解释。

（三）指导性案例

在中国，判例在法律上和理论上不被认为是法律的渊源。最高人民法院及其他上级人民法院所作的判决对下级人民法院没有约束力。这一点与欧洲大陆法系国家相似。近年来，最高人民法院在总结审判经验的基础上，为了统一法律适用，提高审判质量，维护司法公正，公布了大量的指导性案例。这些指导性案例是指裁判已经发生法律效力，社会广泛关注的、法律规定比较原则的、具有典型性的、疑难复杂或者新类型的或其他具有指导作用的案例。最高人民法院发布的指导性案例，各级人民法院审判类似案例时应当参照。指导性案例与英美法的判例有本质的区别，指导性案例是法官释法而不是法官造法，是总结法律经验法则而不是创制法律经验法则。

三、中国的司法制度

（一）人民法院的组织系统

中国的人民法院分为最高人民法院、地方各级人民法院及专门人民法院。

1. 最高人民法院

最高人民法院是国家的最高审判机关，其主要职权包括监督地方各级人民法院和专门人民法院的审判工作；审判全国重大刑事案件和全国有重大影响的民事案件、经济纠纷案件；对在审判过程中具体应用法律的问题进行司法解释。

2. 地方各级人民法院

地方各级人民法院分为基层人民法院、中级人民法院和高级人民法院。

（1）基层人民法院。基层人民法院按行政区划设在县级，主要负责审判刑事和民事的第一审案件；处理不需要开庭审判的民事纠纷和轻微的刑事案件；指导人民调解委员会的工作。

（2）中级人民法院。中级人民法院按行政区划设在地区级。根据《民事诉讼法》的规定，中级人民法院主要审理涉外及在本辖区有重大影响的第一审案件，基层人民法院移送审判的第一审案件，对基层人民法院判决和裁定上诉的案件和抗诉案件。

（3）高级人民法院。高级人民法院包括省、自治区、直辖市高级人民法院，负责审理具有全省性重大影响的第一审民事案件及对中级人民法院判决和裁定的上诉和抗诉案件。

3. 专门人民法院

我国设有军事法院和海事法院、知识产权法院、金融法院等专门人民法院。

（二）民事、商事案件的审判制度

根据《民事诉讼法》的规定，人民法院审理民事案件实行合议制，由审判员或陪审员共同组成合议庭；合议庭评议民事案件实行少数服从多数的原则；人民法院还设立审判委员会，对重大、疑难的民事案件的处理，由法院院长提交审判委员会讨论；简单的民事案件可以由审判员一人独任审判。

人民法院审理民事案件，应当着重进行调解。人民法院的调解应当在查明事实、分清是非的基础上进行。经调解双方当事人达成协议后，由法院制作调解书。调解书在送达双方当事人后即具有法律效力。着重进行调解是中国民事审判制度的一个显著特征。

人民法院审判案件实行两审终审制，对地方各级人民法院的判决或裁定，当事人如有不服，可以向上一级人民法院上诉。上一级人民法院对上诉的案件所作的第二审判决或裁定，是终审判决或裁定，当事人不得再行上诉。与西方大多数国家的法院不同，在中国，第二审人民法院对上诉案件的审查应是全面的，既包括对事实问题的审查，也包括对其所适用的法律问题进行审查。

当事人对已经发生法律效力的判决或裁定，认为确有错误的，可以向原审人民法院或者上级人民法院申诉。人民法院应予以复查，如确有错误，则由法院院长提交审判委员会讨论决定。

复习思考题

第一节

1. 指出国际商法和国际经济法的异同点。
2. 论述国际（商事）惯例的法律效力。

第二节

3. 大陆法系包括哪些国家和地区？
4. 大陆法系是如何解释公法和私法之间关系的？

第三节

5. 指出英美法系的分布范围。
6. 英美国家的法律渊源与法院组织有哪些异同点？

第四节

7. 你认为我国的法律制度受哪个法系影响更大些？为什么？

在线做题　　扩展阅读及分析

第二章

代 理 法

第一节　代理法概述

代理制度是随着社会经济关系的发展而逐步发展起来的。早期的罗马法没有代理制度，因为当时的社会经济生活条件还没有这种需要。后来随着商品货币关系的发展，才出现了委托合同及一个人可以委托别人代为办理某种事务的情况，如购置财产或偿还债务等。

在资本主义制度下，由于商品交换关系高度发达，社会关系复杂多样，人们不可能事事亲力亲为，于是代理制度有了很大的发展。无论是在国内贸易和国际贸易中，代理制度都得到广泛的应用。在国际贸易中，许多业务工作都是通过各种代理人进行的，其中包括普通代理人、经纪人、运输代理人、保险代理人、广告代理人以及银行等。如果离开了这些代理人，国际贸易就无法顺利进行。因此，我们必须对代理制度有所了解，并在对外贸易业务中灵活使用。

一、代理的概念

所谓代理（agency），是指代理人（agent）按照本人（principal）的授权（authorization），代表本人同第三人订立合同或实施其他的法律行为，由此而产生的权利与义务直接对本人发生效力。这里所说的本人就是委托人；代理人就是受本人的委托替本人办事的人；而第三人则是泛指一切与代理人打交道的人。如果代理人是在本人的授权范围内行事，他的行为就对本人具有拘束力，即本人既可取得由此而产生的权利，又必须承担由此而产生的义务，而代理人则一般不对此承担个人责任。例如，当代理人根据本人的授权，代表本人与第三人订立合同之后，代理人便可退出，由本人与订约的第三人直接发生关系，如果双方在执行合同的过程中发生讼争，本人可以根据合同对该第三人提起诉讼，该第三人也可以依照合同对本人起诉。代理人的行为之所以能够拘束本人，是由于他得到了本人的授权，因此，只要他的行为没有越出授权的范围，本人就要对此负责。

在代理关系中，本人与代理人之间的关系称为内部关系（internal relationship）；本人与代理人对第三人的关系称为外部关系（external relationship）。在代理法中，如何处理内部与外部这两种关系是一个十分重要的问题。本人与代理人之间的内部关系，是基本的法律关系，这种关系一般是由他们之间的合同来决定的，这种合同可以是委托合同，可以是雇佣合同，也可以是合伙合同。这种合同一般都规定了本人与代理人双方的权利与义务，并且往往也决定了代理人的权限范围。但是，由于这种合同只是本人与代理人之间的内部安排，其内容如何，第三人无从得知，这就产生这样一个问题：如果本人在他与代理人订立的合同中对代理人的代理权加以限制，或者当他们之间的合同由于某种原因被宣告无效或被撤销时，对与代理人订立合同的第三人是否能发生影响？换言之，代理人与第三人订立的合同是否仍然有效，是否仍对本人具有拘束力？这是直接关系到保护第三人利益的问题。对于这个问题，各国代理法有不同的解决办法。

在大陆法系中，德国、瑞士和日本的法律认为，委托与授权行为是有区别的。委托是本人与代理人之间的内部关系，而授权行为则是委托合同的对外关系，是本人及代理人同第三人的关系的法律依据。按照德国法的解释，授权行为是一种抽象的（abstract）法律行为，它与委托合同是互相独立、互不牵连的。即使委托关系被宣告无效或被撤销，授权行为仍然存在，代理人同第三人订立的合同仍然有效，本人对此仍须负责。这是为了保护第三人的利益，使第三人可以放心同代理人订立合同，而不要考虑本人同代理人之间的内部关系。法国法虽然没有严格把委托与授权行为区别开来，但法国的法学理论都赞同德国法的主张，法国民法典修订草案也表示接受这种观点。

英美法系没有抽象法律行为的概念，但英美法系学者都强调代理权的客观性及其对内部关系的独立性。在英美法系国家中，成文法在确定代理权的范围和性质方面不起重要的作用，而主要是通过商业习惯和法院的审判实践来解决各类代理的权限问题。英美法系除了明示授权的代理以外，还有所谓的默示授权，即只要本人的行为使人认为某人是他的代理人，并与该代理人订立了合同，则这种合同即对本人具有拘束力。这就是所谓代理的客观标准，采取这种做法同样可以达到保护第三人的目的。

二、代理权的产生

关于代理权产生的原因，大陆法系和英美法系的法例有所不同，现分别介绍如下：

（一）大陆法系

大陆法系把代理权产生的原因分为两种：一种是非由本人的意思表示而产生的，称为法定代理（statutory）；另一种是基于本人的意思表示而产生的，称为意定代理（voluntary）。

1. 法定代理

凡不是由于本人的意思表示而产生的代理权称为法定代理权，具有这种代理权的人称为法定代理人。法定代理权的产生主要有以下几种情况：

（1）根据法律的规定而享有代理权，例如根据民法典的规定，父母对于未成年的子女有代理权。

（2）根据法院的选任而取得代理权，例如法院指定的法人清算人。

(3) 因私人的选任而取得代理权，例如亲属所选任的监护人及遗产管理人等。

此外，公司法人本身是不能进行活动的，它必须通过代理人来处理各种业务。公司法人的代理人就是公司的董事。公司的董事一般被认为是公司法人的第一代理人（primary agent），因为董事之外公司还有另外的代理人。按照德国法，法人第一代理人的权利是由法律规定的。

2. 意定代理

基于本人的意思表示产生的代理权称为意定代理权。这种意思表示可以采用口头方式，也可以采用书面方式；可以向代理人表示，也可以向同代理人打交道的第三人表示。如《德国民法典》第 167 条规定："代理权的授予应向代理人或向代理人对其为代理行为的第三人的意思表示为之。"

（二）英美法系

英美法系认为，代理权可以由下列原因产生：

1. 明示的授权（express authority）

所谓明示的授权就是由本人以明示的方式指定某人为他的代理人。按照英美的法例，代理协议的成立并不要求特定形式，既可以采用口头方式，也可以采用书面方式。即使代理人需要以书面方式同第三人订立合同，但本人仍然可以采用口头方式授予代理权。除非本人要求代理人用签字蜡封的方式替他同第三人订立合同，例如委托代理人购置不动产，才需采用签字蜡封的形式授予代理权。这种要式的授权文书叫做"授权委托书"（power of attorney）。英国《1971 年授权委托书法》（The Power of Attorney Act, 1971）对此有专门的规定。

2. 默示的授权（implied authority）

所谓默示的授权是指一个人以他的言词或行动使另一个人有权以他的名义签订合同，他就要受该合同的拘束，就像他明示地指定了代理人一样。例如，某甲经常让某乙替他向某丙订购货物，并如数向丙支付货款。在这种情况下，乙便认为具有默示的代理权。如果日后甲不让乙以他的名义订货，则甲除通知乙以外，还必须通知丙，否则如果乙仍继续以甲的名义向丙订货，甲仍须向丙负责。

3. 不容否认的代理（agency by estoppel）

不容否认的代理，是指一个人以他的言词或行动使善意第三人合理相信某人是其代理人，有权以他的名义签订合同，且该第三人已基于这种相信改变了自己的经济地位，他就要受该合同的拘束，而不能事后否认某人是其代理人。例如，某甲经常将自己的私人印鉴交给某乙保存，当某乙以此向他人声称是某甲的代理人，并与某丙订立合同时，某甲不予否认，而某丙基于这一情况合理地信赖某乙有代理权。如果之后某乙拒不履行合同，某甲就不能否认某乙是其代理人。这一制度的目的在于保护善意第三人，维护市场交易的安全。

4. 客观必需的代理（agency of necessity）

客观必需的代理权是在一个人受委托照管另一个人的财产，为了保护这种财产而必须采取某种行动时产生的。在这种情况下，虽然受委托管理财产的人并没有得到采取此种行动的明示的授权，但由于客观情况的需要得视为其具有此种授权。这种情况在国际贸易中是时有发生的。例如，承运人在遇到紧急情况时，有权采取超出他通常权限的、为保护委托人的财产所必须采取的行动，如出售易于腐烂或有灭失可能的货物，并有权抵押船舶以清偿为完成航次所必需的修理费用。但要取得这种代理权是相当困难的，英美法院一般也不愿意不适当地承认这种代理权。

根据英美法院的判例，行使这种代理权必须具备以下三个条件：（1）行使这种代理权是实际上和商业上所必需的；（2）代理人在行使这种权利前无法同本人取得联系以得到本人的指示；（3）代理人所采取的措施必须是善意的，并且必须考虑到所有有关各方当事人的利益。

5. 追认的代理（agency by ratification）

如果代理人未经授权或者超出了授权的范围而以本人的名义同第三人订立了合同，这个合同对本人是没有拘束力的。但是，本人可以在事后批准或承认这个合同，这种行动就叫做追认。追认的效果就是使该合同对本人具有拘束力，如同本人授权代理人替他订立了该合同一样。追认具有溯及力，即自该合同成立时起就对本人生效。

追认必须具备以下几个条件：

（1）代理人在与第三人订立合同时必须声明他是以代理人的身份订立合同。如果他事实上没有得到授权，而是自己打算作为代理人替别人订立合同，但并没有把这种意图告诉给订约对方，那就不可能在事后由本人予以追认。

（2）合同只能由订立该合同时已经指出姓名的本人或可以确定姓名的本人来追认。

（3）追认该合同的本人必须在代理人订立合同时已经取得法律人格。这项条件主要是针对法人而言的。因为根据英美法，如代理人替尚未成立的公司订立合同，即使该公司经日后注册成为法人，其也不能追认这个合同。

（4）本人在追认该合同时必须了解其主要内容。

三、无权代理

无权代理是指欠缺代理权的人所为的代理行为。无权代理的产生主要有以下四种情形：（1）不具备默示授权条件的代理；（2）授权行为无效的代理；（3）越出授权范围行事的代理；（4）代理权消灭后的代理。

根据各国法律的规定，无权代理人所为的代理行为，如与第三人订立合同或处分财产等，非经本人的追认，对本人是没有拘束力的。如果善意第三人由于无权代理人的行为而遭受损失，该无权代理人应对善意第三人负责。这里所谓“善意”是指第三人不知道该代理人是无权代理。如果第三人明知代理人没有代理权而与之订立合同，法律上不予以保护。

（一）大陆法系的有关规定

关于无权代理的问题，大陆法系各国大都在民法典中加以规定。如德国、日本民法典都规定，无权代理权人以他人名义订立合同者，非经本人追认不发生效力。在本人追认以前，无权代理人所作的代理行为处于效力待定的状态。在这种情况下，大陆法系有两种处理办法：一是由第三人向本人发出催告，要求本人在一定时间内答复是否予以追认；二是允许第三人在本人追认以前，撤回他与无权代理人所订立的合同。如《德国民法典》第177条、第178条规定，在发生无权代理的情况时，第三人得催告本人表示是否追认。追认的表示应在收到催告后两周之内作出；如在此期间本人未表示追认时，则视为拒绝追认。其并规定，无权代理人所订立的合同，在未经本人追认之前，第三人有权予以撤回；但如第三人在订立合同时明知其为无权代理人者，不得撤回。

关于无权代理人的责任，大陆法系各国法律的规定并不完全相同。从原则上来说，无权代理人对第三人是否须承担责任，主要取决于第三人是否知道该代理人有没有代理权。如果第三人不知道该代理人没有代理权而与之订立了合同，无权代理人就要对第三人承担责任；反之，如果第三人明知该代理人没有代理权而与之订立了合同，无权代理人就不负责任。在这一点上，大陆法系各国的法律规定是一致的，但在无权代理人的责任内容上，则有不同的规定。根据《法国民法典》和《瑞士债务法典》的规定，无权代理人应对善意第三人负损害赔偿责任。但根据《德国民法典》第179条的规定，无权代理人以他人的名义订立合同时，如本人拒绝追认，无权代理人应按照第三人的选择承担实际履行或赔偿损失的义务。换言之，第三人既可以要求无权代理人赔偿损失，也可以要求其实际履行，由第三人在两者当中选择其一。

（二）英美法系的原则

英美法系把大陆法系中的无权代理称为违反有代理权的默示担保（breach of implied warranty of authority）。按照英美法系的解释，当代理人同第三人订立合同时，代理人对第三人有一项默示的担保，即保证他是有代理权的。因此，如果某人冒充是别人的代理人，但实际上并没有得到本人的授权，或者是超出了本人的授权范围行事，则与其订立合同的第三人就可以以其违反有代理权的默示担保对他提起诉讼，该冒牌的代理人或越权的代理人就须对第三人承担责任。对于这种情况，需要注意以下几点：

第一，这种诉讼只能由第三人提起，不能由本人提起。

第二，无权代理人的行为不论是出于恶意或者是出于不知情，他都要对此负责；即使他不知道他的代理权已因本人的死亡或精神错乱而告终止，他亦须负责。

第三，如果第三人知道代理人欠缺代理权，或者知道代理人并没有提供有代理权的担保，或者合同中已经排除了代理人的责任，则代理人可以不承担责任。

第四，如果本人对代理人所作的指示含糊不清，而代理人出于善意并以合理的方式执行了这一指示，则代理人对此不承担责任，即使代理人对本人的此项指示曾作了错误的解释，他也不负责任。

第五，代理人对违反有代理权的默示担保所承担的损害赔偿金额，一般应按第三人所遭受的实际损失计算。

四、代理关系的终止

（一）代理关系终止的原因

代理关系的终止有两种情况：一种是根据当事人的行为，另一种是根据法律规定。

1. 根据当事人的行为终止代理关系

代理关系可以依当事人的行为而告终止。如果双方当事人在代理合同中订有期限，则代理关系于合同规定的期限届满时终止。如果代理合同中没有规定期限，当事人也可以通过双方的同意终止他们的代理关系。至于本人是否可以单方面撤回代理权的问题，根据各国的法律，原则上都允许本人可以在代理关系存续期间内撤回代理权。如《德国民法典》第 168 条规定："代理权的消灭，依授予代理权的法律关系决定之。如此项法律关系无特别规定时，代理权的授予亦得于该法律关系存续中撤回。"但是，本人在终止代理关系时，须事先给代理人以合理时间的通知。如果本人在代理关系存续期间不适当地撤销代理关系，本人须赔偿代理人的损失，其中包括代理人的佣金损失或其他报酬。这里需要特别指出以下两点：

（1）有些大陆法系国家为了保护商业代理人的利益，在法律上规定：本人在终止代理合同时，必须在相当长的时间之前通知代理人。例如，法国的法律规定，对于与代为招揽业务的代理人（VRP）订立的代理合同，凡合同中未定期限者，本人在终止合同以前必须向该代理人预先发出通知；通知的期限，在订约后的第一年为 1 个月，第二年为 2 个月，第三年为 3 个月。德国法律规定，对于未定期限的代理合同，其通知终止的期限，在订约后的第 1—3 年为 6 个星期，3 年以后为 3 个月。其他大陆法系国家，如瑞士、意大利、荷兰等国也有类似的规定。这些规定都是强制性的，但它们只适用于不定期限的代理合同。如果双方当事人在代理合同中订有终止期限，则应按合同规定办理。

（2）有些国家对本人单方面撤回代理权有一定的限制。根据英美的判例，如果代理权的授予与代理人的利益结合在一起，本人就不能单方面撤回代理权。例如，某甲向某乙借款若干，并指定乙为代理人代其收取房地产租金，以清偿其借款。在这种情况下，代理权的授予就同代理人的利益结合在一起，甲在其借款清偿完毕之前，不能单方面撤回对乙的代理权。

2. 根据法律规定终止代理关系

根据各国的法律，在下列情况下，代理关系即告终止：

（1）本人死亡、破产或丧失行为能力。但是，根据某些大陆法系国家民商法的规定，上述情况只适用于民法上的代理权，至于商法上的代理权，则应适用商法典的特别规定，不因本人的死亡或丧失行为能力而消灭。

（2）代理人的死亡、破产或丧失行为能力。根据各国的法律，当代理人死亡、破产或丧失行为能力时，无论是民事上的代理权还是商事上的代理权均因之而消灭。

（二）代理关系终止的效果

代理关系终止的效果应从以下两个方面进行分析：

1. 当事人之间的效果

代理关系终止之后，代理人就没有了代理权，如该代理人仍继续从事代理活动，便属于无权代理，本人与代理人之间的关系应按前面介绍过的有关无权代理的法律规定办理。

应当注意的是，有些大陆法系国家为了保护商业代理人的利益，在商法中特别规定，在终止代理合同时，代理人对于他在代理期间为本人建立的商业信誉（good will），有权要求本人予以赔偿。因为在代理合同终止后，这种商业信誉将为本人所享有，本人将从中得到好处，而代理人则将因此而失去一定的利益。如《德国商法典》（HGB）第89条规定，在下列情况下，本人应给代理人以补偿：（1）在代理关系终止后，本人在与代理人曾经介绍给他的客户的交易中获得重大的利益；（2）代理人由于代理合同的终止将失去佣金，这种佣金如果不是由于代理合同的终止，则根据代理人介绍的客户所签订的合同或将来签订的合同，该代理人本来是应当得到该佣金的；（3）依照各种有关的情况，对代理人付给补偿乃是公平合理的。

代理人对于上述商誉赔偿请求，必须在代理合同终止后3个月内提出。这些规定属于强制性的规定，当事人不得事先在合同中放弃此项请求权。但在国际商事代理合同中，双方当事人可以通过选择适用外国法律的办法来规避这种法律的适用。按照德国的法律，如果一个外国的本人同一个德国的代理人订立代理合同，如合同中规定适用本人国家的法律，则不可适用《德国商法典》的上述规定。目前，除德国以外，法国、瑞士、意大利等国的法律均有类似的规定，但英美等国的法律都没有这种规定。

2. 对第三人的法律效果

当本人撤回代理权或终止代理合同时，对第三人是否有效，主要取决于第三人是否知情。根据各国的法律，终止代理关系时，必须通知第三人才能对第三人发生效力。如果本人在终止代理合同时没有通知第三人，第三人由于不知道这种情况而与代理人订立了合同，则该合同对本人仍有拘束力，本人对此仍须负责，但本人有权要求代理人赔偿其损失。如《日本民法典》规定，对代理权的限制或撤销，不得用以对抗第三人。《瑞士债务法典》第34条规定，撤销代理权之全部或一部分时，须通知第三人后，才能用以对抗第三人，在这个问题上，英美法系与大陆法系的处理办法基本上是一致的。

第二节 本人与代理人的关系

在代理合同中有三种关系：（1）本人与代理人之间的关系；（2）代理人与第三人之间的关系；（3）本人与第三人之间的关系。本节主要介绍本人与代理人之间的关系，至于本人和代理人对第三人的关系将在第三节中详细介绍。

本人与代理人之间的关系，一般是合同关系，是属于本人与代理人之间的内部关系。在通常情况下，本人与代理人都是通过订立委托合同或委托协议来建立他们之间的代理关系，并据以确定他们之间的权利义务，以及代理人的权限范围及报酬。

关于本人和代理人的权利义务，在大陆法系国家主要是在民商法典中规定的，在英美法系国家则主要由判例法确定，但各国对于本人与代理人的权利义务的法例，基本上是一致的。现介绍如下。

一、代理人的义务

（一）代理人应勤勉地履行其代理职责

如果代理人不履行其义务，或者在替本人处理事务时有过失，致使本人遭受损失，代理人应对本人负赔偿的责任。

（二）代理人对本人应诚信、忠实（good faith and loyalty）

第一，代理人必须向本人公开他所掌握的有关客户的一切必要的情况，以供本人考虑决定是否同该客户订立合同。

第二，除非事先征得本人的同意，代理人不得以本人的名义同自己订立合同。例如，本人委托代理人替其推销货物时，除非事先征得本人同意，代理人自己不能利用代理关系的便利同本人订立买卖合同买进本人的货物。代理人非经本人的特别许可，也不能同时兼为第三人的代理人以从两边收取佣金。如《德国民法典》规定，"代理人除经特别许可的情形外，不得以本人名义与自己为法律行为"；也不得作为第三人的代理人而为法律行为。这种行为是对代理权的滥用，是违反代理人义务的行为。因此，当发生上述情形时，本人有权随时撤销委托合同或撤回代理权，并有权请求损害赔偿。

第三，代理人不得受贿或密谋私利，或与第三人串通损害本人的利益。代理人不得谋取超出其本人除给他的佣金或酬金以外的任何私利。如果代理人接受了贿赂，本人有权向代理人索还，并有权不经事先通知而解除代理关系，或撤销该代理人同第三人订立的合同，或拒绝支付代理人在受贿交易上的佣金，本人还可以对受贿的代理人和行贿的第三人起诉，要求他们赔偿由于行贿受贿订立合同而使他遭受的损失。即使代理人在接受贿赂或图谋私利时，并未因此而影响他所作的判断，也没有使本人遭受损失，但本人仍然可以行使上述权利。根据英国《1906年反贪污法》（Prevention of Corruption Act 1906）的规定，受贿的代理人和行贿的第三人都构成刑法上的犯罪行为，情节严重者可追究刑事责任。

（三）代理人不得泄露他在代理业务中所获得的保密信息和资料

代理人在代理协议有效期间或在代理协议终止之后，都不得把代理过程中所得到的保密信息或资料向第三者泄露，也不得自己利用这些资料同本人进行不正当的业务竞争。但另一方面，在代理合同终止后，除经双方同意的合理的贸易上的限制外，本人也不得不适当地限制代理人利用他在代理期间所获得的技术、经验和资料。因为根据某些国家关于限制性商业惯例的法律（restrictive business practice），这种限制是无效的。

（四）代理人须向本人申报账目

代理人有义务对一切代理交易保持账目正确，并应根据代理合同的规定或在本人提出要求时向本人申报账目。代理人为本人收取的一切款项须全部交给本人。但是，如果本人欠付代理人的佣金或其他费用时，代理人对于本人交给他占有的货物得享有留置权（lien），或以在他手中掌握的属于本人所有的金钱，抵销（set off）本人欠他的款项。

（五）代理人不得把他的代理权再次委托给他人

代理关系是一种信任关系，因此，在一般情况下，代理人不得把本人授予的代理权再次委托给他人，让别人替他履行代理义务，但如客观情况有此需要，或贸易习惯上允许这样做，或经征得本人的同意者，可不在此限。

二、本人的义务

（一）支付佣金

本人必须按照代理合同的规定付给代理人佣金或其他约定的报酬，这是本人的一项最主要的义务。在商订代理合同时，对佣金问题必须特别注意以下两点：（1）本人不经代理人的介绍，直接从代理人代理的地区内收到订货单，直接同第三人订立买卖合同时，是否仍须对代理人支付佣金；（2）代理人所介绍的买主日后连续订货时，是否仍须支付佣金。

这些问题都应当在代理合同中明确作出规定，因为有些国家在法律上对此并无详细规定，完全取决于代理合同的规定。

根据英美法院的判例，如果本人与第三人达成的交易是代理人努力的结果，代理人就有权得到佣金。因此，如果经过代理人与买方谈判，而最后买方向本人直接订货，或代理人向本人推荐了买方；即便买方所出的价钱虽较标价为低，但本人还是接受了这个较低的价格，代理人都可以要求佣金。但如果本人没有经过代理人的介绍而直接同代理地区的买方达成交易，代理人一般就无权索取佣金。但这些法律规则往往可以通过双方当事人的约定或行业习惯而改变，特别是在指定地区的独家代理协议中，时常规定，代理人对所有来自代理地区的订货单都可以获取佣金。关于代理人所介绍的买方再次向本人订货时，代理人是否有权要求付给佣金的问题，主要取决于代理合同的规定。特别是在代理合同终止以后，买方再次向本人订货是否仍应付给代理人佣金的问题，如代理合同没有明确规定，往往会在本人与代理人之间引起争执。因为在代理合同终止之后，本人仍然可以利用代理人为他建立的商誉和工作的成果。根据英美法院的判例，如果代理合同没有规定期限，只要本人在合同终止后接到买方的再次订货，仍须向代理人支付佣金；如果代理合同规定了一定的期限，则在期限届满合同终止后，代理人对买方向本人再次订货就不能要求本人给予佣金。但即使是在代理人对再次订货有权要求佣金的情况下，代理人也只能要求对再次订货的佣金损失给予金钱补偿，而不能要求取得未来每次订货的佣金，否则这种佣金就将变成代理人的一项取之不尽、用之不竭的收入源泉。

大陆法系对这些问题的处理方法同英美法系有所不同。有些大陆法系国家在法律上对商业代理人取得佣金的权利和佣金的计算方法都有详细的规定。如有些大陆法系国家的法律规定，凡是在指定地区有独家代理权的独家代理人（sole agent），对于本人同指定地区的第三者所达成的一切交易，不论该代理人是否参与其事，该代理人都有权要求佣金。《德国商法典》第 87 条还有一项强制性的规定，即商业代理人一经设定，他就有权取得佣金，即使本人不履行订单，或者履行的方式同约定有所不同，代理人都有权取得佣金；但是如果由于不可归咎于本人的原因出现了履约不可能的情况，则不能适用上述规定，遇有这种情况时，代理人不能要求佣金。此外，有些大陆法系国家为了保护商业代理人的利益，在法律中还规定，在本人终止商业代理合同时，商业代理人对其在代理期间为本人建立的商业信誉，有权请求给予赔偿。关于这个问题，在上节中已有详细介绍，此处不赘。

（二）偿还代理人因履行代理义务而产生的费用

一般地说，除合同规定外，代理人履行代理业务时所产生的费用是不能向本人要求偿还的，因为这是属于代理人的正常业务支出，但是，如果他因执行本人指示的任务而支出了费用或遭到损失时，则有权要求本人予以赔偿。例如，代理人根据本人的指示在当地法院对违约的客户进行诉讼所遭受的损失或支出的费用，本人必须负责予以补偿。

（三）本人有义务让代理人检查核对其账册

这主要是大陆法系国家的规定。有些大陆法系国家在法律中明确规定，代理人有权查对本人的账目，以便核对本人付给他的佣金是否准确无误，这是一项强制性的规定，双方当事人不得在代理合同中作出相反的规定。

第三节　本人及代理人同第三人的关系

按照代理的一般原则，代理人是代替本人同第三人订立合同或作其他法律行为的，合同一经订立，其权利义务均归属于本人，应由本人直接对第三人负责，代理人对此一般不承担个人责任。但实际情况却并非如此简单，特别是本人及代理人同第三人的关系往往是错综复杂的。

代理关系是一种三方关系，其中既有代理人同第三人的关系，也有本人同第三人的关系。因此，从第三人的角度看来，最重要的问题是弄清楚他究竟是同代理人还是同本人订立了合同，即与他订立合同的另一方当事人究竟是代理人还是本人？这个问题在外贸业务中是时常发生的。例如，我国对外贸易企业在同外商订立合同时双方或其中一方究竟作为代理人还是作为“本人”签订合同，究竟应该由谁对合同负责，这是一个十分重要的问题。有时对方并没有声明他是代理人，更没有指明谁是他的委托人（本人），但在执行合同的过程中，本人突然出现并要求第三人直接对他履行合同。因此，搞清楚这个问题是十分必要的。对于这个问题，大陆法系和英美法系有不同的处理方法。

一、大陆法系

在确定第三人究竟是同代理人还是同本人订立了合同的问题上，大陆法系所采取的标准是看代理人是以代表的身份同第三人订立合同，还是以他自己个人的身份同第三人订立合同。当代理人是以代表身份同第三人订立合同时，这个合同就是第三人同本人之间的合同，合同的双方当事人是第三人与本人，合同的权利义务直接归属于本人，由本人直接对第三人负责。在这种情况下，代理人在同第三人订立合同的时候，可以披露本人，也可以不披露本人，而仅声明他是受他人的委托进行交易，但无论如何代理人必须表示作为代理人身份订约的意思，或依订约时的环境情况可以表明这一点，否则就将认为是代理人自己同第三人订立合同，代理人就应对该合同负责。如果代理人是以他个人的身份同第三人订立合同，则无论代理人事先是否得到本人的授权，这个合同都将认为是代理人与第三人之间的合同，代理人必须对合同负责。在这种情况下，本人原则上同第三人没有直接的法律上的联系。

基于上述标准，大陆法系把代理分为两种：一种叫直接代理，另一种叫间接代理。如果代理人在代理权限内以代表的身份，即以本人的名义同第三人订立合同，其效力直接及于本人的，称为直接代理；如果代理人以他自己的名义，但是是为了本人的利益（on the account of principal）而与第三人订立合同，日后再将其权利义务通过另外一个合同移转于本人的，则称为间接代理。

在大陆法系国家，直接代理称为商业代理人（德国称为 handels vertretor，法国称为 agent commercial），间接代理称为行纪人（commissioner）。行纪人虽然是受本人的委托并为本人的利益而与第三人订立合同的，但在订约时不是以本人的名义同第三人订约而是以代理人自己的名义订约，因此，这个合同的双方当事人是代理人与第三人，而不是本人与第三人，本人不能仅凭这个合同直接对第三人主张权利。只有当代理人把他从这个合同中所取得的权利转让给本人之后，本人才能对第三人主张权利。如《德国商法典》第 392 条规定，由行纪人交易行为所发生的债权，须移转于委托人（即本人）后，委托人才能向债务人主张。因此，在间接代理的情况下，本人需要经过两个合同才能对第三人主张权利，第一个是间接代理人与第三人订立的合同，第二个是代理人把有关权利转让于本人的合同。根据德国、瑞士、日本等国的法律，行纪人的业务仅以从事动产或有价证券的买卖为限，但法国法则没有这个限制，行纪人可以订立各种类型的合同。

二、英美法系

英美法系同大陆法系不同，英美法系没有直接代理与间接代理的概念。对于第三人究竟是同代理人还是同本人订立合同的问题，英美法系的标准是，对第三人来说，究竟是谁应当对该合同承担义务，即采取所谓义务标准。英美法系在回答这个问题时，区分三种不同的情况：（1）代理人在同第三人订约时披露了本人；（2）代理人表示出自己的代理身份，但未披露本人；（3）代理人事实上有代理权，但他在订约时不披露代理关系的存在。这是英美法系特有的制度。现分别介绍如下：

（一）代理人在订约时已指出本人的姓名（agent for a named principal）

如果代理人在同第三人订约时已经表明他是代表指名的本人订约的，在这种情况下，这个合同就是本人与第三人之间的合同，本人应对合同负责，代理人不承担个人责任。代理人在订立合同后，即退居合同之外（drops out），他既不能从合同中取得权利，也不用对该合同承担义务。

但有下列情况者除外：(1) 如代理人以他自己的名字在签字蜡封式的合同（deed）上签了名，他就要对此负责；(2) 如代理人以他自己的名字在汇票上签了名，他就要对该汇票负责。

如按行业惯例认为代理人应承担责任者，代理人亦须负责，例如，按运输行业的惯例，运输代理人替本人预订舱位时须对轮船公司负责交纳运费及空舱费。

过去，英国的法律认为，英国的代理人代表外国的本人从事代理业务时，英国代理人须承担个人责任。但现在这项法律原则已经改变，英国代理人在为外国的本人在授权范围内从事代理活动时，已不再承担个人责任。

（二）代理人在订约时表示有代理关系存在，但没有披露本人（agent for an unnamed principal）

如果代理人在同第三人订立合同时表明他是代理人，但没有指出他为之代理的本人的姓名，在这种情况下，这个合同仍被视为本人与第三人之间的合同，应由本人对合同负责，代理人对该合同不承担个人责任。按照英国的判例，代理人在同第三人订立合同时，如仅在信封抬头或在签名之后加列“经纪人”（broker）或“经理人”（manager）的字样是不足以排除其个人责任的，而必须以清楚的方式表明他是代理人，如写明“买方代理人”（as agent for buyer）或“卖方代理人”等，至于他所代理的买方或卖方的姓名或公司的名称则可不在合同中载明。

（三）代理人在订约时根本不披露有代理关系的存在

如果代理人虽然得到本人的授权，但他在同第三人订立合同时根本不披露有代理关系一事，即既不披露有本人的存在，更不指出本人是谁，这在英美法上称为未被披露的本人（undisclosed principal）的代理人。在这种情况下，第三人究竟是同本人还是同代理人订立了合同，他们当中谁应当对该合同负责，这是一个比较复杂的问题。毫无疑问，在这种情况下，代理人对合同是应当负责的，因为他在同第三人订约时根本没有披露有代理关系的存在，这样他实际上就是把自己置于本人的地位同第三人订立合同，所以他应当对合同承担法律上的责任。问题在于，在这种情况下，未被披露的本人能否直接依据这个合同取得权利并承担义务？英美法认为，未被披露的本人原则上可以直接取得这个合同的权利并承担其义务。这具体来说有以下两种方式：

第一，未被披露的本人有权介入合同并直接对第三人行使请求权或在必要时对第三人起诉，如果本人行使了介入权，他就使自己对第三人承担个人的义务。

第二，第三人在知道本人的存在之后，就享有选择权，他可以要求本人或代理人承担合同义务，也可以向本人或代理人起诉。但第三人一旦选定了要求本人或代理人承担义务之后，他就不能改变主意对他们当中的另一个人起诉。第三人对他们中的任何一个人提起诉讼程序就是他作出选择的初步证据；这种证据可以被推翻，如果被推翻，则第三人仍可对他们中的另一个人起诉。但一旦法院作出了判决，便成为第三人作出抉择的决定性的证据，如果第三人对判决不满意，他也不能对他们当中的另一个人再行起诉。

按照英国的法律，未被披露的本人在行使介入权时有两项限制：第一，如果未被披露的本人行使介入权会与合同明示或默示的条款相抵触，就不能介入合同；第二，如果第三人是基于信赖代理人的才能或清偿能力而与其订立合同，则未被披露的本人也不能介入该合同。

上述英美法系的情况同大陆法系相比较，既有相同之处，也有不同的地方。上述第一种情况和第二种情况，即代理人在订约时披露本人或表示自己的代理身份但不披露本人的情况，同大陆法系中的直接代理是相同的，但英美法系中的第三种情况，即代理人不披露本人存在的情况，虽然在表面上与大陆法系中的间接代理有相似之处，但在英美法系中未被披露的本人的法律地位同大陆法系中的间接代理的委托人（本人）的法律地位是截然不同的。按照大陆法系，间接代理关系中的委托人不能直接凭代理人与第三人订立的合同而对第三人主张权利，而必须由代理人同他在订立合同中把前一个合同的权利移转给他，他才能对第三人主张权利，即需要经过两个合同关系，才能使间接代理关系中的委托人同第三人发生直接的法律关系。但按照英美法系，未被披露的本人有介入权，他无需经过代理人把权利移转给他，就可以直接对第三人主张权利；而第三人一经发现了未被披露的本人，也可以直接对本人起诉，即只需要有代理人同第三人间的一个合同就可以使未被披露的本人直接同第三人发生法律关系，不需要再有另一个合同。这是英美法系同大陆法系的一个重要区别，也是英美代理制度的一个主要特点。

第四节　承担特别责任的代理人

如上所述，在通常情况下，代理人在授权范围内同第三人订立合同之后，即退居合同之外，他对第三人不负个人责任；如果第三人不履行合同，代理人对本人也不承担个人责任。这是各国代理制度的一般原则。但除此以外，各国法律或商业习惯也承认某些代理人在一定条件下须对本人或对第三人承担个人责任，这种代理人叫做承担特别责任的代理人，这些代理人活动于国际贸易的各个领域，在国际贸易中起着十分重要的作用。因为在国际贸易中，本人与第三人分处两国，他们对于彼此的资信能力和经营状况都不大了解，而对与他们常有往来的代理人则往往比较熟悉，因此，他们在进行交易时，往往对代理人的信任多于对交易对方的信任，所以他们有时会要求代理人对他们承担个人责任，使之能放心同对方进行交易。这种承担特别责任的代理人有信用担保代理人、保付代理人、保兑银行、保险代理人、运输代理人等。现把其中一些代理人的特别责任介绍如下：

一、对本人承担特别责任的代理人

在实践中，有一种对本人承担特别责任的代理人叫做信用担保代理人（del credere agent）。信用担保代理人的责任是在他所介绍的买方（即第三人）不付货款时，由他赔偿委托人（即本人）因此而遭受的损失。采用这种办法的好处有：（1）由于委托人对国外市场情况了解不多，无法判断代理人所在地区的买方的资信是否可靠，而且由于竞争的需要，往往要用赊销的方法销售货物，一旦买方破产或赖账，委托人就会遭到重大损失。因此，如果代理人同意为国外的买方保付，委托人就可以避免这种风险。（2）由于代理人承担了信用担保责任，他就不会因为贪图多得佣金而在替委托人兜揽订单时为了数量而忽视买方的资信能力。从法律上来看，在本人与代理人之间除了普通的代理合同以外，还存在另一个合同，即担保合同（del credere contract），代理人根据担保合同对本人承担个人的责任。

英美法系国家没有关于信用担保代理人的成文法，但判例法已形成了一套完整的规则。早期的英国法院判例认为，信用担保代理人的责任是第一位的责任，就是说委托人（即本人）在要求买方（即第三人）付款之前，就可以对代理人起诉，要求代理人付款。但 19 世纪以后的判例修改了这一规则，认为信用担保代理人的责任是第二位的责任，即只有当买方无力支付货款或因类似原因致使委托人不能收回货款时，信用担保代理人才有赔偿委托人的义务。同时，信用担保代理人的责任仅限于担保买方（第三人）的清偿能力，即仅对买方无力支付货款负责，至于合同的履行，代理人是不负责任的。因此，如果由于委托人（本人）没有如约履行合同，致使买方（第三人）拒付货款，则代理人不负责任。根据英国的判例，这种信用担保代理合同不一定需要以书面方式作成。

在大陆法系国家，如《德国商法典》《瑞士债务法典》和《意大利民法典》，对信用担保代理人都有专门的规定。信用担保代理在直接代理和间接代理两种情况下都可以成立。根据德国法和瑞士法的规定，对一般代理合同不要求以书面方式订立，但对于信用担保条款都要求以书面方式订立。

信用担保代理制度过去在资本主义国家的出口贸易中曾经起过一定的作用，但现在已逐步被淘汰，因为现在许多资本主义国家已经设立了由政府经营的出口信贷保险机构，专门办理承担国外买主无清偿能力的保险业务。因此，信用担保代理人的作用已逐步由这种机构取代。

二、对第三人承担特别责任的代理人

在商事活动中，有些代理人根据法律、惯例或合同规定，须对第三人承担特别责任，其中，同国际贸易有密切关系的主要有以下几种：

（一）保付代理人（confirming agent）

在很多西方国家，特别是在英美等国有一种对第三人承担特别责任的代理人，叫保付代理人。在英国，这种代理人是由英国出口商协会的出口商担任的，所以又称为出口商行（export house）或保付商行（confirming house）。保付代理人的业务是代表国外的买方（本人），向本国的卖方（第三人）订货，并在国外买方的订单上加上保付代理人自己的保证，由他担保国外的买方将履行合同，如果国外的买方不履行合同或拒付货款，保付代理人负责向本国的卖方支付货款。保付商行通常发生两方面的法律关系：一方面是和国外委托他购货的买方的关系，这是委托人（即本人）和代理人的通常关系。

另一方面是和本国市场上的卖方的关系，这种关系根据他们所订立的合同的性质主要有两种情况：一种情况是，保付商行自己作为买方（本人）订购货物，与卖方签订买卖合同，从而根据合同对货款及接受货物负责；另一种情况是，保付商行以代理人的身份为国外买方订货，同本国的卖方（第三人）订立买卖合同，但同时加上代理人自己的保证，表明他自己对货款负责，从而使保付代理人对作为卖方的第三人承担了特别责任，这是典型的保付安排。

保付商行的义务是，不论在上述第一种或第二种情况下，他都要对本国的卖方（第三人）承担支付货款的责任。如果在合同履行前，国外买方（本人）无正当理由取消订单，保付商行仍须对本国卖方（第三人）支付货款。但在这种情况下，保付商行在付清货款之后，有权要求国外买方（本人）偿还他所付的货款，在某些情况下，还可要求损害赔偿。

保付商行的经济作用是解脱本国卖方（第三人）在国际贸易中可能遭遇的风险，他使本国卖方不必顾虑国外买方的资信能力而接受订货单。保付商行同上面介绍过的信用担保代理人既有相同之处也有不同之处。相同之处是，在两种情况下，代理人都要承担个人责任；不同之处在于保付商行是对第三人承担责任，而信用担保代理人则是对本人承担责任。

（二）对商业跟单信用证加以保兑的保兑银行

在国际贸易中，普遍使用商业跟单信用证（letter of credit）的方式支付货款。在采用这种支付方式时，卖方为了保证收款安全，往往要求买方通过银行对他开出保兑的、不可撤销的信用证。其办法是：由国外的买方通过进口地的银行向出口地的保兑银行或代理银行开出一份不可撤销的信用证，委托该出口地的代理行对其不可撤销的信用证加以保兑，即在其上加上“保兑”字样，并将该信用证通知卖方（即第三人，在银行业务上称为受益人）。卖方只要提交信用证所规定的单据，就可以向设在出口地的保兑银行要求支付货款。

根据国际商会《跟单信用证统一惯例》第 10 条的规定，当开证银行授权另一银行对其开出的不可撤销的信用证加以保兑，而后者根据开证银行的授权予以保兑时，此项保兑就构成保兑银行一项确定的担保，即他对该信用证的受益人承担按信用证规定的条件付款或承兑信用证项下的汇票并于到期时付款的义务。在这种法律关系中，开证银行是委托人（本人），保兑银行是代理人，卖方是受益人（第三人），由于作为代理人的保兑银行在开证银行的不可撤销信用证上加上了他自己的保证，他就必须据此对第三人承担责任。但如果他没有加上自己的保兑，而仅仅是把开证银行开出的不可撤销的信用证通知他所在地的受益人（第三人），他对该受益人就不承担按信用证规定的条件付款的义务。

（三）运输代理人（forwarding agent）

运输代理人在国际贸易中起着重要的作用，这些代理人精通海、陆、空运输的复杂知识，特别是了解经常变化的国内外海关手续，运费和运费回扣，海港和机场的习惯、惯例和业务做法，海空货物集装箱运输的组织以及出口货物的包装和装卸等。

根据有些国家运输行业的惯例，如果运输代理人受客户（本人）的委托，向轮船公司预订舱位，他们自己须向轮船公司（第三人）负责。如果客户届时未装运货物，使轮船空舱航行，代理人须支付空舱费（dead freight）。在这种情况下，代理人可要求客户给予赔偿。如果客户拖欠代理人的佣金、手续费或其他报酬，代理人对在其占有下的客户的货物有留置权，直到客户付清各项费用为止。

（四）保险代理人（insurance broker）

在国际贸易中，进口人或出口人在投保货物运输保险时，一般不能直接同保险人（如保险公司）订立保险合同，而必须委托保险经纪人代为办理，这是保险行业的惯例。根据有些国家如英国海上保险法的规定，凡海上保险合同由经纪人替被保险人（即本人）签订时，经纪人须对保险人（第三人）就保险费直接负责；保险人则对被保险人就保险金额直接负责。根据这一规定，如果被保险人不交纳保险费，经纪人须直接负责对保险人交纳保险费；如果保险标的物因承保范围内的风险发生损失，则由保险人直接赔付被保险人。但保险业有一个特点，在保险行业中，经纪人的佣金是由保险人（第三人）支付的，而在其他行业中，代理人或经纪人的佣金或报酬通常都是由他们的委托人（即本人）付给的。

上述各种承担特别责任的代理人与传统概念上的代理人的主要不同之处在于，按照传统的概念，代理人对第三人一般是不承担个人责任的，而承担特别责任的代理人则须对第三人承担个人责任。这是为了适应当代经济生活的需要，特别是为了适应国际贸易发展的需要而出现的一种新的代理概念。有些学者认为，这种新的代理概念将会得到进一步的发展，并将凌驾于传统的代理概念之上，其结果将使本人与代理人对第三人负双重的责任，使第三人得到更大的保障。

第五节　我国的代理法与外贸代理制

一、我国的代理法律制度

《中华人民共和国民法典》（简称《民法典》）在《中华人民共和国民法通则》和《中华人民共和国民法总则》的基础上，继承和发展了我国的代理制度，并在第七章对代理制度作了规定。《民法典》规定，代理人在代理权限内，以被代理人名义实施的民事法律行为，对被代理人发生效力。除诸如人身行为等应当由本人亲自实施的民事法律行为外，民事主体可以通过代理人实施民事法律行为。代理包括：1. 委托代理，即委托代理人按照被代理人的委托行使代理权；2. 法定代理，法定代理人依照法律的规定行使代理权。

此外，《民法典》对代理权的产生、共同代理、复代理、表见代理、无权代理、代理的终止以及代理行为产生的责任等都进行了规定。《民法典》第 170 条规定了职务代理行为及后果，执行法人或者非法人组织工作任务的人员，就其职权范围内的事项，以法人或者非法人组织的名义实施的民事法律行为，对法人或者非法人组织发生效力。法人或者非法人组织对执行其工作任务的人员职权范围的限制，不得对抗善意相对人。《民法典》第 172 条规定了表见代理制度，行为人没有代理权、超越代理权或者代理权终止后，仍然实施代理行为，相对人有理由相信行为人有代理权的，代理行为有效。《民法典》第 168 条禁止自己代理和双方代理，代理人不得以被代理人的名义与自己实施民事法律行为，但是被代理人同意或者追认的除外；代理人不得以被代理人的名义与自己同时代理的其他人实施民事法律行为，但是被代理的双方同意或者追认的除外。《民法典》第 164 条对不当代理损害赔偿责任进行了规定，代理人不履行或者不完全履行职责，造成被代理人损害的，应当承担民事责任；代理人和相对人恶意串通，损害被代理人合法权益的，代理人和相对人应当承担连带责任。《民法典》第 171 条对无权代理及后果进行了规定，行为人没有代理权、超越代理权或者代理权终止后，仍然实施代理行为，未经被代理人追认的，对被代理人不发生效力；相对人知道或者应当知道行为人无权代理的，相对人和行为人按照各自的过错承担责任。

二、我国的外贸代理制

我国外贸公司在进出口业务中可以采取收购制，也可以采取外贸代理制。所谓收购制，即当从事进口业务时，由外贸公司用自有资金向国内供货部门购出口商品，然后由外贸公司以自己的名义自营出口，自负盈亏。从事出口业务时则相反。所谓外贸代理制，是由我国的外贸公司充当国内用户和供货部门的代理人，代其签订进出口合同，收取一定的佣金或手续费。

（一）外贸代理制的主要做法

我国外贸公司在采取外贸代理制时，基本上是采取如下做法：

1. 代理出口

在出口方面：由外贸公司接受国内供货部门的委托，以外贸公司自己的名义作为卖方，同国外买主签订出口合同，收取约定的佣金。在采用这种做法时，由于外贸公司不是以被代理人（国内供货部门）的名义，而是以外贸公司自身的名义对外签订出口合同，外贸公司作为出口合同的卖方，就必须对出口合同承担责任。因此，即使由于国内供货部门未能按时、按质、按量提供货源，致使外贸公司不能履行其对外签订的出口合同，外贸公司作为出口合同的卖方仍需对外承担责任。国外的买主也只能根据出口合同向外贸公司要求赔偿，而不能越过外贸公司向国内供货部门要求赔偿，因为国内供货部门不是出口合同的一方当事人，他们同国外买主之间并无直接的合同关系。至于外贸公司同国内供货部门之间的关系，则只能通过他们之间签订的委托代理出口合同来解决。

2. 代理进口

在进口方面：由外贸公司接受国内用货部门的委托，以外贸公司自己的名义作为买方，同国外卖方签订进口合同，收取约定的佣金或手续费。在采用这种做法时，由于外贸公司不是以被代理人（国内用货部门）的名义，而是以外贸公司自身的名义对外签订进口合同，外贸公司作为进口合同的买方，也必须对进口合同承担责任。如果国外的卖方违约，只能由外贸公司根据进口合同以买方的名义对外交涉索赔；如果国内用货部门违约，例如无理拒付进口货款或失去偿付能力，外贸公司作为进口合同的买方，仍须根据进口合同的规定向国外卖方负责。至于外贸公司同国内用货部门之间的关系，同样只能根据他们之间签订的委托代理进口合同来解决。

上述两种情况都有一个共同之处，即外贸公司都是以自身的名义作为卖方或者买方，同外商签订进出口合同，而不是以被代理人的名义（国内供货或用货部门）订立进出口合同。这样一来，外贸公司在这种进出口合同中所处的地位就不是代理人的地位，而是合同当事人的地位（卖方或者买方），结果外贸公司就必须对这种进出口合同承担法律责任。

（二）外贸代理制中的法律问题

应当注意的是，《民法典》第七章对代理制度的规定不能完全适用于外贸代理。《民法典》第七章对代理制度的规定主要集中在直接代理，即由代理人以被代理人的名义实施法律行为，这种法律行为所产生的结果，应由被代理人负责。这项规定只适用于外贸公司接受其他有外贸经营权的企业或外商投资企业的委托，以这些被代理人的名义与外商签订的进出口合同，但不适用于目前在外贸代理业务中大量存在的、由外贸公司接受无外贸经营权的企业的委托，以外贸公司自身的名义作为买卖合同的一方当事人同外商签订的进出口合同。因为这种进出口合同不是以被代理人的名义签订的，而且被代理的一方自己就没有外贸经营权，因此，他们对这种进出口合同既不能直接享受其权利，也不能直接承担其义务。这种进出口合同只能由外贸公司直接承担责任，而不能由那些没有外贸经营权的被代理人直接承担责任。

针对我国外贸代理制的特殊情况，我国民法典作出了新的规定。

严格地说，虽然外贸代理属于委托代理，代理人与被代理人一般签订书面委托代理合同，但是，委托合同并不完全等于委托代理。因为，所谓代理，主要是指代理人以被代理人的名义，向第三人作出或接受意思表示，进行民事法律行为。而在委托合同中，受托人根据委托人的委托处理的事务，既可以是向第三人作出或接受意思表示的行为，也可以不需向第三人作出或接受意思表示的行为，即事实行为。

按照《民法典》第 919 条的规定，委托合同是委托人和受托人约定，由受托人处理委托人事务的合同。关于委托合同双方当事人之间的权利和义务，《民法典》的规定与其他国家有关法律的规定大体相同，在此不赘述。

在我国外贸代理制中，大量存在的情况是外贸公司接受无外贸经营权的企业的委托，以外贸公司自己的名义，作为买卖合同的一方同外商签订进出口合同。对于这种情况，《民法典》第 925 条、第 926 条作了专门的规定。

根据《民法典》第925条的规定，受托人以自己的名义，在委托人的授权范围内与第三人订立的合同，第三人在订立合同时知道受托人与委托人之间的代理关系的，则该合同直接约束委托人和第三人。该条还规定，如果有确切证据证明该合同只约束受托人和第三人时，则该合同不能直接约束委托人。这一条款对外贸公司有很大意义。在实践中，国内的委托企业常常与外方当事人先谈判合同的条件，然后再找到外贸企业，委托外贸企业对外签订进出口合同。在这种情况下，外方当事人清楚地知道外贸公司只是国内企业的外贸代理人。在外贸公司完成委托事务后，如双方发生争议，根据《民法典》第925条的规定，委托人或第三人一般应直接进行协商或提起诉讼、仲裁，外贸公司则可以以此作为抗辩理由，不再承担合同责任。

根据《民法典》第926条的规定，当受托人以自己的名义与第三人订立合同，而第三人不知道受托人与委托人之间的代理关系时，其后果分为以下两种情况：

第一，当受托人因第三人的原因对委托人不履行义务时，即受托人对于未能履行对委托人的义务没有过错时，受托人应向委托人披露第三人，由委托人直接行使受托人对第三人的权利。但是，在第三人与受托人订立合同时，如第三人知道该委托人就不会订立合同的话，则委托人不得直接对第三人行使权利。

第二，当受托人因委托人的原因对第三人未能履行合同时，受托人应当向第三人披露委托人。在这种情况下，第三人拥有选择权，可以选择受托人主张权利，或者选择委托人主张权利。但是，第三人一旦作出了选择，便不得变更选定的相对人。例如，一旦他选择受托人主张权利，那么即使他在对受托人的诉讼中败诉，或者虽胜诉，但未能得到实际履行，他也不能重新对委托人提起诉讼。可以看出，《民法典》的这一规定在很大程度上借鉴了英美法中有关未被披露本人的代理的法律制度。

复习思考题

1. 何谓法定代理、意定代理？
2. 代理人对本人负有哪些义务？
3. 当代理人未披露被代理人的存在，而以自己的名义订立合同时，其法律后果在大陆法系和英美法系中有何差异？

在线做题

扩展阅读及分析

第三章

合伙企业法

第一节　商事组织的法律形式

企业（enterprise）是国民经济的基本细胞，是现代社会中人们进行生产、流通、交换等经济活动的一种主要组织形式。

商事组织，亦称商事企业，是指能够以自己的名义从事营利性活动，并具有一定规模的经济组织。

商事组织有各种各样的组织形式，不同类型的商事组织在法律地位、设立程序、投资者的收益与风险、资金的筹措、管理权的分配、税收等各方面均有很大不同。选择适当的企业形式，对于实现投资者的期望值有着极为重要的意义。

一般来说，商事组织主要有三种基本的法律形式，即个人独资企业（proprietorship or individual enterprise）、合伙（partnership）和公司（corporation）。

一、个人独资企业

个人独资企业（individual proprietorship）即独资经营企业，是由一名出资者单独出资并由其独自享有权益和承担风险的企业。从法律性质来说，个人独资企业属于自然人企业，不具有独立的法人资格，它的财产与出资人的个人财产是相通的，出资人就是企业的所有人，他以个人的全部财产对企业的债务负责。出资人对企业的经营管理拥有控制权。尽管个人独资企业有时聘用经理或其他职员，但经营的最高决策权仍属于出资人。出资人有权决定企业的停业、关闭等事项。个人独资企业是西方国家中数量最多的企业形式。个人独资企业大多属于中小型企业，但在解决国民就业方面，作用巨大。在日本等国家，个人独资企业不得从事银行、保险等金融事业。

二、合伙

合伙（partnership）是两个或两个以上的合伙人为经营共同事业、共同投资、共享利润及共担风险而组成的企业。一般来说，合伙企业是一种“人的组合”，合伙人与合伙企业紧密联系，合伙人的死亡、退出或破产等都将导致合伙的解散。合伙人对合伙的债务负连带无限责任。大多数国家法律规定，合伙企业原则上不具有独立的法律人格，不属于企业法人；但法国、荷兰等大陆法系国家及苏格兰的法律则规定合伙企业也可具有法人资格。合伙企业在西方国家中属于数量较多的企业形式。但由于规模、组织以及资金来源等方面的限制，合伙一般归类于中小型企业，特别是家庭企业。

三、公司

公司（corporation）是依公司法的规定设立的、以营利为目的的企业法人。各国法律均规定，公司具有独立的法人资格，有权以自己的名义拥有财产，享受权利和承担义务。公司是一种"资本的组合"，股东与公司之间是相互分离的。股东的死亡、退出一般不影响公司的存续，股东对公司通常只负有限责任。公司的经营主要由专门的经营管理人员负责。在现代西方社会中，以股份有限公司为代表的公司企业已成为国民经济的主要支柱，对社会经济生活具有举足轻重的影响。

作为一个商人，在其选择从事商业活动的企业形式时应注意的因素是多方面的，但主要集中在两个问题上：第一，投资者对商业活动中产生的债务承担无限责任还是有限责任？第二，税法是否把该类企业划入适合投资者纳税的类别？但是两者相比，税法的考虑往往优先于责任的考虑。在美国，新的企业形式，如有限合伙（LP）、有限责任企业（LLC）① 或有限责任合伙（LLP）则把投资者的有限责任与税收优惠结合起来考虑。在20年前，有限责任只能与公司形式相联系，这表明有限责任必然与公司税收（二次所得税）相联系，但如今用一次所得税的合伙企业纳税法也同样可以适用享有有限责任的企业形式。

企业的纳税考虑要比投资者是否承担有限责任更加重要的另一个原因是因为在某类企业中，即使投资者需要承担无限责任，但这也只是一种可能性，一种风险，这种可能性和风险也许永远不会变成真正的现实。此外，保险也有利于帮助投资者避免最可怕的侵权赔偿。无限责任的风险可以通过努力予以躲避，即使无法避免，也可以用不是自己的资产承担或通过责任保险转移出去。但是，纳税则不同，它是现实的，只要企业被列入二次所得税制的公司系列，就得每年支付实实在在的现金作为税负，这对投资者来说是最现实的"考虑"。

在选择企业形式时，除了要特别重视有限责任及纳税考虑之外，还应重视下述因素：（1）考虑商业活动的性质是否适合此类企业形式投资者的数目及其相互关系；（2）考虑其内部运作的有效性及从事业务活动的费用；（3）筹措资金及其他经济资源的可能程度；（4）考虑企业未来发展是否方便融资。

凡新建的企业，在其开始阶段应使所有的事情简单化。小型的、资本较少的企业往往是尽量减少设立费用和把资金集中在管理上，而不是过多用于律师费上。简单化往往意味着所有权人应集中精力在业务上，而不要过多地放在非本质的机构细节上。

---

① "Limited Liability Company"应被翻译成"有限责任企业"，而不是有限责任公司，因为它与美国公司法上的"Closely Held Corporation"是不同的，LLC是一种介乎于合伙与有限责任公司之间的企业形式，详见本章第三节。

第二节 合伙法

一、西方国家有关合伙企业的法律

合伙是一种古老的企业组织形式，早在古希腊、罗马时代就已广泛存在，有关合伙的法律规定也随之产生。例如，著名的《法学阶梯》就设有专门一节对合伙作了规定。

在现代大陆法系国家，合伙法主要规定在民法典和商法典的有关章节之中。《德国民法典》第二编第705-740条规定了民事合伙，《德国商法典》第105-160条则规定了商事合伙，《法国民法典》第三编第四章为“合伙”。法国商事合伙最初规定在《法国商法典》中，后来于1966年7月24日制定了《商事企业法第66-537号》，其中第一编第一章、第二章对商事合伙作了规定，取代了商法典的有关规定。

在英美法系国家，合伙法大都采取单行法的形式。英国1870年制定了合伙法，至今依然有效，该法对英美法系的其他许多国家的合伙法有较大影响。美国的合伙法属于州法，没有统一的联邦合伙法。为了消除各州合伙法之间的差异，美国统一州法全国委员会于1914年起草制定了《统一合伙法》（Uniform Partnership Act）。该法目前已被除佐治亚州和路易斯安那州以外的所有州所采纳。该法包括7章45节，主要适用于合伙人未订立合伙契约的合伙企业。该《统一合伙法》平均每三四年修改一次，至今有数十稿之多。

二、合伙概述

（一）合伙的概念与特征

合伙是两个或两个以上的合伙人为经营共同事业、共同出资、共享利润、共担风险而组成的企业。在大陆法系国家，合伙分为民事合伙和商事合伙，分别适用民法典和商法典或有关的商事法规。两者的主要区别在于，商事合伙必须是达到一定的经营规模并专门从事营利性活动的合伙企业；而民事合伙在上述两方面则具有更多灵活性。本章主要介绍商事合伙的法律特征。

英美法系国家，尤其在美国，合伙企业则分得很细，以便使其更适应社会发展的需要。

一般而言，合伙（英美法系主要是指普通合伙）具有以下主要特征：

第一，合伙是建立在合伙协议基础之上的一类企业。合伙人之间签订的合伙协议，规定各合伙人在合伙中的权利和义务。即使合伙企业设有一定的组织机构负责日常的业务，其内部关系仍然主要适用合伙协议的有关规定。

第二，合伙强调的是“人的组合”（aggregation），从法理上说，合伙人的死亡、破产、退出等都影响到合伙企业的存续。

第三，合伙人对合伙企业的债务负连带无限责任（joint and several liability）。合伙人以个人的全部财产作为合伙债务的担保。一旦合伙企业的财产不足以清偿其债务，债权人有权向任何一位合伙人请求履行全部债务。

第四，合伙人有权平等地享有合伙的收益并享有参与管理合伙事务的平等权利，但合伙协议另有规定的除外，每个合伙人均有权对外代表合伙企业从事合伙的正常业务活动。

第五，合伙企业一般不具有法人资格，原则上不能以合伙企业的名义拥有财产，享受权利和承担义务。但法国、荷兰、比利时等国法律则规定合伙企业具有法人资格。英美国家虽不承认合伙企业的法人资格，但在某些特定场合也把合伙视为一个实体。如美国《统一合伙法》就规定，合伙企业是独立于合伙人的一个组织体（a partnership is an entity distinct from its partners），它可以以合伙的名义起诉、应诉。①

（二）合伙企业的利弊

作为一种企业形式，合伙企业对于投资者既有有利的一面，也有不利之处。

1. 合伙企业的有利之处

（1）设立合伙企业的手续比较简单，费用较少。

（2）通过合伙可以集中起比个人独资企业更多的资金和更广泛的业务联系。

（3）每个合伙人均有参与管理的权利。

（4）合伙企业不是法人，因而也不是独立的纳税单位，合伙企业本身无须交纳企业所得税，实行“先分利后纳税”原则，而公司除股东所得交纳个人所得税外，公司本身还必须交纳公司所得税，采取“先纳税后分利原则”，属于“双重纳税”。

（5）各国政府对合伙企业的监督和管理比较松，不要求合伙企业公开企业账目和年度报告，合伙企业的经营有较大的自由和灵活性。

2. 合伙企业的不利之处

（1）合伙企业的合伙人数量有限，难以募集大量资本，因而规模一般不大。

（2）合伙人对合伙企业债务承担连带无限责任，投资风险较大。

（3）每一合伙人都有权参与管理，不利于企业管理的集中和统一，不利于实行有效管理。

（4）合伙企业存续时间不稳定，一旦有合伙人死亡或退出，合伙就可能解散，这不利于合伙企业的稳定发展。

从以上合伙企业的利弊分析可以看出，合伙企业主要是一种适合于中小规模企业或家族企业经营的商事组织形式。

三、合伙企业的设立

合伙企业一般基于合伙人之间订立的合伙协议（partnership contract）而成立。

合伙协议是规定合伙人之间权利义务的法律文件，是确定合伙人在出资、利润的分配、风险及责任的分担、合伙的经营等方面权利义务的基本依据，对每一合伙人均具有

---

① Uniform Partnership Act（1994）第201条。

拘束力。合伙协议一般应采用书面形式，但也可以根据合伙人之间的口头方式以及他们的行为来判定他们之间存在合伙关系。

（一）合伙协议的主要条款

其一，合伙的名称及各合伙人的姓名。在西方国家，很多合伙企业的名称多以合伙人的姓氏命名，在合伙人的姓氏之后可加上“商行”（firm），或“企业”（company or enterprise）的字样。

其二，合伙企业所经营业务的性质和经营范围。

其三，合伙的期限。有些国家对合伙的期限加以限制，如法国法律规定，合伙的期限最多不得超过 99 年，但合伙人可以在此期限到期后请求延长。

其四，每一合伙人出资的种类及金额。

其五，合伙人之间利润的分配和损失的分担办法。

其六，合伙企业的经营管理方式。

其七，合伙人死亡或退出时，对企业财产及合伙人利益的处理方法以及合伙企业继续存续的途径。

其八，合伙人认为必须约定的内容。

（二）登记注册事项

合伙企业设立的手续一般比较简便，但各国法律有不同的要求。如按照美国《统一合伙法》的规定，合伙得依合伙人的协议而组成，也可以无须政府批准，但必须要有合法的目的；如果某些行业如律师业、医师业，必须要有执照才能开业者，则必须向有关主管部门申领开业执照。英国的合伙法对合伙的商号名称要求相当严格，合伙的商号一般应以合伙人的姓氏命名，在合伙人的姓氏之后，可加上商号或企业字样，但不得加上“有限”（limited）的字样，否则每天罚款 5 英镑。同时，根据其《商号名称注册法》（Registration of Business Names Act）的规定，凡在联合王国设有营业所的商号，如在商号名称中没有包含合伙人的真实姓氏或没有包含合伙人的真实姓名的开头字母者，均须向主管部门进行注册登记。

按照德国法律的规定，合伙企业必须在商业登记册上办理登记。全体合伙人必须事先提出合伙申请，在申请书中应载明每一合伙人的姓氏名称、职业和长期住所，企业的名称和开设地点，以及开始营业的日期等。

（三）合伙关系

在英美法国家，即使合伙人之间并未订立明确的合伙契约或对合伙是否存在发生争议，如果符合一定的条件，法院会判定当事人之间存在合伙关系。这种合伙一般称为“事实上的合伙”。在判定事实上的合伙是否存在时，法院主要考虑以下三个因素：（1）合伙人是否分享利润和分担损失的事实；（2）合伙的财产是否由合伙人共同所有；（3）合伙人在经营管理中是否享有同样的权利。

四、合伙企业内部各合伙人之间的关系

合伙人之间的权利和义务通常都在合伙协议中予以规定，因而他们之间首先是一种合同关系。与此同时，合伙人之间也有一种相互信任的诚信义务（fiduciary duty），合伙人不得损害合伙企业或其他合伙人的利益，只牟取一己之利。

（一）合伙人的权利

1. 分享利润的权利

每一合伙人均有根据合伙协议规定的比例取得利润的权利。如果协议中没有其他规定，则应根据各国合伙法的规定分配利润。英、美、德等国合伙法规定，合伙人应平均地分配利润，而不考虑合伙人出资的多少。法国法则规定应按合伙人的出资比例分享利润。

2. 参与经营管理的权利

除非合伙协议有相反的规定，每一合伙人均有平等地参与合伙管理、对外以合伙的名义进行业务活动的权利。在实际生活中，合伙协议常常规定由某一位或几位合伙人负责合伙的日常管理。如果每一合伙人都参与管理，企业的经营决策必须经每一合伙人的同意。

3. 监督和检查账目的权利

每一合伙人都有权了解、查询有关合伙经营状况的各种情况，负责日常业务的合伙人不得拒绝合伙人随时查阅合伙企业的账目并提出质询的要求。有些国家对合伙人的这项权利加以限制，以保证合伙企业的经营管理能够顺利进行。如法国法律规定，不参与日常管理的合伙人一年内查阅合伙账目一般不得超过两次。

4. 获得补偿的权利

合伙人为处理企业的正常业务或维持企业的正常经营、维护企业的财产利益而垫付的个人费用或因此遭受的个人财产损失，合伙企业和其他合伙人应予以补偿。但在原则上，合伙人不得向合伙企业请求支付报酬，也不领取工资。

（二）合伙人的义务

1. 缴纳出资的义务

合伙人在签订合伙协议之后，有义务按照合同规定的时间、数额、方式缴纳出资（contributions）。如合伙人到期拒不缴纳出资而使合伙无法成立或给其他合伙人造成损失的，其他合伙人有权要求其赔偿。合伙人一般可以以金钱、实物、技术或已完成了的劳务出资。

2. 忠实的义务

合伙人对合伙企业及其他合伙人负有忠实的义务（duty of loyalty）。合伙人必须为合伙企业的最大利益服务；不得擅自利用合伙企业的财产为自己牟取私利；不得经营与合伙企业相竞争的事业；应及时向其他合伙人报告有关企业的各种情况和信息。合伙人违反忠实义务所获得的利益，必须全部转交给合伙企业。

3. 谨慎和注意的义务

参与经营管理的合伙人在执行合伙业务时，必须履行谨慎和注意义务（duty of care），如因其失职而给合伙企业造成损失，其他合伙人有权请求赔偿。

4. 不得随意转让出资的义务

由于合伙人之间存在着“相互信任”（mutual confidence）的关系，合伙人未经其他合伙人同意不得将其在合伙中的出资及各项权利转让给第三人，也不得介绍第三人入伙。但大多数国家均允许合伙人在一定条件下将请求分配利润的权利转让或馈赠给他人。除合伙协议另有规定外，合伙人的死亡或退出，即引起合伙的解散，但一般合伙协议都订有企业存续条款（continuation agreement），即如果某合伙人死亡或退出，合伙企业继续经营的条件。

五、合伙企业对第三人的关系

在合伙企业中，每个合伙人在企业所从事的业务范围内，都有权作为合伙企业和其他合伙人的代理人。这就是所谓合伙人相互代理的原则。根据这一原则，合伙企业同第三人的关系具有以下几个特点：

第一，每个合伙人在执行合伙企业的通常业务（ordinary business）中所作出的行为，对合伙企业和其他合伙人都具有拘束力。除非该合伙人无权处理该项事务，而且与之进行交易的第三人也知道该合伙人没有得到授权，否则，合伙企业和全体合伙人都要就该合伙人的行为对第三人负责。根据英国合伙法的规定，每个合伙人，特别是从事货物买卖交易的合伙贸易企业的合伙人，在处理下列事务时，都认为具有默示的授权：（1）出售合伙企业的货物；（2）以企业的名义购买企业业务所需要的货物；（3）收受企业的债款，并出具收据；（4）为企业雇用职工；（5）以企业名义承兑和开立流通票据；（6）以企业的信用借款或以企业的货物作抵押借款；（7）委托律师为企业进行诉讼。

任何合伙人就上述事项同第三人订立的合同，对合伙企业和其他合伙人都具有拘束力。所有合伙人均须对合伙企业同第三人所订立的合同或所承担的债务负连带的无限责任。

第二，合伙人之间如对任何一个合伙人的权力有所限制，不得用以对抗不知情的第三人。但如果第三人在同该合伙人进行交易时，已经得知该合伙人的权力受到限制而无权处理该项业务，则该合伙人所作出的行为就不能约束合伙企业和其他合伙人。

第三，合伙人在从事通常的合伙业务过程中所作的侵权行为（tort），应由合伙企业承担责任。但合伙企业也有权要求由于故意或疏忽的有关合伙人赔偿企业由此而遭受的损失。

第四，当一个新的合伙人被吸收参加一个现存的合伙企业时，是否要对入伙前该合伙企业所负的债务承担责任，大陆法和英美法的态度截然不同。英美法系认为新入伙的合伙人对入伙前的合伙企业的债务以出资额为限承担责任，无需承担个人责任；大陆法系则认为新入伙的合伙人对入伙前合伙企业的债务承担无限连带责任。

第五，当一个合伙人退出合伙之后，他对于其作为合伙人期间企业所负的债务仍须负责。至于已经退出合伙企业的合伙人，对企业日后所发生的债务是否仍须负责的问题，则须视不同情况而定。如果同企业进行交易的第三人，在他退出合伙企业之前曾经同企业进行过交易，则他必须通知该第三人，说明他已经不再是合伙人，否则他仍须对该第三人负责；如果该第三人在他退出合伙企业之前并未同该企业进行过交易，也不知道他是合伙人，则他对于他退出合伙企业之后所进行的交易即可不负担责任。

六、合伙企业的解散

合伙企业的解散有两种情况，一种是自愿解散（voluntary），一种是依法解散（by operation of law）。所谓自愿解散是指合伙企业依合伙人之间的协议而解散，例如，当合伙章程订有期限时，合伙企业即于该期限届满时宣告解散；如果合伙章程中没有规定期限，合伙人之间也可以在事后达成协议，宣告合伙企业的解散。所谓依法解散是指合伙企业依照合伙法的有关规定而宣告解散。

第三节　美国合伙企业分类

合伙企业的生命力就体现在其灵活性上，即合伙企业的发展历史表明，其能适应社会经济的发展而不断变化、调整和发展。在这方面，应该说美国是最具有代表性的，它的合伙企业形式多样，能适应各种投资者在不同投资领域的需要。现分别介绍如下：

一、普通合伙

General Partnership（GP）在美国，即我们一般讲的普通合伙企业。普通合伙企业适用美国《统一合伙法（1914）》（UPA 1914）与美国《修订统一合伙法》（Revised Uniform Partnership Act 1994，即 RUPA 1994，1996 年、1997 年两次修订）的示范原则。

RUPA 1994 对合伙的定义是："两个或两个以上的人以营利为目的、对合伙财产进行经营而形成的社团，如非为依公司法、独资企业法、非营利性企业法等设立，则视为在当事人之间形成合伙关系，无论当事人是否有此意向。"该定义继承了 UPA 1914 关于合伙是一种"剩余企业"的概念，即凡未登记为其他企业的人合的、营利性组织推定为合伙企业，无论当事人是否有设立合伙的意思表示，也无须履行任何特定的成立手续。

普通合伙中的合伙人可以是自然人、法人或其他社会团体，条件是必须有经营行为且必须以营利为目的，仅仅共同拥有财产或非营利性组织不视为合伙企业法律关系。另外依英美国家合伙法的相关判例，如多人共同经营一项事业，"合伙协议"约定按一定比例在经营者之间分配毛收入（gross revenue），由每人各自承担其成本支出，则法律认为各经营者之间不成立普通合伙关系即连带责任。合伙人之间应分配净收入（net profit），以体现普通合伙企业共享利润、共担风险的宗旨。

普通合伙在美国服务领域内是被广泛采用的一种企业组织形式，常见于法律、会计、医疗等行业。这些行业采用普通合伙主要注重合伙人的专业技术以及他们之间的相互信任与合作关系。合伙人共同出资，共同经营管理合伙企业，在从事合伙经营过程中，各合伙人互为代理人并承担忠诚和不竞业义务，所有合伙人对合伙企业的债务均承担连带无限责任。

二、有限责任合伙

Limited Liability Partnership（LLP）的企业组织形式在英美都存在，在此将之翻译为有限责任合伙。有限责任合伙企业适用美国《统一合伙法（1914）》、美国《修订统一合伙法》以及美国律师协会起草的《示范有限责任合伙法》的示范原则。美国法将有限责任合伙视为普通合伙的一种特殊责任形式，只有普通合伙才可以申请享有有限责任的保护。

有限责任合伙的合伙人均为普通合伙人，在经营管理上与普通合伙类似；不同的是在有限责任合伙这种组织形式下，对某一合伙人、员工等在提供专业服务时的错误、不作为、过失、低能力或渎职的行为所产生的侵权与违约责任，全部合伙人以全部资产为限对其债务承担有限度的连带责任，超过合伙资产总额的未偿付债务由过失合伙人独立承担无限责任，其他合伙人不再承担连带责任。美国德克萨斯州 1991 年《有限责任合伙法》就有相关规定。鉴于各州纷纷立法承认有限责任合伙，美国统一州法全国委员会对 1994 版本的《修订统一合伙法》作出修改，增加了有限责任合伙的规定。美国《修订统一合伙法（1997）》第 306（c）节规定："一个人并不因为他是一个合伙人而直接或间接地，包括以补偿、分摊、评定或其他方式对合伙成为有限责任合伙后所发生、设定、接受的可向合伙收取的债务负责，无论该债务系源自侵权、合同或其他义务。"各州关于责任限制与该示范法不一致的地方在于，很多州的有限责任合伙法将有限责任合伙人的有限责任限定于因其他合伙人执业过错而产生的侵权之债，只有科罗拉多（Colorado）、佐治亚（Georgia）、印第安纳（Indiana）、马里兰（Maryland）、明尼苏达（Minnesota）、蒙大拿（Montana）和纽约（New York）这几个州将有限责任合伙人的有限责任从侵权之债扩大到既包括侵权之债，也包括违约之债。

有限责任合伙组织形式如今在美国广泛适用于大规模的会计师事务所、律师事务所等专业性合伙企业，国际四大会计师事务所及绝大多数美国律师事务所都采用有限责任合伙的企业形式，以避免几百上千的合伙人为自己并不熟悉的其他合伙人的执业过错承担连带无限责任。

但是，有限责任合伙并不意味着合伙人完全解除了对合伙债务的无限责任。从各州有限责任合伙法的规定看，在以下三种情形下，合伙人需要对合伙债务承担无限责任（个人责任）：（1）因合伙人本身的过错行为引起的对他人债务或对第三人的侵权责任，该合伙人就必须对此承担个人责任；（2）合伙人如果参与了合伙的雇员的不当行为，或者负有监管责任的合伙人参与受其监管的雇员或其他合伙人的不当行为、渎职行为，或者明知其有不当行为或不行为而不采取适当措施加以制止时，该合伙人要承担个人责任；（3）对于合伙在一般商业环境下发生的、法律明确排除在有限责任保护范围以外的行为，如未能偿还贷款、交付租金或履行契约义务等，合伙人依照传统合伙法的规则应承担个人责任。上述后两种情形，特别是负有监管责任的合伙人对其下属或其他合伙人的执业过失所承担的个人责任，是《示范有限责任合伙法》所保留的合伙人个人责任中争议最大的问题，它涉及如何界定“监管责任”的范围，其结果将直接决定着有限责任合伙这种新的组织形式到底能够在多大范围内解除合伙人的个人责任。由此可见，有限责任合伙的合伙人对于他人过错能否享有有限责任保护只能就具体事件具体分析，而对自己的过错则必须承担无限责任，这一点上与普通合伙无异。

三、有限合伙

Limited Partnership（LP）通常译为有限合伙。有限合伙企业适用美国《统一有限合伙法（1916）》（Uniform Limited Partnership Act 1916，即 ULPA 1916）、美国《修订统一有限合伙法》（Revised Uniform Limited Partnership Act，RULPA 1976，RULPA 1985）、美国《统一有限合伙法（2001）》（Uniform Limited Partnership Act 2001，即 ULPA 2001）的示范原则。有限合伙在中世纪的欧洲就出现了，这种制度安排是由资金的所有者向贸易操作者提供资金，投资者按约定获取利润的一部分，但不承担超过出资之外的亏损；如果经营者不存在个人过错，投资者也不要求经营者对其投资损失承担赔偿责任。这种制度安排使中世纪欧洲财富的持有者，能秘密进入商业活动，获取丰厚利润，且承担的风险损失有限。有限合伙作为公司制度的先驱，极大地促进了中世纪欧洲及地中海沿岸贸易的发展。有限合伙制度首先为 1673 年法国商法所承认和保护，后来被 1807 年《法国商法典》第 23-28 节吸收。美国的有限合伙制度完全是成文法的产物，是美国借鉴法国法的产物，并被传统法学者认为是对普通法原则的侵害。美国统一州法全国委员会先后发布了 ULPA 1916、RULPA 1976、RULPA 1985、ULPA 2001 几部规范有限合伙的示范法，这几部示范法被美国绝大多数州所采纳。

有限合伙是将一部分合伙人的有限责任与合伙的一次纳税待遇相结合的一种商主体形式。20 世纪初，有限合伙制度在美国以成文法的形式被确定下来，有限合伙的企业组织形式被广泛用于各类风险投资的经营运作中。20 世纪以来，风险投资行为采用的主要组织形式即为有限合伙，且通常以基金的形式存在。投资人以出资为限对合伙企业债务承担有限责任，而基金管理人以普通合伙人的身份对基金进行管理并对合伙企业债务承担无限责任。这样既能降低投资人的风险，又能促使基金管理人为基金的增值勤勉谨慎服务。依责任形式的不同，有限合伙中的合伙人分为普通合伙人（general partner）与有限合伙人（limited partner）两类，普通合伙人与有限合伙人可以为自然人或法人。在美国，依 ULPA 1916 的规定，有限合伙企业中至少有一位普通合伙人，他（他们）对有限合伙企业的债务承担连带无限责任，对有限合伙企业事务享有管理权，并对有限合伙企业及所有合伙人负有诚信和忠诚的义务；而有限合伙人只以其出资为限对有限合伙企业的债务承担有限责任，但有限合伙人对有限合伙企业事务无管理权，其一旦介入对合伙事务的经营管理则被视为普通合伙人，承担连带无限责任。

四、有限责任有限合伙

Limited Liability Limited Partnership（LLLP）直译为有限责任有限合伙。在美国，申

请有限责任有限合伙的责任形式的前提条件必须是一个有限合伙企业。有限责任有限合伙作为有限合伙的一种特殊责任形式受美国《修订统一有限合伙法（1985）》（RULPA 1985）与美国《统一有限合伙法（2010）》（ULPA 2001）示范原则的指导。

在美国，有限责任有限合伙与有限合伙一样，主要适用于风险投资行业。有限责任有限合伙将有限合伙与有限责任合伙的优势结合起来，以有限责任有限合伙组织形式的风险投资基金为例，不仅作为有限合伙人的出资人受有限责任的保护，作为普通合伙人的基金管理人（自然人）也享有有限责任合伙中普通合伙人有条件的有限责任保护，即普通合伙人只对自己的过失给风险投资企业造成的损失承担无限责任，而对其他普通合伙人在管理风险投资基金过程中产生的过失不承担连带责任。

有限责任有限合伙产生前，为了规避普通合伙人所要承担的苛刻的连带无限责任，有限合伙的合伙人一般通过一系列复杂的设计，使管理公司承担普通合伙人的角色（见上文 LP）。这种责任限制保护机制的设计，不仅使有限合伙内部结构复杂化，而且使作为普通合伙人的管理公司分得的合伙收益必须缴纳公司所得税，削弱了合伙的税收优势。而有限责任有限合伙中的普通合伙人（自然人）则既可以行使合伙企业的管理权，又享有有条件的有限责任的保护。另外，这种受有条件有限责任保护的自然人作为普通合伙人要承担重于董事的责任，这种压力促使他们更好地履行自己管理有限责任有限合伙风险投资企业的职责。因此，LLLP 通过综合 LP 与 LLP 的优点，实际上将 LLLP 主体形式的风险投资推向了更加类似于投资公司的位置，同时又能保有税收上的优势，但有限责任有限合伙中普通合伙人的有限责任是有条件和不全面的。

LLLP 的合伙人为了获得有限责任的保护，必须向州政府提交有限责任有限合伙的申请，经审查后，方可获得批准登记并须在当地媒体上公告，其企业名称必须有 LLLP 字样以标明其责任形式。

1997 年美国国税局出台的被称为“check-the-box-rule”的政策，同样允许有限责任有限合伙企业自由选择按合伙方式或按公司方式缴纳联邦税。

在经济高度发达、商业形式多样成熟的美国，有限责任有限合伙也是一种新颖的企业组织形式。虽然越来越多的州依据 RULPA 1985 与 ULPA 2001 的相关原则颁布本州的立法允许在本州设立有限责任有限合伙企业，但其立法的成熟性及普及程度远逊于其他合伙制企业。关于有限责任有限合伙的相关程序性与实体性法律原则，尚需在其实践中不断地发展完善并确定下来。

五、有限责任企业

Limited Liability Company（LLC）应译为有限责任企业，适用美国《统一有限责任企业法（1994）》（Uniform Limited Liability Company Act 1994，即 ULLCA 1994）示范原则的指导。

本书认为 Limited Liability Company 中的“Company”一词不应翻译为中文通常意义上的“公司”。因为，在美国，Limited Liability Company 的实质类似于所有合伙人均为有限合伙人的合伙企业，Limited Liability Company 不受美国联邦或州的任何公司法规范的约束，美国法学院的教材中一般都将 Limited Liability Company 置于非公司企业法的体系下讲述。因此，本书认为，将 Limited Liability Company 译为有限责任公司，不仅容易与大陆法系国家的有限责任公司（两种截然不同）相混淆，更扭曲了 Limited Liability Company 作为非注册公司（non-corporate）企业的本质。当然，有限责任企业在一定程度上是合伙与公司的混合体，其既可以享有合伙企业的一次纳税（不含纳企业所得税）的待遇，同时出资人又以出资为限享有有限责任的保护。依我国民商事主体法的基本原则，美国的有限责任企业的组织形式是一个矛盾体或是一个悖论，但这正体现了美国商事主体立法适应实践的灵活性以及美国政府对中小企业的扶持态度。

有限责任企业并非美国首创，但毫无疑问是在美国获得了最大的发展。有限责任企业在美国的诞生同一家石油公司的名字联系在一起，正是后者的直接需求催生出这一全新的企业形式。汉密尔顿石油兄弟公司（Hamilton Brothers Oil Company），一家石油开采公司，从 20 世纪 60 年代后期开始，主要在巴拿马以有限责任企业组织形式从事国际石油开采和天然气开采，并尝到了甜头。为了在国内也能设立有限责任企业，汉密尔顿石油兄弟公司的代表起草了相关的立法草案并向有关州进行游说，起初选择的目的地是阿拉斯加州，但以失败告终；同一份草案又被呈递至怀俄明州，并获采纳，于 1977 年被通过，成为美国第一部有限责任公司法。5 年以后，佛罗里达州通过了类似的立法。但是，其他州的反应并不积极，而是持观望态度，主要原因是国内税收局（IRS）一直未就是否会给予这种给所有成员提供有限责任保护的新企业形式合伙税收待遇的问题表态。1988 年，IRS 最终发布了第 88-76 号裁决，同意对有限合伙企业按 K 章征税，即允许其享受合伙税收待遇。这一关键问题一旦解决，各州争相出台有限责任公司立法。1994 年，美国统一州法全国委员会制定了《统一有限责任企业法》示范法，到 1999 年，美国 50 个州都制定了本州的有限责任企业法，有限责任企业这一企业组织形式在美国得到了广泛的承认。美国《统一有限责任企业法（1994）》示范法规定："一个或一个以上的人均可向州务卿交存组织章程，成立一个有限责任企业。有限责任企业的成员可以是自然人或法人，可以是本州人、外州人甚至外国人，人数可以是一人或数人，没有上限。其企业名称必须有 LLC 字样以标明其责任形式"；"有限责任企业是一个区别于其成员的法律实体"；"除另有约定外，有限责任企业的债务、义务和责任，无论源于合同、侵权或其他，完全为有限责任企业的债务、义务和责任，其成员不对这些债务、义务和责任承担超出其出资的个人责任"。但以 LLC 名义签订的合同，合同主体的名称中必须明示 LLC 字样，否则，签署人对合同承担个人责任。

有限责任企业具有公司的某些特征，如出资人（member）对企业债务以出资为限承担有限责任；可选择所有权与经营权分离（manager-managed）的运作方式；可以选择以公司主体形式纳税；出资人可以对管理者提起派生诉讼；不参与 LLC 经营的出资人的出资被美国证券交易委员会（SEC）视为证券，享有证券法对出资人的保护等。有限责任企业又具有合伙企业的许多特征：如出资人可以选择自治（member-managed）的运作方式，由出资人对公司直接进行经营管理；出资一般不得自由转让；选择作为合伙企业只缴纳个人所得税等。在美国有限责任企业可以选择有存续期（a term LLC）或无限存续（an at-will LLC）。有限责任企业出资人的人数和国籍不限，在这一点上，优于美国《国内税法典》（Internal Revenue Code）S 章的规定。

有限责任企业出资人享有有限责任保护的同时还可以选择直接参与企业的经营管理、一次纳税，因此是许多小型企业甚至大型企业创业之初的首选组织形式。虽然有限责任企业拥有诸多优势，但这种企业组织形式在美国并不及传统有限责任公司（close corporation）普及，其中原因可能是有限责任企业的设立程序尚未被普通人广泛了解；另外，虽然 LLC 的成员（members）所持有的出资额受相关证券法的管辖与保护，但此 LLC 企业不能像传统有限责任公司那样可以直接转型为公众公司（public corporation）。

合伙企业是重要的市场主体，对各国的经济发展都起着积极的作用，我国自然也不例外。1997 年 2 月我国首次通过《中华人民共和国合伙企业法》，伴随着改革开放和社会主义市场经济的发展，在吸收外国的立法经验的同时，结合我国经济社会的发展需要，为了进一步规范合伙企业设立与经营，保护合伙企业及其合伙人的合法权益，鼓励民间投资，促进经济发展，我国于 2006 年 8 月通过了对《中华人民共和国合伙企业法》的修订。该法最大的特点就是扩展了合伙企业的类型，在原有的普通合伙企业基础之上，引入了特殊的普通合伙企业和有限合伙企业，其中特殊的普通合伙企业与美国法的有限责任合伙企业相似。在《合伙企业法》的推动下，我国合伙企业得到了长足的发展，为促进社会主义市场经济持续健康发展，发挥了重要作用。

复习思考题

第一节

1. 请指出个人独资企业的主要特点及其优势。
2. 假如你准备在中国进行直接投资，在选择企业形式时，应注意哪些问题？

第二节

3. 个人独资企业、合伙企业有哪些长处？为什么大量投资者愿意采用个人独资形式？
4. 请列举出三个英美案例来说明本节三（三）合伙关系中所总结的原则。
5. 英美法系国家与大陆法系国家有关合伙的法律规定有哪些主要不同点？

第三节

6. 请查找相关资料并比较中国合伙企业法和美国合伙法的主要异同点。

在线做题

扩展阅读及分析

第四章

公司法

第一节　公司及公司法的概念

一、公司的概念及其基本特征

（一）公司的定义

各国的公司立法都对“公司”下定义，但无论从理论上还是在实践中，各国公司法对“公司”的定义都集中在下述三个内容，即法定性、营利性和法人资格上，即公司是指依公司法的规定成立的、以营利为目的的企业法人。

如《美国标准公司法》对“公司”下的定义为：公司是按公司法的规定而设立的、以营利为目的的法人组织。英国公司法对“公司”的定义也基本一样。但大陆法系国家，由于法国和德国的公司法分成有限责任公司法和股份公司法，因此没有对“公司”下统一的定义，但内容是一致的。在英文中，“公司”可以用“Corporation”表示，也可以用“Company”表示。但在用“Company”表示时，在公司名称后应添加“Ltd.”或“Inc.”来表示，但常用的方法是在公司的名称后直接用公司的缩写“Corp.”表示，如福克斯公司可用“Fox, Corp.”来表示，或用“Fox, Ltd.”，“Fox, Inc.”来表示。

（二）公司的基本法律特征

公司作为企业法人（corporate body），具有以下基本的法律特征：

1. 公司股东对公司承担有限责任（limited liability）

公司的股东以其出资额为限，对公司承担有限责任，这是各国公司法的共同规定，也是公司区别于其他企业形式的关键。如《美国标准公司法》第6.22节规定，公司股东就其购买的股份，除了支付发行股份的对价外，或支付其认缴协议中规定的对价外，对公司及其债权人不承担额外的责任。各国公司法把股东对公司的风险只限于其允诺承担的责任（认缴的出资额）之内。这是各国公司法的趋同点，也是商事组织法上历史性的进步。

2. 公司具有独立的财产所有权（ownership of property）

公司的初始财产来源于股东的投资，但一旦股东将投资的财产移交给公司，这些财产从法律上便属于公司所有，而股东则丧失了直接支配、使用这些财产的权利，他们所换来的则是按照出资比例享受一系列的权利，如参与股东大会并投票的权利、分得红利的权利等。但公司对因股东入资而形成的公司财产以及在以后经营中增加的财产具有独立的所有权，具有直接的使用权和处置权，并以公司的全部资产对公司的债务承担有限责任。

3. 公司独立地享有民事权利和承担民事责任，包括起诉和应诉权（to sue and to be sued）

当公司与他人发生商业纠纷时，公司有权以自己的名义在法院提出起诉，或进行应诉以行使其诉讼权利。

4. 公司实行统一（法定）的集中管理制（centralized management）

公司的管理体制应由公司章程具体规定，但必须与公司法的原则规定相一致，即应采取股东大会、董事会（监事会）及经理三位一体的统一的集中管理体制，而不能采用合伙企业的合伙人分别管理的管理方式。

5. 公司的永久存在性（perpetual existence 或 continuity of life）

相对合伙企业，公司强调的是资本的联合，因此股东股份的转让、股东的死亡或破产都不影响公司企业的存续。

二、揭开公司面纱原则

公司制度最重要的贡献就是确立了公司的独立法人地位以及公司股东对公司承担有限责任。该原则构成了公司法的基石，它在企业发展过程中是一种巨大的历史进步。但是，公司法确立的公司有限责任不等于其没有责任。公司的独立法人资格和股东的有限责任在市场经济的运作中出现了许多异化现象。在现实的商业活动中，处在公司身后的股东（主要是控制股东，包括母公司）以及同样承担有限责任的公司管理层（包括董事会成员及高级管理人员）在其自身利益的驱动下，有可能利用公司的法人地位进行各种规避法律甚至违法的行为。对公司承担有限责任的上述行为人，有可能以法人的外壳来从事其违反公平、公正和正义的原则，乃至违法的行为为其私利服务。正如美国法官 Sanborn 在 United States v. Milwankee Refrigrator Transit Co. 一案的判决中概括而形象地指出的那样："作为一般规则，除非有足够的相反理由出现，公司应当被看作是具有独立法人人格的法人；当公司法人特性被用于损害公共利益，使违法行为正当化，保护欺诈或者作为替犯罪辩护的工具时，法律将视公司为无权利能力的数人的联合体。"① 因此，在英美法国家法院的许多案件中，为了追求公平正义，维护社会利益，常常会拒绝承认一个合法成立的公司的独立法人地位，直接探究公司与股东的真实关系。这种不考虑或忽略公司独立存在特征的做法，通常用一个非常生动的比喻来表达，即"揭开公司面纱"（piercing the corporate veil）。依据"揭开公司面纱"的原则，如果法庭认为成立公司的目的是利用公司作为手段，从事妨碍社会利益、欺诈或逃避个人责任的活动，法院将不考虑公司的法人资格，直接追究股东或其他行为人的民事责任。也就是

---

① 沈四宝．国际商法论丛：第1卷．北京：法律出版社，1999：124.

说，法院有权要求公司的有控制权的股东及主要经营者对公司债务承担个人责任（personal liability）。但是具体而言，如何判断公司的责任是否应该由个人承担，以及何时转移到个人身上，是一个相当复杂的事实问题，历来的判例提出了许多不同的原则。

在具体的案件中，涉及股东对公司债务承担个人责任的情形有如下几种：

（一）涉及公司资金问题

如果公司在设立时的资本，与其所从事业务的特征以及该项业务所必须带来的一些风险相比，要小得多，而且极不相称，则这种现象被称为“不实或不足投资”（inadequate capitalization），而以这样的出资方式设立的公司被称作“壳”公司。通常如果第三人知道自己是在与一个“壳”公司交易，视为第三人自担风险，法庭认为当事人之间既然已经自愿分配了风险的承担，就不应对其进行干涉。除非，“壳”公司的股东就其资本大小向当事人作了错误陈述，以致该第三人误认为其资本充足，并因此与“壳”公司达成交易。在这种情况下，如果第三人提起诉讼，法庭就要考虑揭开公司外壳，追究股东的个人责任。

（二）涉及公司未履行必要的正式手续（requisite corporate formalities）

在此情况下，法庭判定该公司是股东的“第二自我”或“工具”，认为公司面纱应该被揭开。譬如，在公司尚未完成其机构设置或未发行股票就已经开始营业；未召开股东大会或董事会；或在公司未具备完备的公司和财产记录情况下就从事风险投资。在这些情况下，公司的独立法人地位将不被考虑。

（三）涉及股东与公司的关系不清晰（尤其是母公司与子公司的关系不清晰）

在以下五种情况中，法庭有权判定母公司对其子公司的债务承担责任：（1）有控制权的股东对子公司进行不公平的管理，它们之间进行的业务活动，收益归有控制权的股东，损失则由子公司承担；（2）子公司实际上是有控制权的母公司的一个组成部分，名为子公司实为办事处或分公司，而其不具有事实上的独立法人资格；（3）子公司根本没有独立法人资格的设置，包括主要管理人员及董事会人员与母公司的重叠；（4）子公司与母公司从事本质上相同的业务，而且子公司的从业资金完全由母公司控制；（5）子公司与母公司在财务和业务上具有不可分割性，是统一的实体。

当出现了上述五种情形时，与公司进行交易的第三人既可以依据合同法的原则，如错误陈述、显失公平等原则，也可以依据侵权法的相关原则，要求法院撕破公司面纱，绕开公司独立法人资格的保护，追究母公司的责任。

但要说明的是，法律创设“公司”组织形式的目的就在于要保护股东、赋予公司独立法人地位，因而法庭并不轻易适用“揭开公司面纱原则”，其在实践中通过判例确定了严格的标准。在具体案件中，法庭通常要求第三人提供充分的证据证明股东与公司之间存在不清晰的关系、公司投资不实等能证明适用“揭开公司面纱”原则的事实。

在英美法系国家，当法院适用该原则时，采取特别慎重原则。因此，在适用揭开公司面纱的法律原则时应予特别注意：（1）该原则是判例中形成的法律原则，它属于判例法范畴，法官具有较大的裁量权；（2）该原则只能由法院行使，管辖权来自合同约定的仲裁机构一般无权行使；（3）该原则属于公司法中有关有限责任法律原则的例外，据统计，在美国以该原则作出判决的不足整个请求案的10%；（4）法院在适用该原则时，往往不只依赖单独的事实，而是要综合多方面的因素和事实方能作为判决的依据。

三、公司法的概念

公司法是指规定公司企业的设立、组织、经营、解散、清算以及调整公司对内对外关系的法律规范。这个定义强调了：

（一）公司法规定的对象是具有法人资格的公司企业，而不是所有企业

所谓企业，是指应用资本承担风险以赚取利润的一种经济实体。企业（enterprise）的范围比较广泛，它主要包括个人独资企业、合伙企业和公司企业。此外，它还包括为数不多的合作企业（cooperative enterprise）和其他各种商业性经济实体。而公司法适用的范围，仅仅是公司企业，不包括其他类型的企业。

（二）公司法是公司企业最基本的规范准则

一个国家的公司法可以被认为是该国所有公司企业的总章程。因为一国之内的所有公司章程都不应违反公司法的规定，而且应在公司法的指导下建立自己的章程。

（三）公司法规定了公司的内部及对外的法律关系

公司的内部法律关系主要包括两方面的内容：一是指公司股东、董事、高级职员和一般雇员之间的权利和义务关系；二是指公司各行政机构之间，如股东大会、董事会、董事会下设的专业委员会和工会之间的职责分工。公司法对上述涉及公司内部事务的问题都作了原则性的规定。公司的对外法律关系也包括如下两方面内容：一是公司与政府之间的关系。政府在保证国家政局稳定，有利于整个社会经济繁荣的前提下，保护公司业务的正常开展。因此，政府通过公司法，对于个别公司认为可行或有利的，但对整个社会经济秩序有害的或不可行的营业活动，往往予以限制或禁止。二是调整公司与第三人的关系。所谓第三人，是指与公司进行业务往来的包括债权人在内的个人、商号、合伙以及其他公司等。公司法比较强调保护第三人利益，同时，也保护公司不受第三人的欺诈，保证它们之间签订的合同能切实地履行。总之，公司法所要解决的主要问题，就是保护投资者（股东）、雇员以及公众利益，保证公司有效地进行经营。

四、公司法的法律形式

目前世界各国的公司法主要采用两种法律形式：一种为单行法规；另一种是包含在民法或商法之中，作为民商法的一个组成部分。在多数大陆法系国家，公司法原先是作为民商法的一部分而存在的，但由于公司在整个社会经济生活中发挥了越来越大的作用，因此，公司法逐渐从民商法中分离出来而独树一帜，成为单行法规。公司法从民商法中分离出来自成一体的做法是一种历史趋势。当前，采取单行法规的国家已占绝大多数。

在美国，每个州都有各自的公司法，因此，整个美国共有 50 个公司法。至于由全国律师协会起草的《美国标准公司法》（Model of Business Corporation Act，简称 MBCA），其本身没有法律约束力，但它对各州公司法的制定和修改有很大的影响。到目前为止，该法律的大部分内容已为多数州所采用，成为各州公司法的主要内容。尽管《美国标准公司法》本身没有法律效力，但作为法律文件来说，不失为美国公司法之“标准”和“样板”。由于它的特殊地位，本章将多次引用该法的内容。

英国也属于采取单行法规形式的国家。英国的公司法立法始于 1825 年，以后历经社会变革和经济发展，终于形成了著名的 1948 年《公司法》。1967 年《公司法》对 1948 年《公司法》又作了补充，及至 1973 年英国加入欧洲经济共同体后，根据共同体有关公约的规定，分别在 1976 年和 1980 年又对 1967 年《公司法》作了较大规模的变动，但 1948 年《公司法》的绝大部分原则和内容均被沿用下来。其后，1985 年和 1989 年分别对公司法进行了补充和修改，直至 2006 年，英国对《1985 年公司法》作出了重大的补充和修改，通过了《2006 年公司法》。英国公司法在大陆法系国家的影响较大。

法国的公司法目前也采用单行法规的形式。但法国公司法最初是从 1804 年民法典和 1807 年商法典中有关合同与商业组织的法律规定中逐渐形成和发展而来的。

日本的公司法也采取相同的形式，2005 年日本国会通过了《公司法典》，该公司法由过去的《日本商法典》第二编、《有限责任公司法》和《商法特例法》整合而成。

此外，采取单行法规的国家还有德国、比利时、丹麦、爱尔兰、卢森堡以及英联邦国家，如加拿大、澳大利亚、新西兰和印度等国。

至今，仍有少数国家，公司法是被包含在民法或商法之中的。如意大利公司法是包含在民法典中的；瑞士公司法被包括在契约法之中；瑞典公司法则仍包括在商法典中。

我国公司法则是采取由人大常委会单独立法的形式出现的。我国第一部《公司法》于 1994 年颁布，其后，分别于 1999 年进行第一次修正、2004 年进行第二次修正、2005 年进行修订、2013 年进行第三次修正、2018 年进行第四次修正。目前实施的则是人大常务会在 2018 年 10 月第四次修正通过的《公司法》。

第二节　公司的主要分类

各国公司法，根据公司股东对公司享有的权利和承担的义务的不同、资金来源及其管理形式的不同，将公司主要划分成有限责任公司和股份有限公司。有的国家，主要是大陆法系国家如德国、日本等国家的公司法还规定有无限责任公司、两合公司和股份两合公司，但这类公司作用很小。英美法系国家公司法主要规定股份有限公司，但通常另辟一章，专门规定有限责任公司。本章则集中介绍有限责任公司及股份有限公司这两类公司。

一、有限责任公司的基本法律特征

有限责任公司，是指股东人数较少，不发行股票，股份不得随意转让，股东对公司承担有限责任的公司。有限责任公司于1892年首创于德国，其目的在于融合合伙企业与股份有限公司的优点，以适应中小型企业，特别是家族企业的客观需要。其后被法国、意大利、卢森堡、比利时等国相继采用。英国的“Private Company”和美国的“Close Corporation”近似于此类公司。

在英国、美国和加拿大等国家都没有独立的有限责任公司法，而是作为公司法的一章存在的；在法国、德国和意大利等大陆法系国家，则是以独立的单行法规出现的。我国公司法规定我国的公司分为有限责任公司和股份有限公司（包括上市公司）两类公司。有限责任公司的法律特征为：

（一）公司法禁止有限责任公司向公众招募股本

各个股东所认购的股份比例通常由股东们相互协商而定。之后，由公司向其出具股权证书，以证明其在公司内部享有的权益和承担的风险比例。各国公司法都规定了有限责任公司的法定资本额要少于股份有限公司的法定资本额。

（二）股权一般允许转让

股东在股东之间转让其部分或全部股权时可以不受限制，但股东向股东以外的人转让股权要受到一定的法律限制。在同等条件下，其他股东对被转让的股份具有优先购买权，因而股东之间的关系比较稳定。公司法一般允许公司章程及内部细则对股权转让进行规定。在股权转让问题上，还有一些其他规定。如德国《有限责任公司法》规定，股份转让和股份转让合同必须经过公证形式；在英国，公司内部细则往往规定转让股份还得经公司董事会同意。

（三）股东人数有法定限制

公司法一般对有限责任公司的人数有限制。例如，英国公司法规定有限责任公司股东人数不得超过50人；美国特拉华州公司法规定不得多于30人；法国公司法规定不得高于50人，如果超过50人，则必须转变成股份有限公司，否则股东人数须降到50人，或者解散该公司；我国公司法规定股东人数为50人以下。此外，有限责任公司的股东之间需要相互信任，许多都是同一家庭的人员或亲朋熟友，他们具有长期合作共事的基础。

（四）公司行政管理机构比较简单

股东人数较少的公司一般不设立股东大会和监事会，董事会是最高权力机构，主要股东一般都是董事会成员，并直接参加公司管理。有限责任公司设立和解散程序也相对比较简单。

（五）具有较明显的人合性质

有限责任公司具有一定的人合性质。这主要表现在公司处理重大事务时，除了强调股权的作用外，还强调了股东作为出资人应具有的作用，如股东会应由全体股东参加；

公司章程由股东共同起草，股东向股东以外的第三人转让其出资时，必须经全体股东过半数同意。这与股份有限公司只强调股权的作用——按股东在注册资本中所占有的股权比例来决定——是不同的。有限责任公司股东之间的关系密切，在经营管理及重大问题的决策中，股东作为个人的作用还是比较明显的。

此外，公司的财务报告不予公开，只须按照公司章程规定的期限送交给各股东审阅即可。

由于有限责任公司具有上述特点和长处，它基本上是以资合公司为基础又吸收了人合公司的特点，属于一种混合型的公司，这类公司不仅在海外属于得到广泛运用的直接投资形式，而且在我国也被普遍接受。目前，我国存在有五种不同形式的有限责任公司，它们分别是：(1) 普通有限责任公司；(2) 一人有限责任公司；(3) 国有独资公司；(4) 两个以上的国有企业或者两个以上的其他国有投资主体投资设立的有限责任公司；(5) 外商投资的有限责任公司。

二、股份有限公司的基本法律特征

股份有限公司 (Publicly Held Corporation)，是指全部资本划分成等额的股份，其股份以股票形式依法公开发行和自由转让的一种公司企业形式。股份有限公司最本质的特点就是其股票是公开发行和自由转让的。

我国《公司法》对股份有限公司的定义为：股份有限公司是指其全部资本分为等额股份，股东以其所持股份为限对公司承担责任，公司以其全部资产对公司承担责任。《公司法》的第四章、第五章和第六章对我国股份有限公司的特点作出了较详尽的规定。股份有限公司的基本法律特征为：

(一) 全部资本分为等额股份

股份有限公司的注册资本都是以股票为计量单位的，即每一股股票在注册资本中所代表的金额是一致的、相等的，整个注册资本在某种意义上说，也可以用股份数来表示。因此，在股份有限公司中，股票是均分股东权益的凭证，股东是以其握有的股票数 (即占注册资本的比例) 来享有股东权益的。

(二) 股份以股票形式公开发行并可以流通

在股份有限公司中获准上市的公司，又称上市公司 (Listing Corporation)，它可以通过发行股票来筹集资本，其股票可依法在证券交易所进行流通。

(三) 所有权和经营权相分离

股份有限公司是典型的资合公司，股东作为公司的所有权人，与公司的董事会及管理层是分离的，即负责股份有限公司的日常管理活动的是董事会和管理层。公司法对股东大会、董事会、管理人员及监事会各自的职权作了较为具体的规定。

（四）公司的账目必须公开

公司法规定，以募集设立方式成立的股份有限公司必须公告其财务会计报表。财务会计报表主要包括资产负债表、损益表、股东权益变动表、现金流量表、财务情况说明书及利润分配表等。

（五）股份有限公司的规模较大

股份有限公司，尤其是上市公司一般属于股本大、资金雄厚、股东人数众多、内部管理机构权责分明、效益高、竞争力强的公司。

根据西方国家公司法的规定，西方国家的股份有限公司，尤其是在证券交易所公开挂牌上市的公司，其特征与我国公司法的规定基本相似。股份有限公司在一国的经济、政治和社会生活中起着举足轻重的作用。

三、母公司、子公司和分公司的法律特征

在区分不同公司形式时，必须十分明确母公司（parent company）、子公司（subsidiary）和分公司（branch）各自的法律特征及其主要区别。这对于深入理解公司以及开展对外经济贸易活动有着重要的现实意义。要指出的是，在我国现行《公司法》中，尚无母公司的概念，但对于分公司及子公司已有原则的规定。

（一）母公司的法律特征

按照传统的西方国家公司法的规定，所谓母公司，系指通过掌握其他公司的股票（份）从而能实际上控制其他公司营业活动的公司。母公司本身往往也从事大量的经营活动。这类公司有时亦称总公司或本公司。在西方国家人们把母公司又称为控股公司（holding company），但从严格意义上说，母公司与控股公司是有一定区别的。尽管从理论上讲，控股公司与母公司都是通过掌握一个以上其他公司一定数量的股票（份），从而达到控制上述公司之目的；但严格来说，这类公司应区分为纯粹的控股公司（pure holding company）和混合控股公司（mixed holding company）两类。

纯粹的控股公司是指其设立目的只是为了掌握子公司的股票（份）或其他有价证券，其本身不再从事其他方面的任何业务活动的公司。有的西方国家，如卢森堡的公司法就明确规定，所谓控股公司，就是指其唯一的宗旨只是为了在本国公司或在外国公司中参股，以及为了掌握其他公司有价证券的公司。该法律还规定，控股公司除了拥有自己的办公楼外，不得拥有其他土地，不能从事任何工商业活动以及不得直接与公众进行交易活动。显然，上面谈到的母公司与这类公司是有区别的。实践中，纯粹的控股公司数量较少。

混合控股公司，或叫控股—营业公司（holding-operating company），这类公司除了掌握子公司的股份之外，自身也有业务活动。在美国，很多实力雄厚的跨国公司都属于此类公司，如美国电话电报公司、通用汽车公司等就是既控制子公司，又经营世界范围内的通讯、工业生产及其他业务的公司。在西方国家，尤其是在英美等国，母公司主要就是指这类混合控股公司。

控股公司或母公司的共同特点是，它们都对其子公司实行严格控制。掌握子公司一定比例的股票数额就是实行此种有效控制的关键，当然也有其他的控制方式。但在西方国家的公司法中，对母公司和子公司的不同规定，集中体现在母公司对子公司实施控制的方式上。

（二）子公司的法律特征

在西方国家，子公司是一个独立的公司，它的设立、经营及解散全部由公司法规定，不再另作特殊的规定或说明。

我国《公司法》第 14 条第 2 款则规定，子公司具有法人资格，依法独立承担民事责任。也就是说，所谓子公司，就是指受母公司控制，但在法律上是独立的法人组织，它本身是一个完整的公司企业。子公司的独立性及其法人资格主要表现在以下四个方面：（1）具有自己独立的公司名称和公司章程。（2）具有自己独立的行政管理机构，如果子公司采取股份有限公司形式，它具有自身的股东大会和董事会；如果属于比较小型的有限责任公司，那么必须建立董事会。总之，它的行政管理机构都是独立的。（3）具有自身的年度报告、资产负债表、损益表等财务报表，它属于独立承担民事责任的公司。（4）可以独立地以自己的名义进行民事诉讼活动。

（三）分公司的法律特征

分公司是总公司或者母公司的一种分支机构或者仅仅是母公司的一个附属机构，它本身在法律上和经济上没有独立性。我国《公司法》对分公司的规定是“分公司不具有法人资格，其民事责任由公司承担”。从这点出发，分公司具有如下基本特征：（1）分公司没有自己独立的名称和章程，而只能使用与母公司同样的名称和章程；（2）分公司的主要业务活动完全由母公司决定，分公司只能以母公司的名义并根据它的委托进行业务活动；（3）分公司的所有资产属于母公司，因此，母公司要对分公司的债务负无限责任。

我国公司法之所以要对子公司和分公司的法律地位作出特别规定，主要是考虑到在经济全球化下公司法的趋同化问题。

四、其他公司形式

股份有限公司和有限责任公司是公司企业中最主要的形式，也是我国公司法明确规范的两种形式。但在有些国家（主要是大陆法系国家）的公司法中还规定有其他形式的公司企业，主要有无限责任公司及股份两合公司。

（一）无限责任公司

无限责任公司是指由两个以上的股东组成、对公司债务负无限连带清偿责任的公司。

1948 年《英国公司法》第 1 条第 2 款第 3 项规定，无限责任公司是“股东对公司的责任没有任何限制的公司”。

无限责任公司有如下几个特点：

第一，公司股东对公司的债务负无限清偿责任。无限责任是相对有限责任而言的一个法律概念。有限责任是指股东的责任仅限于其认购股份时应承担的全部股金。无限责任则相反，股东要以自己的全部动产与不动产对公司所欠债务负责，即当公司资金不足以清偿公司债务时，股东要以自己的个人财产来抵债。

第二，无限责任公司的全体股东对公司债务负有连带责任（joint and several liabilities）。连带责任是指数人共同对同一债务负责，而且每人承担偿付他们共同承担的全部债务责任，即在公司资金不足以清偿债务时，公司债权人可以对公司的全部股东、部分股东或一位股东请求偿还全部债务，而不管该股东出资多少。因此，无论哪个股东皆有清偿全部债务的责任。

第三，无限责任公司股东直接参加管理公司事务，公司所有权和行政管理权融为一体。

第四，无限责任公司股本可以任意地进行增加或减少，无须得到当地政府的核准。

第五，无限责任公司无须公开其任何财务报表，包括董事会和审计员的决议和报告。

目前，在西方国家还存在无限责任公司，但数量不多。此类公司一般不利于保护投资者的利益，这主要是因股东所承担的风险太大所致。负债经营公司一旦破产，往往会引起股东倾家荡产，甚至家破人亡，不利于社会秩序的稳定，也不利于经济生活的繁荣。

（二）股份两合公司

股份两合公司，是西方国家特别是西欧和日本等大陆法系国家的一种公司形式。股份两合公司是指由有限责任股东和无限责任股东共同组成的一类公司。在这类公司中，无限责任股东对公司债务负无限连带清偿责任，有限责任股东仅就其出资额对公司债务负责。

股份两合公司，是无限责任公司和有限责任公司之间的中间形式，其经济意义在于既有负无限责任的股东以取得外界信任，又可吸收有限责任的股东以扩大公司的资金。由于无限责任股东负有很大风险，因而他们在两合公司中占主导地位，享有管理公司业务的权利。有的国家，如法国公司法规定，有限责任股东不能管理公司的业务及对外代表公司，但在每个财政年度终了时，有权要求查阅公司当年的资产负债表，并有权检查公司的营业情况。

第三节　公司的设立

一、公司的设立程序

公司的设立是公司法中的一个重要组成部分。公司法对公司设立的法定程序作了较为详细的规定。一般而言，公司的设立涉及公司的创办人、公司的注册登记、公司的章程（包括公司章程细则）、公司的基本权力、公司的年度报告、公司的名称、公司的存续时间以及具体的成立程序等诸多问题。对于公司的具体设立程序，本节仅将公司的创办人、公司章程及其细则、公司的基本权力以及公司的年度报告作为重点问题，分别予以阐述。

特别说明的是，本节阐述的公司设立程序中的法律问题，集中在股份有限公司的设立上，而不包括有限责任公司的设立程序，但这两类公司的设立，在关键点上是相似的，比如公司章程的起草、呈递工商部门以及公司的基本权力等。

二、公司的创办人

成立公司必须要有公司创办人。这是西方国家公司法最基本的一项规定。

公司创办人也可称为公司发起人，英文叫 incorporator、founder 或 sponsor，它是指参加公司设立活动、在公司初始章程上签名的人。

西方国家公司法普遍规定，创办人必须具有行为能力，无行为能力或限制行为能力者不得充当创办人。

创办人的责任主要有：

（一）创办人之间的相互责任

在公司成立前，他们之间的关系是一种互相委托、共担风险的关系，对设立公司的全部费用和债务负连带责任。一旦公司成立，他们之间共担风险负连带责任的关系即行结束，而被股东间的合作关系所代替。

（二）创办人对公司所承担的责任

创办人承担接受公司委托办事的责任。这种责任包括：（1）对公司忠诚；（2）办事公正；（3）本人在公司中的全部利益必须公开。

（三）创办人对股东和债权人的责任

创办人除对公司负有责任外，还直接对公司股东和债权人负责。如果股东和债权人受到公司创办人欺骗，而这种欺骗是由于公司创办人的失职或其没有公开全部事实材料而造成的，则股东和债权人可以向法院直接对创办人提起诉讼，而不必通过公司。

对于创办人的国籍和居所地的问题，西方国家公司法一般都没有公司创办人必须具有所在国国籍的规定，对本国国民与外国人都是一视同仁的；但也有个别国家作了一些限制性的规定。例如，意大利公司法规定，公司创办人不一定是具有意大利国籍的公民，但外国人占据意大利公司 30% 以上股份时得经意大利财政部同意批准。又如，挪威公司法规定，对创办人无国籍要求，如果公司创办人的招股书（prospectus）是向公众公开发出的，则创办人中至少应有一半人需在挪威居住 2 年以上；如果招股书不向公众公开，则不受上述居住条件的限制。

西方国家公司法还规定，公司创办人不一定是自然人，法人（如公司）也可以充当创办人。例如，《美国标准公司法》规定，一人或数人，本州公司或外州（国）公司，一经签署并向州务卿递交公司章程都可以充当发起人。我国公司法则规定，设立股份有限公司，应当有2人以上200人以下的发起人，其中需有半数以上的发起人在中国境内有住所。

三、公司的章程

起草并提交公司章程，是公司设立过程中具有特殊意义的程序，也是公司律师重要的工作内容。

英美国家将公司章程分为两部分：在英国分别被称为公司组织大纲（Memorandum of Association）和组织章程（Articles of Association）；在美国被称为公司初始章程（Articles of Incorporation）和公司内部细则（Bylaws）。欧洲国家则通常称公司章程为“Status”。

（一）公司章程的概念及特征

公司章程是指规范公司的宗旨、业务范围、资本状况、经营管理以及公司与外部关系的公司准则。公司章程是组建公司必备的核心文件，必须提交政府的登记部门核准并备案。根据英美等国的公司法，公司章程还应包括内部细则，在向注册登记部门递交公司法律文件时，必须同时提交公司章程和内部细则。

应该说，公司章程是公司据以内部运作和对外经营的基本原则，它是公司存在的基石，也是政府依法管理公司的基本依据，更是外界了解公司的主要途径。

公司章程主要具有如下几个特点：

1. 合法性

合法性表现在：（1）公司章程的内容必须符合公司法的规定；（2）公司章程的形式也必须合法，比如只有经核准、公告或必须公告（如德、法等国）才能生效；又如章程的制定及修改也必须合乎法律规定。这里要说明的是，公司的初始章程是公司发起人共同意思的反映，但以后，章程也只有在通过股东大会批准后方可修改。

2. 公开性

公司章程必须公开。各国公司法都要求公司章程以指定的方式予以公开并置于固定办公室（比如注册办公室），能予以查阅，以便公众了解。因为，章程是公司公开树立起来的一面旗帜，社会就是根据此面旗帜来认识公司的基本情况的。

3. 真实性

公司章程的内容，尤其是涉及公司的资本数额、出资的方式包括币种以及管理机构及管理人员的职权，必须真实。章程内容虚假会直接导致公司的设立无效，而且可以要求责任人承担严重的后果。

4. 自治性

公司章程是创办人或股东共同制定的，除公司法强制规定的内容外，章程可以根据公司的具体情况进行制定，集中体现了创办人或股东对公司事务管理的高度自治性。

5. 权威性和严肃性

公司章程一旦生效，必须保持一定的权威性和严肃性，即章程必须作为公司行为的准则，公司要真正履行章程的规定，政府应依章程管理，公众应依据章程的规定与公司发生业务往来。

（二）公司章程的内容

公司章程是公司创办人或股东在管理公司问题上共同的意思表示，尽管意思表示是出于他们的自愿，而且是自由表达的，但是它们必须合法，即必须符合公司法的要求。各国的公司法对公司章程的内容都有具体的规定。

1. 大陆法系国家对公司章程内容的规定

大陆法系国家，如德国、法国及日本等国的公司法都明确以条款形式列举了公司章程必须包括的内容，这些内容称为绝对必要记载事项，即每个公司章程必须记载的法定事项，缺少其中任何一项或者任何不合法的记载，都会使整个章程归于无效。比如德国公司法就规定了作为股份有限公司（AG）的章程中必须载明（must contain）：（1）商号；（2）法定地址；（3）公司经营范围；（4）股本数额；（5）股份的数量、类别、是否记名及其面值或者比例；（6）董事会成员的人数以及据以确定人数的规则；（7）公司以何种方式公布相关事项；（8）特别条款。

相对必要记载事项是法律列举的、由章程制定人自行决定是否记载的事项。如果予以记载，则该事项发生法律效力；如果记载违法，则该记载无效；如果不予以记载，也不影响整个章程的法律效力。有的国家对相对必要记载事项进行了列举规定。如日本《公司法》第28条规定，以金钱以外的财产出资的出资者的姓名或名称、发起人所接受的报酬等事项如不记录在章程中则不生效。

任意记载事项是由章程制定人根据公司情况选择是否记载的事项。如果不予以记载，则其不影响整个章程的效力；如果予以记载，则该记载事项发生法律效力，公司及股东必须遵照执行，不能任意变更，即使需要变更，也必须遵循修改章程的特别程序。对于任意记载事项，法律一般不予以规定。

2. 英美法系国家对公司章程内容的规定

作为英美法系的主要国家，美国和英国的公司法对公司章程的规定，都是采取强制性和灵活性相结合的方式，主要采取下述三种方式：一种是强制性的方式，即必须要规定的（must set forth）内容；二是在此基础上，规定章程可以选择与公司法不相冲突的（may set forth）内容；三是在公司法上明确规定了章程不需要规定的（need not set forth）内容。

比如《美国标准公司法》第2.02节规定：

（1）公司章程必须载明以下内容：① 符合第4.01节要求的公司名称；② 公司被授权发行的股票数量；③ 公司初始注册办公地的街道地址以及该办公地的初始注册代理人；④ 所有公司发起人的姓名和地址。

（2）公司的设立章程可以载明十多项与公司法一致的内容，其中包括但不限于：公司据以设立的宗旨，公司管理业务和调整事务的原则，对公司权利、董事会及股东的定义和限制，授权股的票面值或股份的分类；在特定情况下，股东对公司债务承担的特别责任等。

（3）不需要在章程中载明的在公司法中已列举的公司权力。①

3. 我国《公司法》对公司章程内容的规定

从《公司法》对公司章程内容的规定上看，我国的做法更接近于大陆法系国家公司法的通常规定。虽然股份有限公司的章程中绝对必要记载事项有11项，但较之旧公司法的规定，新公司法大幅度削减了绝对必要记载事项，而增加了相对必要记载事项和任意记载事项，增强了章程的自治性，给予发起人和股东更多的权利，充分发挥他们的能动性，制定更符合公司实际情况的个性章程。

四、公司的内部细则

公司内部细则或称公司章程细则（在美国称为 by-laws，在英国称为 articles of association），是指由公司制定的用以规定和调整公司业务活动以及公司的股东、董事、管理人员及雇员的权利和义务关系的文件。西方国家公司法一般规定，公司内部细则须经公司董事会通过，董事会有权对其修正和废止，但需股东大会批准；初始内部细则由公司创办人起草，但须经董事会通过决议追认。美国公司法则规定，初始内部细则须股东会追认，对内部细则的修正则需要股东会议同意。在有些国家，如美国，公司内部细则不必提交政府部门备案，但在英国，则要求将内部细则连同章程一起向公司登记部门递交并备案。

我国公司法则没有提及和规定公司内部细则的问题。但在实际上，每个公司也都依照公司章程确定的原则，制定有公司内部细则。

五、公司的基本权力

公司的基本权力（power）是公司从事其经营活动的基础，它是法律授予的。世界各国公司法对公司基本权力的规定一般采取两种方法：一种是在公司法中列举公司的各种权力，如美国、英国等英美法系国家的公司法就是这么做的；另一种是公司法中不作具体规定，但规定“公司享有法人可享有的一切权力”。这主要在大陆法系某些国家的公司法中可以见到。我国公司法基本上采取英美法的做法，在我国《公司法》“总则”中规定了公司的基本权利（right）。它们是被分散地予以规定的，而且用的是“权利”一词。但在美国法上，公司的基本“权力”是集中地规定在一条之中的，而且用的是“权力”一词。《美国标准公司法》第3.02节首先原则性地规定了公司的广泛权力，它指出：除了在公司章程另有规定之外，每个公司有权永久性存在并以公司名义继承，并且具有如个人从事业务活动所必需的同样权力去从事其商业活动和其他事务。

在此基础上，《美国标准公司法》又列举了公司如下的15项权力，具有一定的代表性和可借鉴性，它们分别为：

（1）以公司名义进行诉讼（to sue and to be sued）；

（2）使用或改变公司的印章（seal）；

（3）制定和修改公司内部细则（by-laws）；

---

① 《美国标准公司法》及各州的公司法都在其法条中详细地列举公司的基本权力，详见本节第五个问题。

（4）使用公司的财产及其利益（property）；

（5）以出售、转让及抵押等方式处置公司的财产（dispose of property）；

（6）以购买、认购、借入等方式来处置其他公司的股份；

（7）以订立合同或提供担保的方式来承担各种债务责任；

（8）贷出款项，以公司资金进行投资及再投资，收取和持有动产与不动产作为支付款项的担保；

（9）作为任何合伙企业、合作企业、信托或其他实体的创办人、合伙人、成员、合作者或经理；

（10）在州内外从事业务，设立办公室以及行使由本法授予的各类权力；

（11）选举公司的董事和聘用公司的高级管理人员、雇员及其代理人；

（12）为公司的前任及现任董事、高级管理人员、雇员以及代理人建立福利基金及有吸引力的福利计划；

（13）以慈善、科学或教育目的或为公共福利而作出捐赠；

（14）从事有助于政府政策的任何合法的业务；

（15）为公司业务及事务进一步发展，在不违背法律的条件下，作出捐款或捐赠或从事任何其他作为。

公司法之所以要以专门条款详细地明确公司能行使的权力，主要是考虑到公司作为法人，应该具有与自然人几乎相等的从事商业活动所必需的权力；同时，公司的基本权力在公司法中作了全面规定，各个公司的章程就无须再予以列举。

六、公司的年度报告

股份有限公司，作为公司企业的一种重要形式，是指全部股本由等额的股份所组成，股份以股票的形式公开发行和自由转让的公司。股份有限公司的显著特征就是其资本雄厚，规模庞大，股东人数众多。它在社会经济生活中具有特殊的地位和作用。在西方国家，绝大多数跨国公司采取的就是股份有限公司的形式。对这类公司基本政策和经营状况的了解，已成为股东、公众和政府部门十分关注和敏感的问题。为此，现代各国的公司法都明文规定，股份有限公司必须每年向其股东及政府部门提交年度报告（annual report）。比如，《美国标准公司法》第16.21节规定，每个本州（国）公司，在公司法令规定的期限内，应向州务卿呈递年度报告。又如，著名的英国1948年《公司法》以及1976年和1989年《公司法》都规定，股份有限公司必须在每次股东年会结束之后的一个多月内全部完成公司年度报告的编写；否则，股东和债权人可以要求法院发布命令，强制公司编制年度报告。一些主要的大陆法系国家，如法国、德国和意大利等国的公司法也都有类似的规定。

年度报告作为一种法定文件，其格式和内容必须按法律规定制作，内容必须真实和全面，不得弄虚作假。尤其是公司主要的财务报表，必须经公共会计事务所根据本国公司法或会计法的规定进行审计。按一般惯例，会计事务所须在各类财务报表后面正式作出书面声明。

关于年度报告，尤其要提到欧共体理事会《关于特定类型公司年度财务报表的第四号公司法指令》。该指令要求欧盟各国股份有限公司的年度财务报表必须真实、全面地反映公司的资产负债、财务状况与盈亏，而且对资产负债表、损益表以及其他财务报表及其附录的格式、内容、特定科目的内容都作了专门的统一规定，并且作出了如何予以公布的规定。①

第四节　公司财务及资金来源

一、公司资金的基本概念及其两个主要来源

对于公司来说，资金犹如人的血液，具有特殊的重大意义。人无血则亡，公司资金枯竭则垮；人的血液得病往往属于不治之症，公司资金出现问题，则通常属于公司的重大事件，必须予以披露。

在西方国家的公司法中，capital 这个词有较广泛的内容和意义。从经营的观点来说，capital 是指资金。所谓资金，是指以货币形式表现出来的公司企业资产的价值，而资产（assets）则成为公司资金的存在形式。

在企业再生产过程中的资金，不论其具体形态如何，最初都有着一定的来源。所谓公司的资金来源，是指资金进入企业的原始点，它表示公司企业的资金是从哪些方面和通过什么合法渠道进入公司企业的。因此，所谓公司资金来源就是公司企业取得资金的合法渠道和途径。

在西方国家，设立公司和经营公司业务的必要资金，主要或者至少在开始阶段，是从投资者那儿获得的，也就是公司通过投资者认购公司股份或购买公司债券来获得的。按西方国家公司法规定，公司企业资金的来源主要是两个方面：一个就是股本（stock capital），这属于公司的自有资本；另一个就是债（liabilities），也可称为债款，这两者的结合，构成了公司资金的主要来源。

从研究公司资金来源上看，资本一词往往成为公司股本的专用名词。但从严格的法律观点看，股本应该用 stock capital 来表示，但人们习惯上把公司股本称为公司的资本。

所谓股本，是公司的股东（企业主）对该公司的永久性的出资，并由此构成了公司的股本。股本额等于其资产总额减去其负债总额和各种盈余后的余额。在公司法中，公司股东在公司中所投入的自有资金通常被称为“股本”。从这个意义上说，自有资金又叫股本。股本中不包括债款。

与资金来源相对称的就是资金的运用。资金的运用是指公司的资金存在的具体形式，说明公司的资金投放在何处，或其在公司的分布状况。因此，在资产负债表中，资金的运用都列在表的资产方，从这个意义上来说，资金的运用也就是资产的同义词。

要真正地理解公司的资本（股本）、资金、资产及其来源和运用，了解和掌握公司的财务问题是学懂公司的关键。

---

① 详见：欧盟公司法指令全译．刘俊海，译．北京：法律出版社，2000：53-97.

二、公司的主要财务报表

学习和研究公司法，必须注意对公司财务的学习和研究，它是研究公司法，特别是公司资金方面法律问题的基础和前提，尤其是对于从事公司实务的法律工作者来说，其重要性更加突出。因此，各国公司法都对公司财务和会计方面的法律问题另辟一章，对其作出专门的规定。

西方国家的公司法一般都规定，股份有限公司必须在每一个财政年度终了时编制法定财务报表，呈报政府部门并向股东和公众公布。因此，要了解西方国家公司法对公司资金的一系列重要规定，必须首先对公司的法定财务报表有个基本的了解，尤其是对这些表格中的专用名词必须十分了解，这是理解和掌握公司资金方面法律的基础。

美国公司法强调必须披露的会计报表为：（1）资产负债表（Balance Sheet）；（2）损益表（Income Statement）；（3）股东权益变动表（Statement of Stockholder's Equity）；（4）现金流量表（Statement of Cash Flow）；（5）其他的财务信息（Additional Information）。

欧盟公司法相关指令，如欧共体理事会第 78/660 号也强调了欧盟各国公司应披露与美国公司法规定相类似的上述财务报表。我国公司法也规定了公司在每个会计年度必须制作资产负债表、损益表、财务状况变动表、财务状况说明书、利润分配表及其附属明细表。

下文将对美国公司法规定的上述财务报表作一最简略的概述，以使读者能对公司法中有关公司的财务、资金等问题上的法律规定有一个比较完整和全面的了解。

（一）资产负债表

资产负债表又称财务状况表（Statement of Financial Position），它规定了公司在某一个时间点上（通常是每个财务年度末，比如 12 月 31 日或 7 月 31 日）的资产、负债和股东权益的基本状况。资产负债表是制作该财务报表之日的快照（the balance sheet is snapshot as of the date it is issued）。在这里要特别指出，资产负债表反映的是公司某一时刻（a particular point in time）的静止的财务状况，而不是反映某一时期（period）的公司财务状况的。

在资产负债表中，资产一般可以区分成两大类，即流动资产和固定资产（即长期或非流动资产）两大类。

在负债一栏中，整个负债可分成两大部分：一部分为流动债务，它被列在右边表格的第一栏中；另一部分为长期债务，被列在负债栏的第二栏中。

1. 流动资产（current assets）

流动资产通常列在表的左上方，它是指公司在未来（即从制作该表格之日起）一年内在业务活动中一般能兑现为现金的资产（that will generally be converted into cash or consumed by the business within the coming year）。它们通常包括现金、热销证券（marketable securities）、应收款（receivables）、库存（inventories）和预付费用（prepaid expenses）。

2. 固定资产

固定资产即长期资产或非流动资产（long term or noncurrent assets）。它包括不动产（property），如土地、厂房、设备；长期的无形资产（long term intangible assets），如商标、专利等；长期投资（long term investment）以及其他各类递延资产（miscellaneous deferred charges）。

3. 流动债务（current liabilities）

流动债务是指在未来（即从制作该资产负债表之日起）一年内将要支付的债务。它们包括应付款（accounts payable）、短期应付票据（short term notes payable）、累积的费用（accrued expenses）以及在来年内到期应付长期债务（the portion of long term debt that will mature in the next year）。对于到期应付长期债务应予特别关注。

4. 长期债务（long term liability）

长期债务包括长期票据、债券以及抵押权（mortgage）。

公司准备一个分类式的资产负债表的一个重要目的，就是为了使财务分析变得容易一些，因为该表格使得流动资产和流动债务以及固定资产和长期债务相分离，从而使得财务分析很容易获得其所需要的数字。

5. 股东权益（stockholder's equity）

股东权益是指公司的股东对公司的总资产减去公司的全部债务后的剩余资产的主张权。股东权益等于股东对公司的投资与其自成立之后公司的累积收入之和，再减去对股东的累积分配。典型的股东权益包括如下三部分：第一部分是股本，其等于已发行的股票面值（stated value of stock）之和；第二部分是资本盈余（capital surplus），它等于股东实付资本中超过上述股本的那部分资金；第三部分是营业盈余（retained earnings），等于公司所有累积的净收入减去支付给股东的全部股利。

公司法关注的重点，则是资产负债表中的右边二栏，即债和股方面的法律规定，它们是理解公司法中的资金来源及其运用和变化的基础，其本身也是公司法的重要内容。

在典型的资产负债表中，资产列在左边，负债及股东权益则列在右边。存在于这三者之间的基本关系可以用如下等式（equation）来表示：

资产=负债+股东权益

这个等式尽管简单，但是这对于理解商业交易将怎样影响财务报表的变化有着非常重要的作用。比如，某个商业交易将引起资产的增加，则资产负债表中的一项或几项将随着发生变化，以便能保持资产负债表的上述等式：其他的资产将会减少，负债将会增加或者股东权益会增加。因此在资产负债表上表示的现金的增加是以由于处置了另外的资产，比如收到了应收款、增加了对银行的应付票据或者增加了股东权益等变动来体现的（作为股东对公司的增资）。

（二）损益表

损益表或称为利润表（Income Statement），或称为营业结果表（Statement of Results of Operations），它表述的是公司某个时期（通常是某个年度）收益或亏损的主要组成部分（primary component）。如果说资产负债表是表明某一日公司的资产、负债及股东权益三者静止的财务报表的话，损益表则是一个动态（流动）的财务报表，它表述的是公司在某个时期内（for a period of time），典型的是某一年度内（即该损益表结束于该年度资产负债表的公布日）的收益和亏损状况。损益表的主要项目分别为收入（revenues）、支出（expenses）、收益（gains）和亏损（losses）几部分。

1. 营业收入和营业外收益（revenue and gains）

营业收入是指公司业务收入的主要来源，比如制造业公司的销售额及服务型公司的收入都构成损益表上的营业收入。同时，能被包括在营业收入中的还有一些杂项收入（miscellaneous items），比如公司从其投资中获得的股息收入和利息收入。当然，对于金融性公司而言，股息及利息收入则是其主要的营业收入。营业外收益则一般是指通常业务过程（the ordinary course of business）之外的商业交易中产生的成果。比如，公司在出售其一部分资产时，超出该资产的账面价值（book value）的实际售价部分即是营业外收益。账面价值则是指在公司账簿上记载该资产时的价格。根据营业外收益性质及数额的不同，它可以列入，也可以不列入营业收入这一栏。

2. 费用及损失（expenses and losses）

损益表中的费用是指公司在营利过程中被消耗的成本及开支。绝大多数公司业务活动中的主要费用通常包括产品的成本、工资、折旧、租赁费用、支付的利息、所得税等。而“损失”一词的概念一般是指出售公司资产或其他事件（比如通常业务之外的诉讼或被罚）中造成的支出。

3. 损益表的公式

损益表的公式内容主要包括：将一年的营业收入和营业外收益相加，然后减去公司在当年的所有费用和损失，从而得出该年度的业务净收入或净亏损。大部分公司的损益表中是把公司的全部收入和收益合并在一起作为一个数字，然后再减去所有的费用，从而计算出当年的净收入或亏损，这是最简单的损益表的公式。但是，公司损益表在计算公司的最终净收入或净亏损之前应计算各类具体项目的构成。关于各个具体项目的计算公式，在此不再作进一步的介绍。

损益表的重要成果之一就是在该表的基础上，可以计算出公司每股所代表的收益，即每股收益（earnings per share）。每股收益常被用来审核公司的股票价值，而这些都是公司法和证券法方面的重要问题。

（三）股东权益（变动）表

股东权益表（Statement of Shareholder's Equity）综合了与损益表同一时期内股东权益的变化状况，因此股东权益表又称为股东权益变动表。

股东权益在初期变动的平衡是由股东们的额外投资（additional amounts invested by the shareholders）、公司的净收入或亏损以及公司对股东的分配额之间相互作用来实现的；之后，股东权益又通过上述数额的相互变动达到新的平衡。

（四）现金流量表

现金流量表（Statement of Cash Flow）是指在与损益表相同的时期内关于公司现金平

衡的详细变化的一个报表。我们知道，公司收入不一定就是现金。公司可以有很强的盈利记录，但同时也可以处在严重缺乏现金的状态。这是因为：（1）公司的全部收入可能尚未转化成现金；（2）公司需要现金去置换其部分资产或扩大业务。现金流量表的用途就是表明公司现金来源及其如何使用。

现金流量表由如下三个部分组成：第一部分是表明公司如何在其业务活动中获取现金流量的，它包括公司如何从销售公司产品或提供公司服务中获得现金，又如何从杂项投资中获得利息和股息，同时又如何支出正常的业务费用、支付利息和缴纳税款。在这一部分，现金流量表要对公司的净收入作两个重要的调整（adjustments）：首先，一些非现金的收入，如公司固定资产的折旧费用应添加在公司收入之中（to be added back to income），这属于简单的账目调整（accounting allocation）。折旧以及其他类似的非现金收入或支出是必须将其转换成现金流中的数额。其次，需要调整的另一方面是某些流动资产和流动债务。比如净资产包括了整个年度的销售额，但是并不是所有的销售额都能立即以现金形式收取，如有的就表现为应收款。只有当应收款已经实际上被公司所收到，才可以正式地列入公司的现金流中。类似的调整同样可以发生在库存、应付款以及其他流动资产和流动债务之中。现金流量表的第二个组成部分就是从投资活动中产生的现金流。它包括公司出售或收购经营性资产（operating assets）以及收购或出售投资而产生的现金流量。现金流量表的第三个组成部分是从公司的融资活动中产生的现金流，它包括公司发行债券或出售股票而使公司获得的现金、为公司债务还本付息或购买股票而付出的现金、公司支付出去的股息，但不包括公司支付出去的借款利息，这一部分包括在现金流量表的第一部分，即从公司业务活动中产生的现金流中反映。

下面是用英文表示的一个特别简单的现金流量表：

Statement of Cash Flows

Net Income	$ 20 000	
Add: Depreciation Expense	15 000	
Less: Changes in Net Current Assets and Liabilities Resulting from Operations	(25 000)	
Total Cash Provided by Operations		$ 10 000
Purchase of Building	($ 80 000)	
Sale of Excess Land		40 000
Total Cash Used in Investing Activities	(40 000)	
Sale of Additional Common Stock	$ 50 000	
Retirement of Bonds	(30 000)	
Total Cash Provided by Financing Activities		20 000
Net Cash Used During the Year		($ 10 000)

（五）其他的财务信息

上述四个财务报表是美国公司法规定的股份有限公司必须要披露的，但是，除了上述财务报表以外，还有其他的财务信息也是了解公司财务状况所必需的，它主要包括下述三个内容：注脚（footnotes），补充披露（supplemental disclosures）和审计报告（audit report）。

1. 注脚

一般而言，财务报表都含有一系列的注脚。其中一个关键性的注脚是说明财务报表的制作所依据的会计政策，关于会计政策的注脚是告诉读者去选择财务报表制作者已采用的会计程序来阅读和研究它们。

此外，注脚还阐述了其他详尽的财务报表中的一些内容，同时也包含了一些财务报表中不能包括的内容，比如公司长期的租赁项目、公司的退休计划以及偶尔发生的债务。注脚必须由审核财务报表者仔细研究。

2. 补充披露

财务报表颁布者还要对财务报表作某些补充性的披露。比如，全面的财务报表要提供 2 年或 3 年的财务资料，以便于读者分析公司的发展趋向。而且，财务报表的颁布者还要对财务报表中的某些关键性项目提供 5 年、10 年或 20 年长期的有关资料及信息。

3. 审计报告

审计报告是审计财务报表的关键文件。当财务报表被审计时，审计师必须对该财务报表出示报告或书面意见，该报告要包含如下三个内容：

第一，它阐明了其从事的审计范围并指出在此范围内是否有限制。

第二，审计报告要阐明在审计行业中某些固有的审计限制，而且提醒读者注意，现存的审计并不保证财务报表中的所有方面都是精确无误的。

第三，审计报告要阐明审计师关于财务报表的意见是否是根据通行的会计原则（GAAP）合理地出示的。审计报告对未包含在审计范围内的或认为管理人员提供的不正确的财务报表中的项目，应出示意见表明它们应以某种方式予以解决，如可能应阐明该项目财务报表的实际作用。

三、公司资本及股票

（一）公司资本

广义的公司资本，是指公司用以从事经营、开展业务的所有资金和财产，包括公司自有资本（亦称衡平资本，equity）和借贷资本（loan）两部分。狭义的公司资本则仅指公司自有资本。本书所用公司资本一般是指狭义的公司资本。

股份有限公司的资本主要是通过向社会公开发行股票而募集的，因此一般称为"股份资本"（stock capital），简称"股本"。

公司的资本，从经济上来说，是公司开展业务的物质基础；从法律上来说，是公司对第三人的最低财产担保。股份有限公司是法人，可以拥有自己的财产，并以自己的全部财产对债权人承担责任。公司的财产独立于股东的财产而存在，股东对公司的责任仅以出资额为限。因此，股份有限公司的资本对股东和债权人以及公司自身的发展均有十分重要的意义。为了保护公司股东及债权人的利益，各国公司法对公司资本都作了具体的规定，主要有：（1）公司设立必须拥有一定数量的资本，任何股份有限公司的资本都不得低于法定最低资本额；（2）公司的资本额必须在公司章程中予以载明，未经股东大会同意修改章程，公司资本不得随意增减；（3）公司必须经常维持与公司资本额相当的实际财产，不得以公司的资本进行分红。

对于股份有限公司的资本，英国、美国、荷兰等国采取“授权资本制”。根据这种资本制度，公司资本被区分成“授权资本”（authorized capital，亦称核准资本）和“发行资本”（issued capital）。公司必须在公司章程中载明授权资本的数额，但在公司设立时，不必按授权资本的数额全部发行股份，而可以先发行一部分，其余则留待日后根据公司业务发展的需要决定是否发行。所以，授权资本并不代表公司实际拥有的资产，而只是公司有权通过发行股份而募集资本的最高限额，是一种“名义资本”（nominal capital）；而发行资本才是公司股东已经认购了的，即股东已经承担了责任必须缴付（但不一定都已缴付了）的公司资本。只有实收资本（paid-up capital）才是公司真实的资本，是可以立即运用的公司资产的一部分。所谓实收资本，是指股东已经实际上支付、公司已经收到的资本额。授权资本制使公司在财务方面具有一定的灵活性，减少了公司在授权资本额内增加资本的程序，而且便于公司在日后发行新股时把认股权给予本公司的高级职员。

德国、法国等多数大陆法系国家采取“法定资本制”。根据这一制度，公司章程中所载明的公司资本额在公司设立时必须全部由认股人认购完毕，否则公司不得成立。公司如增加资本必须修改章程。法定资本制有利于保证公司拥有充实的资本，防止利用公司进行欺诈和投机行为的发生。在此基础上，一些学者将大陆法系的资本制度总结为“资本三原则”，即资本确定、资本维持、资本不变。但是，法定资本制对于资本充足的要求过于严厉，已不适应现代股份公司发展的客观需要。因此，近些年来，一些大陆法系国家开始放弃或部分放弃法定资本制而效仿授权资本制或采取相对宽松的资本制度。例如，日本公司法规定，公司在设立时只需发行股份总数的1/4以上即可，其余股份可在公司成立后由董事会决定发行。德国股份公司法规定，当董事会根据股东大会授权发行新股增加资本时，可以分一次或多次完成，但期限不得超过5年。法国公司法也有类似的规定。中国公司法规定，除非法律、行政法规以及国务院决定对公司注册资本实缴、注册资本最低限额另有规定的，否则公司的注册资本为在公司登记机关登记的全体股东认缴的出资额。

（二）股票

1. 股份与股票

所谓股份，在有限责任公司中，是指均分公司全部股本的最基本的计量单位。因此，股份是股本的成分。每一股份都代表一定的金额，每股金额都应当相同，而代表股份的证书叫做股份证书。

股票则是股份有限公司的股份证书。股份和股票的实质和内容是相同的，都是股东进行投资的一种凭证。股票是可以公开发行并自由转让的，即可以在社会上自由流通。而有限责任公司的章程或内部细则往往都有限制转让股份的规定，股东欲转让其股份，往往须经其他股东们同意，而且其他股东具有先买权。

股票是股份有限公司公开发行的证明股东在公司中拥有权益的一种有价证券。《美国标准公司法》第1.40节第22款规定，股票“是指公司据以分配所有者权益的计量单位”。

股票的特征是每股代表的金额都是相等的，这样便于公司在股东之间分配公司的权益。因此，同次发行的股票的价格和条件应相同。从这一意义上说，股票也是确定股东与公司之间权利和义务关系的一种凭证。对于股票的定义，马克思曾从阶级分析的高度作出科学的结论，在资本主义社会，股票是“对股份资本预期可得的剩余价值的所有权证书”①。这一定义指出了资本主义社会中股票的阶级实质。

2. 股票的分类

在公司法以及公司业务中，上市公司根据本公司的实际需要，在法律允许的范围可以发行形式多样的股票。这些股票不仅名称不同，形式和权益也各不相同。

（1）依股东承担风险的大小和享有权益的先后为标准，股票可分为普通股、优先股和后配股

① 普通股（common share）

普通股是指对公司财产权利都平等的股份，是公司资本构成中最基本的股份，也是公司中风险最大的股份。普通股是公司财务的基础，其期限与公司相始终。具体来说，它有如下三个特点：第一，持有普通股的股东有权获得股息，但必须在支付了公司的债息和优先股的股息之后才能分得。第二，普通股的股息是不固定的，它是根据公司净利润的多少来决定的。因此，它的股息率可以超出50%，但也可能是零股息，甚至连本也赔掉。第三，公司因破产或结业进行清算时，持有普通股的股东有权分得公司剩余资产，但普通股股东必须排在公司的债权人、优先股股东之后分得资产。如当时资产所剩无几，他们也只能作罢。因此，可以这么说，普通股股东与公司的关系是一种“同命运，共沉浮”的关系，它对公司的资产拥有最终所有权（residual ownership）。

② 优先股（preferred share）

优先股又称特别股。顾名思义，这类股票是指对公司资产、利润享有更优越或更特殊的权利的股份。西方国家公司法一般都规定，优先股具有以下三项特别权利：第一，优先获得股息权，而且其股息往往是固定的，它不是随着公司营业的好坏而有所起伏的。因此有人形象地称之为“旱涝保收股”。不仅如此，公司法还规定优先股可以在普通股之前先分得股息。第二，优先获得分配公司资产权。当公司因破产或结业进行清算时，优先股将比普通股优先以票面值参加分配公司的剩余资产。第三，优先股往往是无表决权的。但如果公司连续若干年（各国规定不一，一般为3—4年）不支付优先股的股息，则无表决权的优先股也可获得一股一票的权利。一般来说，优先股在公司设立时，可以发行；即使公司在发行新股或增加资本时，亦可以发行。以上是所有优先股的共同特点。

优先股又具体分成若干系列，各种系列又都有自己的名称。

其一，累积优先分红股（accumulative preferred share）。该系列股票的特点是：凡公司本年度的净利润不足以分配该股的股息，得由下年度的净利润进行补足，经补足以

---

① 参见：马克思恩格斯全集：第25卷．北京：人民出版社，2001：529.

后剩余下来的利润，才能进行第二年的股息分配。

其二，非累积优先分红股（non-accumulative preferred share）。该系列股票的特点是：不论上半年度公司对其股息是否进行分配，一律仅以本年度所得利润作为限额进行分配。

其三，参与分配股息优先股（dividend participating preferred share）。该系列股票的特点是：对于公司的利润，除有权获得其应得的固定股息外，还有权与普通股一起分配其股息。

其四，参与分配资产优先股（assets participating preferred share）。该系列股票在公司清理其资产时，于退还各种定额股本后，有权参加公司剩余财产的分配。

③ 后配股（deferred share）

后配股的股东在分配公司的股利及剩余财产方面的权利落后于优先股和普通股的股东，但后配股的股东对于公司事务常常有高于其他股东的表决权。后配股的发行对象一般为发起人或管理人。设立后配股制度的目的是为了强化公司发起人和管理人的责任。

（2）依股票有无记名为标准，股票可分为记名股和无记名股

① 记名股（named share）

记名股是在股票上载有股东姓名并将其载入公司股东名册的一种股票。记名股的转让，一定要把受让人之姓名或名称记载于公司股票之上，并将受让人之姓名或名称及住所记载于公司股东名册之中，方能生效，不得私自转让以欺骗公司。此类股票的股金往往不必一次付清。

② 无记名股（non-named share）

无记名股是在股票上不载有股东姓名的股份。凡持有股票者，即为取得股东资格者。在买卖股票时，仅交付股票于受让人，即可发生转让效力。公司依公司章程规定可以发行无记名股票，其发行数目依公司的需要而定。

（3）依股票有无票面金额为标准，股票可分为有票面值股和无票面值股

① 有票面值股（par value）

有票面值股是在股票票面表示一定金额的股份。一般来说，股票原则上不得以低于票面值的价格发行。

② 无票面值股（non-par value）

无票面值股又称比例股或部分股，即股票票面不表示一定金额的股份。此种股票仅仅表示其占公司全部资产的比例，它的价值是随公司财产的增减而增减的。由于公司始终处于动态之中，其资产值一直是变化的（going-value），因此，无票面值股在实际上占公司资产总额的比例也是一个变数。公司法允许发行无票面值股的国家目前为数不多，主要有美国、加拿大以及卢森堡等国家。

（4）依股东有无表决权为标准，股票可分为表决股和无表决股

表决股是指该股份持有者有权无条件地表决任免董事人选等公司重大问题的股份。无表决股是指该股东的表决权在公司章程中被予以剥夺或限制的股份。

（5）发行在外股、库存股和掺水股

发行在外股（outstanding share）和库存股（treasury share）是上市公司中两类性质不同的股票。上市公司在证券市场上发行股票之后，股票就进入了二级市场，这时股票

就如商品一样，其价格是随行就市的，投资者可以任意买卖股票。作为发行股票的上市公司，可以作为投资者购买其他公司的股票，也可以购买自己已经发行的股票。如美国各州公司法原则上都允许公司在不影响其资金正常使用的前提下，回购其已发行在外的股票，这类已经发行在外、后又被发行者收购回来的股票被称为库存股；而发行在外、尚未被回购的股票被称为发行在外的股票。库存股与发行在外股相比，具有下面两个重要特征：第一，库存股不分红，也无投票权，实际上是被封闭在上市公司的“仓库”之中；第二，库存股可以在二级市场上以与发行在外股相同的市场价格出售，因为库存股是已经经过发行程序的股票，因此，它不存在“掺水”的问题。

在这里又涉及一个“掺水股”（watered stock）概念，所谓掺水股是指某股东以低于面值的价格直接从公司购买到的股票。持有掺水股的股东必须向公司补交其所付对价与发行价之间的差价，以挤出水分（to squeeze out the water）。之所以出现掺水股，主要是由于股东以实物或无形资产（即以现金以外的资产）出资而造成的。

西方国家公司法对于股份分类的规定是比较灵活的，完全服从实际的需要而不断设计和更新。由于实际的需要是不断发展变化的，而且人类的智慧也是无限的，因此股份的类别也不会总是停留在几个有限的模式中而不向前发展。恰恰相反，股份的种类很多、很复杂，上面所介绍的几种股份类别仅仅是一些最普遍和常见的，绝不包括全部股票种类，更不包括今后发展的股票种类。

3. 股利

（1）股利（dividend）的概念

股利又称股息，是董事会正式宣布从公司净利润中分配给股东作为其对公司投资的一种报酬。董事会一旦宣布分配股利，股利的支付就构成了公司应承担的一项法律责任。股利一般都是按股分配的，时间可以按月、按季、按半年或一年分配一次。普通股的股利是浮动的，它是按公司营利情况而灵活决定的；而优先股的股息一般是固定的。

（2）分配股利的限制

西方国家公司法对公司能否分配股利，一般都有较为严格的限制，综合起来，主要的限制有：

① 在公司无力偿付到期应付债务，或者支付股利后会引起公司无力偿付债务时，不得分配股利。即使一个公司的总资产超过了其负债部分，而当时公司的流动资产不足以抵偿到期应付债务时，公司也不得分配股利。

② 公司董事会分配股利的决定不得与公司章程中包含的任何限制相抵触。

③ 必须留足储备金。德国、法国和意大利等国公司法都规定：在宣布分配股利前，每年至少要有 5% 的净利润纳入法定的储备金，一直到该基金达到公司总资产的 10% 才停止将 5% 的净利润投入基金。我国《公司法》第 166 条也作了类似的规定。

④ 公司董事会分配股利的决定，不得违反该公司签订的有关自动约束分配股利的合同的规定。

⑤ 分配股利必须不影响公司资产的构成以及公司来年的发展。

（3）分配股利的程序和方式

按照西方国家公司法的规定，分配股利首先必须由董事会通过决议，并提交股东大会审议通过，然后生效。

（4）分配股利的形式

西方国家公司法一般都规定，股利的形式除现金外，还可以公司的财产或该公司的有价证券进行支付。这三者分别被称作现金股利、财产股利和股利股（又称红利股）。其中，现金股利最普遍，也最简单，只须从公司的净利润中拨出一部分现款进行直接分配即可。

四、公司债

（一）公司债的概念

公司债是指公司企业通过发行债券或签订贷款合同的方式与特定人或非特定人之间所成立的一种金钱债务关系。公司债是公司企业必不可少的资金来源之一。公司债制度之所以存在，主要原因是：（1）公司可以在不增加股权的情况下，大量增加公司资金，以维持或发展公司的营业规模。（2）就投资者而言，购买公司债具有安全感，风险相对小，是一种较好的投资手段。（3）公司通过发行公司债来筹措资金，可以提高公司股本的创值能力。

（二）公司债券的概念

公司债的形式主要分为银行贷款和公司债券（debenture or bond）两种。本节主要介绍公司债券的法律问题。广义上的债券，是指企业或政府机构对借款承担偿付本息义务的凭证。从债券持有人的角度分析，债券是一种有价证券，债券持有人可以依此凭证定期从债券发行者处获得固定利息，并在债券到期日赎回债券本金。

在西方国家，工商企业、公共事业单位、政府机构、国际金融机构、国际组织包括联合国本身，都可以为筹措资金而发行债券。

一般来说，债券规定有固定利率及还本办法，偿还期限都在一年以上。因为偿还期不到一年的，一般称为期票（notes or promissory notes），它们不属于债券范围。本书研究的不是广义上的债券，而是公司企业的债券。从公司法意义上讲，公司企业的债券是指由公司发行的、保证支付债券持有人定期利息并在债券到期日归还本金的一种债权证书。凡债券持有人都是公司的债权人。根据有关法律规定，公司企业的债券有以下几个基本特征：

第一，有固定利率，公司定期（一般为一年，也有每半年或每季度）发放利息一次。利息，也称债息（coupon）。债息率（coupon rate）是指债息与债券本金的比率。这种比率是固定的，因此债息也是固定的。

第二，公司必须到期向债券持有人归还本金（principal）。所谓本金，在这里只是指债券的票面金额。公司债券持有人有权要求公司在一定期限内归还本金。应归还本金的日子叫做债券的到期日（maturity date）。

第三，债券可以以其票面值出售，也可以溢价（premium）出售，即以高出其票面值的价格出售，但更多的是以减价（discount）方式出售。

第四，在债券到期之前，公司视情况可以提前回收其债券，从这个意义上说，债券相当于一个长期的应付票据。

公司债券系英国于19世纪发明的，最初不过是一种借据。1862年的英国《公司法》中尚无公司债的条文。1870年左右，一位律师想出了“浮动负担”（floating charge）的设想，即发行公司债，此后逐渐盛行于英国。所谓“浮动负担”，是指债权人在其他流动债券之前，具有优先获得偿还债务的权利；如果公司债务状况不佳，公司债券持有人即可请求法院清理而不必顾及其他债权人的意见。故英国法院常把公司债券持有人形象地比作“鹰”（eagle），一见公司财务情况不佳，立刻飞翔而下，攫取公司资产。因此，公司债券是比较完全的，属于一种风险较小的投资方式。

（三）债券的分类

债券的分类方法有很多种，从法律意义上而言，主要是以债券本金的担保程度和方式为标准来进行研究。对债券本金的担保是多种多样的，主要的有抵押、典质或由发行者所乐意采用的其他担保方式。根据上述标准，债券可以划分为：

1. 抵押债券（mortgage bond）

抵押债券，是通过抵押或留置债券发行者（公司企业）的财产（包括动产或不动产）来作为担保而发行的债券。如果公司企业不能如约向债券持有人还本付息，债券持有人有权要求拍卖公司的抵押品或留置品来取得本息。

2. 附属担保信托债券（collateral trust bond）

附属担保信托债券是指由公司（发行者）将其拥有的动产，通常是该公司拥有的其他公司企业的有价证券（尤其是其子公司的有价证券）作为担保而发行的一种债券。

此类债券的发行主要是利用发行者（控股公司）比子公司更有声望的优势以及控股公司有权控制子公司这一特点来进行的。另外，这一情况有利于控股公司证券价格的上涨。

3. 保证债券（guaranteed obligations）

保证债券是指由一个公司（主要债务人）发行的而由另一个公司（债务保证人）来支付本息的债券。比较普通的例子就是由子公司发行而由母公司作担保的有价证券。

4. 设备债券（equipment obligations）

设备债券是指以购买机器设备为目的，并以该设备为担保，等公司偿还全部债券本息后，设备所有权才开始归属公司的一种债务凭证。

5. 清算人债券（receiver certificates）

清算人债券一般是指在公司陷于财务困难境地时，根据具有管辖权的法院的指令，由该公司发行的旨在提高其必要的营业资本的一种证书。这个有价证书通常由公司资产予以高度的担保。

6. 普通债券（debentures）

debenture这个词，最早是从拉丁文*dedentur*演变而来的，英文原意是“to be due”，即到期偿付的意思。在美国，这类债券一般是指无直接担保的债券。普通债券一般根据发行者和受托人之间的协议（debenture indentures），即依发行债券协议向公众发行的。在发行债券协议中，一般是没有转让财产条款的，因为它们没有涉及任何留置或抵押形式的担保。但为了保护此类债券购买者的利益，往往在债券证书或发行债券协议上规定一系列限制公司资金应用的条件，如限制该公司购买其他公司企业债券的数量、规定公司目前的资产与负债的比例幅度、限制该公司股息的支付数额、限制该公司对自己发行在外的股票的回购、要求保证一定的储备基金、限制该公司发行其余的有价证券等。

共同的保护方式就是在发行债券协议中订入所谓的质押条款。质押条款一般分积极质押条款、有条件的消极质押条款和绝对无质押条款三类。所谓积极质押，主要是指如果发行者再发生任何抵押或典质的债务，发行者必须向本债券提供同样比例的担保，也就是说，发行者不得给予任何第三者以超过给予本债券的担保权益。所谓消极质押，主要是指除了发行者目前已有的担保债务之外，不得再发生任何其他性质的担保债务。所谓绝对无质押，则是指发行者不得将其任何资产用以抵押或典质。

在美国历史上，债券中一般都含有"黄金条款"（gold clause），或称为黄金债券（gold bond），其意义就在于要求用符合当时重量的含量标准的美国金币来支付本金。另外，还有被称为"银元债券"（silver bonds）的债券，这类债券要求用银子或含有一定标准的银币来支付本金。目前，这两类债券在美国已不再使用了。自1933年以来，美国的全部债券都用合法的货币（legal tender）来支付本金。

债券的传统特征之一就是具有固定的到期日，公司债券发行者没有提前支付本金的义务。但是，一些大公司经常会在满期日之前，以回购价格（redeem price），全部或部分回购其已发行的债券。回购价格等于债券的票面值加上回购溢价（redeem premiun）。其中，溢价通常是债券面值或回购日公开发行债券的市价乘以低于5%的一个百分数，再加上任何累积的利息。这样的回购价格，不仅对广大债券持有人有很大的诱惑力，而且在债券满期日之前回购债券有利于提高公司在金融市场上和整个社会上的信誉，可以及早地解脱被典质或抵押的公司资产，避免高利率和减少固定支出等。因此，只要公司的资金状况许可，一些大公司是愿意提前回购其债券的。

在西方国家，许多公司常发行一种能转换成股票的可转换债券（Convertible Debentures）。这类债券的优越性就在于它把债券所具有的收益稳定和本金安全的优点与股票可以获得投机性收入（speculative）的特点结合了起来。这种债券在公司营利状况良好时，有权转换成股票，这对公司来说也有一定的好处，因为这种方式有利于公司减轻债务，减少固定支出的负担。

五、公司有价证券的主要特点和公司资本结构的选择

（一）公司有价证券的主要特点

1. 公司债券与股票的共同特点

公司的有价证券，主要就是指公司的各类股票和债券。它们具有如下权利和特点，即具有收益权、间接管理权以及承担一定的商业风险。收益、管理权与风险之间存在着一定的内在因果联系。

（1）收益权。投资者（股东和债券人）购买证券，其目的在于谋取收益。故收益为证券最主要的特征，对于债券来说，其收益是债息；对于股票来说，其收益是股息及股票的增值。收益的种类可分为：

① 固定收益（fixed income）。它是指并不随着公司的盈利状况而发生变动的收益。债券的利息和优先股的股息就属于此类收益。

② 半固定收益（semi-fluctuating income）。它是指一部分收益是固定的，而另一部分收益是变动的，它得随公司的盈亏而转移。参与分配股息的优先股就属于此类。

③ 变动收益（fluctuating income）。它是指完全随公司营业的盈亏而变动的收益，如普通股的股息。

（2）间接管理权。公司债券和股票的第二特征就是它们的持有人具有不同程度地参与公司行政管理的权利。对于股份有限公司来说，这种管理权一般都是间接的，而且各类有价证券参与管理的程度有很大的区别。普通股一般都有权参加股东大会，就公司的各项重大决议进行投票。优先股和债券则只能在涉及它们本身利害攸关的事项上才有权参与公司的管理事项。在这里，管理权主要是指普通股的管理权。

（3）风险因素。公司有价证券内含有风险因素是它们的又一基本特征。其风险主要集中在：① 对通货膨胀所引起的货币贬值；② 损失投资本金（债券或股票的买价）；③ 损失机会成本，即在公司的投资势必丧失在其他方面的商业机会；④ 由于这类投资基本属于长期投资，因此还要承担在此投资期间本身造成的额外风险。

从广义上说，证券投资包含投资面临的所有风险。证券所享有之权益与其所负之风险是成正比例的，即风险大，其收益也大；风险小，其收益也小。具体来说，在各类股票中，普通股的收益可能最大，而其承受的风险也最大。相对而言，优先股的权益比普通股小，其承担的风险也比普通股小。债券同优先股比较，其利息比优先股要小，但承担的风险也小。各类债券同样包含着风险和收益的关系，凡担保得越全面越可靠的债券，其利息比其他担保差一些的债券要少。管理权也与承担的风险成正比，风险愈大，则管理权也应愈大。由于证券风险主要来自于公司的盈利状况，因此，证券风险越大，其与公司的盈亏关系越密切，它对公司的管理权也应越大。

2. 公司债券与股票的不同点

虽然同为公司有价证券，公司债券与股票有着以上的共同特点，但它们之间仍然存在着很多不同。

（1）两者的法律关系不同。购买股票是向股份有限公司的投资，构成公司的自有资金，投资者不得要求公司退还出资。相应地，投资者成为公司的股东，公司的经营状况与股东的利益息息相关，因而股东有权参与公司的经营决策，并从公司经营中获取收益。股票承载的是一种综合性的股东权法律关系。购买债券所投入公司的资金构成发行公司的负债，债券持有人可以要求公司还本付息。投资者成为发行公司的债权人，与发行公司之间产生债权债务关系。债券持有人一般无权参与企业的经营决策。债券承载的是一种单纯的债权债务法律关系。

（2）两者的发行定价原则不同。公司可以平价或溢价发行股票，不可折价发行股票；但公司可以平价、溢价或折价发行公司债券。

（3）两者的收益不同。持有股票的股东依法获取的收益是股利，其数额事先并不确定，依赖于公司的经营状况，由公司董事决定分配的数额，从公司的税后利润中支出。而持有公司债券的债权人依法获取的收益是利息，其数额事先由公司债券发行合同确定，无论公司的经营状况如何，只要有支付能力，则必须按时、按量从公司税前的经营成本中支付。相对于支付股利，支付债券利息是公司的一种节税手段。

（4）两者被回购的限制不同。公司一般不得回购已发行的股票，但可以在任何时候，以市价回购公司发行的债券。

（5）两者在公司破产清算中受救济的顺序不同。公司被宣告破产以后，债券持有人的债券本利得到清偿后，公司股东才可以在剩余财产中收回自己的出资。

（二）公司资本结构的选择

资本结构包括债的数量、股的数量、它们之间的比例以及债与股的形式。

债和股的各种形式之间的选择依赖于下述各种考虑，例如：市场条件，公众投资的兴趣程度，通货膨胀或紧缩银根的倾向，现行的税收制度，对风险资本的鼓励措施，公司企业盈利的稳定性（固定利息或优先股息的有效程度）；银行利息的水准，公司企业资产种类以及所需资金的数额（用不同的目标来吸引投资者，如公司的发展、收入、投资的安全程度等）。从投资者的观点来看，各种投资形式各有利弊：（1）债券一般没有潜在的发展可能，但有非常稳定的收入，因而风险少、安全；（2）优先股有各种潜在的发展余地，而且有合理、稳定的收入和相对的安全感；（3）普通股潜在的发展余地最大，其收入是各种各样的，但承担的风险最大。

当然，如果对不同公司的有价证券进行比较，则一个公司的有担保的长期债券所承担的风险也可能比另一个公司最低等级的股票承担的风险要大。现实中这样的情况是存在的，因此，一定要具体情况具体分析。

第五节　公司的管理

公司法在公司管理问题上的规定，主要集中于以下方面：（1）公司的股东、董事和管理者的概念以及如何在股东、董事和管理者之间分配权力（allocation of powers）；（2）公司的股东大会、董事会（监事会）以及管理层在公司中所处的地位和作用。

一般而言，公司的股东是公司的投资者，亦是公司利润的享有者，它是公司法定的真正的所有权人；董事则是公司股东选择的代表股东行使职权的管理者；经理人员则是由董事会聘任的对公司进行日常管理的专业人员。公司的股东大会、董事会或监事会，则是股东及董事行使其职责的形式和手段。股份有限公司的重要特点是“所有权与管理权相分离”。股东大会的权限和作用日益缩小，董事会、经理等在公司的经营管理中则日益发挥着中心的作用。造成股份有限公司中所有权与管理权分离的直接原因主要是：（1）随着股份有限公司规模的日益扩大以及小额股票的大量发行，股东人数不断增加。由于股东过于分散，股东们很难联合起来发挥作用。（2）现代化的公司企业随着科技的进步，其管理的技术性、专业性极强，也十分复杂，绝大多数股东由于知识、能力和时间等方面的局限，无法承担公司的管理任务。（3）大多数股东只追求自身的投资利润，并不热心于公司的管理。

从经济上说，把公司的业务管理交由有经验的专家组成的董事会负责，不让股东大会过多地干涉企业的经营管理，对提高公司的管理水平，促进公司管理的科学化，为公司股东赚取更多的利润是有好处的。但同时也出现了许多新的问题，即所谓的由原来的“股东大会中心主义”向“董事会（管理者）中心主义”转变的现象，这是本节和下一节“公司的治理机制及其主要法律措施”着重阐述的问题。

一、股东

（一）股东的概念

股东是拥有公司股份（票）者，股票则是公司股东的凭证。对于股东的定义，特别要注意：

第一，拥有股票从而成为股东者，可以是个人，也可以是法人，或者其他企业或社会团体。在西方国家，股东除包括公司、各类基金、银行等营利机构外，还包括学校或其他社会团体等非营利机构，股东的范围十分广泛。

第二，作为股东其获得股票的方式是各不相同的。除了在公司发行股票时，股东在一级市场上以发行价取得股票外，大量的是在股票交易的二级市场上购得股票；此外，还有以继承方式获得股票而成为股东的。

第三，法律对股东的资格几乎没有什么限制。

（二）股东的基本权利

股东的基本权利来源于其所持有的股份（票），即股东具有其股票所示的下述权利：

1. 利润分享权（right of profits）

利润分享权包括股息分配权、股份（票）转让权及公司剩余资产分配权。

2. 表决权（right of vote）

股东就选举董事、填补董事空额（filling vacancies），修改公司章程或章程细则，公司的合并、清算以及出售公司的重大资产等重大问题具有表决权。

3. 表述权（right of expression）

股东有权在股东大会上表述其要表述的意见和主张，当然股东在哪类问题上有权表述其意见，在公司章程尤其是章程细则中都有所约定。

4. 知情权（right of information）

西方国家的公司法和证券法一般都规定，股东就下述问题具有知情权：（1）事先知道股东大会将要讨论的议题；（2）上市公司披露财务报表和其他重要信息；（3）查阅公司账簿、股东会议记录以及公司股东名册。对于查阅公司账簿以及股东会议记录一般没有什么限制，但是如果股东要查阅公司股东名册，这对于公司管理层来说属于一个很敏感的问题。①

---

① 见 MINN. 1971 的“State ex. rel. Pillsbury v. Honeywell, Inc. ”案。

股东的上述权利都是股东享有的民主权利的具体体现，它们都源于公司法、证券法的规定以及股东们在公司章程及章程细则中的约定。

（三）股东大会的权限

关于股东大会的权限，各国公司法的规定不完全相同。从理论上说，大多数国家仍然认为，股东大会是股份有限公司的最高权力机构，但实际上，现代各国的公司法对股东大会的权限都在不同程度上加以限制，股东大会的地位和作用日益下降。许多国家的公司法都以不同的方式把公司的经营管理权交给董事会或执行会处理，而对股东大会干预公司经营管理的权限加以限制。如德国法规定，股份有限公司的董事会在业务管理方面享有“专属权限”。这种权限原则上是不受限制的，股东大会对有关业务执行问题所作出的决议，不能限制董事会的权限。

按照英美国家公司法的规定，股东大会有权进行投票的主要事项有：（1）选任和解任董事；（2）决定红利的分派；（3）变更公司章程及公司章程细则；（4）增加或减少公司的资本；（5）决定公司的合并或解散。

应当指出的是，根据某些国家公司法的规定，选任董事与解任董事的权力已不属于股东大会，而是属于监察会。如德国法规定，股份有限公司设有监察会与董事会两重机构，监察会的成员由股东大会选任与解任，而董事会的成员则由监察会选任与解任，股东大会不能直接干预。又如，按照法国1966年公司法的规定，股份有限公司可以采取董事会制，也可以采取监察会与执行会制，究竟采取哪一种管理制度，可在公司注册时作出决定，也可在日后由股东大会决定。如采取董事会制，则由股东大会选任与解任董事会的成员；如采取监察会与执行会制，则股东大会只能任命和解任监察会的成员，而不能参与执行会成员的任命，执行会的成员由监察会任命，但执行会成员的解任权属于股东大会，股东大会有权根据监察会的建议解任执行会的成员。

（四）股东大会的表决方式

如上所述，股东对公司实施一定程度的控制，传统的做法是在股东大会上进行表决。因此，股东们以什么方式来进行表决，就构成了股东对公司行使间接控制权的关键。

股东表决的基础就是按资分配。其前提是所有普通股的股票一律平等，即每股一票，一视同仁。这里要特别指出，不是每个股东一票，人人平等，而是每股一票，一律平等。每个在册的普通股的股东都享有此种不可剥夺的权利。但是随着公司规模的迅速扩大，公司业务的不断发展以及公司行政管理机构的日益复杂化，原有的单纯的一股一票的做法已不适应其发展需要了。因此，一些公司管理者和律师在此基础上又设计出能更加灵活地保护股东控制权，尤其是保护中小股东的权利的表决方式。现选择美国公司法的相关规定介绍如下：

美国的公司法规定，股东大会的表决方式主要有直接投票（straight voting）、累积投票（accumulative voting）、分类投票（class voting）、偶尔投票（contingent voting）、不按比例的投票（disproportional voting）五种。究竟各个公司在何种情况下应用何种表决方式，除了公司法有所限制外，一般都由公司章程予以规定。

1. 直接投票

在直接投票中，每股对公司的每项决议有一个投票权，包括在选择董事时，也是每股对每个董事只有一个投票权。

在采取此类投票方式时，掌握股东大会多数股票的股东一般有权决定所有的董事选任，而其他股东则无权决定任何一人当选董事。即使公司的股票是分成几种类别的，但如果只采取直接投票的方式，则各类股也只能按每股一票计算。因此，这种投票方式往往造成明显的多数股压少数股的现象，无法保护少数股权者的利益，尤其是只拥有少数股权的股东将无法选出一个董事代表其权益。所以，必须要设计出能保护少数股权者利益的表决方式。累积投票就是在这种情况下应运而生的。

2. 累积投票

累积投票是指股东在决定董事人选时，每一股拥有与将当选的董事总人数相等的投票权并可以把所有这些票数集中投到其中意的人名下。比如某公司董事会要增添5名董事，则每股具有5×1=5（票）。这5票可以投在任何一个他想选为董事的人名下。同样，一位股东拥有100股，董事会增补的人数仍是5名，则他在这次表决中共拥有100×5=500（票），而且他可以把这500票集中投到一人名下或分别投到他想要选举的任何人名下，只要总票数不超过500票就有效。

累积投票法，一般只适用于在股东大会上任免董事，而且完全是为了保护少数股权者的利益，使他们有机会把其代言人选入董事会这个决策和管理机构。累积投票法的缺点是，一旦董事人数在股东大会上进行表决时有所变动，尤其是在董事人数减少的情况下，少数股权持有者常会出现被动情况，以致使累积投票根本无法发生作用，至少是减弱了此类投票方式的作用。因此，在西方国家，关于如何评价累积投票法的问题，褒贬双方时有争议。此外，如果投票总数发生变化，也会造成少数股东的被动。因此，这种方式一般都在有限责任公司中使用，但并不是说在股份有限公司中没有使用的。①

3. 分类投票

分类投票方式，是指公司发行在外的表决股为了达到其特定目的而由各类别股作为独立单位进行投票的一种方式。实行分类投票的一个前提就是公司发行在外的股票是分成类别的。

凡采取这种投票方式通过一项决议，必须要得到“双重”多数的同意。即不仅要得到出席股东大会的多数股权持有者的同意，而且要得到各类别股中多数股权持有者的同意，只有当这两个多数都得到满足，才能通过一项决议。哪些事项需要采用分类投票方式，是简单多数通过还是2/3多数通过，一般都由公司章程或公司内部细则加以规定。例如在美国纽约州，通行的做法是，凡采取分类投票方式的，主要有以下两种情况：一是通过修正公司章程的决议，必须得到整个出席股东大会的2/3多数股东的同意和各类别股的简单多数的同意。二是进行公司联合（consolidation）或合并（merger），也必须要有参加股东大会的2/3多数股东以及各类别股的简单多数的同意。一般来说，凡须采用分类投票的事项，都是涉及公司重大决策，而且与股东的利益关系重大的事

① Arthur R Pinto. Understanding Corporate Law, 1999: 96.

项。显然，这种投票形式也是保护少数股权者利益的方式之一。

在美国，有的州还采取分类投票方式来决定董事会人选。其具体做法是，按比例由各类别股的股东选举各自的董事，然后由这些董事组成董事会。反对这种投票方式的观点认为董事应该由股东大会上的全体股东选举产生，分类投票则剥夺了一部分股东和董事的选举权。

4. 偶尔投票

所谓偶尔投票方式，是指公司股票在分成两个以上类别的条件下，当发生公司章程规定的偶尔事件时，上述股票具有特定的投票权利，在公司偶发事件解决之后，这类股票又回复到原有状况的一种表决方式。例如，如果公司没有履行当年对某优先股支付固定股息的义务，这类优先股就对要求公司支付拖欠股息款的决议有决定性的表决权（具体方式由公司章程规定）。一旦他们获得拖欠款，就回复到原优先股的权利状态。

5. 不按比例的投票

不按比例的投票，是指在公司发行在外的股票分成两个以上类别的条件下，某一类别的股票具有比其他类别的股票更多或更少的表决权。这种形式，比较多地发生在大型跨国合营企业中，外来投资者尽管只握有整个合营公司25%的股权，但在公司章程中却规定，在某些事项上，如在董事会的选举上拥有25%股权的投资者可以享有50%的投票权或者否决权。

我国公司法对股份有限公司股东投票方式的规定，不只限于直接投票，在选举董事、监事时，还可以实行累积投票制。在采取有限责任公司的外商投资企业中，则出现了类似不按比例的投票方式，这说明我国的公司法与西方发达国家的公司法越来越接近。

二、董事会

如上所述，公司的最高权力机关是股东大会。股东是公司资产的拥有者，在大型股份有限公司中，股东人数都在万人以上，甚至几十万人。让这么庞大的股东队伍来领导公司业务显然是不可想象的，他们需要有能力、有责任心的人代表其利益对公司进行管理。因此，董事会的产生，就成为现代经济发展的一个必然产物。如前所述，公司法最基本的特点是赋予公司以法人资格。董事会则是该法人组织的领导和管理机构，公司法对之有较全面而详细的规定。随着经济的发展，董事会的作用将日益增强，而股东大会的职能则在相对减弱。

目前，西方国家公司法一般明文规定，董事会是公司最重要的决策和领导机构，是公司对外进行业务活动的全权代表。也就是说，公司的所有内外事务和业务都在董事会的领导下进行。

各国公司法都独辟一章，专门对董事和董事会的基本问题作出规定，这些规定通常包括但不限于如下内容：董事的资格，董事的产生（选举）及数量，董事的任期、解任，董事的报酬，董事的行为标准，董事的责任，董事会的职权，董事会会议、董事会的会议通知，董事分组和董事会的专门委员会等。

在美国，公司法则强调董事会需要有一定数量的独立董事（independent director），另外，上市公司的董事会应成立若干个由独立董事负责的专门委员会。

（一）董事会的产生和结构

董事是由股东在股东大会上选举产生的、代表他们对公司的业务活动进行决策和领导的专门人才。根据公司初始章程的有关规定，所有董事组成的一个集体就是董事会。占据董事职位的人可以是自然人，也可以是法人。西方国家公司法规定，法人可以充当公司董事，但必须指定一名有行为能力的自然人作为代理人。

1. 董事的人数

各国公司法对董事的人数有不同的规定，就是同一国家的不同类型的公司，也不尽一致。立法者对这个问题作出规定的出发点是基于如何使董事会更有效地领导公司业务。董事会人数太少，容易独裁，不民主，危害股东利益；董事会人数太多，机构臃肿，形成决议比较困难，办事效率较低。因此，各国的公司法都对这个问题作出了弹性较大的规定，一般只规定最高和最低人数，具体人数由各公司章程或内部细则自行决定。

在美国，大多数州的公司法规定，董事会人数至少为 3 人，但也有些州规定，董事会可以只由 1 人或 2 人组成。特拉华州以及《美国标准公司法》则在此问题上采取了更为灵活的态度。《特拉华州公司法》第 41 条 B 款规定，公司董事会可由 1 人或多人组成。《美国标准公司法》第 8.03 节也明确规定："董事会必须由 1 人或多人组成，名额由公司章程或者内部细则指明或确定。"

根据德国相关法律规定，董事会可以仅有 1 名董事，也可有多名董事。如果公司资本超过 300 万欧元，法律原则上规定董事会采用集体领导制。对于某些特别公司①，董事会必须至少有 2 名董事。

西方国家公司法在规定董事会人数限额上，尤其在公司章程和内部细则规定具体人数时，还有一个普遍的惯例，即往往规定董事的数目为奇数，其目的是为了减少董事会内出现僵局的机会。

2. 董事的资格

对于当选董事的资格，西方各国公司法都有规定，但各国规定的有多有少，各不相同。在这方面，英国公司法的规定具有一定的典型性和代表性。

在英国公司法中，对当选董事作了下列限制性的规定：

（1）关于破产者当选董事的限制

当选的董事不得在法院有"破产"的未结案。如果某人被法院视为"破产者"，又未清偿其债务，而以董事身份进行业务或参加公司管理工作的，在法律上将被视为触犯了刑律（1949 年《英国公司法》第 187 条第 1 款）。所以，英国许多公司都在公司的内部细则中规定，破产者不得被任命为董事。

（2）关于在法院有前科者当选董事的限制

凡被法院指控犯有下述罪行的，从犯罪之日起 5 年内，没有当选董事和参加公司管理的资格：

① 在公司的设立和管理方面严重失职而被法院判刑的（1948 年《英国公司法》第

---

① 适用《煤炭和钢铁工业职工共同决定法》第 13、33 条规定的公司。

332条第1款）。

② 在公司破产时，进行欺骗性贸易，或在任公司职员时，在业务中犯有欺骗罪，或逃脱对公司应承担的责任，曾被提起民事或刑事诉讼者（1948年《英国公司法》第188条第1款）。

③ 目前或过去是两个公司的董事，这两个公司都已接到法院的指令宣布清算或在5年内已经相继清算，但在清算时，无力偿付债务者（1976年《英国公司法》第9条第1款）。

④ 作为任何公司的董事或秘书，在制作利润报表时，以及在向公司登记管理注册局报送的财务账本中，或在其他公司法规定应呈交的文件中，一贯进行欺骗者；或在5年内至少犯有类似欺骗罪3次以上者（1976年《英国公司法》第511条）。

（3）关于年龄的限制

根据现行《英国公司法》第28条第1款的规定，年满70岁的老人，不得当选为股份有限公司及其子公司的董事（尽管子公司可能是有限责任公司）。如要任命一个超过70岁的董事，得经过特定的手续，即由股东大会通过正式的特殊决议。为了确保这一规定得以遵守，董事候选人必须如实报告真实年龄。

（4）关于董事资格股的限制

在英国，公司法要求每个董事必须握有一个最低数额的公司股份作为担任董事的资格股。法律上作此考虑的经济原因有两个：第一，可以直接刺激他们在为公司服务过程中贡献出其最大的聪明才智和能力，以便使自己在公司的投资中获得尽可能大的收益；第二，作为他们担任公司董事职务的一种质押品，如果董事玩忽职守，违反法令和股东大会的决议而擅自行动，从而给公司业务带来损失，则其资格股就作为公司的直接赔偿。董事资格股的最低额由各公司内部细则加以规定。

在美国公司的内部细则中，对董事还有一些其他方面的限制，主要是对其居住地、国籍以及法人能否担任公司董事所作的规定。在这方面，美国各州对董事在本州的居住期或国籍有一定的限制，如南达科他州要求至少有一个董事为本州定居者；佛蒙特州要求公司至少有两个董事是该州定居者；夏威夷州则要求董事中是该州居民的不得少于1/3。这样规定的目的是为了便于对本州公司的董事进行控制和管辖。

法律还对董事的品行和能力有一定的要求，美国把这方面的要求归纳成三点：服从公司最高利益、勤奋和忠诚。关于这方面的介绍，将在下文中结合董事的责任问题再详细分析。

如果一个董事符合上述要求，并正式被选任，则必须在注册办事处详细登记董事的简况，其中包括姓名（包括曾用名）、居住地点、国籍、所从事的专业及其在公司的具体职位。如果是股份有限公司或其子公司的董事，还必须写上其出生年、月、日，以便到时令其退休。

如果一个公司的董事发生变化，必须在更换董事后的14天内给工商管理局寄去一份报告书。报告书内应详细列明董事变化的具体情况，然后由工商管理局在政府公报上登出广告，以便向公众公布董事变动情况，避免已免职的董事继续非法从事公司业务活动，危害第三者。

我国《公司法》第 146 条也规定了不得担任公司董事、监事及高级管理人员的五种不同情况。

(二) 公司董事的任期、分组和解任

西方国家公司法对于董事的任期几乎没有限制性的规定。任期的长短一般都由公司内部细则予以规定。根据各国的实践，董事任期一般为 3 年左右。

在某些西方国家，尤其在美国，在决定董事任期问题上，公司法往往有董事分组（classification of directors）的规定。所谓董事分组，就是指从公司初始董事会开始，把整个董事会成员分成若干人数相等的组。如某公司董事会共有董事 15 人，就把董事分成 3 个组，每组 5 人。如果把 3 个组分别叫做甲、乙、丙组，则规定，甲组成员的任期为 1 年，乙组成员的任期为 2 年，丙组成员的任期为 3 年。因此，在下次股东年会上，甲组的 5 名人员因任期已满而被免职，同时选举产生新的 5 名董事组成甲组；在第二个年会上，乙组成员因期满而被免职，又选出 5 名新董事组成乙组；第三个年会上，旧丙组被新丙组所取代。如此每年改选 5 名董事。这样做，对公司的营业活动是有很大好处的：第一，尽管每年董事成员有变化，但董事会总人数保持不变，不影响整个董事会的分工和能力；第二，每年变化 1/3，就保持了董事会成员的相对稳定性和公司政策的连续性，使公司在不断吸收新成员、排除旧成员的过程中始终保持整个董事会应有的行政效率。对于公司董事的分组，美国各州公司法都有具体规定。《美国标准公司法》第 8.06 节对董事分组进行了规定。

(三) 董事会的权力

公司股东大会和董事会有权行使公司所拥有的最高领导权力。这二者之间的权力如何分配呢？美国和欧洲许多国家的公司法都明确规定把决策权从其他权力中分离出来，授予董事会。《美国标准公司法》集中地反映了这一点，它授予董事会十分广泛的权力。该法第 8.01 节规定：“公司的所有权力都应由董事会行使或由董事会授权行使，公司的经营和事务应由董事会管理或在其指示下管理，除非公司章程或股东协议另有限制。”

董事会在行使其职权时必须是以一个集体来行使的，而且通常是通过董事会会议进行表决来具体实行的。至于单个的董事，如果其不兼任公司高级职员，则不能单独进行活动。

欧洲许多国家也有类似的规定，如德国公司法明确规定，董事会独立负责公司的经营和管理。也就是说，领导公司的责任是专属于董事会的。

英国的公司法对董事会权限的规定与美国和西欧其他国家的规定有很大不同。英国的公司法对董事会的权限没有明确的规定，因为它没有把公司的管理权从其他权力中分离出来而授予董事会。在美国，公司股东大会和董事会之间的权力分配，一般是由公司内部细则决定的。因此，这种权力的区别在各个时期以及各个公司是不完全相同的。董事会的权力可大可小，但大多数公司的内部细则总的趋势是朝着加强董事会权限的方向发展的。

但是，无论是美国还是英国的公司法，董事会的权限都要受三个方面的限制：第一，董事会作为公司的代理人，不得从事整个公司业务活动范围以外的活动，否则无效。第二，董事会在权限之内行使职权，不得超出公司授予它的具体权限范围。如果公司要授予董事会具体权限，必须获得股东大会的批准或认可，否则，此类活动所造成的损失概由董事会集体负责。第三，如果股东大会的决议和董事会的决议有冲突，一般以前者为准，股东大会可以否决董事会的决议，直至解散董事会。

（四）独立董事

独立董事（independent director or outside director）是英美法系国家尤其是美国判例法的一个创造。它产生的主要背景是这些国家实行单一的董事会制度，公司的实际经营管理权基本上掌握在董事会和管理层之手，股东的管理作用日趋形式主义，从而产生了如何监督董事会以及高级管理人员的问题；尤其是从 20 世纪 60 年代起，许多美国的大公司普遍对外国官员行贿的丑闻不断被曝光，加上性质恶劣的一些公司董事的不当行为不断被揭露出来，从而使公司的监督问题更成为公众关注的焦点。

在美国，先是由美国法院判决公司改变董事会结构，要求有与公司没有联系的外部董事进入董事会，之后美国的密歇根州率先在其公司法中确立了独立董事制度，该法不仅规定了独立董事的标准，而且规定了独立董事的产生方法以及其特殊的权利与义务。此后美国的纽约证券交易所（NYSE）和纳斯达克（NASDAQ）都明确规定了凡上市公司的董事会中必须至少要有 2 名以上的独立董事，而且其审计委员会必须全部由独立董事组成。

英国伦敦证券交易所于 1991 年专门成立了公司财务治理委员会，该委员会在其报告中建议，上市公司董事会至少要有 3 名外部董事，该委员会在 1992 年提出的“标准行为准则”（the code of best practice）中建议上市公司的董事会应该包括具有足够才能、足够数量、其观点能对董事会决策起重大影响的非执行董事。

独立董事是指与公司的交易活动没有实质性的、直接的或间接的利害关系的从公司外部选聘的董事。作为独立董事，它具有如下特点：

第一，独立董事是上市公司董事会中保护广大股东利益的外部人员。

第二，独立董事必须独立于公司的管理层。什么叫独立，这是一个事实问题，法律上无法统一标准。

但是值得注意的是，根据美国 NYSE、美国证券交易所（AMEX）和 NASDAQ 联合公布的已在 2001 年 6 月 14 日生效的最新规则的解释，对审计委员会“独立”的规定包含了以下三个标准：（1）与公司无商业关系；（2）非公司雇员或公司行政管理人员的直系亲属；（3）与公司的任何管理人员之间不存在“交叉性报酬”的联系。

美国法学会（ALI）在 1994 年的《公司治理原则》中也提出了有关“独立”的具体解释；《美国密歇根州公司法》第 450 条明确规定了独立董事的产生必须由股东大会选任，董事会无权任命，同时对独立董事的独立性作了具体规定。

第三，独立董事应当具有丰富的商业经验，在美国大多数公司的独立董事都是现任的或已退职（包括退休）了的其他公司高层管理人员，他们经验丰富，与公司的经营决策没有直接的利害冲突，处理问题比较客观，确实对内部董事能起一定的监督和平衡作用。

（五）董事会的执行委员会和其他专门委员会

在董事会下面要不要设立执行委员会或其他专门委员会？如果设立，它们各自有多大权限？对此，公司法没有硬性的规定，而是授权给各个公司。各公司可依据其规模和需要由公司章程或内部细则对其予以规定。它们的设立程序一般由董事会全体成员（非法定人数）的多数通过决议，指定几位董事组成一个执行委员会和其他数个专门委员会。专门委员会由专门的董事负责，以便定期或不定期地给董事会提供必要的专业知识和各种咨询意见，充当董事会进行决策时的参谋和顾问。

执行委员会是董事会各专门委员会中最有影响力的委员会，它通常由担任公司高级职员职务（如总经理、副总经理、财务主管）的内部董事组成。

在过去的三十多年时间内，越来越多的上市公司倾向于建立形式多样的专门委员会，其中最普遍的为三类专门委员会，它们分别为审计委员会（The Audit Committee）、报酬委员会（The Compensation Committee）和提名委员会（The Nominating Committee）。这三类委员会的成员全部由外部董事组成或者外部董事占绝大多数。同时，有的大型上市公司还设立主要由外部董事组成的其他委员会，如战略计划（strategic planning）、公共政策（public policy）、管理发展、技术以及雇员福利委员会等。此外，有些公司还设立有特别的临时委员会（Special ad hoc Committee），对于公司的某些特殊问题由他们负责提出意见。

在美国，各州公司法都对董事会专门委员会的建立、人员组成以及职权有所规定，这些规定主要集中在：（1）公司董事会被允许建立专门委员会，但必须有公司章程或章程细则的明示授权的规定。（2）在公司章程或章程细则允许的范围内组建各专门委员会，必须经董事会多数同意。（3）在董事会特定的范围内或根据章程、章程细则规定每个委员可行使其职权。（4）但是，专门委员会无权处理公司的下列八项重大问题：① 宣布股利或决定分配；② 批准应由股东大会批准的行动；③ 指定董事办公室的候选人；④ 修改公司内部细则；⑤ 批准无需股东批准的合并计划；⑥ 减少资本；⑦ 授权或批准公司获得新股票；⑧ 授权或批准公司发行或出售股票。①

（六）董事会会议

如上所述，董事会拥有对公司业务的领导权和决策权，但这些权力的行使是由董事会这个集体来实现的。董事只能够在董事会会议上以通过决议的方式来具体地实现自己的权力。因此，董事会会议就成为董事会对公司实施领导权和决策权的关键所在。

1. 董事会会议的分类

董事会会议和股东大会一样，也分成普通会议（regular meeting）或称例会和特殊会议（special meeting）。所谓例会，就是定期召开的会议，可一年召开一次、半年召开

---

① 见 MBCA（1999 年）§8.25。

一次或一个季度召开一次。召开例会的时间在公司内部细则中予以规定。所谓特殊会议，就是在董事认为必要时召开的会议，这是不定期的。在美国各州公司法中，往往规定有召开特殊会议的程序。

2. 董事会会议的通知

公司法一般规定，召开董事会会议前，必须给全体董事发出会议通知。至于何时发出通知为好，各国公司法的规定不同，有的要求会前半个月，也有的要求会前一个星期。英国公司法的规定最为灵活，它要求“应在足够的时间内送达董事手中，以便他们能准时出席会议”。“足够的时间”究竟有多长，要依具体情况而定，因此比较灵活。

3. 董事会会议的法定人数

法定人数，顾名思义，就是由法律规定的参加董事会会议的最低董事人数。其法律上的意义就在于：（1）参加董事会会议的董事人数只有符合法定人数，会议才合法；（2）只要是由出席会议的董事法定人数中的多数通过的决议，就应视为整个董事会的决议，采取的行动应作为整个董事会的集体行动，因而对公司具有拘束力。因此，不满法定人数的董事会会议通过的决议无效，对公司无约束力。

法定人数，通常指占董事总人数的多数，因此，法定人数又称法定多数。但不少西方国家的公司法规定，法定人数可以低于简单多数，但不得少于公司董事总数的1/3。《美国特拉华州公司法》第41条（b）款的规定就反映了这一点。它规定：“除公司章程和内部细则另有更高人数要求外，董事总人数的多数应构成从事交易活动的董事会的法定多数，除公司章程另有规定外，公司内部细则可以规定低于董事简单多数的人数为法定人数，但无论如何法定人数不得低于董事总人数的1/3。”在同一款中还指出：“凡仅有一人为董事的董事会，该董事应成为当然的法定人数。”

董事在董事会会议上的表决，与股东在股东大会上的表决是不同的。在股东大会上，每股一票，而且股东可以委托别人投票。但在董事会会议上，董事是一人一票，一般不得委托别人投票，但可以弃权，也可以不出席会议。

董事会在通过决议时，只需出席会议的董事法定人数的简单多数同意就有效。在投票时，万一出现僵局（dead lock），董事长往往有权行使裁决权，即进行决定性的投票（costing vote）。

在这里还要提到的一点是，公司内部细则一般规定，禁止与决议有利害关系（不管是直接的还是间接的利害关系）的董事参加对该决议的表决，但该董事有权获得会议通知，有权参加该会议并就将要作出决议的问题发言，但无表决权。

董事会会议可以在会议室进行，也可以采取电话会议或电视会议的形式。如《美国标准公司法》第8.20节规定：“除公司章程或章程细则另有限制外，董事会或由其指定的任何委员会委员可使用会议电话或类似通讯设备，以便全体会议参加者能同时互相听到会议。按此方式参加会议的上述成员应被视为出席了该会议。”

4. 董事会会议的记录

必须对董事会会议的进程和实质性内容作出记录。会议记录一旦被会议主席签署，就作为会议已经召开、记录在案的决议已被通过的证明。会议记录应予以公开，随时接受董事的审查和检阅。

此外，董事会还可在不召集会议（即便是电话会议）的情况下，采取集体行动。如《美国标准公司法》第8.21节规定：“除公司章程或章程细则另有规定外，本法令规定需要在公司董事会会议上采取的任何行动……如果注明将被采取的行动的书面同意书经全体董事签署，则视情况可以在不召开会议时采取上述行动。只要由全体董事签署同意，上述书面同意书应与一致通过具有同等效力。”目前在美国，书面同意书通过电传、电子邮件等方式签字也可生效。

（七）双重董事会制度

在德国、法国、意大利等西欧国家，还存在着一种双重董事会制度。所谓“双重”，是指在股东大会下面设有监察委员会（亦称监事会）和董事会两个机构。监察委员会的职责是监督董事会对公司行使管理权，而董事会则作为一个专门委员会来执行监察委员会的决议，从而具体地管理公司业务。因此，公司的主要决策权在监察委员会。

监察委员会实际上是制定公司政策的机构，其成员由股东大会选举产生。其职权范围除制定公司政策外，还包括解决公司最重要的业务活动问题。

监察委员会由董事长领导，董事会由总经理领导，而总经理又必须是董事会的一名成员。在法国，监察委员会的成员中，1/3是雇员，2/3是股东，总人数最低3人，最多12人；成员最高年龄为65岁。监察委员会成员的任期为6年，但可以由股东大会在任何时候撤销。董事会必须每3个月向监察委员会报告一次情况，董事会的重要决议必须由监察委员会同意才能生效。

这里要说明的是，有些西欧国家公司法规定，一个公司是采取双重董事会制度还是单个董事会制度，一般是可以自己作出选择的。如法国公司法就有这方面的规定，即由公司章程明确规定该公司应适用何种领导体制。不仅如此，上述两种体制还可以互相转换。但这种转换构成公司章程的重大修改，须经政府部门批准。目前，在法国，绝大多数股份有限公司采取的是单个董事会制度。但德国公司法规定，股份有限公司必须设立监察委员会。

（八）西欧国家关于雇员参加公司董事会的制度

在有些西欧国家，如德国、法国和意大利等国，其公司法都规定了雇员参加公司管理的制度。雇员参加公司企业管理主要采取两种形式：一种是在公司中成立工人理事会，该理事会根据其在企业中地位的不同，而由公司赋予不同的权力；另一种是雇员直接进入董事会参加管理的形式。后一种形式起源于德国。自1952年以来，德国公司法一直规定双重董事会制度，监察委员会的1/3成员是雇员的代表，剩下的2/3则由股东们选举产生。

这个制度在西欧国家是比较普遍的。例如，1974年《卢森堡公司法》规定，凡工人人数超过1 000的全部股份有限公司，工人在董事会中的人数比例不得少于1/4；凡董事会人数为9人以上的，雇员的代表应占据1/3。自1973年以来，丹麦也一直存在着所谓“共同决策”的制度（co-determination）。它规定，在股份有限公司以及50人以上的有限责任公司中，如果董事会成员总数在5人以上的话，得任命2名雇员进入董事会，其余董事由股东大会选举产生。

在法国，工人理事会可以指派2名代表出席董事会会议或者监察委员会会议，但代表们在会议上一般没有表决权。1974年，欧洲共同体理事会通过决议，要求欧洲共同体的成员国应该对其国内欧洲公司的监事会成员能依下述比例构成，即1/3成员由雇员的代表担任，1/3由股东选举，1/3由雇员和股东们共同选择。此外，欧盟理事会在1992年5月5日通过的“关于补充欧洲公司章程有关职工参加欧洲公司机关的指令修改建议稿”以及欧盟理事会于1994年9月22日通过的“关于为尊重职工的知情权和被征询权”，在欧盟范围内的公司和欧盟范围内的公司集团中建立欧洲工人理事会或者相应程序的理事会指令，都明确规定了公司中的雇员参加公司管理的权利。

在这里，特别要指出的是，西方国家公司法之所以规定雇员参加董事会的制度，其主要原因是为了缓和劳资双方的矛盾，使公司得到更好的经营管理和发展。

（九）董事的责任

从传统的法律观点，尤其是从英国传统的公司法观点分析，董事的责任是从其在公司所处的地位中派生出来的。这种观点认为，董事对于公司具有双重身份：第一，董事是公司的代理人；第二，董事又是公司的受托人，在此基础上，董事对公司承担一种诚信义务。

董事要行使公司代理人的职责。有关代理法（agent law）的一般原则调整着公司与其董事的关系。在英美法体系中，这个原则早在1866年的著名案例“弗格森诉威尔逊”的判决中就确立了。在该案判决中法官陈述道：“在股份有限公司中，董事们处于什么地位呢？回答是，他们仅仅是公司的代理人，因为公司本身不是自然人，它本身不能活动，它唯一的希望只能通过董事会进行活动。”因此，公司与董事之间存在着本人与代理人的关系。只要董事以公司名义并且在公司授权的范围内与第三者订立合同，这个合同就对公司（亦即本人）有拘束力，公司从该合同中取得权利的同时，也须承担由此而产生的义务，而订约的董事不负个人责任。

另外，股东与董事之间的关系和本人与代理人之间的关系又不完全一样。在代理关系中，法律要求代理人代表本人有所作为或不作为，而且代理人是在本人的控制之下的。但在公司范围内，股东不能控制董事通过的决议，同时，董事一旦被选任，其就必须代表整个公司及全体股东的利益行事，而不能只为投票支持其的股东集团服务。因此，实践中会出现这种现象，即董事一旦被选出，董事会一旦被组成，董事会就有权在其权力范围内管理公司，即使多数股东不批准董事会的某些事宜。如果股东们想改变董事会，他们也只能等到下一届年会（annual meeting）或者设法在年会之前召开特别会议罢免董事。当然，董事一旦当选，他们就应对公司负有诚信义务，必须服务于“公司的最高利益”。

因此，董事与公司的关系可简单地用诚信关系（fiduciary relation）来表示。董事必须承担起诚信责任。董事在管理公司时，必须对公司尽忠效力，谨慎行事，这一点几乎是西方国家共同接受的一项法律原则。在这里要说明的是，在英美法中，关于董事责任的基本原则，在公司法中至今还没有具体规定，而是主要存在于判例法和衡平法的大量判决之中。目前的趋势是在法律中明确而具体地规定董事责任，或至少把存在于大量判例中的这些原则编纂起来，并授以法律拘束力。现将分散在公司法当中有关董事责任的条文和存在于法院判例中的一些主要原则综合介绍如下：

1. 董事必须履行忠诚义务（duty of loyalty）

董事必须履行忠诚义务是指董事必须忠实地、合理地以符合公司最高利益（in the best interest of corporation）的方式为公司服务。所谓“忠实”，是指董事在任何时候代表公司行动时，随时将公司利益置于首位。简言之，就是无论何时何地为公司服务时，都应把公司最高利益始终置于第一位。从这点出发，董事必须承担如下责任：

（1）不得进行欺骗（non-fraud）

董事因进行欺诈性的或暗中进行的交易活动而使公司蒙受损失时，应由董事承担责任。

根据西方国家公司法的规定，凡严重违反董事应尽职责，尤其因此而造成公司、公众和政府的经济损失者，应给予一定的惩罚；对犯有欺骗错误和诈骗罪的处罚更为严厉。

例如，根据1967年《英国公司法》第44条第1款第2项的规定，凡对公众和政府机构进行欺骗的公司或董事应受到罚款的处罚。最重的处罚是从开始欺骗之日起至事实上得以纠正之日止，以天数为单位进行罚款，但每天的金额不得超过5英镑。

又如，对即将破产的公司，董事有意或任意涂改、删节、销毁公司的年度报告、公司账目、资产负债表或损益表等重要文件，以欺骗任何人者，构成欺骗罪的应判处2年以上的监禁。

特别要提到的是，如果董事企图用发表虚假书面声明或账目的方式，对公司的债权人和股东隐瞒公司的实际经营情况，则应被处以最高为7年的监禁刑罚。

（2）不得接受贿赂（non-bribery）

董事像代理人一样，被禁止接受贿赂和其他不义之财（secret profits），不得为此私下作出任何许诺。根据英国法院实践，贿赂的范围是比较广泛的，他们认为，贿赂并不仅仅意味着行贿者或受贿者必须具有任何堕落的动机，而是指与公司进行交易的第三者，在公司并不知道和同意的情况下，已经将现款或实物送给公司的董事或职员。贿赂可采取多种方式，有的是很隐蔽的，以至于该董事自己还没有真正认识到他是在接受贿赂，如通过送礼方式等。当贿赂事件发生时，公司与第三者之间的任何协议都必须予以撤销。此外，公司可以向行贿者和受贿者提出连带控告，要求获得进行贿赂的金钱或由此而使公司遭受损失的赔偿。在法院作出判决前，公司可以对要求得到贿赂的金额还是要求得到由此而遭受的损失的赔偿金额这二者进行自由选择，但不能对二者同时提出要求。

受贿董事在事发之后必须向公司如数偿还其所得之贿赂金额，包括以礼品形式出现的贿赂。董事还有责任用其资格股来抵偿由于其接受贿赂而使公司遭受的损失。因为作为代理的一般原则，在未得到雇主知道和同意的情况下，是不允许其去进行任何业务活动的。最后，受贿者应立即被开除，而且禁止他们对在非法交易中所花费用提出任何补偿要求。

（3）不得越权（ultra vires）

在西方国家公司法中，“越权”是一个专门概念。它是指超出国家的法令与公司章程所规定的权利之外的行为。它不仅是指法令所禁止的行为，而且包括不属于法令禁止但越出公司所授权限的行为，还包括公司有权实行的但实行起来显得特别反常的行为。

董事的越权行为则是指董事超出法律规定和公司授权范围的行为，即超出股东大会决议或公司章程规定所授权限范围的行动。如果他们进行了上述活动并导致公司经济损失时，公司可以要求他们如数赔偿这些损失。在此情况下，无须证明他们的行动是一种疏忽行为。董事越权的形式较多，其中包括：在不具备公司法规定的营业条件下开始从事业务活动，或在公司期满、吊销公司章程或公司解散之后继续从事营业活动；用银行贷款支付股利而造成公司无力支付债务的行为；董事以股本支付股利；董事批准不适当地使用公司资产；等等。

要加以说明的是，如属下述情况，董事不必承担责任：

第一，如果该董事在董事会会议上仅仅投票赞成作出一项越权的支付决议，但没有投票赞成以后的对上述决议的具体实施方案，则他应免于负责。因为只有前面的决议而无后面的方案是不会导致公司损失的。

第二，如果其他董事（fellow directors）对已经作出了上述错误的支付决议，只是在事后表示认可和赞同，则他们对由此造成的损失也不必负责，因为在他们参与意见之前，损失已经造成了，其参与与否与公司的损失没有直接联系。

第三，如果董事们都参与了越权的决议，但事实上并未实现，例如董事们都同意不适当地处置公司资产，但事实上并未付诸实施，他们对此决议也不负有责任，因为公司在事实上并未遭受损失。

尽管在法律上允许董事对其越权行为进行一定的抗辩（defense of ultra vires），但越权的董事须承担经济责任以至刑事责任这一点，是各国公司法所共同承认的原则。

（4）不使自己处于与公司的利益冲突之中

董事对公司必须保持忠诚和信用，不得将自己置于职责与个人利益相冲突的地位来谋取私人利益。公司的董事，如果从事某一活动而可能引起其所承担的公司责任以及对其他人所承担的责任与其个人利益之间的冲突，就应停止从事该项活动。这一点还包括：① 不得为了自身利益而与公司的业务相竞争；② 不得篡夺公司的营业机会；③ 不得与公司内的一个机构做买卖；等等。

英美法还特别强调如下一点，即董事要做到对公司忠诚和尽职，必须做到勤勉（diligence）。董事工作不勤勉的视为不忠诚，亦即勤勉是忠诚的一个前提。例如，一个董事已有理由怀疑公司某一职员有欺骗行为，但由于懒惰而没有调查并采取相应的措施，因而造成公司的损失，应被认为是严重的玩忽职守，当然是对公司不忠诚的表现。

2. 董事必须履行谨慎义务（duty of care）

构成董事对公司应尽信托责任的第二个内容，就是董事必须履行谨慎义务，即董事必须以其合理的谨慎和技能（reasonable care and skill）来为公司服务。

所谓合理的谨慎和技能，是指普通人的谨慎和才能，具体包含如下几层意思：第一，董事应以一位处于与其同样地位和类似环境的普通智者（ordinary prudent person）

处事的谨慎态度来履行其职责。第二，董事无须显示出比其本身的知识和经验更高的技巧和才能来履行其职责。因此，他必须正确地听取专家合理的咨询和建议。如果他在某些情况下没有首先听取专家的意见就贸然作出决定，则应被认为是一种渎职行为。当然，上述专家必须是有资格作出建议和咨询者。董事会在获得来自专门委员会的行家们的建议后，必须自己独立作出判断。但是，不应指望所有董事都必须是专家，也不应要求董事具备所不具有的技巧。根据一般原则，所有董事只需发挥自己应具有的特殊专业本领以及认真听取和分析其他行家的意见，最后作出判断，就是一种合理的谨慎态度。第三，西方国家公认的习惯是在公司遇到紧急业务要处理，或者当内部细则规定的某些事务可以留给一些公司职员去处理时，董事在没有理由怀疑上述职员不忠诚的情况下，应该相信这些职员是在忠诚地履行其职务，职员失职给公司造成损失的，应由职员负责。由于成功地经营业务需要广泛的专业知识，因此，缺乏某一专门知识的董事显然必须依靠专家和下面的职员提供的情报进行工作。根据英国法院的审判实践，对董事因相信了一个其过去的行为还没有被怀疑过的职员所提供的虚假情报而作出的错误判断以及对该职员的失职行为，董事会不负责任。

在董事责任方面，很多案件在适用上述原则的过程中已经形成了一些专门的规则，这些规则与董事行为指南相差无几，由于必须满足个案的特殊情况，所以这些规则的灵活性较强。但高于一切的原则，就是董事必须忠诚和合理地行动。

（十）商业判断原则

在长期的商业审判实践中，英美法系的判例法中又总结产生了商业判断原则（Business Judgement Rule）。该原则的目的就是公正和公平地（fairness）对待董事在行使其正常商务职责时应承担的责任。

商业判断原则的主要内容是指董事会根据合理的信息（reasonable information）和合乎理性的判断（rationality）作出的商业决议不应让董事承担责任，即使这样的决议从公司的角度来看是有害的（badly），甚至是带有灾难性后果的（disastrously）。

在此种情况下，董事会的决议还是有效的，具有拘束力的，而且股东不能因为决议对公司不利而不承认该决议，并以此为由要求董事承担责任。在法官的判决实践中，要区别什么是“合理的信息”和“理性的判断”是很难的。因此商业判断原则特别强调董事会的决议是在“诚实”（in good faith）的情况下作出的，董事会的决议不存在“自我交易”（self-dealing）、“利益冲突”（conflict interest），同时也不存在渎职（mismanagement）和疏忽（negligence）等问题。商业判断原则特别强调法院不能在董事会的决议得到了履行但出现了损害性的后果之后，再去作“事后判断”（second guess）。总之，商业判断原则是对诚信义务，尤其是谨慎责任的完善和补充，但是如何正确地运用该原则始终是充满争议的课题。

三、公司的高级职员

（一）公司高级职员的概念

在西方国家，所谓公司高级职员，通常包括总经理、副总经理、司库和秘书；在英国和西欧一些国家，还应包括审计员。从严格的意义上说，只有那些比较重要的管理人员，才属于“高级职员”（officer），而那些地位较低的执行人员，是不能列入高级职员范围的。

按照西方国家公司法的传统观念，高级职员也是雇员，在董事会授权下执行和实施董事会所决定的政策。因此，高级职员的任命是由董事会根据公司经营的需要而自行决定的。西方国家任命高级职员的一般做法是，由董事会与职员签订一个雇佣合同。根据雇佣合同，董事会有权从公司的最高利益出发，随时撤换其职员，但必须向被解雇者陈述原因。如果属于明显不合理的解雇，即在违反合同条款的情况下解雇职员，公司必须给予被解雇职员以一定的经济补偿。

目前，在英美等国，由股东直接决定高级职员人选的倾向正在加强。美国特拉华、内布拉斯加、新泽西、新墨西哥等州的公司法中都作了下述较为灵活的规定：按内部细则的规定，高级职员由董事会或由股东大会决定。美国的马萨诸塞州则规定：总经理由董事会决定，司库和其他高级职员由股东大会决定。而在大多数西欧国家的公司法中则明确规定：审计员必须由股东大会的多数票予以决定。

另外，公司的一般职员，根据公司法或内部细则的规定，通常由总经理直接任免。

职员的资格，总的来说，基本上与代理人的资格差不多，即公司职员应具有代理人所必须具有的法律行为能力。

（二）公司高级职员的职权

高级职员的权力源于董事会。各国成文法很少涉及对公司高级职员（包括经理人员）权力的规定。公司职员权力的行使能否对公司有约束力是一个重要的敏感问题。解决该问题的依据通常属于代理法的范畴。公司职员是公司的代理人，公司作为独立的法人，只能通过其代理人进行业务活动；而代理人的行为要对本人产生约束力必须要有本人的授权或基于其他法律原则的考虑，方能要求本人对代理人的行为承担责任。

按照西方国家公司法的规定，公司职员的职权分成如下三种形式：明示权限、默示权限和不可否认的权限。在这三种方式下，公司职员的代理行为可以对公司（本人）产生约束力。

1. 明示权限（express authority）

公司职员的明示权限是指根据公司法、公司章程、公司的内部细则或董事会的决议明确授予的法定权限。以美国为例，美国各州的公司法都有类似的规定。《美国标准公司法》与特拉华、纽约等州的公司法几乎用同样的语言作了如下规定：“所有公司的职员和代理人，在他们和公司之间，都应拥有按内部细则规定或按董事会决议规定（不得违背内部细则）的权限，并在管理公司时执行之。”[①] 在美国，几乎所有公司的内部细则都列举了各类职员应具有的各种明示权力。

2. 默示权限（implied authority）

公司职员的默示权限，又称可推定的权限（presumptive authority），或固有的权限

---

① 沈四宝．西方国家公司法原理．北京：法律出版社，2006：294.

(inherent authority)，是指由公司同意给予其职员行使其职务所必需的权限。这种权限不是书面明确规定的，而是从明示权限中推定而产生出来的一种不言而喻的权限。因此，这种职权不仅不是法律文件明确规定的，而且只有通过公司章程、内部细则或董事会决议的规定才能被剥夺。例如，如果根据内部细则规定，总经理有权任命具体部门的经理，他就应该被认为具有与该经理订立任期为数年的经理服务性合同的暗示和不言而喻的权限；如果一个职员有明示的权限去出售一宗公司资产，则他应被默示地认为其有权为此目的而雇用一个经纪人（broker）。但要注意的是，反之并不亦然，即如果一个职员有明示权限去雇用一个经纪人，但这并不暗示他有权去出售公司的一宗资产；同样，具有出租公司资产的权力并不意味着具有出售这项资产的权力，否则就属于越权行为。

默示权限还包括下述内容：如果一个公司职员，特别是公司的总经理，在董事会没有明确授权的情况下，独自行使了职权，例如签订买卖商品的合同、雇用和解雇职员、向外贷款以及背书商业票据等，如果他的上述行为是十分公开的，而且持续的时间比较长久，董事会对此完全清楚，或者董事们确实对必须授权才能进行的业务活动予以了极大的注意之后，并没有对该职员行使上述职权予以阻止或限制，则其结果就是默认了该职员行使上述业务行为的权限，这种权限也属于默示权限。

公司职员的默示权限一般产生于该职员的职务和头衔或者本人（公司董事会）的行为。

3. 不可否认的权限（apparent authority）

从事一项业务活动的不可否认的权限，是指公司董事会通过书面或口头的方式，或者通过任何其他行为向第三人明确作出一种表示，这种表示合理地被认为是公司已经同意明确授予某特定人员（职员）代表公司从事某项业务活动的一种权限。不可否认的权限又称表见代理权。表见代理往往与默示代理并存。在任命某人为经理时，该任命即是一种对经理的默示授权；同时，对第三人来说，他可以合理地预见到，该被任命者有权行使经理的权力，即表见代理亦同时产生。在公司法意义上说，就是由公司向第三人宣布“职员”或“代理人”可以代表公司进行业务活动。该第三人应完全相信上述“职员”和“代理人”已具备了进行业务活动所必需的权限。此种权限具有临时性是十分明显的，而且，公司不得再对已向第三人宣布的上述权限“反悔”（食言）。如果公司董事会曾明确向经理人员表示，该经理已无权从事某一业务，但该经理仍然继续代表公司从事该业务，在此种情况下，如第三人处在不知情的情形下，公司仍要对经理的代理行为负责，即公司与第三人的交易应受到保护，而该经理应对其越权行为向公司（本人）承担责任。这就叫不可否认的权限。因此，不可否认的权限包括下述三个内容：（1）公司正式授权其职员从事某项业务；（2）明确向第三人表明上述授权；（3）公司不得否认已作出的授权。这三个内容是紧密相关、缺一不可的。

正如美国公司法教授平托（Pinto）所总结的那样：“在上市公司中，管理层一般的结构是：管理权力集中在总经理及主要高级职员手中。虽然这种权力集中已经受到了广泛的关注并在日益加强外部对这种管理权的监督，但这种结构还将作为公司的标准模式而持续下去。”①

---

① Arthur R Pinto. Understanding Corporate Law, 1999: 112.

第六节　公司的治理机制及其主要法律措施

一、公司治理结构的概念

公司治理（corporate governance）源于西方发达国家，尤其是源于美国公司制的发展进程。西方发达国家几乎一致认为，良好的公司治理机制是公司竞争力的源泉和经济长期增长的基本条件。它是解决公司在公司法的制约下，在市场经济经营过程中，产生的只按传统的公司法无法得以解决的一系列新问题而形成的一整套制度。该套制度以公司法、证券法为基础，但又根据市场发展的需要以及自身运作产生的需要，不断得以发展。实际上，到目前为止，世界各国尚没有一个公认的公司治理结构的定义，但是，各国对公司治理机制产生的背景（原因）、公司治理机制要实现的目的、公司治理结构的主要框架，股东、董事和管理人员之间如何分配经营管理权，如何发挥社会中介机构的作用，以及社会责任在规范公司行为中的意义等方面都具有很多共同点。可以这么说，公司治理机制实际上是一种制度性的安排，它是在法律保障的条件下，处理因两权分离而产生的委托代理关系的一整套制度安排。在公司治理结构中，高效率的委托代理关系，可以保障投资者的最大利益及其最终控制权，可以维系公司各个相关利益者的关系，从而使所有权和经营权的分离不被滥用而损害投资者利益。

二、公司治理产生的必然性

提出公司治理问题是有其必然性的，它是西方国家公司法中两权（即公司所有权与经营权）分离的法律原则的一种异化。

在公司制度发展进程中，股份公司的出现，两权分离的实现，都有着不可磨灭的历史功绩。美国著名的公司法教授伯利（Berle）和米恩斯（Means）在其《现代公司与私有财产》（*The Modern Corp. and Private Property*）一书中，对公司股权结构日益分散后产生的股份公司所有权和经营权相分离的现象作了高度的总结，指出了其在公司制度发展中所产生的巨大历史作用；但同时也指出，公司股东在从两权分离中获得巨大益处的同时，又产生了其负面影响和作用，即“股东的个人利益绝对服从于有控制权的经理团体”。也就是说，所有权和经营权的分离，又给公司的股东带来了另一个问题，即股东在失去了对公司直接控制权和经营权之后，如何使拥有经营权的管理者们能为实现股东的利润最大化而尽职尽力地工作，亦即产生了公司制度上的新问题，即股东应如何在这种情况下动员、制约和监督公司经理层依法、依德经营的问题。

有人把股东作为委托人，管理层作为代理人，公司则作为股东委托管理者进行营利活动的一种工具，股东实际上把公司实现利润的全部资源，包括资金、人员、机会全部委托给管理者，希望其最大限度地予以使用并为股东创造最大的利润。这就是所谓的代理理论。但由于代理人即公司管理者是一个生活在市场经济社会中的活生生的“人”，其行为与委托人即股东追求的目标可能不完全一致，也不可能完全一致；另外，公司管理者一旦根据委托关系获得了自由配置公司的各种资源的权力后，即具有很大的空间去追求与股东不一致的经济利益，由于管理者一旦掌握公司管理权之后，其在信息资源方面的优越地位使股东无力与之并驾齐驱，因此，管理者在各种经济利益的诱引下，有条件在股东不知晓的情况下，使公司逐渐成为经理层谋利的工具。所有这一切都给股东带来了一个新问题，即股东如何能在坚持两权分离的情况下，采取一切可以采取的措施来促使管理层为其利益服务，其中包括利用现存和未来的法律制度和其他所能利用的经济激励手段以及社会文化手段进行综合治理，并为此付出应有的代价，这种代价称为代理成本。公司治理机制就是在这样的条件下和环境中产生和发展起来的。

三、西方国家关于公司治理行为守则是公司治理机制的重要成果

公司治理作为一个法律概念，可以说是法律和经济相结合的产物，因为它受到法律和市场的双重影响。因此，公司治理也属于一种充满原动力的新概念（dynamic concept）。因为它在诸多因素，包括经济的和部分社会的、政治的因素的影响下，通过法律原则的发展以及经营实践的发展而不断地充实和前进。它既是一系列现存法律概念的综合，又是一系列新概念的运用。它涉及公司的股权结构，公司的独立法人地位，公司股东董事和经理人员之间权力的分配及利益的制衡；对公司经营管理者的监督和激励，以及相应的社会责任等一系列法律和经济问题。

公司治理机制逐步发展的一个典型表现形式就是一些西方发达国家，包括某些国际经济组织相继推出公司治理行为守则，并赋予其重要的地位，这不能不说是将全球性公司治理推向前进的一个重大成果，也说明了公司治理在各国的紧迫性和重要性。据了解，目前在许多国家出现的各种不同形式的关于公司治理的行为守则日趋增多。

美国法学会于 1992 年首次推出的《公司治理原则：分析与建议》，具有很大的代表性；稍后不久，英国公司治理委员会于 1992 年 12 月提交的报告以及伦敦交易所的《模范公司治理准则和最佳行为守则》，它们都对世界各国的公司治理规范产生了较大的影响，成为在国际上很有影响的示范文本，尤其对经合组织（OECD）的“公司治理准则”（1999 年 5 月）和欧洲证券交易商协会的“公司治理原则和建议书”（2000 年 5 月）的最终形成起了很大的推动作用。

在这一方面，值得一提的是美国的机构投资者为此作出的重大努力，比如加州的政府雇员退休机构于 1998 年 4 月推出的《公司治理核心原则及指南》；商业圆桌会议（The Business Roundtable meeting）于 1997 年 9 月宣布的《公司治理声明》；全美教师保险及年金协会（CIAA-CGEF）于 1997 年 10 月推出，2000 年 3 月又更新了的《公司治理的政策声明》。这些机构之所以热衷于公司治理规范的制定和推广，真正的动因就是要解决其所投资的公司的管理层规范操作的问题。

大陆法系国家在这方面也做了大量工作，具有代表性的就是法国公司治理委员会于 1999 年 9 月公布的《公司治理若干建议》；德国公司治理专家于 2000 年 1 月推出的《德国上市公司治理规则》；日本公司治理委员会在 1997 年 10 月提出的《日本公司治

理原则》，其总结了日本在公司治理方面的经验。

世界各国关于公司治理的原则、守则、规范或标准，大大丰富了公司治理机制的内容。由于各国的法律、经济社会和政治制度的不同，各国对上述公司治理规范的内容都有不同的规定，但对其法律地位却有较相同的规定。

第一，这些规范本身都不是由立法机构制定的，因此，它们不是以法律形式出现的，但它为公司立法提供了丰富的背景资料。

第二，国外公司治理守则一般都是由民间的社会团体所制定，其目的是给上市公司树立一个公司治理可参照的标准或规范，以便引导其自愿采纳，它具有可选择性。但在事实上，此类规范往往会成为公司能否取得上市资格的前提条件（如在英国），从而使其又具有准法规的性质。

第三，它具有灵活性，随时可以依据实际需要而修改，能及时地为公司服务。

第四，公司治理问题是一个非常现实而具体的问题，要解决不同公司的治理问题，只能因公司而异，不能搞“一刀切”，只有对其中实践多次、为多数公司所接受，并确实有利于改善公司治理整体环境的内容，才能被吸收进公司法或证券法中而成为法律的一部分。从这个意义上说，这类守则又为公司法、证券法的发展提供了实践的平台。因此，可以这么说，各国民间制定的公司治理规则，反映了各国进行公司治理的迫切要求，指明了完善公司治理的总体方向，为各国完善公司立法起到了极大的促进作用，其意义绝不可低估。

四、中国实施公司治理的特殊背景和任务

中国公司治理机构产生的独特背景，决定了其应采取的治理机制重点应有所不同。在西方国家，产生公司治理问题的背景是上市公司股权大规模分散的条件下，产生了两权分离的要求，并在实施两权分离的情况下，广大中小股东与大股东需要解决如何监督和奖励管理人员为股东的最大利益服务的问题。

西方国家提出公司治理的主要目的是，如何使管理人员真正自觉地为广大股东利益最大化服务，其主要任务是要解决所谓的“管理中心主义”问题。

但从我国企业改革的历程来看，我国提出的两权分离（即所有权和管理权相分离）的背景，以及目前我国提出的公司治理机构的背景，确实与美国及西方国家的产生背景是不同的。究其原因，从宏观上说，西方国家的公司制度是直接从私有制企业制度发展而来的；而我国的公司制度则是从计划经济演变而来的，即中国的上市公司多是直接从采取公有制的国有企业发展而来的，因此，应该看到这两种公司制度所存在的不同。中国的企业制度改革可以大体上分成以下几个阶段：

第一阶段，从改革开放的1979年开始，中国法学界和经济学界开始重视研究西方国家的公司制度（1981年就出现了《美国标准公司法》的译本），当时的直接目的是要借鉴西方经验，解决国有企业独立法人资格问题。

第二阶段，提出了要解决中国国有企业的所有权和管理权相分离的问题。美国等西方国家提出两权分离的背景是因股权太分散而必然产生的两权分离现象；但中国采取这一措施是要让国有企业从掌握几乎全部股权的国家行政机关中独立出来，以便使企业的经营管理能摆脱行政机关的直接干预。在这一时期，为促使企业成为“自主经营、自

负盈亏、自我约束、自我发展”的独立的企业法人，先后采取了如“放权让利”“承包经营”等政策；原来的“国营企业”在法律上正式改为“国有企业”，一字之差，使两权分离找到了理论依据。

第三阶段，始于20世纪90年代初。如果说，1992年之前国有企业的改革主要体现在放权让利、不断扩大国有企业自主权方面，那么从1992年开始，国有企业的改革就走上了所有制改革的新路子：提出并实践中国国有企业股份制改造的问题，即实现国有企业投资多元化、股份多元化、产权多元化的问题，从而也必然会涉及董事会成员和管理人员的多元化问题；接着，提出了要在中国建立现代企业制度的问题。现代企业制度的法律意义就在于要借鉴西方有效的企业法律制度，建立适应市场经济的中国企业制度，即不再按照传统的依所有制性质来划分企业制度，而是按国际通行的方式，根据投资者在其所投资的企业中所承担的风险及享有的权益特点来划分企业的形式，从而使中国的企业制度能和世界的企业制度相接轨。

从中国企业制度的历史发展来看，中国公司的发展同西方国家公司的历史发展相比，尚处于发展并不充分的阶段。由于当年实行股份制改制时的指导思想中强调在股份制改造中，一是要保证国有股占多数，当时在股份制改制实践中，通常掌握在70%以上；二是要使这种结构固定下来，使之不因未来情势变化而变化，这就是在法律上规定国有股不得转让的重要背景。但以后的证券市场发展的客观规律证明，在我国股份制初期所定型（固定）下来的这一不合理的股权，已经并将继续影响中国公司治理的发展，影响中国股市的健康发展。因此，对于中国公司治理来说，有着独特的历史任务，因而也应该有其特有的措施。可喜的是，我国证监会为进一步规范上市公司运作，提升上市公司治理水平，保护投资者合法权益，促进我国资本市场稳定健康发展，于2002年发布了《上市公司治理准则》并于2018年进行修订；同时，我国在2018年对《公司法》进行第四次修正，在2019年对《证券法》进行第二次修订，全面推行证券发行注册制度、显著提高证券违法违规成本、进一步强化信息披露要求、完善投资者保护制度、强化监管执法和风险防控等，进一步完善了证券市场基础制度，提高上市公司质量，切实维护投资者合法权益，体现了市场化、法治化、国际化方向，打造规范、透明、开放、有活力、有韧性的资本市场。然而，目前我国的公司治理仍有很多问题亟待解决：

第一，就我国的上市公司而言，优化股权结构，严格禁止内部人控制，是我国公司治理的重要任务。我国目前公司法人治理问题不仅仅是代理人问题，更主要的是委托人问题。

第二，董事会无法完全独立，自主决策受到很大限制。其主要原因是内部董事比例过高，独立董事作用有限，董事会决策机制落后，董事会受到控股股东干预过多。

第三，监事会的监督作用较弱，无法真正做到事前监察。

第四，信息披露，尤其是财务披露制度一定要真正地建立起来，其中必须解决的是要披露真实的而不是虚假的信息，并建立追究披露虚假财务信息者的刑事责任。

第五，逐步建立真正能行之有效的股东（中小股东）的民事赔偿诉讼制度，以便起到对控股股东及公司管理者的法律威慑和监督作用。

第六，必须对管理人员建立严格的惩治制度和合理的激励机制。

五、公司治理中重要的法律措施

在实施公司治理方面，西方国家，尤其是以美国为首的英美法系国家，无论在立法上还是在司法实践中，都总结了不少行之有效的法律原则。这对世界各国，包括我国在内，都具有一定的价值并可以借鉴。这些法律原则包括但不限于揭开公司面纱、管理层的诚信义务、在职管理层与在野派间的拉票战、公司的并购、独立董事制度、股东的派生诉讼和集团诉讼、股份评估补偿权等。下文将逐一进行介绍，但揭开公司面纱原则及独立董事制度在本书前文中已作相关阐述，在此不作专门介绍。

（一）发挥诚信原则在公司治理中的作用

诚信义务是西方国家公司法中一个极其重要的法律原则，它产生于传统的信托制度。或者说，它是将信托制度下的诚信义务引入了公司的管理制度之后从而将其作为公司法的一条重要原则，这主要是由于股份公司的两权分离现象所造成的。诚信义务是由两个原则构成的：其一是管理人酌量处理原则（management discretion），其主要含义是指管理人员在法律和章程允许的范围内，可以不受委托人的限制，充分地行使其自主权，及时有效地进行公司的经营管理，以确保公司的高效性和在市场中的竞争力；其二是管理人负责原则（management accountability），它要求管理人员应对委托股东承担责任，尽最大努力为其委托人（股东）的“利益最大化”服务，避免管理人员滥用权力或怠于履行其职责。

诚信有两个主要内容：一是忠诚义务，另一个是谨慎义务。[①] 具体来说，忠诚义务是指公司的管理人员在履行其职务时应以公司的利益最大化为出发点，不得使自己的利益与公司的利益相冲突。其核心是确保公司管理人员能在从事管理职责时，坚持公平、道德和诚实的原则。谨慎义务则是强调管理人员在管理公司时，应当善意地并按照一个通情达理者（普通智者）在相似的情况下可能表现出来的勤勉、谨慎和技术行事。

诚信义务的原则主要源于案例，即存在于案例之中，因此，诚信义务属于判例法范畴。[②] 虽然在一些公司法中提到了该原则，但是，案例法原则往往会使合法和违法的界限相对模糊，从而使该原则的运用变得十分灵活和实用。当我们分析英美法中的诚信义务制度时，应当特别重视判例的作用，这也正是公司治理机制所要求的。

诚信义务的主体主要包括公司的董事、高级管理人员及控股股东。高级管理人员一般是指正副总经理、公司秘书和财务负责人。如今诚信原则在大陆法系国家，尤其是在德国的公司法中得到了发展，它已成为公司治理的重要措施，从而具有其特殊的作用。

在德国，诚信原则不仅适用于经理人员和控股股东，而且适用于广大中小股东。当多数股东与少数股东之间、大股东与管理层之间发生冲突时，且在无其他明确的法律原

---

① 《美国标准公司法》第8.30节对这两个内容进行了高度概括。

② 判例的一个显著特点就是直接与不同的具体案件相联系，有极强的针对性和实践性。

则可适用的条件下，诚信原则作为参考的法律原则应予以适用。

该原则的特定内容依赖于特殊案件的各个方面。诚信原则的适用是以能对公司的管理产生重大影响为准则，法官被授予很大的裁量权，以加强对滥用职权者的灵活处置。但是，该原则同时也应能适用于少数股东，以便消除其在公司采取正确管理措施时所造成的阻碍作用。

（二）通过并购将管理人员置于公司控制权市场之中

西方国家实现公司治理机制的一个重要措施就是合并和收购，又简称为并购（Merger and Acquisition，M&A）。并购可以是友好的（friendly），也可以是敌意的（hostile）。它们的发展进程，在客观上构成了公司控制权市场。通过这个市场，有力量的公司可以通过并购的形式，改变被并购公司的管理结构和被并购公司的原管理层。由并购方的人员替代被并购方的管理层，这对被并购方的人员构成了实际的威胁，也对被并购公司的大股东构成威胁。因为收购的威胁，尤其是敌意收购的威胁，能使利用公司的资源而不为公司股东利益服务的经营者，以及对无能力改善公司经营的经理人员迅速清醒起来，这也是在客观上对管理层的一种有效监督。无数次巨大的收购事件，使得并购成为一种时尚，一种浪潮，一种制度，从而使公司处于一个控制权市场之中，公司大股东及管理层身处动荡的市场之中，在公司中的管理地位不再稳定，而是处于“地震带”之中，这就在客观上造成一种威胁和监督，迫使其忠于职守，为广大的股东利益服务。因此，无论是在大陆法系国家（如德国），还是在英美法系国家，都将其作为实现公司治理结构的重要措施。

（三）股东的派生诉讼

股东的派生诉讼（Derivative Suit）是指当公司的正当权益受到他人侵害，特别是受到有控制权股东（包括母公司）、董事和管理人员的侵害，公司拒绝或怠于行使诉讼手段来维护自己的利益时，法律允许股东以自己的名义为公司的利益（代位公司）对侵害人提起诉讼，追究其法律责任。

实施派生诉讼需要前置程序，即只有当公司利益遭到侵害但又拒绝或怠于行使其诉权来维护公司本身的利益时，法律才允许股东提起派生诉讼，以此来防止和避免大量无价值的派生诉讼案件的出现以及投机诉讼现象的出现。

一个或多个股东以一类或多类股东的代表人身份就该类股东利益所受到的损害而提起的诉讼一般被称为集团诉讼（Class Action）。这种诉讼方式对于为自身利益而滥用管理职责的管理层确实是一种威胁。与并购方式不同的是，派生诉讼对滥用职权的管理层造成的威胁源于公司内部，而且是通过诉讼方式这一法律手段来进行；而并购方式则是在公司的外部，即通过市场这一经济手段对公司的管理层施加压力，迫使其严格地按照公司法的规定为广大股东服务。

（四）股份评估补偿权

股份评估补偿权（appraisal）[①] 的主要内容是当公司通过表决采取行动进行合并、股份置换、置换或出售公司大部分或全部资产以及公司章程要作实质性修改等重大事宜时，在此种情况下，也只有在此种情况下，对上述事件持异议的少数股东有权要求董事会对其所持股份进行评估，以便得出一个公正的价格（fair price），并在此基础上可要求公司或其他股东予以购买或予以补偿的一种股东权利。[②] 但是，作为少数股东，要采取这种方式来制约管理人员的重大决策，也会遇到很多麻烦，根据美国公司法的有关程序，需要股东承担高额的费用，包括律师费、顾问费以及诸如估价师与投资银行的费用，此外，该程序往往耗时很长，同时评估得出的价格也可能是不正确的。因此，采取此种方式来制约公司的管理者是有一定风险的，但持异议的少数股东的股份评估补偿权毕竟也是一种制约公司管理者、加强公司治理的措施。

（五）（委托）代理投票

在股份有限公司中，股东成千上万，有的公司股东达100多万，很多股东只持有不到100股的股票，因此，广大股东无法参与真正的股票表决。关于召开股东大会的通知及程序，投票的记录以及法定股数通常都在公司的章程细则中予以规定。但是让分散在远距离的广大中小股东每次都出席会议并参加表决是很难实现的，因为他们一般不愿意为此付出代价，费用和时间对大量中小股东更为重要。因此，往往他们委托别人（一般是别的股东）来代替行使该项权利就显得十分必要。委托投票权（proxy voting）就是指股东在股东大会召开之前已经在某些问题上进行了投票或把投票权转让给出席股东大会的其他人来行使。

美国特拉华州和其他州的公司法就允许股东在没有召开股东大会的情况下通过书面同意（written consent，consent solicitation）来实施其作为。因此，需要寻求必需的投票权，而且一旦获得上述行为就可认定有效。但是即使这样，这种通过书面获得股东同意的方式（consent mechanism）仍不能代替股东大会。

在这种情况下，现任的管理者就发出投票代理协议给股东，以寻求必需的投票权。但如果存在着反对现管理者的在野派（Insurgent），而且该集团也向股东发出其有关投票代理协议的资料，则在朝派（Incumber）与在野派就会发生一场“拉票战”（proxy fight）。这种战斗，对现任管理层会产生很大的冲击，他们必须十分检点他们的管理工作，勤勉地为广大股东利益服务，因为他们知道，如果他们的管理工作不能使股东满意，在野派就会发动一场“拉票战”来对付他们，因此这也是监督在位管理者的一种公司治理方式。

世界上不存在唯一最佳的公司治理结构模式，各国都应根据自己特有的经济、社

---

① Appraisal 的英文原意为 valuation；estimation of worth；the determination of what constitutes a fair price，但在公司法中，它具有特殊的意义。《美国标准公司法》第13.01-13.31节专门阐述了这一问题。

② Arthur R Pinto. Understanding Corporate Law Matthew and Bender，1999：128. It was meant as a check，or a monitoring device to regulate those in control and to offer the SHS a fair duty.

会、文化情况和历史传统来建立适合本国实际情况的公司治理结构，这是一个漫长而需要付出重大代价的历史时期，在这个时期中，不断地研究、总结和借鉴以至吸收外国的正反两方面的经验和教训不仅是有益的，而且应该说是必不可少的。我国在新公司法中结合我国的具体国情，借鉴引入了诸如揭开公司面纱、诚信责任、股东派生诉讼等法律原则，对完善我国法律制度，规范我国市场经济起着极其重要的作用。

特别要指出的是，美国自“9·11”事件以来不断暴露出来的公司主管人员一次又一次的财务丑闻，给全世界的公司治理提出了一个尖锐问题：为什么具有世界上相对完备的公司治理（自律）制度的美国会出现全球最尖端的财务作假丑闻？进而引申出这样一个问题，即要把公司治理真正变为现实，最主要的是制度还是执行制度的人，尤其是在已经建立有较先进的法律制度的社会中？这是一个需要进一步探究的问题。

第七节　公司的并购、解散和清算

一、公司的并购

公司并购，就是合并与收购的合称，英语为“Merger and Acquisition”，简称“M&A”，是公司法的一个重要组成部分。其中，公司合并可分为新设合并、吸收合并。

（一）新设合并

新设合并（consolidation）是指两个或两个以上的公司合并成一个新公司的商业交易。新设合并又称联合。

新设合并具有如下特征：（1）在新设合并中，参与合并的公司全部消失，因而称消失公司（disappearing corporation），新设公司（new corporation）获得消失公司的全部财产并承担它们的全部债务及其他责任。（2）在新设合并中，每个消失公司的股票（份）都转化成新设公司的股票（份）、债务或其他证券，或全部或部分地转换成现金或其他财产。（3）新设合并的条件是参与合并的公司的董事会必须制定合并计划（该计划需经股东批准），并由新设公司报政府工商管理部门存档。（4）在新设合并中，合并章程将成为新设公司的设立章程。（5）如果公司的股东有权对合并提出反对，则新设公司有责任向持异议的股东支付相应对价以购买其所持股份。

（二）吸收合并

吸收合并又叫兼并，是指一个或几个公司并入另一个存续公司（surviving corporation）的商业交易。因此，吸收合并也可称为存续合并。

1. 吸收合并的特点

吸收合并具有如下特点：

（1）在吸收合并中，存续公司获得消失公司的全部业务和资产，同时承担各个消失公司的全部债务和责任。

（2）在吸收合并中，消失公司的股份得转换成存续公司或其他公司的股份、债务或其他有价证券，或者全部或部分地转换成现金或其他财产。

（3）吸收合并的条件是实施合并公司的董事会制定有效的合并计划，根据原先的规定经股东的批准并由存续公司将合并章程呈递有关政府工商部门。

（4）如果规定公司合并必须经过股东大会批准，但少数股东不同意合并，则公司有责任向持异议的股东支付相应对价以购买其所持股份。

2. 吸收合并的形式

在现实的吸收合并中，外国投资者往往需要在投资所在国先设立一个子公司，然后再以子公司的名义合并其所要吸收的所在国公司。因此，吸收合并又分为三角合并及反三角合并两种主要形式。

（1）三角合并（triangular merger）

在三角合并中，收购公司首先设立一个其独资拥有的子公司，投入现金或它自己的股票，然后再把被收购公司合并入其子公司。

在三角合并中，应注意如下问题：① 被收购公司的股东不是从收购公司的子公司，而是从收购公司获得现金或收购公司的适销有价证券。② 收购公司对被收购公司的债务不承担责任，而由收购公司的子公司负责。③ 收购公司对子公司的投资是象征性的，资本可以很小，因此又叫"shell subsidiary"。其设立之目的完全是为了收购，而不是经营。④ 收购公司一般是股份有限公司，其股票和债券是适销的。

使用三角合并的好处是：① 可以避免必须由收购公司股东表决从而决定是否合并的复杂手续。因为新设立的子公司是独立的法人，股东就是母公司。母公司董事会有权决定子公司的兼并事宜。② 收购公司对消失公司的债务只承担间接责任。

（2）反三角合并（reverse-triangular merger）

这类合并比较复杂，其做法是：首先，收购公司设立一个全资拥有的子公司，然后，该子公司合并入被收购的公司中。收购公司用其持有的子公司的股票交换被收购公司新发行的股票，同时被收购公司的股东获得现金或收购公司的股票，以交换被收购公司的股票。

其结果是被收购公司成为收购公司全资拥有的子公司。这类合并的好处是被收购公司的名称可予以保留，被收购公司原先的未完成的合同及税款经合并后并不受到什么影响。这类合并还可以转让合并带来的债务债权，降低有关专利权、租赁、财务、金融方面的费用并简化手续。

在反三角合并中，收购公司通常是一个股票上市的股份有限公司，其股票在证券市场上一般属于适销股票；其子公司只是为了实现其收购目标公司而设立的。显然，该子公司的股票一般不是适销的，其股票只是为了交换被收购公司而设计的。

在一些西方国家，尤其是英美法系国家，习惯于把新设合并和吸收合并统称为法定式合并（statutory merger）。法定式合并是指新设公司或存续公司自动地获得消失公司的全部资产并承担其全部债务的一类合并，涉及此类合并的所有公司股东都有权获得在合并计划中确定的对价。

法定式合并主要包括新设合并与吸收合并，它区别于收购资产或收购股份的收购行为，但收购行为实际上又属于吸收合并的一部分。

要说明的是，在传统的合并交易中，消失公司的股东通常获得存续公司的股票；但现今的法定式合并中的对价，可以是现金或股票之外的其他财产。

（三）收购

1. 收购的概念

收购是指公司出资主动购买另一公司的股权或资产，从而掌握该公司的生产经营控制权。收购主要是由收购公司发出收购要约（tender offer），购买某个目标公司的部分或全部股票（份），以便控制该公司；或者采取订立协议的方式购买被收购公司的股份或资产，达到收购的目的。在要约中，通常习惯于把被收购公司（acquired corporation）称为目标公司（target corporation）。

收购目标公司的对价，可以是现金、收购公司或其他公司的有价证券，但通常是现金。在现金收购中，目标公司的收购价格往往要高出其市场价格的25%—50%。

2. 收购的类型

第一，依据收购采用的形式，收购可以分为协议收购和要约收购。

（1）协议收购

协议收购，是收购人通过私下订立合同的方式购买目标公司的股份，通常是通过与目标公司个别股东或者大股东通过协商达成股份转让协议，并按照协议约定的收购条件、收购价格、收购期限及其他规定事宜收购目标公司的行为。

（2）要约收购

要约收购，是指通过公开的方式向目标公司的全体股东发出要约，以高出市价的价格，在较短的时间内，用现金或者证券作为对价收购或交换其手中持有的目标公司的股票，从而达到控制或兼并目标公司的目的，在英国被称为“Takeover Bid”，在美国则被称为“Tender Offer”。

所谓直接收购股票要约，是指由收购方直接向目标公司股东发出的收购其股票（份）的要约。该要约可以通过在报纸上刊登广告，也可以按照被收购公司的股东名册分别向他们邮寄。

收购要约具有如下特点：① 收购者应承担收购目标公司最低和（或）最高限额的股票（份）；② 收购要约的目的是实现掌握目标公司的控制权，这就往往引起目标公司的股东，尤其是董事会的反对，从而造成社会波及面很大的收购战；③ 要约的有效时间都是有限制的，一般在1个月内（美国为21天）。

第二，依据控制权发生变化的公司的董事是否支持此项变化，简言之，依据目标公司董事是否支持该收购，可将收购分为友好收购和敌意收购两类。

（1）友好收购（friendly acquisition）

友好收购是指得到目标公司董事的支持，收购公司的董事与目标公司的董事共同认可同意的收购。

（2）敌意收购（hostile acquisition）

敌意收购是指受到被收购公司董事会反对的兼并。在这类兼并中，收购公司大多直接向目标公司的股东发出收购股票要约，公开地收购目标公司的股票。一旦收购方收购到足以控制目标公司的股票之后，就可以马上强行改组董事会，以便决定是否进一步收购剩余的股权；同时，可按收购公司的意图及宗旨改组公司。

二、公司的解散

（一）公司解散的概念

公司的解散（dissolution），在公司法上就是指公司法人资格的消失。随着公司的解散，公司就丧失了进行业务活动的能力，故公司解散时应终止一切业务经营活动。但公司法人资格的消失不能被理解为公司已经解散，而只有在公司终止了业务活动，结束了对内对外的法律关系，清算了其全部资产以后，才能真正地解散。公司只有经过清算这一法律程序，才能解散。公司在清算的过程中，不能视为解散。

公司的解散涉及多方面的问题，比如清理债权债务、变卖公司资产、支付各类费用、纳清税款、满足债权人的要求以及分配剩余资产等。因此，公司的解散也是较为复杂的过程，而且是与清算密不可分的。

（二）公司解散的原因

公司解散的原因，在公司法上大致有如下几种：

1. 公司存续期满

许多西方国家公司法都明确规定了公司存在的最高期限，或者要求公司章程具体确定该公司的存续时间，如果存续期满，公司应予解散（到期申请延长者除外）。如《法国公司法》规定，一个公司最长的存续时间为99年，但是《法国民法典》第1844条又规定，公司的延长由全体股东一致同意作出决定，章程有规定的，则以修改章程所需的多数作出决定。总之，在西方国家公司法中，因公司存续期满而被解散是常见的和正常的。

2. 公司据以设立的宗旨业已完成，或根本无法实现其宗旨

如开凿运河的公司待运河通航后予以解散就是一例。这是构成公司解散的一个重要原因。

3. 公司合并

由于公司与其他公司合并，尤其是新设合并，合并双方的法人资格都归于消失，公司应予以解散。这是解散公司的又一种原因。

4. 公司宣告破产

因公司破产而必须解散公司，是西方国家公司法的普遍规定。但因破产而解散公司的程序应受破产法管辖。

在这里还要特别指出，公司无偿付能力（insolvency）同样会导致公司解散。所谓无偿付能力，是指公司对到期债务没有足够的现金来偿还，即公司的流动资产少于流动债务所致。但法国、德国、意大利等西欧国家公司法规定，公司无力偿付自身债务而导致公司解散，也得受该国破产法管辖。

5. 经法院命令解散

对于这一条的解释，《日本公司法》第824条第1款的规定具有一定的典型性。其

规定，法院在下列情形下，为维护公共利益，认为这种公司不允许存在时，因法务大臣或股东、债权人及其他利害关系人的请求，可以命令解散公司：（1）以进行违法活动为目的而设立公司；（2）公司无正当理由，在其成立后一年之内不开始其事业，或连续一年以上停止营业；（3）执行业务的董事、执行官或股东，虽经法务大臣发出了书面警告，但仍继续或反复进行有超越或滥用法令或章程所规定的公司权限的行为，或者触犯法令的行为。

另外，为了保护中小股东的利益，公司法也允许股东请求法院解散公司。比如，《日本公司法》第 833 条第 1 款规定，当股份公司在执行公司业务上遇到显著的困难局面，该公司发生不能恢复的损害或有发生损害之虞时，或股份公司的财产管理或处分明显失当危及公司的存续时，拥有全体股东表决权的 1/10 以上表决权的股东或有已发行股份的 1/10 以上股份的股东可以诉讼请求解散该股份公司。我国《公司法》第 182 条也有类似规定。

（三）公司解散的形式

西方国家公司法把由各种原因引起的解散公司的形式集中为公司自愿解散和法院强制解散两种。

1. 公司自愿解散

公司自愿解散（voluntary dissolution），在公司法上一般分为创办人自愿解散、股东同意的自愿解散以及公司提出的解散三类。

（1）创办人自愿解散

当公司已经设立尚未正式开始营业并尚未公开向社会上发行任何股票的时候，其创办人可随时以自愿方式解散公司。其解散程序是由创办人向政府机构提交载有公司名称、公司设立证书的颁发日期、公司尚未公开发行任何股票和公司尚未开始营业的事实、公司的债务已全部清偿、多数创办人同意解散公司等内容的解散申请书，有关政府部门（在美国为州务卿）批准后，一经颁布该公司的解散证书，公司即刻停止存在。

（2）股东同意的自愿解散

公司的股东自愿解散公司，必须由股东大会通过决议，并向政府部门申请批准。但股东大会以多少百分比通过决议，各国的法律规定是不同的。《德国股份法》第 119 条规定，在股份有限公司的股东大会上，必须有 3/4 多数股权股东的同意才能通过解散公司的决议。在法国的有限责任公司中，只要代表总股本 3/4 多数股权同意即可；而在股份有限公司中，则仅需要总的表决股的 2/3 多数同意就能通过自愿解散公司的决议。

（3）公司提出的解散

公司提出的解散，主要是因为章程上规定的解散条件已经具备或者是公司的营业目标已经实现或根本无法达到而提出来的。这种解散的程序是：

① 首先由董事会通过一项决议，提议解散公司。

② 将解散决议提交股东大会予以表决，经在该问题上有表决权的多数股份持有者的赞成后，解散决议应被视为已获股东大会批准。

③ 股东大会通过解散决议后，一般由公司总经理或副总经理代表公司签署两份解

散公司的意向声明书，声明书中应载明公司名称、公司各位董事和各位高级职员的姓名和地址、由董事会提出而由股东大会通过的解散决议的副本、公司发行在外的股票数额、赞成和反对公司解散决议的股份的各自票数。

④ 将解散公司的意向书提交有关政府机构请求批准。

⑤ 经政府机构批准后，公司除进行必要的结束工作之外，应终止其经营业务，但公司的法人资格应继续有效直至政府正式颁发解散证书时止。

2. 法院强制解散

法院强制解散（compulsory dissolution），是指在某些情况下，主要是在公司违反公司法或其他的法律规定时，由法院发布命令强行解散公司的一种法律行为。西方国家公司法都规定了强制解散公司的条件，一般都规定，如遇下述情况，公司得被迫解散：公司无力偿付债务；公司破产；股份有限公司的股东少于7人长达1年。如瑞典公司法规定，股东人数少于3人的公司必须解散；公司的违法营业危及公共利益的也必须解散。《美国标准公司法》第14.30节规定在这方面具有一定的代表性。其规定，在司法部长提起的程序中，如经证明：（1）该公司是通过欺诈获得公司章程的；或者（2）公司继续超出或滥用法律授予该公司的权限，法院可以解散公司。

三、公司的清算

（一）公司清算的概念

所谓公司的清算（liquidation），是指公司在解散过程中了结公司债务，并在股东间分配公司剩余资产，最终结束公司的所有法律关系的一种法律行为。

清算的一般做法，就是首先确定清算人（receiver），由其负责清理公司债权债务；然后根据债权人的先后次序偿还债务；最后，再在优先股和普通股之间根据发行时各类别股票所规定的条件，分配剩余资产（如果还有的话）。

（二）清算人

清算人，就是指公司解散过程中从事清理公司债权、债务和公司财产事宜者。

西方国家公司法对任命清算人的规定虽然不尽相同，但归纳起来主要有下述三类做法：（1）由公司的董事担任清算人。（2）根据公司章程的具体规定，或由股东大会选任清算人。如《日本公司法》第478条第1款规定，董事、章程规定者、由股东大会决议选任者为清算股份公司的清算人。（3）由法院指派清算人。在司法解散的情况下，根据股东或债权人的要求，法院有权指定清算人。如《美国标准公司法》第14.32节规定，法院在为解散公司而提起的司法程序中可以指定一位或多位清算人以结业和清算。

清算人就职以后，其职责主要有：

第一，立即调查公司资产的现状，制作财产目录和资产负债表，提交股东大会审查认可。上述财务报表经股东大会认可后，立即呈递法院。在这期间，凡公司内部对清算人的上述业务活动进行阻挠或清算人玩忽职守的，一般都要给以经济制裁。

第二，清算人应向公众发布公告，限定期限催报债权和债务，超过期限者，不得列入清算范围。

第三，催告债权人报告债权的期限。日本公司法规定不得少于 2 个月。在美国，该期限一般规定为 4 个月。公司对于在册的债权人，应当分别发出专门通知，催告申报其债权。

第四，终结公司的营业活动，收回公司的债权，变卖公司资产。

第五，清偿公司债务，把公司剩余资产分配给各类股东。

第六，制作清算报告书，经股东大会追认后，清算人任务即告完成。

清算人在执行清算过程中，有权代表公司在法院起诉和应诉。清算人的报酬以及业务工作中的一切费用，应优先从公司的剩余资产中取得。

第八节 外国公司

各国公司法的最后一章，一般都是关于外国公司的规定。尽管这一章字数不多，但内容重要，涉及面广，是整个公司法不可分割的一部分。

一、外国公司概述

（一）外国公司的概念

西方国家公司法中对外国公司所下的定义都比较简单，一般是指根据其他国家公司法的规定而设立的公司。凡外国公司，如果没有经所在国家政府的批准和同意，一般不得在该国从事商业性活动。但对这个问题，各国的规定不尽相同。美国公司法的规定比较严格，如《美国标准公司法》第 15.01 节规定："外国（州）公司从州务卿处获取授权证书之前，无权在该州进行业务活动。"如《特拉华州公司法》第 371 条第 2 款也规定："如果一个外国（州）公司不向特拉华州的州务卿递交 50 美元的申请费并在州务卿办公室备案，该公司的任何人和代理人都不得在该州从事任何商业性交易活动。"

英国公司法认为，外国公司就是指根据英国以外的国家的法律而组织设立的，通过在英国建立营业所或不建立营业所的方法从事商业活动的公司。此外，还根据该公司是否在英国建立营业所而分为海外公司和一般外国公司：在英国境内建立固定的营业所的外国公司称为海外公司（overseas company）；不在英国境内建立营业所，但在英国从事业务活动的外国公司称为一般外国公司（foreign company）。公司法对这两类形式的外国公司分别作出了不同的规定。所谓在英国境内建立固定的营业所，是指该公司具有进行营业活动的特定和确定的地点，并且此地点必须标有该外国公司的明确标志。如果仅仅通过公司的代理人进行业务活动，或者通过一个到英国访问或旅行的董事在其居住的某家旅馆里从事某些营业活动，或者通过其子公司在英国从事业务活动等，这些都不属于海外公司。只有当一个外国公司在英国建立了非临时性的、特定的或确定的地点之后，它才被称为海外公司。

（二）外国公司的国籍

与外国公司定义密切相关的是公司的国籍问题。如何确定公司的国籍，亦即如何确定一国境内的公司是本国公司还是外国公司，这涉及该公司在东道国的待遇问题，涉及这个公司的经营活动受何种法律管辖的问题，尤其是当公司参与诉讼活动时应适用何种法律的重要问题。在确定公司的国籍问题上，存在有三种不同的标准：

1. 依公司注册登记所在地来确定国籍

这是目前最通行的做法。该标准不仅在许多国家尤其是美、英、日等主要西方国家的公司法上有明确的规定，而且见诸许多国家的著名案例中，并逐渐在国际法领域内得到确立。在许多国家的双边条约中，都以注册国作为该公司国籍的依据。如1953年签订的《日美通商条约》第22条第3款明确规定，在缔约国一方的领域内根据该国有关法令成立的公司，即被确认为该缔约国的公司。国际法院在1970年2月5日对巴塞洛纳电力有限公司的判决中明确了"公司的国籍一般依其注册所在地而定"的法律原则，对西方国家确定外国公司的国籍问题具有较大影响。[①] 当然，我们不能过早地下结论，认为这种做法——以公司注册登记地作为确立公司国籍的标准，势必会被越来越多的国家所认同，从而就会成为一个公认的国际惯例，但它同其他两种标准相比，显然是有其特殊影响和作用的。

2. 以能控制该公司的股份持有者的国籍来作为确定该公司国籍的依据

虽然有些国家采取此种标准来确定该公司的国籍，进而确定该公司属于何国的法人，但是这种标准存在很多不足：一方面，如果一个公司在东道国注册和经营，但由于其主要股东是外国人，因而它是一家外国公司，而不属于公司所在国的法人，不受所在国法律管辖，其结果必然导致削弱东道国的主权权利；另一方面，这又会给该公司的营业活动设置很多障碍。另外，在股份有限公司中，股票是可以自由转让的，这就会给以此标准来确定公司国籍的实际工作带来许多困难，而且会造成公司国籍不确定和不稳定的局面。

3. 以公司主要营业所的所在地作为确定公司国籍的标准

采取这种标准的弊端首先在于主要营业所的确定比较困难，有的公司以真实的决策中心作为主要营业所，但决策中心不等于主要的具体业务活动地。这样确定的结果会给公司主要的具体业务活动带来一些不便。此外，主要营业所可能会发生变化，而且有些公司为了逃税或规避某一国家的法律管辖，欺骗性地转移主要营业所，政府往往很难调查和识破这种行径，因而会给东道国的司法管辖带来一定的困难。

二、外国公司的进入

外国公司进入所在国进行商业性交易活动，必须完成一定的法律手续，一般来说，必须在所在国设立办事处（代理人）、分公司或子公司，以便取得营业执照。在这方面，虽然总的原则都是一致的，但各国的具体规定是很不相同的。

---

① 陈安．国际经济立法的历史和现状．北京：法律出版社，1982：156.

（一）美国的规定

美国各州公司法普遍规定，外州（国）公司为了获取在本州从事业务活动的营业执照，应向州务卿申请，申请书应声明：

（1）公司名称及该公司据以设立的法律所属的州名或国名。

（2）公司设立日期及公司存续期限。

（3）公司在其据以设立的法律所属的州或国家的办公地址。

（4）公司拟在本州设立的注册办事处的地址，以及在本州拟任命的注册代理人姓名。

（5）公司在本州从事业务活动的宗旨。

（6）公司各董事、高级职员的姓名及地址。

（7）公司授权发行的股份总额，并详细列明股份类别、股份的票面值及无票面值股份的数目。

（8）已发行的股份总数，并详细列明股份类别、股份的票面值及无票面值股份的数目。

（9）依本法令规定的，以美元表示的公司设定股本数额声明。

（10）以美元表示的公司在下一年度所拥有的全部财产的估价与在该年度公司将设置于本州的全部财产的估价，以美元表示的公司在该年度从事业务活动的营业总额的估价与公司在该年度就本州范围内从事业务活动的营业总额的估价。

（11）必要与合适的附加资料，以便于州务卿决定该公司是否应有权在本州获取营业许可证书以及确定和征收该公司应支付的本法令规定的费用与特种税。

该申请书应用州务卿规定和提供的表格作出，而且应由公司的总经理或一名副总经理以及公司秘书或助理秘书代表该公司签署两份副本，并由签署该申请书的一名职员核证。

州务卿审核后认为上述申请是合法的，在公司支付了本法令规定的全部费用及特种税后，应给该公司颁发在本州营业的许可证。公司一旦获得州务卿所颁发的营业许可证，它便有权在该州从事正当的营业活动。此外，每个被许可在本州从事业务活动的外州（国）公司应在本州具有并始终保持：（1）一个注册办事处，该办事处可以但并不必与在该州的业务活动地点相同；（2）一个注册代理人，该代理人可以是居住在本州的个人，其业务活动地点和该注册办事处相同，或是某个本州（国）公司或被授权在本州从事业务活动的外州（国）公司，它们的办事地点与注册办事处相同。

上述手续均合乎要求后，该外国公司便在本州享有和本州（国）公司的同类或同行业公司同样的但又不是更特殊的权利和特权；而且，除法律另有规定外，该公司也应承担本州（国）公司同样的义务。

（二）英国的规定

如前所述，英国公司法对外国公司有两种不同的定义，在英国境内具有固定营业所的外国公司称为海外公司。这类公司，要获准在英国从事商业性交易活动，必须满足下述法定条件：

（1）必须向英国公司登记注册局递交：① 该公司的公司章程和内部细则的复印件各一份，如果上述文本不是英语写成的，必须附上经核准的英文译本；② 该公司的董事及其秘书的名册；③ 有权代表公司接受诉讼文书和通知书的居住在英国的人员的姓名和地址。如果上述三项内容发生变化，必须立即把该变化通知公司登记注册局。

（2）必须向公司登记注册局递交每个年度的资产负债表和损益表，如果该海外公司是控股公司，则必须递交含有在英国注册的子公司的账目。如果上述报表不是标准的英文会计表，而是以非英语书写的，则必须将其译成标准的英语。海外公司必须将其位于英国境内的财产进行登记。

（3）公司在邀请认购其股票或债券的招募书中，必须声明其所属国的国名，并应以十分醒目的方式列举其在英国各地从事营业活动的地点，必须以一目了然的方式在其所有形式的通知书、信纸和全部其他出版物上标明公司的名称和该公司所属国的国名。海外公司还应同在英国注册的所有公司一样严格遵守英国有关招募书的全部法律规定。

（4）必须指定一个居住在英国的有权代表该公司接收法院诉讼文书和其他通知书的人并注明其姓名和地址。

不服从上述规定、进行欺骗活动的海外公司及其每个高级职员或代理人，必须承担被罚款的责任。

关于一般外国公司，如上所述，一般外国公司是指在英国没有固定的营业所，但从事经营活动的外国公司。这类公司不受英国公司法的管辖，但是并不意味着它可以不遵守英国法律。如果一般外国公司是一个“居民”，英国法对它也是适用的。如果一般外国公司是属于主权国家的分支或实体（即属于国营的），则它对诉讼有豁免权，也有权不在英国法院出庭。但目前，英国法院对豁免权问题通过下述方法予以解决：第一，如果该外国公司是代表外国主权并为公共利益服务的，则应享有豁免权；第二，如果该公司是代表主权国家但为私人利益服务的，则不应享受此豁免权；第三，如果一般外国公司以海外公司的名义注册，则该外国公司签订的合同将是非法的、无效的。

（三）德国、法国和意大利等主要西欧国家的规定

这些国家公司法对外国公司的规定相似之点颇多，其主要有：

1. 外国公司进入本国的形式

外国公司一般可以通过在东道国建立子公司和分公司这两种形式进行交易活动。如果通过子公司的形式，尤其是采用建立有限责任公司形式的子公司，其手续就非常简单。这样的子公司在各方面将受到与东道国本国的公司同等的待遇。如果外国公司在东道国建立分公司，则必须向其商务部注册。股份有限公司形式和大型有限责任公司形式的外国公司必须向东道国商务部呈递年度会计报表，但该公司所属国的法律禁止这么做的除外。

2. 政府对外国公司营业范围的限制性规定

西欧国家公司法对外国公司在东道国建立子公司和分公司进行业务活动，一般都无限制，但对外国公司在东道国从事营业活动的范围都有一定的限制。法国法规定，外国公司不得从事军火、酒精或医药方面的贸易（国家的公司除外）。

三、外国公司的撤离

西方国家公司法对外国公司撤离的规定一般分为两种情况：第一种情况是由于被强制吊销营业执照而被迫撤离；第二种情况是主动撤离。

（一）外国公司的被迫撤离

东道国政府（法院）强令外国公司撤离该国，一般都是由于外国公司严重违反了东道国的公司法令或其他法律。

美国各州公司法规定，凡在本州从事业务活动的外州（国）公司，在下列情况下，州务卿有权撤销其所颁发的营业执照，命令外国公司撤离：（1）公司未能在本法令规定的期限内提交年度报告或未支付本法令规定的到期应付的任何费用、特种税或罚款；（2）公司没有在本州任命和保持一位由本法令规定的注册代理人；（3）公司更换注册办事处或注册代理人后，没有按本法令规定将更换声明书呈递州务卿办公室；（4）公司在本法令规定的期限内没有把章程的修改条款或合并条款呈递州务卿办公室；（5）该公司曾就本法令所规定提交的任何申请书、报告、宣誓书或其他文件的任何本质事项作出虚伪的陈述。

（二）外国公司主动要求撤离

外国公司主动要求撤离一般发生在外国公司已经完成了或根本无法完成在东道国从事营业活动的预定目标，需要转移营业地而采取的一种正常方式。

在美国，凡外国公司要撤离该州，必须首先向州务卿递交含有下述内容的撤离申请书：（1）公司名称及公司据以设立的法律所属的州或国家；（2）公司当时不在本州从事业务活动的事实；（3）公司放弃了在本州从事业务活动的权利；（4）公司撤销其在本州的注册代理人接受诉讼文书的权利；（5）州务卿可将送达给它的对公司的诉讼文书的副本寄往公司的另外通讯地址的通知；（6）在提出上述申请时公司授权发行的股份总数，并详细列明股份类别、股份的票面值、无票面值的股份；（7）在提出上述申请时已发行股份的总额，并详细列明股份类别、股份的票面值、无票面值的股份；（8）在提出上述申请时以美元表示的、公司设定股本的数额的声明。

州务卿经审核，认为上述申请书属实，就可以直接向该公司颁发撤销营业执照的通知。在州务卿正式颁发上述通知后，公司应立即撤离该州。其他西方国家公司法也都有类似的法律规定。

复习思考题

第一节

1. 与合伙相比，公司有哪些法律特征？

2. 美国公司法“揭开公司面纱”的法律原则产生的背景及其主要内容是什么？

3. 当前世界各国的公司法的法律形式有什么不同？各有什么利弊？

第二节

4. 如果决定在国内以公司形式进行直接投资，你愿意采取有限责任公司形式还是股份有限公司形式？为什么？

5. 如果你代表国内某公司去境外投资，在该公司征求你应选择子公司还是分公司形式时，你应如何向公司分析其利弊？

第三节

6. 中美两国公司法对公司章程内容的规定有什么不同？为什么？

7. 公司的基本权力在公司法中予以列举有什么利弊？

第四节

8. 公司的基本财务报表各自的作用是什么？

9. 股东权益共由哪几部分组成？

10. 授权资本制与法定资本制有什么不同？各有什么利弊？

11. 作为公司的股东或董事你认为用什么办法可限制公司向外借债？

12. 根据你对股票分类原则的理解，你能否设计出一种新型的股票类别（或系列）？

13. 我国公司法与西方国家公司法在股息分配的规定上有什么异同点？

14. 对于一个投资者来说，股票投资和债券投资各有什么利弊？

第五节

15. 股东有哪些权利？其权利源于何处？

16. 股东大会共有几种表决形式？哪几种形式可以保护中小股东的权益，为什么？

17. 英美法上独立董事制度在规范公司经营中能发挥什么样的作用？

18. 董事应尽的诚信责任主要包括哪些内容？

第六节

19. 公司的治理机制是在什么背景下产生的？其旨在解决的主要问题是什么？

20. 请指出公司治理行为守则的法律性质和地位。

21. 我国实施公司治理的当前目标是什么？与西方国家公司治理有何不同？

22. 西方国家，尤其是美国公司治理的具体措施共有哪些？

第七节

23. 公司并购有哪几种形式？从收购者利益出发各有什么利弊？
24. 公司的合法解散原因主要有哪几种？
25. 公司非法解散股东是否应该负责？为什么？

第八节

26. 在我国，境外公司和外国公司有什么异同？

在线做题

扩展阅读及分析

第五章

外商投资法

第一节 外商投资法概述

2019 年 3 月 15 日，我国第十三届全国人民代表大会第二次会议通过了《中华人民共和国外商投资法》（以下简称《外商投资法》），这部法律自 2020 年 1 月 1 日起施行，并将取代在改革开放期间立下丰功伟绩的“外资三法”[①]，成为我国改革开放新阶段外商投资领域的基础性法律。

这部法的重要性，从该法草案审议的密集程度便已显现，2018 年 12 月 23 日的十三届全国人大常委会第七次会议，外商投资法草案第一次提请人大常委会审议。仅仅一个月后，全国人大常委会加开一次常委会会议，再次审议外商投资法草案，从其出台前后的情况足见该法在我国当下的紧迫性和重要性。

一、外商投资法的宗旨、原则和外商投资的界定

《外商投资法》在总则中，通过八条内容，高度概括地规定了该法的宗旨、适用对象及投资促进、投资管理、投资保护的基本原则，以及主管部门和工会组织等内容。

《外商投资法》的宗旨是根据宪法相关规定为了实施我国对外开放的基本国策，促进外商投资，推动形成我国全方位的开放新格局，促进社会主义市场经济的健康发展。

《外商投资法》的第 2 条集中规定了本法的适用对象即来华的外商投资。该条对外商投资和外商投资企业作了如下定义：

在《外商投资法》的范围内，外商投资是指外国的自然人、企业或者其他组织（以下称外国投资者）直接或者间接在中国境内进行的投资活动，包括下列情形：

（一）外国投资者单独或者与其他投资者共同在中国境内设立外商投资企业；

（二）外国投资者取得中国境内企业的股份、股权、财产份额或者其他类似权益；

（三）外国投资者单独或者与其他投资者共同在中国境内投资新建项目；

---

① “外资三法”是指《中外合资经营企业法》《外资企业法》《中外合作经营企业法》。

（四）法律、行政法规或者国务院规定的其他方式的投资。

《外商投资法》对在华外商投资的定义中，特别强调了：

（1）投资的主体：是指外国的自然人、企业或其他组织，即非中国国内的、在境外允许从事投资活动的投资者。

（2）投资的方式，可以是直接投资也可以是间接投资。

投资的途径：（1）新设投资，新建外商投资企业或在中国境内新建项目；（2）并购投资，取得中国境内企业的股份、股权、财产份额或者其他类似权益；（3）法律、行政法规或者国务院规定的其他方式的投资。

总则对外商投资企业也作了如下定义：外商投资企业，是指全部或者部分由外国投资者投资，依照中国法律在中国境内经登记注册设立的企业。简言之，外商投资企业要注意以下三个要素：第一，它是按中国法在中国境内设立的；第二，它是由外国投资者投资或参与投资的；第三，它是中国企业。

总则中还明确规定了改革开放是我国的基本国策，为了鼓励外商投资，国家承诺将实行高水平的投资自由化和便利化政策，营造一个稳定、透明、可预期和公平竞争的市场环境。尽管这些都属于政策性的声明和尚需配套法规进一步细化的概念，但是表达了我国建立和完善外商投资促进机制的决心。

总则还对外商投资实施新型管理制度，如准入前国民待遇加负面清单管理制度、对外商投资的法律保护以及对外商应遵守中国法规，不得危害中国国家安全、损害社会公共利益等都作出了明确的法律规定。

此外，除总则中明确规定的在中国境内的外商投资适用《外商投资法》外，还有以下几种情况也受该法的调整：

（1）外商投资企业在中国境内投资，适用《外商投资法》和《外商投资法实施条例》的有关规定。

（2）香港特别行政区、澳门特别行政区投资者在内地投资，参照《外商投资法》和《外商投资法实施条例》执行；法律、行政法规或者国务院另有规定的，从其规定。

（3）台湾地区投资者在大陆投资，适用《中华人民共和国台湾同胞投资保护法》（以下简称《台湾同胞投资保护法》）及其实施细则的规定；台湾同胞投资保护法及其实施细则未规定的事项，参照《外商投资法》和《外商投资法实施条例》执行。

（4）定居在国外的中国公民在中国境内投资，参照《外商投资法》和《外商投资法实施条例》执行；法律、行政法规或者国务院另有规定的，从其规定。

二、投资促进

促进投资是制定《外商投资法》的出发点，也是《外商投资法》的归宿。《外商投资法》的目的是吸引更多的外商来华投资，因此投资促进这一章紧随总则之后，位置重要。因为只有促进了来华投资，才谈得上外资保护和外资管理。

法律总结并吸取了在以往40年改革开放期间来华投资者关切的问题以及吸引外资

的经验，全面地把其上升为法律。投资促进表现为九个措施，两个权职。

（一）投资促进的十大措施

《外商投资法》为建立和完善外商投资促进机制，提出了十大措施。

（1）外商投资者与国内企业平等适用国家支持企业发展的各项政策。

（2）国家制定与外商投资有关的法规，应征求外商意见和建议。

（3）与外商投资相关的规范性文件、裁判文书等应依法及时公布。

（4）在全国范围内建立健全外商投资服务体系。

（5）建立多边、双边投资促进合作机制，加强投资领域的国际交流与合作。

（6）建立特殊经济区域，实行外商投资试验性政策措施，以促进外商投资，扩大对外开放。

（7）鼓励和引导外国投资者在特定行业、领域地区投资，并享受法定的相应优惠措施。

（8）保障外商投资企业依法平等参与标准制定工作，并平等适用国家制定的强制性标准。

（9）保证外商投资企业依法通过公平竞争参与政府采购活动。政府采购平等对待外商投资企业在中国境内生产的产品和提供的服务。

（10）外商投资企业可依法通过公开发行股票、公司债券等证券和其他方式融资。

（二）投资促进的两项权职

《外商投资法》还特别规定了我国县级以上各级人民政府及有关主管部门，应当行使的两项权职。

（1）县级以上人民政府可依法在其法定权限内制定（更具体的）外商投资促进和便利化政策措施。

（2）各级人民政府及有关部门，应当按照便利、高效、透明的原则，简化办事程序，提高办事效率，优化政务服务，并应当编制和公布外商投资指引，为外商投资提供服务和便利。

三、投资保护

投资保护是《外商投资法》重要的组成部分，因为东道国对外商投资的保护是外国投资者的生命线。《外商投资法》对外资普遍关心的征收和补偿、利润汇出、知识产权保护、技术转让、地方政府守约践诺等问题都作了回应，并进行了明确的规定，从而使我国对外资保护的规定比以往更加系统化、具体化，操作性较强。这主要体现在：

第一，规则系统化，它不是一两个条款，而是整整一章，共八条；

第二，具有可操作性，对外资保护的内容比较具体，规定的保护措施易操作；

第三，职责明确，突出政府主管部门及政府工作人员在投资保护中的责任。

（一）宣布国家对外商投资不实行征收

这表明，我国不会对外资实行征收。因为目前我国不存在征收外国投资的动机和环境。

（二）在特殊情况下实行征收和征用必须依法进行

由于一个国家的发展具有不可预测的可能性，因此，万一出现了特殊情形，国家为了公共利益的需要对外资实行征收或征用必须依照法律规定的程序进行，并及时给予公平合理的补偿，且该补偿可以自由汇出。

当然，《外商投资法》对征收、征用和公共利益尚未作出定义，也没有对补偿原则，即及时、公平、合理等概念作出定义和解释，但是我们可以从我国与130多个国家签订的双边投资协定及参与的相关公约中得到部分解答。今后的行政法规或其他规章制度也会对其作出专门的定义和解释。

（三）《外商投资法》规定了一系列保护外商投资的措施

（1）保护外国投资者的出资及其在华所有合法收益及合理补偿、赔偿及清算所得。上述款项都可以依法汇入汇出。

（2）保护知识产权。国家保护外国投资者和外商投资企业的知识产权，并明文规定行政机关及其工作人员不得利用行政手段强制外商转让技术。同时还规定了要保护知识产权权利人和相关权利人的合法权益并明确规定国家将严格依法追究对知识产权的侵权行为，强调知识产权转让完全基于双方自愿、基于市场规则、商业需求和平等互利。

（3）保护商业秘密。法律规定，行政机关及其工作人员对外国投资者的商业秘密不得泄露或非法向他人提供。

（四）强化了对制定涉及外商投资规范性文件的约束机制

各级人民政府及有关部门对制定涉及外商投资的规范性文件应该符合法律法规的规定；没有法律、行政法规依据的，必须遵循三个“不得”原则，即不得减损外资的合法权益或增加其义务；不得设置市场准入和退出条件；不得干预外商投资企业的正常生产经营活动，从而保证全国范围内外商投资法治环境的稳定性和可预见性。

（五）敦促地方政府守约践诺

外商投资法提出了两个重要原则，一是政府应当履行向外国投资者、外商投资企业依法作出的政策承诺以及依法订立的各类合同；二是如果因国家利益、社会公共利益需要改变政策承诺、合同约定的，应当依法作出补偿，以此来保护外商投资的稳定性。

（六）建立外商投资企业投诉机制，及时解决外商投资中出现的各类问题

（七）外商投资企业可以依法成立和自愿参加商会、协会以维护其合法权益

《外商投资法》在投资保护一章中，强调两个要素：一是政府及其工作人员的服务职能和法律责任；二是强调了外资在华投资享有的合法权益。

四、投资管理

（一）投资管理的总原则

《外商投资法》实施科学的国际化的投资管理制度，即国家对外资实行准入前国民待遇加负面清单制度。

《外商投资法》在总则的第 4 条中，分别对准入前国民待遇和负面清单作了如下定义：

准入前国民待遇，是指在投资准入阶段给予外国投资者及其投资不低于本国投资者及其投资的待遇；负面清单，是指国家规定在特定领域对外商投资实施的准入特别管理措施。国家对负面清单之外的外商投资，给予国民待遇。

在规定这两个基本管理外资制度的同时，总则第 4 条还特别明示以下两点：第一点是负面清单由国务院发布或者批准发布，这说明负面清单具有行政法规的法律地位，而不管起草者是发改委还是商务部，但发布者或批准者是国务院；第二点是优惠从优原则，即如果我国缔结或者参加的国际条约、协定对外国投资者准入待遇有更优惠待遇的，可以按照更优惠的规定执行。

（二）外商投资准入负面清单

1. 根据《外商投资法》规定，外商投资准入负面清单分为禁止投资的领域、限制投资的领域以及负面清单以外的领域。

（1）外商不得在外商投资准入负面清单规定禁止投资的领域进行投资。

（2）外商在外商投资准入负面清单规定限制投资的领域投资的，应当符合负面清单规定的股权要求、高级管理人员要求等限制性准入特别管理措施。

（3）外商在外商投资准入负面清单以外的领域投资的，按照内外资一致的原则实施管理。

（4）外商在依法需要取得许可的行业、领域进行投资的，应当依法办理相关的许可手续。除特别规定外，应当按照与内资一致的条件和程序进行，但法律、行政法规另有规定的除外。

2. 外商违反外商投资准入负面清单的规定，应当依法承担相应的法律责任。

（1）如果外商在外商投资准入负面清单规定禁止投资的领域进行投资，有关主管部门有权：① 责令其停止投资活动，有权采取措施恢复原状，即恢复到实施投资前的状态；② 没收违法所得。

（2）外商违反外商投资准入负面清单规定的限制性准入特别管理措施的，有关主管部门有权责令其限期改正，责令其采取必要措施满足准入特别管理措施的要求，逾期

不改的，必须恢复原状，并没收违法所得。

（三）外商投资信息报告制度

根据《外商投资法》和《外商投资法实施条例》的规定，国家建立外商投资报告制度。

1. 外商应当通过企业登记系统以及企业信用信息公示系统向商务主管部门报送投资信息。

该规定明确了：（1）商务主管部门是信息报告制度的接收者；（2）外商即外国投资者或外商投资企业是信息报告者；（3）信息报告者通过两个系统报告信息，即企业登记系统和企业信用信息公示系统。

2. 外商投资信息报告的内容、范围、频次和具体流程，由国务院商务主管部门会同国务院市场监督管理部门等有关部门按照确有必要、高效便利的原则确定并公布。

3. 外商按照外商投资信息报告制度，通过部门信息共享能够获得的投资信息，政府不得再行要求报告，从而减轻了企业不必要的层层报送信息及重复报送信息的负担。

4. 外国投资者或者外商投资企业报送的投资信息应当真实、准确、完整。

5. 法律责任。《外商投资法》第 37 条还专门规定了外商不遵守或违反上述规定的，即未按照外商投资信息报告制度的要求报送投资信息的，要承担如下法律责任：

（1）根据商务部主管部门的责令要求进行限期改正；

（2）逾期不改正的，将根据情节“处十万元以上五十万元以下的罚款”。

（四）外商投资安全审查制度

《外商投资法》第 35 条规定了我国将建立外商投资安全审查制度，并提出如下两条原则：

第一，安全审查的内容是“影响或者可能影响国家安全的外商投资”。但《外商投资法》对什么是“影响或者可能影响国家安全”尚未作出具体定义和解释。

《外商投资法》中的“国家安全”也有待进一步明确，当然，作为在境内注册登记的外商投资企业，必须严格遵守我国的《国家安全法》。

第二，依法作出的安全审查决定为最终决定。这表明，凡有权作出安全审查的机构作出的安全审查的决定，是不得要求进一步司法审查或上诉的，因为它是最终的。

（五）外商投资企业的组织形式、组织机构及其活动准则，将由双轨制转为单轨制

自从我国实施改革开放 40 多年来，我国吸引外资主要是通过三种企业形式：中外合资经营企业、中外合作经营企业、外商独资企业，又称“三资企业”。它们都适用“外资三法”，其组织形式、组织机构及其运营机制，分别由中外合资经营企业法及其实施条例、中外合作经营企业法及其实施条例以及外资企业法及其实施条例的规定进行。“外资三法”对外商投资企业的很多规定，与国内企业法，如公司法、合伙企业法都有不同点，这就形成了长期以来我国企业法律制度中的“双轨制”现象：三资企业适用“外资三法”，而无涉外因素的国内企业适用国内企业法的现象。而《外商投资

法》颁布之后，双轨制将在5年过渡期后逐步消失，之后，将依本法规定，统一适用公司法、合伙企业法及其他法规。

（六）对外商投资企业进行反垄断审查

《外商投资法》特别规定外国投资者并购中国境内企业或者以其他方式参与经营者集中的，应当依照我国反垄断法的规定接受经营者集中审查。对于并购、经营者集中的概念及其审查机构、审查程序、审查内容等，我国反垄断法都有规定并积累了相对丰富的经验。

（七）对外商投资企业经营活动的管理

《外商投资法》对外商投资企业开展正常经营管理活动的管理，集中体现在要求其遵守中国法律、行政法规在劳动保护、社会保险、税收、会计、外汇等方面的规定，并应接受上述主管部门的监督审查。该条强调了外商投资企业必须依法经营，同时政府主管部门必须依法管理，强调了法治。

五、外商投资互惠原则

外商投资法明确该法在对外投资进行法律保护的同时，强调要求外国政府也应根据互惠原则对中国对外投资进行法律保护。

《外商投资法》第40条明确规定“任何国家或者地区在投资方面对中华人民共和国采取歧视性的禁止、限制或者其他类似措施的，中华人民共和国可以根据实际情况对该国家或者该地区采取相应的措施”。这说明，《外商投资法》的适用对象，即来华的投资之所以在中国可以享有国民待遇以及法律保护，是建立在其所属国与中国之间的平等互惠的基础上的。如果投资者的所属国对中国在其国内的投资采取歧视性的禁止、限制或其他类似措施，比如随意对中方投资征用或不给予中国投资者国民待遇等非法行为，中国也有权对该国或地区的在华投资采取同等措施。本条的规定也为中国采取上述国际法上通行的维护平等互惠的法律措施提供了法律依据。《外商投资法》的规定，也对某些国家和地区企图对中方投资采取非法排斥行为起着重要的震慑作用。

六、外商投资法与原“外资三法”的衔接

我国的“外资三法”，又称三资企业法，是指规定中外合资经营企业、中外合作经营企业、外商独资企业的设立、经营、终止和解散，以及解决中外双方争议的各类法律规则的总称。我国外商投资法附则规定，根据“外资三法”成立的外商投资企业在本法实施后的5年内，可以继续保留原企业组织形式，因此我们应当继续了解三资企业法律制度的具体内容。

（1）根据《外商投资法》的规定，自2020年1月1日施行之日起，原“外资三法”同时废止。

（2）在5年过渡期内，即凡以往根据“外资三法”成立的外商投资企业在本法实

施后的5年内，可以继续保留原企业组织形式、组织机构等。

（3）《外商投资法实施条例》规定，5年过渡期期满后，即自2025年1月1日起，对未依法调整组织形式、组织机构等并办理变更登记的现有外商投资企业，市场监督管理部门不予办理其申请的其他登记事项，并将相关情形予以公示。

（4）关于《外商投资法》与原“外资三法”的衔接问题，其实施办法由国务院规定。

此外，为了保护中外投资者对投资的合理预期以及业已形成的合作模式，当现有外商投资企业的组织形式、组织机构等依法调整后，原合营、合作各方在合同中约定的股权或者权益转让办法、收益分配办法、剩余财产分配办法等，可以继续按照约定办理。

第二节　过渡期中的外商投资企业法

一、外商投资企业法的概念

我国的外商投资企业，又称三资企业，是中外合资经营企业、中外合作经营企业、外商独资企业的简称。外商投资企业是我国在改革开放过程中出现的一种商事组织，其特殊性就在于这类商事组织都具有涉外因素，即在其资本构成中具有境外资本成本，投资者构成中有来自境外的投资者。

我国的外商投资企业法，是指规定外商投资企业的设立、经营、终止和解散，以及解决中外双方争议的各类法律规则的总称，它还包括我国与外国政府或WTO成员签订的协议中有关外商投资企业的一系列规定。1979年，全国人大通过的《中华人民共和国中外合资经营企业法》，首次从法律上允许外商对华直接投资，也是外商投资企业法迈出的第一步。其后，我国又颁布了外商独资企业法和中外合作经营企业法及其相关的实施条例和实施细则，构成了我国外资立法体系的核心。

我国的外商投资企业法是国际投资法的一个重要组成部分，主要是针对绿地投资的规定。国际投资法是指管辖外国直接投资的各种法律制度，主要包括外国资本进入、对外资的管理和监督以及对外资的法律保护。我国的外商投资企业法的实施见证了我国对外开放从发挥比较优势到培育竞争优势，从追求顺差到进出口平衡，从偏重“引进来”到双向投资联动，从追赶先进到更广泛的参与。

二、《外商投资法》设置过渡期条款的归因

正如第一节所述，《外商投资法》专门为已设立的外商投资企业设置了过渡期条款，为它们能够顺利与《外商投资法》接轨，适应新的外资法律体系，为旧法与新法的平稳过渡提供了制度保障。《外商投资法》中过渡期条款意味着在五年过渡期内，在该法实施前已设立的外商投资企业仍可适用旧法即外商投资企业法的部分规则，而无需

全部按照新法即《外商投资法》的规定。

（一）保护投资者合理预期

法律的稳定性有助于保持制度的稳定性和连续性，保护投资者的合理预期。虽然，《外商投资法》的立法宗旨与外商投资企业法不同，不再是商事组织法，且旧法中的诸多规定与时代发展不符，但是投资者已经严格按照旧法规定，采取了符合法律规定的形式设立了外商投资企业，建立了企业组织机构，采取了灵活的收益分配方式和剩余财产分配方法。如果因为法律的迅速更替，而致使投资者失去对已有企业发展的合理预期，必将危害投资者的既得权，损害其利益，这也与《外商投资法》的“为了进一步扩大对外开放，积极促进外商投资，保护外商投资合法权益”的立法目的不符。

（二）尊重投资者的意思自治

外商投资企业作为商事主体，天生需要弘扬意思自治（私法自治）精神，反映投资者的意思自治，在强制性法律和公序良俗的范围和限度内，有权进行各种行为，并应得到国家的确认和保护。《外商投资法》将企业组织法部分赋予了《公司法》和《合伙企业法》，把现代企业的治理形式带入了外商投资企业，不再是治理模式中的“特例”，理论上这样的制度安排是符合社会经济发展的需要。但是，现实生活远比冷冰冰的法律更加丰富多彩，很多已设立的外商投资企业的投资者在外商投资企业法的规定下选择了适合自身需要的发展模式。虽然有更先进的治理结构和分配方式，然而，投资者仍然会选择已经熟悉的方式管理企业，对现状的心理依赖恰恰是投资者最舒适的管理方式。因此，虽然新法在制度上存在诸多优越性，但多元化的市场培育了多元化的投资者，多元化的投资者设立了多元化的企业，过渡期即是满足投资者多元化需求的最佳形式。

（三）为投资者设置缓冲带

外商投资企业法出台时的历史背景和立法理念决定了其基本上是企业组织法，这一特点导致外资三法的相关规定与后来制定的《公司法》《合伙企业法》等一般性企业组织法存在大量重复和局部冲突，“双轨制”是彼时无法克服的问题。《外商投资法》解决了这个一直困扰外商投资企业的顽疾，外商投资企业的组织形式、组织机构及其活动准则，适用《中华人民共和国公司法》《中华人民共和国合伙企业法》等法律的规定。外商投资企业为了适应《外商投资法》的要求，必须要在短时间内打破原有的经营管理模式和企业内部的架构以及利润分配方式等涉及投资者切身利益的内容，这样仓促的改变无法为投资者提供充分的准备，更无法实现有效的治理方式，反而降低了已设立外商投资企业的效率。因此，过渡期的安排为投资者设置了缓冲带，为投资者提供了充分的准备时间以实现从旧法到新法的转变。

三、中外合资经营企业的法律制度

（一）中外合资经营企业的企业形式及其法律特征

1. 中外合资经营企业的定义

中外合资经营企业（简称合营企业）是依照《中外合资经营企业法》及《中外合资经营企业法实施条例》（1983年9月由国务院发布，2014年2月第五次修订）的规定而设立的。它是由外国的公司、企业或其他经济组织或个人，按照平等互利的原则，经我国政府批准，在中华人民共和国境内，同一个或几个中国的公司、企业或其他经济组织共同举办、共同经营和共负盈亏的企业。经中国政府批准并经注册登记的合营企业是中国的法人，应遵守中国的法律，受中国法律的管辖与保护。

2. 合营企业的企业形式①

《中外合资经营企业法》第4条第1款规定："合营企业的形式为有限责任公司。"其特点如下：

第一，合营企业作为有限责任公司，属于独立的企业法人，即中外合营各方对合营企业所承担的责任仅以其认缴的出资额为限；合营企业对其债务所负的责任以合营企业的全部资产为限。合营各方的财产与合营企业的财产是相分离的，合营各方对合营企业的债务不承担责任。

第二，合营企业作为有限责任公司，不得向社会公开发行股票（少量上市公司除外）。中外合营各方的出资额不得自由转让，其转让须受严格的限制（详见下文"合营企业股份的转让"部分）。

第三，合营企业的股东（投资者）人数较少，不设立股东会，直接实行董事会领导下的经理负责制。董事由中外合营各方各自委派。经理等高级管理人员由董事会任命。

3. 合营企业的法律特点

合营企业主要的特点，就是它属于股权式的合营企业（equity joint ventures）。根据国际惯例，所有合营企业大体上可以划分成股权式的合营企业和契约式的合营企业两大类。所谓股权式的合营企业是指对合营各方的所有投资以货币形式进行估价，然后以此折合成股份，并计算出其在整个注册资本中所占的比例（称为股权比例），再按此股权比例分担企业的收益和风险、盈利和亏损。股权式的合营企业通常是一个具有法人资格的公司企业，实际上就是以公司形式进行的一种直接投资方式。合营企业属于股权式的合营企业，这是其区别中外合作经营企业的主要法律特征。

（二）合营企业股份的转让

合营企业股份的转让是指合营企业中合营一方将其全部出资额或部分出资额转让给合营企业的另一方或合营各方以外的第三人。

---

① 中外合资经营企业的主要形式为有限责任公司，这是《中外合资经营企业法》规定的，但随着国内经济改革的深入以及合营企业自身发展的需要，又出现了采取股份有限公司以及上市公司形式的合营企业。2001年10月8日，对外贸易经济合作部及中国证监会联合印发的《关于上市公司涉及外商投资有关问题的若干意见》对此作了原则规定。

1. 股份的转让原则

关于股份的转让，《中外合资经营企业法实施条例》第 20 条作出了具体的规定。其总原则是合营企业的股份转让是合营各方依法享有的权利，但在具体的转让中，还应遵守以下几个具体的法律原则：（1）合营的任何一方转让其出资，必须经合营他方同意；（2）合营一方转让其部分或全部出资额时，合营他方在同等条件下享有优先购买权；（3）合营企业的股份转让必须经原审批机关批准并在工商行政管理机构办理相关的登记手续。

2. 股权转让的具体价格问题

这是一个很敏感和复杂的问题，至今我国法律对此尚无明文规定。目前对此具体问题有三种不同的操作法：第一种是转让价格按投资当时的投资数额计算；第二种是以被转让股份在股份转让时所代表的合营企业的净值为基数确定；第三种操作法是，投资者在合营企业的投资额只是初始资本，企业成立后，该初始资本马上转化为与此出资额相对应的股东权益。因此，当合营企业成立后，特别是经营一段时间后，出资额的转让已变成一种投资权益的转让，而非单纯原投资额的转让。这一投资权益的实际价值决定于该企业当时的净资产额的大小及其发展前景。如果企业经营得好，有发展前途，这种权益的实际价值就高于原出资额以至于净值，因为受益人可以凭此权益不断地从企业中获得利益；反之，如果企业经营连年亏损，发展前景不佳，则投资权益的实际价值就低于原出资额。因此，股权转让的价格应等于其净资产加上或减去一个变数。

（三）合营企业的行政管理制度

1. 合营企业的管理原则

合营企业是由中外合营各方在中国境内共同投资、共同经营的独立的中国法人。因此，其管理原则既要符合国际惯例，又要结合中国的实际情况。它不能完全运用我国或外国的一套管理原则，而应充分发挥中外双方（尤其是外方）在经营管理中的优势，确定一套新型的管理方法和组织方法，建立起新型的组织机构。根据《中外合资经营企业法》及其实施条例的规定，合营企业应由中外双方根据各自的出资比例，共同承担管理的责任，共同参与企业的决策和管理活动。

2. 合营企业的董事会制度

合营企业设立董事会，实行董事会领导下的经理负责制，这是合营企业管理体制的核心内容。由于中外合营企业不设立股东会，在合营企业中，董事会集企业股东会、决策机构及领导监督机构的三种重大职责于一身，具有特殊重要的地位和作用。

《中外合资经营企业法》及其实施条例规定了董事及董事长、副董事长的产生，董事的人数和任期，董事会的议事规则（包括董事会会议的类别，董事会会议的法定人数以及董事会会议对重大问题及一般性问题的不同表决程序）。要特别指出的是，《中外合资经营企业法》及其实施条例对董事会的上述规定，有的是强制性的，如董事的任期、董事会会议的法定人数；有的是可选择性的，如在法定人数范围内董事的人数，董事长、副董事长的产生；还有的则属于既有强制性的一面，又有可选择性的一面，如在对重大问题和一般性问题的确定上及其不同的表决方式问题上。在对于上述这些问题的解决上，法律显示了其原则性和灵活性的结合。

3. 合营企业的经营管理机构

合营企业在董事会的领导下，建立常设经营管理机构，负责日常的经营管理工作。根据《中外合资经营企业法》及其实施条例的规定，合营企业应设立正、副总经理，全面主持企业的日常管理工作。正、副总经理的聘请、解聘、职权和待遇都由董事会决定。《中外合资经营企业法实施条例》规定，正、副总经理可以由中国公民担任，也可以由外国公民担任，但在实践中，正、副总经理的人选有许多不同的确定方法：第一，董事会聘请中方合营方推荐的人员担任总经理，再聘请外国合营方推荐的人员担任副总经理；第二，中外合营方轮流担任总经理，一般在合营初期，由外方人员担任总经理，中方人员担任副总经理，而到了后期，再由中方人员担任总经理，外方人员担任副总经理；第三，由外方人员担任总经理，由中方人员担任副总经理。实践证明，采取何种方式，必须从各个企业的实际情况出发，什么方式对提高企业的生产管理水平、增强企业的竞争能力和提高经济效益都比较有利，就应采取什么方式。

总经理的主要职责是执行董事会会议的各项决议，组织、领导日常的经营管理工作。在董事会授权范围内，总经理对外代表合营企业，对内任免下属人员，行使董事会授予的其他职权。副总经理应协助总经理工作。总经理处理重要问题时，应同副总经理协商。

总经理或副总经理不得兼任其他经济组织的总经理或副总经理，不得参与其他经济组织对本企业的商业竞争。如果总经理、副总经理及其他管理人员有营私舞弊或严重失职行为的，经董事会通过决议可随时将其解聘。

四、中外合作经营企业的法律制度

（一）中外合作经营企业的概念

中外合作经营企业（简称合作企业）是外国企业和其他经济组织或者个人（简称外国合作者）同中国的企业或者其他经济组织（简称中国合作者），按照平等互利的原则，根据《中华人民共和国中外合作经营企业法》（1988年4月由全国人大七届一次会议通过，2017年11月第四次修正，简称《中外合作经营企业法》）、《中外合作经营企业法实施细则》（1995年发布，2017年第二次修订）及中国其他有关法规，用书面合同约定合作条件，并经国家批准的在中国境内共同设立的经济组织。

合作企业属于契约式的合营企业（contractual joint ventures）。合作企业与股权式的合营企业是有明显区别的。在合作企业中，中外双方的投资可以不以同一货币单位进行计算，也可以不按股份比例分享利润和承担风险。它们各自的权利和义务是由它们自愿协商、用书面合同约定的。而在合营企业中，合营各方的投资必须以货币形式作价，折算成股份，并以此股份比例来分享利润和承担风险。因此，《中外合作经营企业法》规定，中外合作者依法在合作企业合同中约定投资或者合作条件、收益或者产品的分配、风险和亏损的分担、经营管理方式和合作企业终止时的财产归属等事项。这是合作企业区别于合营企业最主要的法律特征。

（二）合作企业法人资格的可选择性

所谓法人资格的可选择性，主要是指合作企业不一定都具有法人资格，它们可以办成法人形式的企业，也可以办成非法人形式的经济实体。《中外合作经营企业法》第2条第2款规定：“合作企业符合中国法律关于法人条件的规定的，依法取得中国法人资格。”这就意味着法律允许合作企业办成企业法人，也允许其办成不具备法人条件的联营式企业。

《中外合作经营企业法实施细则》第九章对不具有法人资格的合作企业作出了特别规定，特别规定的核心部分强调了：(1) 该类合作企业应当向工商行政管理机关登记合作各方的投资或者提供的合作条件，为合作各方分别所有。(2) 该类合作企业合作各方的投资或者提供的合作条件由合作企业统一管理和使用，未经合作他方同意，任何一方不得擅自处理。(3) 该类合作企业以及合作各方应当设置各自的会计账簿。依照中国的法律，合作企业以及合作各方应承担各自的民事责任。

我国法律之所以在合作企业法人资格问题上采取灵活的规定，主要是考虑到中外合作经营项目的范围很广，尤其是考虑到许多项目具有特殊性，例如，关于开采矿产资源的项目，举办联营式非法人的合作企业更能产生效益。此外，有些外商习惯于合伙式企业的经营方式，他们往往希望在他们的投资以及对企业的经营管理方面具有更大的自主权，这是合作企业区别于合营企业的一个重要特征。事实上，采取非法人资格的合伙企业是国际直接投资活动中常见的企业法律形式，因此，这个灵活规定是符合国际通行做法的。

（三）合作各方利润的分配

《中外合作经营企业法》第21条第1款规定了合作各方分配利润的原则，即中外合作者依照合作企业合同的约定，分配收益或者产品，承担风险和亏损。这一规定说明合作企业的利润分配可以具有其自身的灵活性，即由合作各方在合同中约定和订明。这与《中外合资经营企业法》规定的“合营各方按注册资本比例分享利润和分担风险及亏损”是不一样的。合营企业分配利润的规定属于强制性条款，即必须采取“按注册资本比例”分配原则，不能再采取其他变通方法；但合作企业的具体分配原则，可以由中外合作者协商确定。当然，由于合作企业合同必须遵循“平等互利”的原则，也必须遵守其他法律，如税法、外汇管理条例及海关法等，因此，互相协商并不等于可以随意或任意地决定分配方案，它必须在我国法律允许的范围内进行，并且必须经我国政府批准方能生效。

根据《中外合作经营企业法》第21条的规定以及其实施细则第44条的规定，凡中外合作者在合作企业合同中约定合作期限届满时合作企业的全部固定资产无偿归中国合作者所有的，外国合作者在合作期限内可以申请先行回收其投资，但中外合作者应当依照有关法律的规定和合作企业合同的约定，对合作企业的债务承担责任。① 在实践中，比较灵活的利润分配方式有：

---

① 对此问题条款的解释，1996年［外经贸法发］第658号文专门作了说明，因篇幅关系，本书不再予以介绍。

第一，首先确定一个外商投资回收期或确定一个外商投资回收额，在此期限内或在回收该投资额前，规定一个固定的利润分配百分比（外方可多分）；超过了这个期限或达到了这个投资回收额后，再按另一个比例（我方可多分）在中外双方间分配利润。这种分配方式既能使外商较早地收回投资，又能使中方从一开始就能分得利润。

第二，确定合作期的前几年为外商投资的回收期，在此期间内中方不分配利润，所得利润全部归外方，用以偿还其投资，以后各年的利润，双方再按一定的比例分配。这种分配方式能使外商较快地回收其投资；但中国合作者分得利润较晚，可能出现企业短期化行为，还可能出现回收期利润大于外商投资额而使其多分利润的现象。

第三，经财政机关和审批机关批准，允许外国投资者以分取合作企业固定资产折旧费的方式使外国合作者在合作期限内先行收回其投资。①

第四，事先经国家税务总局批准，合作企业也可以采取加速折旧其固定资产的方式以使外国合作者先行收回投资。②

合作企业采取上述灵活的分配方式，是吸引广大外商来华建立合作企业的关键因素。当然，合作企业的利润分配还有其他的方式，对于所有方式，在具体实践中应权衡其利弊，从中挑选出一种能为双方接受，并为我国法律所允许的公平合理、平等互利的分配方式。《中外合作经营企业法》确认了合作双方可以在合同中约定各种分配利润的做法。

（四）合作企业的组织管理形式

合作企业的管理机构及其管理方式同样具有其自身的灵活性。《中外合作经营企业法》及其实施细则规定，合作企业应当设立董事会或者联合管理机构，按照合同和章程的规定，决定企业的一切重大问题，并可以任命总经理负责企业的日常经营管理工作。也就是说，合作企业可以采取董事会负责制，也可以采取联合管理制。这与合营企业只采取董事会管理制是不同的。

1. 董事会管理制

凡采取董事会管理制的合作企业，一般都属于具有独立法人资格的经济实体，因此，基本上是参照《中外合资经营企业法》关于董事会制度的规定来组建董事会，实行董事会领导下的总经理负责制。但合作企业董事的产生、董事长的选定，与合营企业有所不同，都是由合作双方协商决定的。合作企业采取一切都由双方约定的方式予以决定，这充分体现了其特有的灵活性。

2. 联合管理制

不组成法人形式的合作企业，一般采取联合管理的领导体制，即由合作各方选派代表组成统一的联合管理机构（或称联合管理委员会），作为企业的最高领导和决策机构，决定企业的重大问题，任命或选派总经理对项目进行管理。这类合作企业的各方都把其参加合作项目的财产交联合管理机构管理和使用，与此同时，它们仍可分别对这些

---

① 对此问题条款的解释，1996年［外经贸法发］第658号文专门作了说明，因篇幅关系，本书不再予以介绍。

② 对此问题条款的解释，1996年［外经贸法发］第658号文专门作了说明，因篇幅关系，本书不再予以介绍。

财产具有所有权。

3. 委托管理制

除了上述两种管理方式外，在实践中，还有一种较为常见的管理制度，即委托管理制。它是指合作企业委托合作一方或中外合作者以外的第三方进行管理。所谓委托第三方管理，一般是指合作企业的中外合作者共同同意，由合作企业与第三方（一般是外国合作者介绍的外方）订立委托管理合同，由第三方独立行使企业管理权，合作各方则不加入经营管理，而只收取投资利润。

《中外合作经营企业法》第 12 条第 2 款充分肯定了这一管理方式，并规定了实行这种管理方式的条件，即“必须经董事会或者联合管理机构一致同意，报审查批准机关批准，并向工商行政管理机关办理变更登记手续”。这样规定的主要原因，是由于委托管理制属于合作企业合同的重大变更，应当报审查批准机关批准。

五、外资企业的法律制度

（一）外资企业的概念

外资企业（wholly foreign-owned enterprise），又称外商独资企业，是由外商拥有全部资本并独立经营的企业。这类企业是按照东道国的法律注册登记而成立的，属于投资东道国的法人或经济实体。外资企业的历史较为悠久，是国际上广泛采用的一种直接投资方式。

《中华人民共和国外资企业法》（1986 年 4 月通过，2016 年 9 月第二次修正，简称《外资企业法》）第 2 条指出，中国的外资企业，“是指依照中国有关法律在中国境内设立的全部资本由外国投资者投资的企业，不包括外国的企业和其他经济组织在中国境内的分支机构”。同时，第 8 条规定：“外资企业符合中国法律关于法人条件的规定的，依法取得中国法人资格。”

（二）外资企业的法律特征

外资企业在法律上具有以下特征：

第一，投资主体只有外方，全部资本都由外国投资者投入。投资主体只有外方是相对中外合资经营企业和中外合作经营企业而言的，即外资企业设立时不能包括中方的投资者，而只能由外国的企业、其他经济组织或个人出资设立。这是外资企业的基本特征。目前，在我国已经设立的外资企业，既有由一个外国投资者设立的，也有由几个外国投资者共同投资设立的。

第二，外国投资者对外资企业的经营管理拥有绝对控制权。外资企业的投资主体只有外方，全部资本由外方投入的这一根本特征决定了外国投资者对其投资设立的外资企业拥有绝对的控制权，可以独立地对有关企业经营的任何重大事项作出决策。比如，章程的修改，企业的中止或解散，注册资本的增加、减少或转让及企业的合并、分离等。

第三，外资企业是按中国法律设立的企业。外资企业是外国投资者按照《外资企业法》《外资企业法实施细则》（1990 年 12 月由对外经济贸易部发布，2014 年 2 月第二次修订）及与之有关的配套法律，经批准在中国境内注册成立的企业，因此具有中国的国籍，其合法权益受到中国法律的保护。凡符合我国法人资格的法定条件，均能取得中国法人的地位。外资企业作为中国的法人企业或非法人企业，它们与中国的其他公司、企业或经济组织之间在经济交往中处于平等的法律地位，因此它们所发生的各种经济关系只能适用中国的法律。

（三）外商选择外资企业的主要原因

由于外资企业相对合营企业和合作企业而言具有其特殊性，而这些特殊性对许多外商来说则是难得的投资机会，从而激发起其在中国内地投资的热情。这是因为外资企业：（1）节省了与中国合作者进行合作的成本，避免了与中国合作者共同经营的磨合期；（2）能独自管理控制外资企业，充分发挥其经营特长；（3）有利于保守其商业和技术秘密。

第三节　国家安全审查制度

外资并购（Merger & Acquisition）又称为褐地投资（Brownfield Investment），是除绿地投资外国际直接投资的另一种投资方式。如果说绿地投资是东道国吸引外资初期的主要形式的话，外资并购则是在东道国市场深度开放，法律环境良好，外资发展相对成熟时期的外国投资的重要方式。外资并购作为企业实现扩张与发展的一个主要手段，同时也为东道国带来了资金和技术，但是也给东道国带来了负面效应，甚至对东道国的经济体系造成冲击，直接或间接地威胁到东道国的经济、政治、国防和社会安全。因此，东道国对其管辖范围内的经济活动进行调整，对外资并购进行合理地规制，引导规范外资并购行为，对外资并购进行国家安全审查，防止外资并购的负面效应被无限放大，保护本国正常的经济、社会秩序，也是国家主权原则的题中应有之义。面对外国投资带来的国家安全风险，国家安全审查已经从外资并购扩展到整个外商投资领域，并且成为国际通行的外资管理制度，在平衡经济利益和维护国家安全方面发挥重要作用。近年来，世界主要国家和地区陆续推出或完善外商投资安全审查制度，美国出台《外国投资风险审查现代化法》，欧盟出台《关于建立欧盟外商直接投资审查框架的条例》，澳大利亚出台《外商投资改革法》，德国、日本分别修订《对外贸易和支付法》《外汇与外贸法》，英国制定《国家安全和投资法》，我国也出台了《外商投资安全审查办法》。

一、国家安全审查的概述

（一）国家安全的概念

国家安全是维持主权国家存在和保障其根本利益的各种要素的总和，它是国家生存和发展的基本前提。① 我国《国家安全法》对国家安全的定义相对全面，国家安全是指

① 刘卫东：《论国家安全的概念及其特点》，《世界地理研究》2002年第2期，第3页。

国家政权、主权、统一和领土完整、人民福祉、经济社会可持续发展和国家其他重大利益相对处于没有危险和不受内外威胁的状态，以及保障持续安全状态的能力。国家安全作为一个完整概念最早由美国学者提出，这一概念随着时间的推移而发生改变，根据时代背景的不同而产生差异，其内涵与外延发生了很大的变化，从早期以国防安全为主发展为现代的复合概念，既包括传统的国防、军事安全，也包括国家经济安全、文化安全等。

（二）国家安全审查制度与国家经济主权原则

为保障外资并购不会威胁东道国的国家安全、国家利益及公众安全，各国政府的相关职能部门依据本国法律对该投资行为进行国家安全审查。这是国家经济主权原则所赋予的东道国的权力，任何国家对外资并购进行审查当属其国家经济主权范围内的权力。

国家经济主权是指国家主权在经济领域的表现。广义的经济主权，是指国家在国际经济活动中，有选择国家经济制度和参与、协调国际经济秩序等重大经济问题的最高独立决策权。经济主权作为国家主权在经济领域的表现，也具有对内最高属性和对外独立性。因此，国家经济主权原则是一国实施国家安全审查的重要法学理论依据。

（三）国家安全审查的制度模式

随着经济全球化的不断深入、国际投资的蓬勃发展，国家安全审查已经成为各国外资法律体系中必不可少的一项制度。同时，由于各国的法律传统、社会结构、经济制度等的差异性，国家安全审查在立法模式和监管模式上也呈现出各自的特色。

1. 国家安全审查的立法模式

（1）专门立法模式

专门立法模式是指由立法机关对国家安全审查制度进行单独立法，规定外资并购所涉及国家安全审查的标准、程序，并设立专门的行政机关或授权其他机构负责审查、作出决定或采取一定的限制措施以消除该并购行为对本国国家安全的威胁及负面影响。采取这种模式的主要是美国、澳大利亚、加拿大、俄罗斯等国。

（2）混合立法模式

混合立法模式是指一国未对外资并购国家安全审查制度进行专门的立法，与该制度相关的规定分散在外贸法、外资法、反垄断、外汇法等相关法律中，一旦出现影响国家安全的外资并购，则适用这些法律法规进行国家安全审查。采取这种模式的主要是德国、日本等国。

2. 国家安全审查的审查模式

（1）单层审查模式

单层审查模式是指单一审查机构负责对外资并购进行国家安全审查，如德国、日本、法国。但是，虽然是一个机构进行审查，在具体的审查过程中，其他部门也可参与，为审查机构提供所需专业的意见或建议，为审查的顺利进行提供保障。以德国为例，根据德国的《对外贸易与支付条例》第60-62条，外资国家安全审查的主体是联邦经济与技术部，联邦经济与技术部负责外资国家安全审查，决定外资是否影响国家安全，对于影响国家安全的外国投资作出通过、限制或者禁止决定。

（2）双层审查模式

双层审查模式是指国家安全审查的审查权与决定权相分离，一般会采取部级和内阁首长、元首或政府委员会分层审查与决定，如美国、加拿大、俄罗斯。以加拿大为例，根据《加拿大投资法》和《投资国家安全审查条例》，加拿大的国家安全审查机构是部长，作出最终决定的则是总督会同行政会议（Governor in Council）。

二、美国的国家安全审查制度

美国作为全球最大资本输出国，同时也是最大的资本输入国，完善的外资法律制度为其提供了坚实的保障。国际安全审查制度便是最好的例证。美国是世界上较早对外资并购行为进行政府规制的国家，它的外资并购国家安全审查制度，发展至今已经积累了数十年的立法和实践经验，有较完备的法律体系和程序，实践也证明了其诸多的措施行之有效，因此，其国家安全审查制度为很多国家所效仿。

（一）国家安全审查制度的发展演变

1988年，面对以日本企业为代表的外国资本在美国掀起的并购狂潮，美国国会通过了《埃克森——弗罗里奥修正案》，以确保国防安全为由，授权美国总统中止或禁止任何威胁美国国家安全的外国收购、并购或控制美国国际贸易公司的行为，以此确立了以外国投资委员会（CFIUS）为核心的对外来投资的安全审查制度。1992年美国颁布了《伯德修正案》，在原有基础上增加了两条新的内容：对“收购方是由外国政府控制或者代表外国政府”及“收购可能导致在美国从事洲际贸易的人受到控制并可能影响美国国家安全”的收购案强制实施国家安全调查，扩大了审查的范围。“911”事件后，美国政府加强了对外资并购的国家安全审查，并将重点放在关键性基础设施方面。2007年美国颁布《外国投资与国家安全法案》，2008年美国财政部又制订了《关于外国人合并、收购和接管规定》，进一步细化了《外国投资与国家安全法案》的实施细则，和《关于外国投资委员会实施的国家安全审查的指南》。2018年8月签署生效的《外国投资风险审查现代化法》则进一步强化了外国投资委员会的审查权限，提高了相关投资通过审查的难度。《外国投资风险审查现代化法》包括3个方面核心内容：（1）拓宽审查对象范围，新增了4类需要接受审查的交易，包括特定不动产交易，对涉及个人敏感数据、关键基础设施或者关键技术的美国企业所进行的非控制性投资，外国投资者治理权利的变化（即使没有新投资），以及试图规避外国投资委员会审查的投资；（2）强化外国投资委员会的审查权限，包括增强重启调查权、提高风险减缓标准、新增中止交易权、限缩司法救济渠道等；（3）延长审查期限，最长可至120天。

（二）国家安全审查的机构

外国投资委员会（Committee on Foreign Investment in the United States，简称CFIUS）是美国对外资并购进行国家安全审查的机构，也是由财政部主导的跨部门机构。20世纪70年代，由于越南战争、石油危机的影响，西欧及阿拉伯产油国对美投资收购快速增长。考虑到这些投资对美国国家安全的潜在威胁，福特总统于 1975 年签署了第 11858 号法案，根据该法案的要求，成立了外国投资委员会，其职责是监督和评估外国投资对美国的影响。此外，外国投资委员会向国会报告并接受国会的监督。

根据《外国投资与国家安全法》的规定，总统具有概括的外资并购国家安全审查权，总统将具体的审查权授予外国投资委员会行使，因此，总统不再行使这些具体审查权。但是，总统有权作出暂停和禁止外资并购交易的决定，即最终的决定权。同时，总统还被赋予了执行权，在宣布了审查的决定后总统可以直接命令司法部部长采取适当的方式执行总统的决定，如通过从联邦地区法院寻求救济。

（三）国家安全审查的对象

外国投资委员会有权进行审查或者调查的并购交易，即无论该交易发生于美国境内或境外，无论该交易的规模或标的的大小，只要其是可能导致美国企业被外国人控制的交易，都是国家安全审查的对象。其中，外国人控制的交易中的“控制”是指通过拥有一个企业的多数股权或占支配地位的少数股权，或是通过董事会代表权，代理投票、特别股、协议安排、正式或非正式的一致行动安排，或其他方式，能够决策、指导、决定企业重要事项的权力。

具体而言，国家安全审查的并购交易包括但是不限于以下八种类型：（1）不论并购交易采取何种方式控制美国企业，只要该并购交易导致或可能导致外国人控制美国企业；（2）美国公司的原外国控制者将控制权转让给另一个外国人的并购交易；（3）并购交易造成或可能造成外国人控制美国企业的资产；（4）通过协议或其他形式组成的合资企业，包括通过协议成立新的合资企业，如果合资方的投资源于美国企业，外国人通过合资企业进而控制美国企业；（5）敏感不动产交易，这类交易包括“购买或租赁”在机场/港口内或附近、或毗邻美国军事设施或其他国家安全敏感地点的不动产，若购买或租赁此类不动产会为外国人士提供收集情报的能力、或会将此类房产置于外国监视下；（6）回避审查交易，并购交易的结构设计为或旨在回避或规避外国投资委员会审查的任何交易、转让、协议或安排；（7）涉及关键基础设施、关键技术或敏感个人数据的“任何其他投资”；（8）引发权益增加的外国投资，外国人在其投资的美国企业中的权利产生变更的投资，只要此变更会导致外国控制该企业，或此变更构成对涉及关键基础设施、关键科技、或涉及美国公民敏感个人数据的企业的投资。

（四）国家安全审查的标准

美国的法律未对“国家安全”进行明确的界定，但是在相关法律中对国家安全的考虑因素进行了具体规定。《埃克森—弗罗里奥修正案》从 5 个方面对国家安全进行考量，总体上注重军事国防和国土安全。《外国投资与国家安全审查法》则规定得更加全面，在前面 5 个方面的基础上又增加了 6 个方面，扩大了国家安全审查的考量因素，包括关键性基础设施、关键技术、外国政府控制的交易、军备控制与反恐合作、能源资源以及其他关键性资源、原材料的长远需求以及总统或者外国投资委员会认为合理的其他因素，最后的兜底条款无疑扩大了总统和外国投资委员会的审查权利和自由裁量权，为确保国家安全提供了保障。

（五）国家安全审查的程序

美国外资并购国家安全审查程序包括：正常申报、选择性申报、审查、调查，审查时间框架，申报的撤回和重启程序以及事后监督机制等内容。由于国家安全审查的程序相对复杂，此处仅以主要的程序进行说明。

申报程序：外资并购国家安全审查程序可以通过两种申报方式启动，一种是自愿申报，并购交易方认为其交易涉及国家安全，则主动、自愿地向外国投资委员会申报交易；另一种强制申报，外国投资委员会成员通过机构通报（agency notice）的方式，要求外资并购方提供相应的信息，从而启动审查程序。

审查程序：对于并购交易方的自愿或强制申报，外国投资委员会对其是否危害国家安全展开为期45天的审查，财政部或者牵头部门副部级以上的领导认为并购交易不会损害国家安全，或交易各方和外国投资委员会达成了有效的减缓协议，则不必进入调查程序，否则，该审查进入后面的调查程序。实际上，大部分的并购交易审查都在此程序完成，无须再启动后面的调查。

调查程序：外国投资委员会再次对并购交易进行全面深入的审查，认为并购交易并不会威胁到国家安全，或者通过其他法律可以对风险进行有效、充分的防控，那么委员会将结论书面通知交易方。如果委员会认为并购交易有损国家安全，且其他法律并不能有效防控风险时，委员会可以与交易各方达成减缓协议或者劝其放弃交易，也可以将该并购交易提交总统作出决定。本调查程序为45天；但特殊情况下，可延长15天。

总统决定：总统在收到外国投资委员会的建议或请求后，有权在15天内对并购交易进行评估，然后作出最终的决定。总统有权对并购交易采取搁置或禁止措施，且并不受外国投资委员会建议的约束，此外，总统的决定是终局性的，不受司法审查的限制。①

三、欧盟的国家安全审查制度

欧盟作为全球重要的单一市场，拥有开放的投资体制，是全球主要的外国直接投资目的地。2019年3月5日，欧盟理事会批准了《关于建立欧盟外商直接投资审查框架的条例》（REGULATION OF THE EUROPEAN PARLIAMENT AND OF THE COUNCIL establishing a framework for screening of foreign direct investments into the European Union）（以下简称《欧盟外资审查条例》），并于2020年10月11日正式实施。

---

① 在“Ralls CO. v CFIUS（36 ITRD 400）”案中，因为Ralls公司收购美国公司的交易遭受国家安全审查并由时任美国总统奥巴马签署了总统令禁止该并购，Ralls将外国投资委员会和总统奥巴马诉至了法院，但是，该诉讼并不是针对禁止并购的总统令，而是认为在进行国家安全审查的过程中违反了《行政程序法》和美国宪法第五修正案的正当程序。

在《欧盟外资审查条例》出台前，欧盟共有 14 个国家建立了国家安全审查机制，但在欧盟层面并未因安全或公共秩序而建立统一的安全审查框架，欧盟与其成员国或者成员国之间也没有关于安全审查的正式协调机制。机制的欠缺导致非欧盟国家可将尚未设立安全审查机制的成员国作为跳板，在这些国家进行投资而后以欧盟企业的身份，而非外资的身份规避已经设立安全审查机制的国家的审查，进入这些国家的市场进行投资。因此，《欧盟外资审查条例》确立了欧盟与其成员国对外商直接投资的审查监管、信息共享与协议机制，维护了欧盟的安全、公共秩序和战略性利益。

《欧盟外资审查条例》与其他欧盟立法一样，并不能取代欧盟成员国已有的外资安全审查机制。此外，条例并未要求成员国必须建立或维持该等机制，而是旨在为已有或希望建立审查机制的成员国建立一个合作框架，并确保该机制满足基本的要求，如司法救济、非歧视、透明度等。

（一）国家安全审查的审查标准

由于欧盟对外资的开放程度很高，并且很多欧盟国家尚未建立完善的国家安全审查机制，因此《欧盟外资审查条例》虽不是强制性的，但是仍为欧盟国家的安全审查建立了标准，为各国的相关立法明确了发展方向。

首先，明确了外商直接投资的边界。外商直接投资是指外国投资者与接受其资金的经营者或企业之间建立或保持长期直接的联系，以便其在欧盟成员国国内开展经济活动而进行的投资，该投资包括外国投资者能够有效地参与对开展经济活动的企业进行管理或控制。欧盟对外商直接投资的定义与国际投资法中直接投资的概念极为相似，因此，投资者仅以其持有的股票或证券获取收益而不享有企业的管理权和控制权的投资，此种国际间接投资不属于欧盟的外商直接投资范畴。

其次，划分了特别关注的领域。欧盟对外国投资者所投资的领域进行了划分，聚焦于对欧盟及其成员国具有重要战略意义的基础设施、高新技术、敏感信息和能源物资供应，关注外国投资者借助特定投资获得战略竞争优势的可能性。① 因此，欧盟在决定外国投资是否可能影响安全或公共秩序时，将特别关注以下 5 个领域：（1）关键基础设施，无论有形或无形，包括能源、交通、水、卫生、通讯、媒体、数据处理或存储、航空航天、国防、选举和金融基础设施，敏感设施，以及用于这类基础设施的土地和不动产；（2）理事会规则（欧洲共同体）第 428/20091 号第 2 条第 1 点所界定的关键技术和双重用途项目，包括人工智能、机器人、半导体，网络安全，航空航天，国防，能源存储，量子和核技术、纳米技术和生物技术；（3）关键性投入，包括能源或原材料，以及粮食安全；（4）获取敏感资料，包括个人资料，或有能力控制这些资料信息；（5）媒体的自由与多元。

最后，提出了重点审查的事项。除了对一些重要领域的关注外，欧盟认为在决定外国投资是否可能影响安全或公共秩序时，还应对以下的因素进行重点审查：（1）外国投资者是否通过所有权结构或重大资助等方式，直接或间接地受到外国政府（包括政

① 廖凡：《欧盟外资安全审查制度的新发展及我国的应对》，《法商研究》2019 年第 4 期，第 187 页。

府机构或武装部队）控制；（2）外国投资者是否已经涉及影响成员国安全或公共秩序的活动；（3）外国投资者是否存在从事非法或犯罪活动的严重风险。

（二）国家安全审查的合作机制

《欧盟外资审查条例》为欧盟建立了一种合作机制，确保加强欧盟委员会与各成员国之间就国家安全审查的合作，具体则包括信息共享和提供意见，以及成员国的报告义务。因此，成员国现有的外资安全审查机制并不会被取代，未建立该机制的成员国也不会被强制要求建立。虽然该条例是非强制性的，但是，在欧盟内部建立一个合作框架，加强成员国在外资安全审查方面的协调与合作，并在欧盟范围内增强安全审查机制的透明度和确定性仍是该条例的目标和要求。

1. 已建立国家安全审查机制的成员国

如果成员国已经建立了国家安全审查机制，一旦该成员国启动了国家安全审查，则应尽快向欧盟委员会及其他成员国通报并提供相关信息。欧盟委员会及其他成员国应当在收到通报后15日内，通知该成员国其是否发表意见，并可以要求提供额外信息。欧盟委员会及其他成员国可以对相关外国投资是否可能影响其安全或公共秩序发表意见，该成员国应当对这些意见进行适当的考虑，但最终的决定仍由该成员国作出，欧盟委员会及其他成员国无权推翻这一审查决定。

2. 未建立国家安全审查机制的成员国

如果成员国尚未建立国家安全审查机制，那么该成员国显然无需就此进行通报。但是如果其他成员国认为在该成员国计划进行或已经完成的外国投资可能影响其安全或公共秩序，或者欧盟委员会认为可能影响多个成员国的安全或公共秩序，则欧盟委员会及其他成员国可就此外国投资发表意见，或者要求该成员国提供额外的信息。

3. 欧盟委员会认为必要的情形

如果欧盟委员会认为相关外国投资可能在安全或公共秩序方面对“欧盟利益的项目或计划”（projects and programmes of Union interest）产生影响，则其可以向投资所在国发表意见。在这种情形下，欧盟委员会的意见虽无法律效力，但是投资所在国应“尽量考虑”（take utmost account of）欧盟委员会的意见，如果投资所在国不遵从该意见，还必须向欧盟委员会作出解释。“欧盟利益的项目或计划”，是指涉及相当数量或重要份额的欧盟资金，或者在有关对安全或公共秩序至关重要的关键基础设施、关键技术或关键投入的欧盟法律适用范围内的项目或计划，同时，欧盟委员会授权对“欧盟利益的项目或计划”不定期地进行修订。

四、中国的国家安全审查制度

中国是全球第二大资本输出与资本输入的双向投资大国，虽然我国吸引外资的起步较晚，但是在短短四十多年的改革开放历程中，实现了跨越性的发展，外资在中国的投资形式也从开始时的绿地投资为主过渡到绿地投资与并购共同发展的阶段。中国旺盛的消费需求，法治化、国际化、便利化的营商环境，及中国企业的日益成熟成为了外资并购重要动因。随着外资并购不断地增加，尤其是凯雷并购徐工案发生后，加速了我国国家安全审查制度的立法。

2003年由原对外贸易经济合作部等四部委联合发布了《外商投资者并购境内企业暂行规定》，首次提出了“国家经济安全”的概念。2006年由商务部等六部委联合发布了《关于外国投资者并购境内企业的规定》，规定了国家经济安全审查①，2009年商务部又对此规定进行了修订。同年凯雷并购徐工案发生后，2007年中国通过了《反垄断法》，第三十一条②明确规定了外资并购境内企业或者以其他方式参与经营者集中涉及国家安全的，除了要进行反垄断审查外还要进行国家安全审查。《反垄断法》是我国首次在法律层面明确了国家安全审查制度。2011年出台的《国务院办公厅关于建立外国投资者并购境内企业安全审查制度的通知》（国办发〔2011〕6号）具有里程碑式的意义，对安全审查的实体内容和程序内容进行了规定，成为安全审查制度的重要法律文件。2011年出台的《商务部实施外国投资者并购境内企业安全审查制度的规定》（2011年第53号），是根据《国务院办公厅关于建立外国投资者并购境内企业安全审查制度的通知》以及外商投资相关法律法规，在对《商务部实施外国投资者并购境内企业安全审查制度有关事项的暂行规定》进行修改、完善的基础上形成的，在《国务院办公厅关于建立外国投资者并购境内企业安全审查制度的通知》的基础上对于外资并购境内企业的安全审查程序及审查机构的权力划分做了进一步的细化。

2015年通过的《中华人民共和国国家安全法》，是为了适应我国国家安全面临的新形势、新任务，以习近平同志为总书记的党中央提出了总体国家安全观，强调全面维护各领域国家安全，加强国家安全工作和国家安全的立法，为构建和完善国家安全法律制度体系提供了完整的框架。该法首次以法律的形式为国家安全进行了定义，国家经济安全也首次明确地被提出并纳入了国家安全的范畴，为国家安全审查奠定了坚实的基础。2020年正式实施的《中华人民共和国外商投资法》及《中华人民共和国外商投资法实施条例》，再次明确了“国家建立外商投资安全审查制度，对影响或者可能影响国家安全的外商投资进行安全审查。依法作出的安全审查决定为最终决定。”对外资并购国家安全审查的地位与性质在法律层面予以确认。

2020年12月19日，国家发展改革委、商务部发布《外商投资安全审查办法》（以下简称《安审办法》）并于2021年1月18日起施行。《安审办法》以《外商投资法》《国家安全法》为主要法律依据，践行总体国家安全观和新发展理念，基于我国国家安全新形势新特点，参考近年来主要国家外商投资安全审查制度的新变化，吸收借鉴有益的制度成果，形成既适合我国国情又符合国际惯例的安全审查制度。我国建立的与准入前国民待遇加负面清单管理制度相适应的外商投资安全审查制度，坚持统筹发展和安

① 第十二条：“外国投资者并购境内企业并取得实际控制权，涉及重点行业、存在影响或可能影响国家经济安全因素或者导致拥有驰名商标或中华老字号的境内企业实际控制权转移的，当事人应就此向商务部进行申报。

当事人未予申报，但其并购行为对国家经济安全造成或可能造成重大影响的，商务部可以会同相关部门要求当事人终止交易或采取转让相关股权、资产或其他有效措施，以消除并购行为对国家经济安全的影响。”

② 第三十一条：“对外资并购境内企业或者以其他方式参与经营者集中，涉及国家安全的，除依照本法规定进行经营者集中审查外，还应当按照国家有关规定进行国家安全审查。”

全，坚持开放和安全并重，把握好积极促进外商投资和维护国家安全的关系，推动扩大开放与风险防控协同共进，有效管控影响或者可能影响国家安全的外商投资，坚决筑牢国家安全屏障、防范化解国家安全风险，同时增强针对性，避免安全审查泛化，为更高水平对外开放保驾护航，助力构建以国内大循环为主体、国内国际双循环相互促进的新发展格局。

《安审办法》规定了适用审查的外商投资类型、审查机构、审查范围、审查程序、审查决定监督执行和违规处理等，进一步提高了审查工作的规范性、精准性和透明度，尽可能减少对外商投资活动的影响，保护外商投资积极性和合法权益。

（一）外商投资安全审查的机构

我国建立外商投资安全审查工作机制（以下简称工作机制），负责组织、协调、指导外商投资安全审查工作。工作机制办公室设在国家发展改革委，由国家发展改革委、商务部牵头，承担外商投资安全审查的日常工作。根据国家发展改革委2019年第4号公告，外商投资安全审查申报由国家发展改革委政务服务大厅接收。

（二）外商投资安全审查的范围

外商投资安全审查范围为：投资军工、军工配套等关系国防安全的领域，以及在军事设施和军工设施周边地域投资；投资关系国家安全的重要农产品、重要能源和资源、重大装备制造、重要基础设施、重要运输服务、重要文化产品与服务、重要信息技术和互联网产品与服务、重要金融服务、关键技术以及其他重要领域，并取得所投资企业的实际控制权。

（三）外商投资安全审查中的“投资”与“实际控制”

“投资”和“实际控制”是外商投资安全审查中重要的概念，尤其对明确交易是否属于外商投资安全审查的范围起着至关重要的作用。根据《安审办法》的规定，外商投资是指外国投资者直接或者间接在中华人民共和国境内（以下简称境内）进行的投资活动，其中包括：（1）外国投资者单独或者与其他投资者共同在境内投资新建项目或者设立企业；（2）外国投资者通过并购方式取得境内企业的股权或者资产；（3）外国投资者通过其他方式在境内投资。

外国投资者取得所投资企业的实际控制权，则是指外国投资者通过并购或其他交易方式成为境内企业的控股股东或实际控制人。具体为以下3种情形：（1）外国投资者持有企业50%以上股权；（2）外国投资者持有企业股权不足50%，但其所享有的表决权能够对董事会、股东会或者股东大会的决议产生重大影响；（3）其他导致外国投资者能够对企业的经营决策、人事、财务、技术等产生重大影响的情形。

（四）外商投资安全审查的申报机制

外商投资安全审查以外国投资者主动申报为主，工作机制办公室依职权审查为辅，社会公众可进行监督。具体而言，外国投资者或者境内相关当事人应在实施投资前主动申报属于审查范围的投资。对于投资军工、军工配套等关系国防安全的领域，以及在军事设施和军工设施周边地域进行的投资，外商投资安全审查工作机制办公室有权要求限期申报。有关机关、企业、社会团体、社会公众等也可向工作机制办公室提出审查建议。

（五）外商投资安全审查的程序和时限

外商投资安全审查分为三个阶段，第一阶段是初步审查，在收到符合申报要求的材料之日起15个工作日内，决定是否启动安全审查。第二阶段是一般审查，在启动审查之日起30个工作日内作出通过审查的决定，或按程序进入下一阶段审查。第三阶段是为期60个工作日的特别审查，这一阶段不是每个项目的必经程序，只有未通过一般审查的项目才会进入特别审查；特殊情况下可能延长特别审查时限；特别审查结束后将出具审查决定。审查期间，可以要求当事人补充提供相关材料，并向当事人询问有关情况，补充材料时间不计入审查期限。需要说明的是，审查期间，当事人不得实施投资。

（六）外商投资安全审查的决定

工作机制办公室对申报的外商投资作出的安全审查决定分为三种：（1）对于作出通过安全审查决定的，当事人可以实施投资；（2）作出禁止投资决定的，当事人不得实施投资，已经实施的，应当限期处分股权或者资产以及采取其他必要措施，恢复到投资实施前的状态，消除对国家安全的影响；（3）对于作出附条件通过安全审查决定的，当事人应当按照附加条件实施投资，如果，当事人未按照附加条件实施投资，由工作机制办公室责令改正；拒不改正的，责令限期处分股权或者资产以及采取其他必要措施，恢复到投资实施前的状态，消除对国家安全的影响。

（七）外商投资安全审查的违规惩戒机制

对于拒不申报、弄虚作假、不执行附加条件等违规行为，可责令当事人限期处分股权或者资产，亦可将其不良信用记录纳入国家有关信用信息系统并按照国家有关规定实施联合惩戒。

第四节 与贸易有关的投资措施对我国外资法律的影响

一、与贸易有关的投资措施的概念

作为世界贸易组织（WTO）附件一A中的重要组成部分的《与贸易有关的投资措施协议》（简称《TRIMs协议》），是乌拉圭回合多边贸易谈判的重要成果，是迄今为止国际社会制定和实施的第一个具有全球性的有关国际直接投资措施方面的协议。与贸易有关的投资措施的产生是有其深刻的历史背景的：一是各国间的直接投资迅速发展；

二是东道国政府对外国直接投资都采取了相应的措施，其中有的投资措施对国际贸易和投资自由化起到了促进作用，但有的却使国际贸易受到了一定程度的损害。《TRIMs协议》就是在这种情况下提出的。

《TRIMs协议》是1986年6月首先由美国提出建议，并被纳入乌拉圭回合谈判得以通过的。在《TRIMs协议》中，所谓投资措施，是指一国（通常是指东道国）政府为贯彻本国的外资政策，针对外国直接投资的特点及本国各个时期的发展水平及其需要所采取的法律和行政措施。对这一概念特别要指出以下几点：

第一，《TRIMs协议》中的投资措施，仅仅是指东道国限制性的投资措施，而不包括东道国对外资的鼓励措施。目前，世界各国为吸引外资并使之纳入本国的经济发展轨道，往往都要制定和实施投资措施。这些投资措施一般分成两类：一类是优惠鼓励措施；另一类是限制性的投资措施。

第二，《TRIMs协议》需要统一的投资措施且仅限于与货物买卖（即有形物买卖）有关的投资措施。它目前尚不包括服务贸易和技术贸易有关的限制措施。具体来说，它只限于对国际货物贸易产生扭曲或限制的投资措施。

对国际贸易产生扭曲（distort），是指能改变国际贸易的正常流向；对国际贸易的限制（trade-restrictive），则是指阻碍国际贸易活动的进行。它们的直接后果都是损害国际贸易的正常进行。但发达国家和发展中国家对什么样的投资措施会对国际贸易产生扭曲、什么样的投资措施会对国际贸易产生限制的观点往往针锋相对，即便是发达国家，也是依照各国的经济发展情况，在不同的历史时期而产生不同的主张。但《TRIMs协议》对这一概念作出了初步的统一。

第三，《TRIMs协议》要求世贸组织成员限期取消其所禁止的投资措施具有明确的时间概念。考虑到世贸组织的成员众多，各成员的经济发展水平参差不齐，利用外资的程度不同，有关利用外资的政策、法规以及采取的措施也各有区别，因此，《TRIMs协议》特别规定，凡与《TRIMs协议》不相符的各成员方的投资措施，发达成员应在《WTO协定》生效之日起2年内取消，发展中成员应在5年内取消，最不发达成员在7年内取消。

二、《TRIMs协议》的主要内容

如前所述，《TRIMs协议》是乌拉圭回合多边贸易谈判的新议题之一，是迄今为止国际社会制定和实施的第一个具有全球性的有关国际直接投资措施方面的协议。它包括一个序言、九个条款，还有一个清单，可以简单概括为一个宗旨、两个原则、五个“不得”，加上透明度原则。

（一）一个宗旨

一个宗旨是指使世界贸易得到进一步的扩大，并逐步实现自由化；便利跨国投资，保证自由竞争。要达到这个目的，各国采取的投资措施不能对国际货物贸易产生扭曲和限制。

（二）两个原则

两个原则是指国民待遇原则和禁止一般数量限制原则。

1. 国民待遇原则

依照国民待遇原则，东道国对外国直接投资的待遇应与本国的同类投资待遇相同。也就是说，对与外国投资利益相关的诸如税收、销售市场、投资领域、外汇以及争议解决途径等方面，内、外资企业应该是一致的。国民待遇提供了确切的、可比照的平台，并使外国投资者与本国投资者在同等的条件下竞争。

2. 禁止一般数量限制原则

关于禁止一般数量限制原则，主要是指采取投资措施时不得设立或维持配额、进出口许可证，或采取其他措施以限制禁止其他成员方的进口或出口。这里的其他措施是指外汇管制，对内、外销比例规定等措施。

（三）五个“不得”

五个“不得”是列举在《TRIMs 协议》上的五项内容，即规定在各国投资法规中不得有以下五个方面的投资措施：

第一，当地成分要求，即要求外国投资企业尽可能地利用当地原材料或半成品来进行生产，而限制企业自主从国外或国内市场选择。

第二，贸易平衡要求，即要求一个企业进口产品的数量和价值与出口产品的数量和价值基本上一致，以达到平衡。

第三，进口替代要求，是指以购买国内的产品来代替进口。例如，有些成员政府法律规定的国产化要求及“以产顶进”的规定等。

第四，进口用汇要求。进口用汇限制是指将企业可以使用的外汇限制在该企业自身的外销收入范围内，要求该企业自身达到外汇平衡。

第五，国内销售要求，是指企业产品只能在国内销售，限制其出口。

（四）透明度原则

透明度原则要求各成员将有效实施的有关管理对外贸易的各项法律、法规、行政规章、司法判决等迅速加以公布，以使其他成员政府和贸易经营者予以熟悉；各成员政府之间或政府机构之间签署的影响国际贸易政策的现行协定和条约也应加以公布；各成员应在其境内统一、公正和合理地实施各项法律、法规、行政规章、司法判决等。同时，要求成员政府自查法律，若发现其与《TRIMs 协议》不一致的地方，即与前述的“两个原则”、“五个‘不得’”相冲突的内容，则在加入 WTO 后 90 天内必须正式通知 WTO 的有关组织，说明有哪些规定不符合 WTO 规则，并按不同类型的成员分别规定出不同的过渡期，其中发达成员为 2 年，发展中成员为 5 年，最不发达成员为 7 年，各国在此期限内予以改正。同时，通过贸易政策审议机制对各国贸易政策进行定期监督，是 WTO 敦促各成员增加政策透明度的另一种重要方式。这一机制不仅要求我国的贸易政策是透明的，而且要求经贸政策符合国际规范。

《TRIMs 协议》反映了世界各国要求逐步统一国际直接投资方面的利益和要求，也在一定程度上反映了国际投资的规律。我国加入 WTO 后，首先应按照 WTO 的规则，对现存的外资法律进行自查，在规定的期限内修改和废除与《TRIMs 协议》的“两个原则”、“五个‘不得’”相冲突的内容。在今后订立和修改外资法律时，除了其内容应该符合《TRIMs 协议》外，在程序上也应该符合透明度原则的要求。透明度原则反映了法治的要求，也符合国际惯例，这就要求有关部门在思想上转变观念，树立法治观念，并在立法过程中付诸实施。同时需要指出的是，目前的《TRIMs 协议》只是一个过渡性协议，发达成员远不满足目前协议中的内容，协议迟早要修改，我国必须意识到这一点，并应做好充分准备。

复习思考题

第一节

1.《外商投资法》主要包括哪些方面的内容？

2.《外商投资法》中对投资管理规定了哪些内容？

3.《外商投资法》中的互惠原则是什么？你认为该原则有什么作用？

第二节

4.《外商投资法》中为何要设置过渡期条款？

5. 在合营企业中，如果一方严重违约，另一方能否提出退股要求？为什么？

6. 合营企业的股份转让应遵守哪些原则？

7. 合营企业中董事与总经理在法律地位上有何不同？

8. 合作企业与合营企业有何不同？

9. 合作企业采取的三种经营方式各有什么特点？

10. 随着改革开放的不断深入，外资企业比其他的外商投资企业发展得更为迅速，你认为原因是什么？

第三节

11. 国家安全审查是否对外商投资构成了障碍？请说明理由。

12. 美国的国家安全审查制度有哪些特点？

13. 我国国家安全审查有哪些程序？

第四节

14.《TRIMs 协议》对国际投资的发展有何推动作用？

15. 你认为我国外资法律还要做哪些修改？为什么？

在线做题

扩展阅读及分析

第六章

合同法

第一节　合同法引论

一、合同法在国际商法中的重要作用

在现代社会，合同几乎是从事一切商事活动的工具，也几乎是进行一切形式的国际商事交往的基本工具。举例来说，在从事国际性的商品买卖活动过程中，买卖双方要签署货物买卖合同，这是使交易得以完成的基础合同；在绝大多数情况下，以转移对货物的占有为目的，买方或者卖方还要与承运人签订运输合同；同时，为了使卖方的收汇得到保证，他们还要与银行订立有关支付的合同；在多数情况下，为了避免货物在运输过程中可能发生的风险，其中一方还要与保险公司签署保险合同。在进行国际性投资活动的过程中，如果投资人在东道国设立公司或建立其他形式的商事组织，或通过购买股票等其他方式成为东道国商事组织的所有者，他们的各种活动的开展同样要以合同为基本手段：他与该商事组织内部的其他成员之间的权利义务，通常决定于他们之间订立的合资、合作或其他性质的合同的规定；他与该商事组织的债权人之间的权利义务，在一般情况下，也决定于他们达成的借贷、债券购买或其他性质的合同。如果投资人不愿直接介入东道国的商事组织的经营，而仅通过不同形式的融资手段进行间接投资，投资人与接受投资的人彼此间的权利义务关系，一般而言，依然由他们之间的合同来确定。

合同的上述至关重要、无所不在的作用，决定了合同法在国际法律体系中的地位。对于这一体系中的许多部门法而言，它是基础性的法律：它的原理和原则构成这些部门法共同遵循和运用的原理和原则。就国际货物买卖合同而言，它是合同的一种，合同法的原理和原则大都适用于国际货物买卖合同。不过，国际货物买卖法又是一种特殊的合同法，其中又包括了这一领域的特殊规则。总之，合同法构成许多商事交易的基础，其中的基本制度具有广泛的适用性。因此，以国际商法——这一由许多部门法构成的法律体系为研究对象的人，必须具备较坚实的合同法知识的基础。

二、合同法的历史演变

概括地说，在19世纪以前，合同法的发展，在世界范围内尚处于不发达的阶段。

19世纪被称为契约的世纪。在这一历史时期，一方面，在资本主义各国，合同法的制度与过去相比有了较大的发展。另一方面，更为重要的是，合同在这一时期的经济生活中发挥着至关重要的作用：这是资本主义的自由发展阶段，在这个阶段，人与人之间的关系决定于他们之间的约定，合同一旦被签署，在缔约当事人之间即具有相当于法律的效力，而合同法的基本作用，就在于维护业已成立的合同关系；在绝大多数情况下，政府不能以维护社会利益为由使已经签订的合同归于无效。因此，对合同当事人自主意志的尊重成为合同法中贯彻始终的原则。

20世纪以来，上述情况发生了根本性的转变：以维护社会的利益为目标，缔约双方共同的自由意志变得越来越仅具有相对重要的意义。比如，一方面，为了增加使合同得到执行的机会，保护交易的安全，即使是缺乏真实合意的合同，在许多情况下，也可以得到执行；另一方面，对于一些在表面上并不缺乏合意的合同，为了使弱方当事人得到保护，也可以使之归于无效。从这种意义上说，合同与合同法的社会作用，与19世纪相比，表现出了弱化的趋势。一位从消极方面看待这种变化的英国学者感叹道："由于现代生活和政策的发展，合同自由的观念已遭受到了严重的损害。"

然而，从不同法律相互作用的整体效应看，合同法的社会作用并没有减弱，而是强化了。上文所谓的减弱，仅指合同传统作用的弱化和关于合同作用的传统观念的弱化。就合同法与公法以及其他私法的协同作用而言，今天的合同法的社会作用并没有得到削弱。例如，根据早期的合同法，产品的卖方一般可以通过在他起草的格式合同中加入某些免责条款，免除其对产品缺陷引起的人身伤害的赔偿责任。今天，许多国家已经通过强制性的社会立法，宣布这类条款为无效。其结果是，一方面，已经订立和履行的合同在整体上依然有效；另一方面，合同中显失公平的和对社会有危害作用的成分被剔除了。

三、国际范围内合同法的渊源

在英美法系国家，判例法是法律发展的核心环节。这样表述的含义是：在今天的英美法系各国，由法官创制的判例法和由议会制定以及由行政机构受议会委托颁布的制定法都是法律的渊源，并且，制定法的效力高于判例法。然而，在这些国家，主要由于传统习惯的制约作用，判例法在法律发展的过程中依然起着主导作用。这主要从以下两个方面表现出来：首先，法律的理论主要在判例中得到表达和发展。这对整个法律制度的发展起着潜在的却是持久和深远的影响。其次，任何法律最终要通过法院实施。法院在判决时关注的往往不是制定法的文字含义，而是现有的判例对制定法的解释。其结果是，在有制定法可援的情况下，法官遵循的经常仍然是解释和适用制定法的判例法。

合同法的内容应只包括这一领域的一般性法律规则。从这个意义上说，时至今日，在英美法系国家，从总体上说，一方面，合同法并没有成文化，判例法仍是其基本的渊源；另一方面，合同法的一般规则又散见于许多有关各种特殊合同的制定法中，或通过这些制定法的规定体现出来。例如，英国《1979年货物买卖法》（the Sale of Goods Act 1979）是有关货物买卖的制定法，其中包含了许多合同法的基本制度。美国《统一商法典》第二篇是有关货物买卖的制定法，其中也包含了许多合同法的一般原则。

英美的合同法判例发展到今天，体系庞大，内容浩如烟海。在把握其发展的现状和趋势方面，权威的法学著述的出版起着至关重要的作用。在英国，《奇蒂论合同法》(Chitty on Contract) 和《安森论合同法》(Anson's Law of Contract) 具有最高的权威。前者是律师办案的参考书，后者为学生用的参考书。在美国，由美国法学会组织法学家撰写的两次合同法重述，尽管在性质上也是学者著述，其内容对于法官判案却有着重要的参考价值。美国各州的判例法是合同法的基本渊源。当某一州的判例法对于特定的问题规定得不明确时，法官可能会参考其他州的判例，但是在很多情况下也会参考合同法重述阐明的规则。《第一次合同法重述》问世于20世纪30年代，《第二次合同法重述》于20世纪70年代出版。后者是对前者的修订，但两次合同法重述都会被法官引用。

在大陆法系国家，制定法曾经是法律的唯一渊源，同时，学者著述中阐述的法学理论对法官判案具有重要的指导作用。时至今日，案例在大陆法系各国受到了越来越多的重视，在合同法领域亦不例外。以德国为例，1900年问世的《德国民法典》中规定的合同法原则和规则，依然是法官办案的依据。可是，该法典中的某些规定，在实践中却为与之不同的判例规则所更改。例如《德国民法典》第133条规定："解释意思时，应当查明真实的意思，并且不得拘泥于所用之表达的字面意义。"将这一规定适用于合同的解释，在合同一方的主观意思与相对方通常会产生的理解不一致的情况下，应以前一意思为准。今天，这样的解释原则，已经被新的判例原则取代，即在上述情况下以相对方的意思为准。

在此应该提到的是发生在德国的债法改革，即从1978年开始的对《德国民法典》的修改。其结果是《德国债法现代化法》于2002年1月1日正式生效，与此同时，对《德国民法典》中的内容作了大量的修改，许多条款的编号也发生了变化。下文未作特别说明的，均为改革后的新《德国民法典》的内容和编号。

在研究大陆法上合同法的渊源时，应特别注意的一点是，在大陆法的体制之下，法律并不务求为实践中可能发生的所有情况留下答案，而是为法官留下更多的自由裁量的余地，让他们凭借法典规定的和法学家阐释的法律概念，通过演绎思维得出答案。至于不同的法官对同样的案情可能会得出不同的结论，这在理论上是允许的。在英美法国家，判例的积累使法律中的空缺不断得到弥补，故不同的法官作出相互矛盾的判决的情况相对较少。由于案例作用的加强，此种作出不一致判决的状况在今天的大陆法系国家已得到一定程度的扭转。在德国，今天的人们对依法律原则进行推理的兴趣已减弱了许多，但传统的思维方式并没有被根本放弃，人们仍然有将问题概念化的倾向。

在国际领域内，由国际统一私法协会 (International Institute for the Unification of Private Law，简称UNIDROIT) 推出的《国际商事合同通则》(Principles of International Commercial Contracts，简称《通则》) 对于发展国际商事合同的许多一般原则有重要意义。《通则》的起草自1971年开始筹备，从1980年开始由一个特别工作组正式开始工作，至1994年5月完成工作，形成最初的版本，即1994年版本。以后，《通则》于2004年和2010年经历了两次修改，目前的最新版本是2016年的版本。除特别说明外，下文所引述的均为《通则》2010年的版本。

《通则》并不是一部国际公约或已经生效的法律文件。它的主要作用在于：首先，可以由合同当事人约定适用；其次，由于尽可能地兼容了不同法系的制度和国际惯例，可以对各国的和国际的立法产生示范作用。

已得到许多国家采纳的可适用于国际商事交易的合同法的一般原则和规则，还散见于众多的国际公约之中，比如《联合国国际货物销售合同公约》之中。

2020 年 5 月 28 日，《中华人民共和国民法典》（以下简称《民法典》）正式颁布。该法典于 2021 年 1 月 1 日起施行。《民法典》将 1999 年 10 月 1 日生效的《合同法》的基本内容纳入其中并增加了新的内容。与此同时，《合同法》被该法典宣告废止。

第二节　合同的概念

一、英美法系中的规定

英美法系关于合同的传统定义是：合同是法律为之提供救济的诺言。这样的定义今天仍被沿用。英国学者盖斯特认为“合同由可提起诉讼的一项承诺或几项承诺构成”。美国的《第二次合同法重述》第 1 条规定，合同是一项或一组这样的诺言，它或它们一旦被违反，法律就会给予救济。

现代学者对于“合同是协议”的观点给予了重视。《布莱克法学辞典》（Black's Law Dictionary）第 8 版关于“合同”（contract）一词的定义在开头部分就用了这样的表述：“合同是两个或两个以上的人之间的协议，该协议旨在创设可得到强制执行的义务或可以在法律上得到认可的义务。”

可是，“合同是协议”的现代的定义并不能充分揭示英美法关于合同定义的本质。英美法系受传统的对价制度①的影响，认为合同的本质是交易，是关于交易的协议；当诺言有了对价时，诺言与对价成为交易的对象，诺言才有了被强制执行的效力，即受诺人可以通过法院强制诺言人履行其诺言。此时，诺言才成为合同。因此，如果一方许诺向另一方提供某种利益，后者只是表示接受这种利益，而没有表示向前者提供对应的利益，则前者的诺言因缺乏对价，而不能被强制执行。在这种情况下，合同并不存在。由此可以得出结论：在英美法系国家，从原则上说，恩惠性或赠与性的协议不同于合同。

二、大陆法系中的规定

大陆法系认为，合同的本质是“合意”，或称协议，即合同各方的意思的一致。《法国民法典》第 1101 条规定：“合同是一人或数人对另一人或数人承担给付某物，做或不做某事的义务的合意。”依据这样的定义，订约各方之间利益的互换并不是合同关系发生的前提条件，只要各方就合同的条件达成一致，合同就成立了。

基于合意的理论，大陆法系各国对无利益互换的协议的效力给予普遍认可，比如赠与协议。例如，《德国民法典》第 516 条第 1 款规定：“某人因一项给予而以自己的财

---

① 关于对价，见下文关于对价的论述。

产使他人得利，且双方当事人达成关于无偿地进行给予的合意的，该项给予即为赠与。”

三、现代商法的倾向

在现代社会，普遍的倾向是，在商事交易领域，合同与“协议”并没有本质的区别：当事人意思表示一致即可使合同成立，而不管其中的诺言有无对价。这一倾向在美国《统一商法典》中可以清楚地看到。它在第2-209（1）条写道：“修改本篇范围内之合同的协议，即使缺少对价，仍可具有约束力。”

《通则》第3.1.2条的规定是对上述倾向的概括性表述：“合同仅由双方的协议订立、修改或终止，除此别无其他要求。”

中国《民法典》的规定与《通则》的上述倾向是一致的。《民法典》第464条规定：“合同是民事主体之间设立、变更、终止民事法律关系的协议。”也就是说，合同的本质是当事人之间的合意，而不是关于交易关系的协议。

第三节 对价和原因

一、英美法上的对价

（一）对价的定义

“对价”一词从英文Consideration翻译而来。为了使人得到一个总体上和感性上的认识，可以把“对价”简单地定义为“诺言的回报”或“诺言的代价”。例如，甲对乙说：“如果你能出5 000美元，我就把这辆汽车卖给你。”乙回答说：“没有问题。我们成交了。”在这一例子中，乙同意支付5 000美元的诺言是甲同意出售其汽车的诺言的对价。

在上例中，如果乙没有作出回答，而是开给甲一张5 000美元的支票，或当时支付了5 000美元的现金，该5 000美元构成甲的诺言的对价。

以上两个例子的区别在于：在前一例子中，对价由诺言构成，称为“待履行的对价”（executory consideration）；在后一例子中，对价由乙的行为构成，称为“已履行的对价”（executed consideration）。

关于“对价”的更为完整的表述是：对价是使诺言对诺言人产生约束力的与诺言互为交易对象的东西。这一定义包括以下三个方面的含义：

（1）对价的作用在于使诺言对诺言人产生约束力；

（2）对价与诺言互为交易的对象：诺言人为了得到对价而作出许诺，受诺人为了得到诺言而提供对价；

（3）所有作为诺言的交易对象的东西均可成为对价：它可以是一项诺言，可以是一种行为，也可以是一种不行为。

（二）对价的作用

在法律上，对价的作用在于，它使诺言对诺言人产生约束力，更确切地说，它使诺言发生强制执行的效力：如果诺言人不兑现其诺言，受诺人可以通过起诉，借助法院的强制力，迫使诺言人兑现其诺言。不过，在理解对价的作用时，必须明确的是，对价使未履行的诺言具有强制执行的效力（enforceable），可是，无对价的诺言如果已经被兑现，诺言人不得反悔，即不能以诺言无效要求受诺人返还利益。

（三）“充分的”或“完好的”对价的构成

英美法官在审判实践中经常用“充分的”（sufficient）或“完好的”（good）将某一对价描述为能够使诺言产生约束力或强制执行力的。一般而言，这样的对价须符合如下条件：

1. 对价须发生于诺言作出的同时或之后

在诺言作出之前已发生的对价是“过去的对价”（past consideration）。作为一项原则，过去的对价不能使诺言得到强制执行。例如，乙在甲没有提出请求的情况下主动为甲提供了某种服务，从而使甲获得了利益；甲出于感激，许诺向乙支付一定的报酬。在此情况下，该诺言不能通过诉讼得到强制执行。由此可见，在原则上，英美法不承认大陆法上的“无因管理”行为可以成为债的发生原因。

2. 对价须是诺言之诱因

作为一项原则，对价须是诺言的交易对象，诺言人为了得到它而作出其许诺。例如，甲对乙说：“如果你能到我家来，看看我，我将给你一个地方，让你的全家住下来。”乙表示了同意。其后果是，甲的诺言是可以收回的；乙不能主张，他同意前去甲那里的诺言构成了甲的诺言的对价。这是因为，甲的诺言是恩惠性的，其中并不存在与乙作交易的动机，即没有把乙的前来视为乙的义务，把向乙方提供食宿作为乙履行该义务的报偿。

3. 诺言须是对价之诱因

对价是诺言的诱因，反之亦然：可成为对价的东西，必须是对价的提供者为了得到诺言中包含的利益而提供的。在一个美国的案例中，诺言人发出了捉拿刑事罪犯的悬赏广告，有人在没有看到广告的情况下协助捉到了罪犯，则他不能得到广告中许诺的奖金。

4. 对价须是某种有价值的东西

依英国法，只有当法律确认，一种行为、不行为或诺言具有某些经济价值时，才能构成对价。英国法院早在 1600 年就判决道：人类的自然情爱本身不能成为“充分”的对价。

5. 对价与诺言在价值上不一定相称

英美法上有一句著名的格言：一分钱或一粒胡椒籽也可以作为对价。意思是，诺言的价值与对价的价值相差悬殊，并不能成为否认诺言已有对价的理由。将这一原则运用于商业实践，卖方出售的东西价格过高通常不能成为推翻交易的理由。

6. 空洞的诺言不能构成对价

对价可以由诺言构成，然而，空洞的诺言（illusory consideration）不能构成对价。这方面的典型例证是：一项诺言包含的条件使该诺言的履行完全决定于诺言人的选择。例如在一个案件中，卖方对买方承担了在“任何时候提供铸有霍普金斯铁门字样的商标铸件”的义务，但买方没有承担对应的在任何时候都将购买卖方生产的此种产品的义务。后来，当这种产品的价格上涨而买方订货不断增加时，法院应卖方的要求解除了他的供货义务。这类合同被称为“需求合同”（requirements contract）。其特征是，买方可以从自己的利益出发把供货量增大或减少至零，故卖方从买方得到的仅是一种空洞的许诺。反之，供货量决定于卖方的产量的合同叫“产量合同”（output contract）。此种合同的卖方的诺言可能被认定为空洞的诺言。对于这样的合同，法院常以缺乏“对价的互惠”（mutuality of consideration）为由解除受诺人的义务。所谓对价的互惠，是指双方提供的对价应互为交易的对象；如果一方依双方的约定拥有一种特权，另一方没有同等的与之相对应的权利，合同就可能因缺乏对价的互惠而被撤销。

7. 法律规定的义务不能作为对价

如果一个商人对一个警察说：“请你在巡逻时对我的商店多关照一些，我会每月付50美元给你。”这一许诺是无对价的，因为警察尽职地工作是一种法定的义务，不能作为对价。

8. 既存的义务不能作为对价

在英国法院早期审理的 Harris v. Watson 案中，一批海员在航行途中要求船主加薪，船主出于无奈答应了这些海员的要求。法院判决，该加薪的诺言是无对价的。在这类案件中，海员在航行途中付出的全部劳务是原合同规定的薪金的对价，是一种既存义务（pre-existing duty），不能成为船主的新诺言的对价。

既存义务不能成为对价的原则可能会导致这样的结果：当事人同意修改原合同从而承担额外义务的诺言，可能被认定没有对价的支持。

（四）对传统的对价制度的变通

在传统上，对价制度的适用受到以下两个方面的重要限制：

1. 蜡封文书

在英国，包含在契据中的诺言（promises in deeds）是不需要对价的。在形式上，契据并不是合同：它不是由双方签署的，而是由一方制作和签署的。然而，契据可能创立合同关系或证明合同关系的存在。比如，一份借据可以证明借贷合同关系的存在；房屋的出租方和承租方可能不必签署租赁合同，而仅由出租方制作一个租赁契据，交付给承租方。

依英国法，一种文据（instrument）要具有契据（deed）的效力，必须在其表面上显示，其制作者有使之成为契据的意思，同时，必须按法律的要求签署；在制作完成之后，还必须交付受诺人。这是为早期的和现代的判决始终坚持的原则。根据普通法，具有契据效力的文据在所有的情况下都需要“蜡封”（to be under seal），其作用即在于表达制作者使一份文据具有契据的效力的意思。

在中世纪的英格兰，蜡封的含义是，将蜂蜡附着于文件之上，再将诺言人的标记（比如他的印章）加盖在尚未凝固的蜂蜡之上。后来，这种严格意义上的蜡封方式采用得越来越少，而代之以更为简便的方式。通常，契据的制作者只须在文件上签字的地方写上或印上“Seal”或“Locus Sigilli”（the place of the seal，即蜡封之处）或“L. S.”（Locus Sigilli 的缩写），即等于蜡封了。

今天，蜡封在商业生活中的作用无论在英国还是在美国都大大地减弱了。在英国，《1985年公司法》（the Companies Act 1985）第36A（4）条规定，由公司签署的契据无须采用蜡封形式，而《1989年财产法》（Law of Property Act 1989）第1（1）（b）条规定，个人签署的文据，也无须蜡封便可成为契据。在美国，合同法的权威学者、《第二次合同法重述》的报告人法恩斯沃斯（E. A. Farnsworth）指出：目前有大约一半的州已经废弃了蜡封可使诺言有强制执行效力的制度；在其他州，这一制度的适用也已大打折扣。

2. 允诺不得反言

1933年，美国《第一次合同法重述》在第90条依据以往的判例对“允诺不得反言”（promissory estoppel）的制度作了如下概括：“如果诺言人应当合理地预期其诺言会诱使受诺人行为或不行为，该行为或不行为就其性质而言是确定的和实质性的，同时，该诺言事实上导致了此种行为或不行为，那么，在强制执行该诺言才能避免不公正的情况下，该诺言是有约束力的。”

根据以上表述，允诺不得反言的作用在于，使本来没有约束力的诺言，比如无对价的诺言，对诺言人产生约束力。其适用的条件是：（1）诺言人作出了许诺，该诺言是确定的和实质性的；（2）诺言人有理由预见到其许诺会使受诺人相信，该诺言将得到兑现；（3）受诺人事实上发生了这样的信赖；（4）受诺人基于这样的信赖而实施了特定的行为或没有实施其本来有权实施的行为；（5）如果不强制诺言人兑现其诺言，将会导致不公正的结果。

《第一次合同法重述》的上述定义不仅规范了“允诺不得反言”的内涵，而且对扩展该制度的适用范围起了重要作用。直到19世纪末，任马萨诸塞州最高法院法官的霍姆斯①依然认为：“如果受诺人可以通过事后对一项恩惠性的诺言的依赖而行事从而使该诺言产生约束力，对价的理论将会被连根斩断。”这说明，霍姆斯对扩展允诺不得反言是持保留态度的。在《第一次合同法重述》问世之前，允诺不得反言的制度仅适用于几个有限的领域，包括恩惠性地转让地产的诺言、由财产托管人（bailee）作出的恩惠性的诺言、对慈善机构作出的诺言、家庭成员之间的恩惠性的诺言。《第一次合同法重述》的上述规定突破了这些限制。

在历史上，英国法院作出过大量在财产法领域适用禁止反言理论的判决。这种制度被称为“财产上的不得反言”（proprietary estoppel）。可是，将依赖和禁止反言的理论正式适用于合同法领域，是从1947年英国上诉法院审理著名的 Central London Property

① 霍姆斯（Oliver Wendell Holmes）1902年就任联邦最高法院法官。此前，他在马萨诸塞州最高法院任职20年，并曾任首席法官。

Trust Ltd. v. High Trees House Ltd. 案时开始的。在该案中，房屋的出租方鉴于战争期间人口外流、租户减少的状况，同意将租金减少50%，但出租方在战后反悔，要求承租人补交少付的租金。丹宁勋爵（Lord Denning）判决，债权人曾表示接受部分债务的履行以清偿全部债务，债务人已如约履行，在这种情况下，应禁止债权人违反其诺言。

然而，对于采纳允诺不得反言的制度，英国法院所持的是一种较为保守的态度。在1951年的Combe v. Combe案中，被告（丈夫）在与原告（妻子）离婚时同意每年向她支付一笔赡养费，故原告没有向法院提出令被告支付赡养费的要求。后来，原告因一直未得到赡养费而提起诉讼。丹宁判决原告败诉，理由是：允诺不得反言的原则不能产生独立的诉权，而只能产生抗辩权。换言之，受诺人不能将这一原则作为剑而主动起诉诺言人，只能将其作为盾而阻止诺言人胜诉。

（五）对价制度的改革

对价是英美法律文化不可分割的组成部分。它的产生、存在和被沿用至今，与其说源于人们的理性思考，不如说更多地产生于特定文化背景下人的习俗、道德观念、判断是非善恶的直觉等非理性的东西。它在这种法律文化中根深蒂固的地位，决定了任何人要对它加以褒贬恐怕都是多余的。可是，在现代的商业生活中，这种制度所具有的许多负面作用同样是无可否认的。正因为如此，在英美法国家，改革和限制对价制度的呼声始终没有消失过。现仅以“过去的对价”为例，说明这一情况。

如上文所述，依英美法，未经他人请求而主动为他人提供服务不能得到报偿，除非被服务的一方作出给予报偿的诺言，并且不反悔地兑现了其诺言。依英美法，无对价的诺言一旦得到履行，诺言人就不能再反悔。当得到服务的一方出于感激之情而许诺以回报时，已提供的服务也只能构成诺言过去的对价而不能使诺言产生约束力。这种制度显然不利于鼓励人们互助和实施善行。为了纠正这种弊端，美国法院在审判实践中进行了一系列的改革。例如，债务人同意偿还因超过诉讼时效期而被免除的债务的诺言可以得到强制执行，这里所依据的是道德上的义务理论：尽管从法律上说，诺言人不再负有偿债义务，但他仍有偿还债务的道德上的义务。进入20世纪，许多州的法院把这种理论的适用范围从特定的例外情况发展到一般的情况。例如，在Webb v. McGowin案中，雇员为了救雇主的性命而受伤，造成终生残废。法院判决，雇主关于向该雇员终生支付生活费的诺言是有约束力的。

《第二次合同法重述》对于这些判决作了肯定。它在第86（1）条写道：“基于对诺言人过去从受诺人收到的利益的确认而作出的许诺，在为了防止不公正而必要的程度上是有约束力的。”依此规定，过去的对价能否使诺言产生约束力，关键在于在特定的案件中，如何判决才能实现公正的结果。

与美国相比，英国法院要保守得多。在英国，以同意偿还超过诉讼时效期的债务的诺言为例，从原则上说，如果唯一的对价是诺言人过去欠受诺人的债，则它仅是过去的对价，是不能使合同产生约束力的。另外，一个成年人作出的同意偿还他未成年时欠的债的诺言是可以强制执行的。总的来说，在英国，“狭义地说，道德上的义务理论依然存在”，但“它们的适用范围受到限制，并且，这块招牌已变得并不时髦”。

二、法国法上的原因

（一）原因的概念

1. 传统理论的观点

“原因”（causa）是法国债法和合同法上的重要制度。《法国民法典》第1131条规定：“无原因的债、基于错误原因或不法原因的债，不发生任何效力。”法国的传统理论（又称正统理论，classic theory）认为，原因是法律行为人所追求的近前的、直接的目的。原因不同于动机。与动机相比，原因有以下特点：

（1）直接性。原因的概念主要适用于合同。它是合同当事人订立合同的近因，即通过订立合同而试图得到的东西。动机与原因不同，动机是合同当事人通过订立合同所要达到的长远目标或根本目的，是一种远因。

（2）客观性。客观性是指合同的原因决定于合同的种类，即同一种类的合同具有相同的原因，由此决定了不同的合同当事人订立同类合同的动机不同，但原因并不因此而发生变化。举例来说，在双务合同中，一方的义务是他方义务的原因，对于买卖合同来说，买方付款的原因是为了得到卖方的货物，卖方供货的原因是为了得到买方支付的货款。

（3）一般性。上述客观性决定了原因的一般性，即同一类合同的原因相同，在个案中并不呈现出特殊性。

传统理论对于原因作了如下分类：

（1）信用原因，是合同当事人通过订立合同而希望从相对人获得的对待给付。这是双务合同的原因，也是最常见的原因。

（2）赠与原因，是无偿合同的原因，是“赠与人”无偿地向对方让渡利益的意愿，即当事人对他人施以恩惠的意思，其目的是获得精神上的利益。

（3）清偿原因，是履行返还义务的单务合同的原因。这种合同是实践合同，一方对他方负有返还借用物、保管物等的义务。其原因产生于债务人过去的欠债。

2. 传统理论的缺陷

传统理论在许多方面表现出其局限性和漏洞，现列举如下：

（1）传统理论排斥对当事人主观心理状态的研究。可是在许多情况下，对主观原因的排除是人为的和不能自圆其说的。例如，对无偿合同而言，无偿地让渡利益的意愿显然属于一种心理状态。

（2）在一个单务合同中，一方向另一方付款，另一方只须受领。这可能是因为赠与的意思，也可能是因为过去的欠债。这说明，原因与个案的特殊情况不无关系。

（3）涉及不法原因，依传统理论，当合同涉及财产的转让，只有标的物违法（比如是禁止流通物）时，才会导致买方义务的原因违法。可是，在标的物合法的情况下，原因的违法同样可能因动机的违法而发生，比如买方试图将标的物用于法律禁止的目的。可见涉及这类问题，不考虑当事人的动机是不可能的。

3. 现代理论的观点和缺陷

关于原因的现代理论认为，原因不仅指近因，也包括远因，即当事人的动机。因此，现代理论打破了主观主义与客观主义的严格界限，使原因和动机至少部分地混同了。现代理论还提出了具体原因论，主张对个案中的原因进行考察。此外，现代理论还主张，原因并不限于债务的原因，还指法律行为的原因和合同的原因，即曾经实际地促使当事人成立法律行为的理由的总和。这些理由是多样化的，因当事人不同而变化的动机。

现代理论的主要问题在于它造成的操作上的困难。人的动机属于主观心理状态的范畴，它是多样的，因人而异又因案而异，因而是难于考察的。

（二）原因的运用

有关原因的理论并不是一种束之高阁的说教，它对法国的审判实践发生着直接的和重要的影响。在现代理论出现之后，传统的客观主义的影响依然存在，但法院同时也将现代的主观主义引入了实践。现从以下诸方面介绍法国法院对原因的运用：

1. 无原因的合同

（1）标的不存在或实际上无价值。在法国最高法院 1953 年 4 月 18 日判决的案件中，一个继承人与一个研究家系的学者订立了一个合同，以便明确前者有无继承权。该法院认为，即使没有后者的帮助，前者也完全可以自己弄清其继承关系，故该合同无效。

在该法院 1983 年 5 月 4 日判决的案件中，一方得到经营一所汽车驾驶学校的批准后，把该官方授权转让给了另一方。可是，这种授权是任何人在满足了必要的法定程序的情况下都可以获得的；官方对于批准这类学校的设立并没有数量上的限制。因此，该转让协议因受让的义务没有原因而无效。

（2）标的价值过低。在纳韦尔大审法庭 1973 年 4 月 11 日判决的案件中，不动产的买方许诺以其终生年金作为不动产的代价。这实际上将使卖方一无所有，因为该所谓的终生年金价值过低，卖方可以从该土地中获得同样的收益。结果，该合同被判不能生效。

1975 年 2 月 22 日由最高法院判决的案件的情节是：某种特殊型号的汽车停放于法国之外的其他国家，这使买方的义务缺乏原因。这样判决的理由可能是，让买方自己去运回该汽车，会使卖方提供的标的价值过低，与买方的实际付出相比太不对称。

因标的价值过低而不能成为原因的例子还包括：承租人付费过低（1 年只付 10 法郎）和学费过低（1 个月的高尔夫训练课只收取 100 法郎）。

2. 基于错误的合同

在法国最高法院 1873 年 7 月 30 日判决的案件中，被告与原告签订了一个由原告替代被告服兵役的合同。这类合同在当时是合法的。后来，被告知道自己实际上无义务服兵役，于是拒绝向原告支付许诺的钱。法院判决，被告的义务没有原因，因而无义务付费。

在 1924 年 7 月 1 日由法国最高法院判决的案件中，一个剧院的所有人许诺赔给一个音乐家一笔钱，因为后者的乐器在一场火中被烧毁了。前者错误地相信，他有法律上的义务作出赔偿；然而实际上，他依法律规定无义务赔偿。判决结果是，这是基于错误原因作出的许诺，故前者的许诺可以不履行。

在另一个由法国最高法院于1981年10月6日判决的案件中，一家电视台与某人签约，每播放一次由后者制作的一个节目即向他付一笔钱。该法院判决，该电视台的许诺是无原因的，因为它误认为该节目受1957年3月11日生效的关于版权的法律的保护，但实际上这是一种误解。

从以上几个案例可以知道，所谓基于错误原因的债，依法国法院的解释，是指当事人错误地相信其义务的原因存在，但实际上不存在的情况。

3. 原因不法的合同

1981年10月5日，法国最高法院审理了这样一个案件：一方向另一方承租了一处位于商业中心的房产；承租方用该房产卖蔬菜水果，并享有一种排他经营权。为了得到这种排他权益，该方还另付了一笔钱。此后，根据新颁布的法律，出租方无法让承租方实现这种权益。该法院判决，合同因违法而无效，承租方无义务继续履约。这属于标的为禁止流通物的例子。

在1989年7月12日判决的案件中，最高法院碰到的情况是：一个巫师向另一个人出售了一些神秘之物，包括占卜用的水晶球和作法用的桌子，供买方预测未来之用。后来，买方付了一部分钱，卖方为得到53 000法郎余款提起诉讼。该法院在判决中说，尽管买方义务的原因是卖方对财产的转移，且该财产已交付，但该合同的原因决定于当事人的动机，没有这种动机，买方是不会签订该协议的；在该案中，当事人的动机是得到预知未来的机会，该动机违反了《法国刑法典》的规定，因此，该合同是违法的，不能被强制执行。这是运用现代的原因理论作出的判决：它对当事人的主观动机和个案的情况作了考察，同时，采用了“合同的原因”的观点。

三、德国法上的相关制度

在德国法中，没有与对价制度相类似的制度，合同的成立也不以原因的存在为条件。根据《德国民法典》第812条的规定，“无法律上的原因而受领他人的给付，或以其他方式由他人负担费用而受到利益者，有返还所受利益的义务”。然而，这是关于不当得利的规定，而不是关于合同成立要件的规定。马克西尼斯（Markesinis）等研究德国合同法的学者将当事人承担无报偿的义务的后果问题归类于“当事人意思的郑重与否”（the seriousness of the parties）。他们指出：在德国法中，这一问题“不决定于任何与对价理论哪怕有着遥远的渊源关系的理论，在有关原因的观念之中也找不到任何依据。‘原因’这一概念仅存在于德国法关于不当得利的范围之内”。他们进一步指出，德国法把在法律上产生约束力的意思表示与不产生债务的善意的或慷慨的行为加以区别，区别的方法是，找出当事人的真实意图。这种方法并不采用特定的类似于对价或原因的标志，而是把这种问题留给高水平的法官去决定。根据《德国民法典》的规定，赠与合同以及无偿的“债务约束”和“债务承认”合同，须经公证始生效力。也就是说，在经过公证之后，应当认为，赠与人的意思是使自己承担法律上的义务，这种意思是认真的、郑重的、不容反悔的。

总之，德国法与英美法和法国法的相似之处在于：不轻易让无偿的诺言发生法律上的强制力。

四、中国法中的相关规定

《民法典》第133条规定："民事法律行为是民事主体通过意思表示设立、变更、终止民事法律关系的行为。"这意味着，民事法律关系基于民事主体的意思表示而设立；其设立不以对价或原因的存在为条件。

第四节 合同的订立

一、要约

（一）要约的定义

要约是具有足够的确定性并包含一旦被接受合同即成立的意图订立合同的建议。这一定义包含了以下三个方面的意思：

1. 要约是订立合同建议的一种

订立合同的建议并不仅限于要约一种。比如，关于开始进行订立合同的谈判的建议，关于邀请对方向自己发出要约的建议，都是订立合同的建议，但它们并不是要约。

2. 必须有足够的确定性

要约是一种意思表示。意思表示由内在的意思和外在的表示两个方面构成。要约的确定性（certainty）决定和影响要约的意思的存在。当意思表示缺乏起码的、必须具备的确定性时，从法律的角度讲，表意人还没有成立合同的意思。在这种情况下，要约作为一种意思表示也就不可能存在。例如，关于成立货物买卖合同的要约必须包含成交的数量，否则，只能将表意人的意思理解为开始谈判的建议。又如，关于转移不动产的要约必须具体说明打算转移的是什么不动产。

要求要约有足够的确定性，体现了这样一条原则：法律为执行当事人订立的合同提供保障，但不为当事人创造合同。这是对契约自由原则的贯彻。然而，在现代的立法和司法实践中，为了使业已订立的合同得到履行，保护交易的安全，挽救确定性有瑕疵的要约，也成为重要的考虑。例如，关于成立货物买卖合同的要约，法国法并不要求其中包含所有的或内容全面的交易条件。根据《法国民法典》第1583条的规定，"当事人双方就标的物及其价金相互同意时……买卖即告成立。"其中的标的物，应理解为包括了标的物的数量。因此，如果要约中包含了标的物的数量和价格，要约即已具有足够的确定性。而英国的判例则更进了一步：依英国上诉法院1934年的一项判决，在买卖双方未约定价格的情况下，成交的石油的价格为"合理的价格"（reasonable price）；在合同中包含了仲裁条款的情况下，该价格应由仲裁庭确定。类似的规则也得到了美国《统一商法典》的采纳。

要约须具有确定性的原则也为中国《民法典》所采纳。该法典在第472条第1项规定，要约应具备的条件之一是"内容具体确定"。

3. 必须包含一旦被接受合同即告成立的意思

要约是这样一种意思表示：它给了受要约人决定合同是否成立的权利，即承诺权。这使要约区别于要约邀请——请求相对方向自己发出要约的意思表示；也区别于开始合同谈判的意思表示。在决定表意人是否具有这种“一旦被接受，即对自己发生约束力”的意思方面，英美法院发展了一系列反映商业实践做法的规则，其中重要的有以下几个方面：

（1）建议的语言是否表明“一旦被接受即产生约束力”

例如，作为一般规则，广告并不是要约，但是在英国法院1893年审理的Carlill v. Carbolic Smoke Ball Co. 案中，法官没有照搬这一原则。被告在广告中声称：如果有人按被告的说明使用该公司生产的“香烟丸”，连用两星期后仍患有流感，被告将支付100英镑作为补偿；为表示诚意，被告已将1 000英镑存入银行。日后，当原告真的索要该补偿金时，被告称这只是一种商业上的吹嘘（puff），而不是认真的意思表示。这一主张没有被法院接受。上诉法院判决道：该广告中“已将1 000英镑存入银行”的用词显示了被告的“诚意”（sincerity），这是被告意在使自己在法律上受到约束的强有力的证据。

（2）建议是否向特定的当事人发出

一般而言，向公众提出的而不是向特定的人提出的成立合同的建议，旨在让收到建议的人向表意人发出要约。因此，这类建议一般属于要约邀请。通常，广告就具有这种性质。不过，这一规则并不是不可变通的。在英国，判例法将双诺合同（bilateral contract）和单诺合同（unilateral contract）相区别。对于双诺合同，即通过双方互换诺言成立的合同，广告一般不构成要约。因此，一般的商业广告、商品标价后的展示等并不构成要约。对于单诺合同，即通过诺言与行为互换成立的合同，比如悬赏广告，法院通常将其视为要约。在前述Carlill案中，该广告人试图成立的合同即被视为单诺合同。

在美国，关于广告是否是要约，法律的规则与英国法只存在细节上的差别。依照中国《民法典》，商业广告属于要约邀请（第473条第1款）；不过，商业广告的内容符合要约条件的，构成要约（第473条第2款）。

（3）建议包含的合同条件是否全面、具体、明确

要求建议的合同条件全面、具体和明确起着这样的作用：首先，包含这样的条件的建议通常不缺乏确定性；其次，建议的合同条件越详尽具体，越有可能被收到建议的一方理解为包含了一旦被接受即对建议人产生约束力的意思。进一步说，交易的标的越大、性质越复杂，法院对要约在形式上的正规性和在内容上的具体、详尽的要求越高。例如，对于大型公司的转让，只有正规的合同文本（formal contract）才能证明当事人有正式签约的意思而不是仅有签约的意向。而对于租赁一部机器的简单交易，法院可能只要求达成简单的备忘录，其中只须包括起码的合同条件即可。这种做法在美国法院现代的审判实践中可以看到大量的例证。

要约须包含一旦被接受合同即告生效的意思的原则也已为我国《民法典》接受。该法典第472（2）条规定，要约须“表明经受要约人承诺，要约人即受该意思表示约束”。

（二）要约的撤销

撤销要约的含义是，要约人在要约被受要约人接受之前向受要约人发出要约失效的通知，使其不再受要约的约束。关于要约人是否拥有这种权利，在传统上，英美法系与大陆法系存在着重大分歧，但时至今日，这种分歧已得到部分地消除。

根据英美普通法，要约作为一种诺言在被承诺之前没有对价，因而对要约人没有约束力。今天，英国对于这一传统规则作了某些变通。例如，根据 1948 年《公司法》，撤销认购股票或债券的要约受到一定的限制。在美国，涉及要约的可撤销性，多数州的法院的做法与普通法的原则已经有了很大的背离。比如，如果要约是限期承诺的，受要约人只要在该期限内向要约人提供了对价，该要约就成为不可撤销的。根据美国《统一商法典》第 2-205 条的规定，关于成立货物买卖的要约，如果由一个商人发出，并且是书面的和经要约人签字的，在要约规定的承诺期内，不得以无对价为理由撤销。不过，该不可撤销的期限在任何情况下不得超过 3 个月。

在原则上，大陆法系国家普遍认为，要约对要约人有约束力；要约一经生效便不能再撤销。不过为了兼顾要约人的利益，一些国家又对上述原则作了如下限制：如果要约规定了承诺期，要约人在该期限内不得撤销要约。这一限制可见于《德国民法典》第 148 条、《瑞士债务法典》第 3（1）条、《日本民法典》第 521（1）条。法国法院在审判实践中也确认，如果要约中规定了承诺的期限，该方在此期限内不能撤销要约。

关于要约的可撤销性，《国际商事合同通则》兼采了两大法系的制度。它在第 2.4 条规定："在合同订立之前，要约得予撤销，只要撤销的通知在受要约人发出承诺之前送达受要约人。（2）但是，在下列情况下，要约不得撤销：（a）要约写明了承诺的期限，或以其他方式表明要约是不可撤销的；或（b）受要约人有理由信赖该要约是不可撤销的，而且已基于对该要约的信赖行事。"这一规定是采纳《联合国国际货物销售合同公约》第 16 条的结果。

关于要约的撤销，根据中国《民法典》规定，要约在以下情况下不能撤销：（1）要约人以确定承诺期限或者其他形式明示要约不可撤销；（2）受要约人有理由认为要约是不可撤销的，并已经为履行合同做了合理准备工作（第 476 条）。

（三）要约的有效期间

要约的有效期应有多长，是各国法都会面临的问题。在英美法系的制度下，要约人原则上有权撤销要约，但如果他没有撤销，要约经过多久便会自动失效呢？在大陆法系国家，要约原则上不可撤销，那么，要约人会不会永久地受到要约的束缚呢？

一般而言，各国普遍承认以下是使要约失效的特定事由：（1）要约中规定的承诺时间已过；（2）要约被受要约人拒绝；（3）受要约人提出反要约；（4）要约人死亡或丧失能力，而受要约人作出承诺之前已知道这种情况。

在没有发生上述特定事由的情况下，英国的判例规则是：要约于合理的期间过后失效。关于什么是要约失效的合理期间，取决于每一个案件的具体情况。其中，要约所采用的通讯手段的快慢是一个重要因素：如果要约用电报发出，则法院有理由认为，要约人的意思是让受要约人迅速作出承诺。在这种情况下，如果受要约人没有立即作出承诺，或没有采用快捷的方式作出承诺，要约即丧失效力。交易的性质也是重要的因素：当买卖的货物的价格每天波动不停时，要约的有效期间会相应缩短；涉及股票交易，要约的存续期间往往只有几秒钟。在 1866 年的一个案件中，被告向原告发出认购原告公司的股票的要约并支付了部分认股款。5 个月过后，在未向被告发出过任何通知的情况下，原告突然告诉被告，这些股票已归被告所有，请被告付清余款。该法院判决，对于股票的认购来说，5 个月的承诺时间太长了；由于要约在承诺之前已经失效，合同没有成立。

英国法上的上述合理期间规则也为美国法所采纳，但对于货物买卖合同，美国《统一商法典》又进一步规定，在任何情况下，这一时间不得超过 3 个月。

在法国，有的法院判决，在要约中未规定承诺期的情况下，如果要约是向不特定的人发出的，要约人可不受限制地将其撤销；反之，如果受要约人是特定的当事人，法院应根据案件的具体情况，包括合同的性质和交易的习惯，确定一个合理的承诺期限。

依照旧《德国民法典》第 147 条，“对向在场人发出的要约，应立即作出承诺。一方以电话方式向另一方发出要约的，亦同。向非在场人发出的要约，仅得在通常情形可期待达到的时期内作出承诺”。德国新民法典将“以电话方式”改为“以电话方式或以其他的技术设备”。显然，这一规定与英、美、法等国的规则是类似的。

关于要约的有效期间，中国《民法典》第 481 条兼采了各国法的规定：“要约没有确定承诺期限的，承诺应当依照下列规定到达：（一）要约以对话方式作出的，应当即时作出承诺；（二）要约以非对话方式作出的，承诺应当在合理期限内到达。”

二、承诺

（一）承诺的定义

简要地说，承诺是接受要约的意思表示。更确切地说，承诺是受要约人按要约限定的方式对要约人作出的接受要约中包含的合同条件的意思表示。

依以上定义，承诺的构成须符合以下条件：

1. 须由受要约人对要约人作出

如果甲对乙说：“请问一下你哥哥，愿不愿意把他的那匹马卖给我，我出价 15 000 美元。”两天之后，乙对甲说：“我哥哥说愿意按你出的价格成交。”合同并没有因此而成立，除非乙得到了他哥哥（丙）的授权。在此例中，依甲的意图，乙不是受要约人，丙才是受要约人；乙无权对甲的要约作出承诺。

2. 须是对要约的回复

承诺是受要约人在收到要约并理解其内容之后同意按要约中提出的条件与要约人订立合同的意思表示，是对要约的回复。如果受要约人在不了解要约内容的情况下实施了要约所要求的行为，或者，两个内容完全相同的要约交叉地发出，则并不能使合同成立。例如，甲在他登出的悬赏广告中称：“谁能找回我的猫，谁就能得到 1 000 美元的奖金。”乙没有看到这个广告，但他发现了这只猫，并将它送给甲。此时，合同并没有成立。

3. 须是对要约的无条件接受

如果受要约人在收到要约之后表示接受要约，但同时又附加了一些条件，这样的意思表示就构成反要约或称附条件的要约。从性质上说，反要约不是承诺，而是新的要约。

4. 须采用要约限定的承诺方式

要约人有权对承诺的方式进行限定，这是为各国法律普遍接受的观点。采纳这一规则，是为了保护要约人的合法权益。例如，甲在1月1日对乙说："如果你把我的汽车库漆成深色，我付给你500美元。我必须在1月5日之前得到你的答复。"乙听到之后没有作任何许诺。可是到1月3日，当甲外出时，乙开始漆甲的汽车库。1月6日，甲通知乙，该要约已经撤销。这一撤销是有效的。在这个例子中，乙没有按甲限定的方式对甲作口头承诺，而是试图以行为承诺。这可能损害甲的利益，因为甲在没有得到乙的口头承诺的情况下有理由相信乙不会承诺了。他可能会对其他人发出要约，也可能改变了主意，不再打算油漆自己的车库了。

在某些情况下，受要约人不按要约限定的方式承诺不会损害要约人的利益，反而会对要约人有利。例如，甲向乙发出要约，要求乙用信件承诺，乙用传真作了承诺。该承诺通常是有效的。

（二）承诺生效的时间

承诺生效的时间即合同成立的时间，故确定这一时间具有重要意义。关于承诺生效的时间，存在着"投邮主义"与"收邮主义"的分歧。前者指承诺于承诺的信件或电报寄出时生效，后者指承诺于承诺的文件到达要约人时生效。在英美法系国家，投邮主义几乎得到了一致的采纳。在以德国为代表的一些大陆法系国家，收邮主义得到了遵循。《德国民法典》第130（1）条规定：在相对人以非对话方式为意思表示时，意思表示于通知达到相对人时发生效力。但《瑞士债务法典》第10条和《日本民法典》第526（1）条采纳的是投邮主义。法国的审判实践关于这一问题并没有创制出原则性的和一致的规定。

英美法系的理论关于采纳投邮主义的主要理由是：

（1）要约人通过邮局而作出要约时，邮局成了接受承诺的代理人。

（2）承诺的投递使承诺脱离了受要约人的控制，再不能由该方撤回。也就是说，当承诺被投邮时，受要约人已做完了所有该由他做的事。

（3）要约人在发出要约之后仍有权通过撤销要约阻止合同的订立。如果这一权力直到该方收到承诺时方告终止，则对受要约人会过分地不利。投邮主义尽可能早地结束了对这种权力的行使，从而使对合同成立已经发生依赖的受要约人受到保护。

上述理论强调了对受要约人利益的保护，但忽视了要约人的利益。目前，在国际商事领域，合同法的发展更倾向于采纳收邮主义。《联合国国际货物销售合同公约》第18（2）条和《国际商事合同通则》第2.1.6（2）条都采纳了这一规则。其最重要的理由是，如果承诺的文件在中途丢失，依投邮主义，合同已成立，要约人就可能在不知情的情况下受合同的约束。可是，这种因邮件丢失而导致的风险由受要约人承担更为公平，因为该方作为文件的投递人，可以采取措施防止这种风险发生。

中国《民法典》采纳了收邮生效原则，并在第137条规定：以对话方式作出的意思表示，相对人知道其内容时生效。以非对话方式作出的意思表示，到达相对人时生效。以非对话方式作出的采用数据电文形式的意思表示，相对人指定特定系统接收数据电文的，该数据电文进入该特定系统时生效；未指定特定系统的，相对人知道或者应当知道该数据电文进入其系统时生效。

第五节 合同的效力

一、合同的效力概述

合同的效力指已订立完成的合同的有效性。从原因上分，导致合同效力瑕疵的因素主要包括合同当事人能力上的缺陷、合同形式上的瑕疵、合同违法或违反社会公共利益、错误、欺诈、胁迫和显失公平。从性质上分，可以将效力有瑕疵的合同分为无效的合同、可撤销的合同和效力待定的合同。从后果上分，合同的效力瑕疵产生的影响更为复杂。在实践中，英美法院经常使用无强制执行力（unenforceable）一词，即合同一方不能通过提起诉讼强制另一方履行合同项下的义务。相比之下，对于无效合同，合同的履行是被禁止的，法律并不认可当事人拥有合同的履行使其获得的利益。

无效的合同自始无效，其有效性不受当事人意志的左右；可撤销的合同在当事人行使撤销权之前有效，当事人拥有确认或否认合同效力的自主权；效力待定的合同，又叫效力不确定的合同，指合同的效力处于有待进一步确认的状态。无效合同的典型例子是违法的合同；导致合同可撤销的情况很多，比如在许多国家，未成年人订立的合同是可以由未成年人撤销的；在德国，未成年人签署的合同属于效力待定的合同，成年的一方可通过法律规定的步骤让合同的效力得到肯定或否定。

应当指出的是，将某类问题归类为合同的效力问题，在很多情况下，只是为了理论研究或起草制定法的方便，并没有绝对的意义。例如，英美法上的对价制度，从其对要约的约束力的影响看，涉及合同订立的问题；从其对合同条件的影响看，有时又涉及合同的效力问题。

二、缔约能力

（一）自然人

1. 无缔约能力的分类

自然人的缔约能力是自然人行为能力的一种，是自然人本人与他人缔结合同的资格。在英美法系国家，无缔约能力的自然人包括未成年人（minors）、有精神缺陷的人（mental disorders）和酗酒之人（drunkenness）。

依《法国民法典》第488条第1款的规定，“年满18周岁为成年；达此年龄者，有能力为一切民事生活上的行为”。依该条第2款和第490条的规定，“功能衰退以致无法独立保障其利益”的成年人和“精神功能由于疾病、残废、年老体弱而失常”的成年人，受法律保护。另依第 488 条第 3 款的规定，“成年人，如其挥霍、浪费或游手好闲，以致陷入贫困或影响家庭义务者，亦同样受法律保护”。这些规定对无缔约能力的自然人的分类，与英美法系大致相同。其中的由第 488（3）条规定的第三类人被大陆法系学者称为禁治产人，相当于英美法系中的酗酒人。

《德国民法典》关于无行为能力的规定集中在第 104 条：“下列诸人，不具有行为能力：（1）未满 7 周岁的人；（2）处于精神错乱状态之下，致使自由的意志决定被排除的人，但此种状态依其性质为一时的除外。”该条第 3 款最初也规定了禁治产人制度，但目前已经被删除。

2. 未成年人

（1）成年的年龄

在英美法系国家，根据普通法，21 周岁以下的人为未成年人。1969 年，英国通过《家事法改革法案》（the Family Law Reform Act），将成为成年人的年龄降低到 18 周岁。在美国，几乎所有的州都已通过制定法，把成年的年龄定在 18 周岁。在法国，《法国民法典》第 488 条第 1 款规定，年满 18 周岁为成年，第 481 条第 1 款又规定，未成年人解除监护后，具有与成年人同等的民事行为能力。解除监护的法定程序是：通过结婚而取得行为能力；或者，在具有合法理由的情况下，由监护法院经父母双方或其中一方的请求而宣布解除监护权。在德国，《德国民法典》第 2 条规定的成为成年人的年龄也是 18 周岁。依该法典第 106 条，7 周岁以上 18 周岁以下的人为限制行为能力人。

（2）未成年人签约的后果

在英美法系国家，根据普通法法院在早期的审判实践中创立的规则，当合同一方是未成年人时，一方面，该合同可以由未成年人撤销。具体地说，如果未成年人不打算履约，他可以由自己或通过其法定代理人通知另一方，合同已经失效；他也可以不发任何通知，只是消极地不履行合同。在后一种情况下，如果另一方对他起诉，他可以以自己尚未成年作为抗辩的理由。另一方面，如果未成年人不主张撤销合同，另一方就要受到约束。如果合同已经履行，未成年人还能不能撤销合同，使双方恢复原状呢？关于这一问题，英国法的原则是，如果双方均从合同的履行中获得了利益，合同便不能再撤销；如果未成年人履行了合同，另一方没有履行合同，未成年人可以要求另一方返还利益。与英国不同，在美国，在双方均已履行的情况下，未成年人仍可行使撤销权。

关于谁有权撤销未成年人为一方的合同，在英美法系国家，这一权利只能由未成年人行使或由其法定代理人行使。此外，未成年人的遗产管理人和遗嘱执行人在未成年人死后也可以行使该权利。法院不能以一方未成年为由主动否认合同的效力。

在法国法上，未成年人为一方的合同为“相对无效”的合同，即经当事人请求方无效的合同。关于行使该权利的主体，《法国民法典》第 1125 条规定，只有无行为能力的人或其法定代理人才有权提出撤销请求，有行为能力的相对方“不得以与其订立合同的相对方无行为能力而主张合同无效”。

根据《德国民法典》，未满 7 周岁的人属于未成年人（第 104 条）；未成年人的意思表示应得到其法定代理人（代理人）的允许（第 107 条）；其未经代理人必要的允许而订立的合同须经代理人追认始生效力（第108（1）条）；与未成年人进行交易的一方（相对方）催告代理人追认交易的，代理人所作的追认交易的表示只能向相对方作出（第108（2）条）；相对方在催告前对未成年人作出的追认或否认交易的表示不发生效力（第108（2）条）；代理人在两周内未追认交易的，视为对交易的拒绝（第108（2）条）；未成年人有完全能力后所作的追认是有效追认（第108（3）条）；在合同被追认前，相对方有权撤回合同，该撤回的表示也可以向未成年人作出（第109（1）条）；相对方知道与其交易者未成年的，无权撤回合同，除非未成年人声称已得到代理人允许（第109（2）条）；不过，相对方确实知道与其交易者未成年的，无权撤回合同，无论未成年人是否声称其已得到代理人允许（第109（2）条）。

上述这一整套规则使7—18周岁的未成年人签订的合同成为"效力不确定"的合同。

由上文可见，关于未成年人签约的后果，英、美、法三国的制度较为接近。其基本的共同点是：未成年人可撤销合同，相对方无权这样做，而合同在被撤销之前约束着各方。这对未成年人更为有利。与这三国的制度不同，德国法的基本假定是：合同在经未成年人的法定代理人追认之后，始生效力，此前对各方的约束力处于不确定状态；其对各方的影响在于，未成年人的法定代理人有了追认或否认权，相对方有否认权，未成年人仅在其成年之后有追认权。德国学者认为："不确定效力这一理论的最基本和最首要的原则是保护未成年人，但它也被精心地用来维持所有当事人的利益。"

（3）合同被撤销的后果

如前所述，英国法的原则是，如果合同的双方均在合同项下获得了利益，未成年人就不能再撤销合同。可是，根据普通法，与长期财产权益有关的合同，比如有关地产、股份和合伙的合同，是可以为未成年人撤销的。由此产生的问题是，如果未成年人已在合同项下享有利益和欠有债务，在行使撤销权时，他还能不能再要求另一方向他返还利益？在1923年的Steinberg v. Scala（Leeds）Ltd. 案中，原告（未成年人）认购了被告公司的股份，她在按股票的面值缴足股金之后决定撤销合同。英国法院判决，她拥有撤销权仅仅意味着，她不再负有继续付款的义务，但她无权将已付的股金要回。因为该股金并不是完全没有对价的：她已经得到了该股票，因而已经获得了回报。

在美国，处理被撤销的合同的基本原则是，让双方恢复原状。在恢复原状时，多数州的法律规定，未成年人可以从相对方索回其交付的财产或相当于该财产价值的价金；如果未成年人从相对方获得的财产的价值发生了减损，他不必对这一损失负赔偿责任，而只须将该财产按现有的状态返还相对方；如果他享用了由相对方提供的服务，他也不用承担任何责任。

根据《法国民法典》第1312条的规定，合同被撤销之后，未成年人的相对方无权要求未成年人返还其所受的给付，除非后者所接受的利益依然存在。例如，当未成年人为买卖合同的卖方时，他可以要求成年的一方返还货物，而他获得的价款，如果已被花光，则不必再返还给成年的一方。

（4）平衡双方利益的手段

各国法在对签约的未成年人给予特殊保护的同时，为了保护交易的安全，防止发生对成年方过分不公平的结果，均设置了限制未成年人权利的制度。其主要规定如下：

① 承认未成年人对“必需品”有缔约能力。在英美法系国家，涉及未成年的缔约能力，必需品（necessaries）是一个十分重要的概念。根据为英国和美国各州普遍采纳的规则，未成年人应就必需品的合理价值承担责任。英国《1979年货物买卖法》第3（2）条规定：“必需品……是适合于未成年人或其他相关的人的生活条件并适合于他在买卖发生时和交货时的实际需要的货物。”英美法院判决：必需品并不是仅仅包括食品、住房、衣物等生活中常用的东西；在决定某种东西是否为必需品时，还要考虑特定的未成年人的社会地位：某物对于工薪阶层的孩子来说可能不属于必需品，而对于富有的阶层来说，可能就是必需品。

让未成年人就必需品承担责任的理由是：“一个未成年人如果对于必需品也没有信誉，他就会挨饿。”意思是说，如果未成年人可以撤销购买必需品的合同，成年人就不会向他出售必需品，他就不能生存。这意味着，未成年人并不是完全无能力的；他在一定的范围内，是有能力的。

法国也有类似的制度。《法国民法典》第105（1）条规定：“监护人应照管未成年人的身体，并代理其一切民事行为。但在法律或习惯准许未成年人自己行动的情形，不在此限。”今天，依此规定，法国法允许未成年人实施其日常生活所需的、细小的、无须加以特别保护的行为。

在《日本民法典》中也可以看到类似的规定。依该法典第5条，未成年人可以处分其允许处分的财产，如学费、食宿费等。

② 对单纯受益的和没有损害的情况，不允许撤销合同。《德国民法典》第107条规定：“未成年人非纯为取得法律上的利益而为意思表示，应得法定代理人的同意。”依此规定，纯粹为取得利益而订立合同的未成年人的行为为有效的法律行为，是不可撤销的。德国学者指出：该条所指的情况是，这种法律行为的唯一后果，是使未成年人获得合法的好处；如果该行为的后果使未成年人放弃了合法权利，或承担了任何法律责任，都将被视为法律上的不利。

根据法国最高法院1970年11月4日的判决，如果未成年人所实施的属于监护人或法定管理人可独立实施的行为，而不是他们须经亲属会议或监护法官批准才能实施的行为，那么，除非该行为给未成年人造成了损害，合同不能被撤销。关于哪些行为属于监护人或法定管理人可独立实施的行为，哪些属于经许可也能实施的行为，法国法上有明确的规定。例如，依《法国民法典》第459条的规定，对未成年人的不动产及营业资产的拍卖，亲属会议有批准和规定开拍价格的权利；对于不动产或商业财产的投资，由亲属会议依监护法官指定的人报告后予以批准。

与德国和法国不同，在英美法系国家，法官在原则上无权依案件的具体情况对未成年人签订的合同可否得到维持作灵活的裁量，不能以合同对未成年人是公平的和无害的为由判决合同不可撤销。

③ 对谎报年龄的未成年人作不利处置。在英国，如果一个未成年人已成熟至完全能够理解他自己在做什么，即知道他未成年，可撤销合同，而相对方以为他已成年，以为合同是有效的，那么，他通常要负侵权法上的责任。但是，法律不允许将提起侵权之

诉成为变相的强制执行合同的手段。在美国，谎报年龄须负侵权责任的原则被有些州采纳。在这些州，胜诉的成年人可得到完全恢复原状的救济，即让未成年人完全返还利益。在法国，《法国民法典》第1307条规定："未成年人在订立合同时以一般方式声明其已成年者，不妨碍其撤销合同。"依此规定，未成年人如果采用了一种特殊手段，比如伪造出生证明文件，使相对方确信其已成年，合同就不能被撤销。

④ 使未成年人依一定情势丧失撤销权。依英美法，如果未成年人在成年之后继续履约，或继续享受合同项下的利益，则其行为构成对合同的"确认"（ratification），从而使其丧失撤销合同的权利。进一步说，未成年人在成年之后必须在合理的时间内就撤销合同还是确认合同作出选择，否则，就可能丧失该撤销权。如上所述，在德国，未成年人可在成年之后追认合同的效力。除此之外，《德国民法典》第108（2）条规定的催告制度具有很重要的意义，即成年的一方可以催告未成年方的法定代理人追认合同的效力，如果该代理人在受到催告之后的两星期之内不为意思表示，即构成拒绝追认。施行这一制度的后果是，合同一经追认，未成年人的撤销权即告丧失；反之，如不作追认，合同关系不复存在，未成年人的撤销权亦不存在。因此，催告使双方的权利义务关系得以确定，使成年方不致长时间受相对方的左右。

⑤ 让脱离监护的未成年人受到约束。在英美法的制度下，未成年人是否已脱离父母监护对于法院决定合同可否被撤销并不发生影响，因为法律不让法院就特定的未成年人是否"成年"行使裁量权。如前所述，在法国，存在着解除监护的制度，从而使尚未成年但事实上已具有同等能力的未成年人受到合同的约束。

（5）中国法中的有关规定

关于未成年人的缔约能力，《民法典》的相关规定如下：① 十八周岁以上的自然人为成年人。不满十八周岁的自然人为未成年人（第17条）；十六周岁以上的未成年人，以自己的劳动收入为主要生活来源的，视为完全民事行为能力人。（第18条第2款）；八周岁以上的未成年人为限制民事行为能力人……可以独立实施纯获利益的民事法律行为或者与其年龄、智力相适应的民事法律行为（第19条）。② 限制民事行为能力人……实施的其他民事法律行为经法定代理人同意或者追认后有效（第145条第1款）。③ 相对人可以催告法定代理人自收到通知之日起三十日内予以追认。法定代理人未作表示的，视为拒绝追认。民事法律行为被追认前，善意相对人有撤销的权利。撤销应当以通知的方式作出（第145条第2款）。

3. 其他无缔约能力或缔约能力受限制的人

（1）能力的认定

在英国，一般来说，与有精神缺陷的人和酗酒的人订立的合同为有效合同，除非在合同订立时，有精神缺陷的人没有能力理解交易的性质，而另一方知道这一情况。

关于有精神缺陷的人的能力，在理解英国法的相关制度时需注意以下两点：

① 在决定这类合同的效力是否存在瑕疵时，须查明的事实并不仅是一方的精神有无缺陷，比如是否患有精神病，或其智力是否不健全，而是他在签约的当时有无能力理解合同，他的行为对他的权利义务会发什么影响等。这种标准被称为认识（cognitive）标准。认识标准的合理性在于，有精神缺陷是一个含糊的概念：从严重的精神疾患可以

推定当事人没有缔约能力，但是当一方的精神缺陷较轻微时，或者当他的精神状态处于不稳定状态时，他是否有缔约能力变得难以认定；此外，精神缺陷的种类很多，包括思维和行为迟钝、精神病、大脑损伤、老年性脑退化、饮酒和吸毒导致的思维障碍等。它们对缔约能力的影响，呈现复杂的情况，很难一概而论。认识标准取代了曾经为英美法院采纳的只承认有严重精神疾患的人（如精神错乱和疯狂）无缔约能力的标准，实现了重大的进步。

② 作为一项并列条件，相对方须知道此种影响缔约能力的精神缺陷或认识障碍的存在。这种规定既有利于保护善意的对方，又有利于交易的安全。

在美国，这一领域的判例法规则由《第二次合同法重述》第 15 条和第 16 条作了清楚的概括。第 15 条涉及“有精神疾患或缺陷”（mental illness or defect）的人；第 16 条涉及“醉酒的人”（intoxicated persons）。

第 15 条的规定如下：

“1. 一个有精神疾患或缺陷的人达成的交易仅使他负有可撤销合同的义务，如果

（a）他没有能力以合理的方式理解该交易的性质和后果；或者，

（b）关于该交易，他没有能力以合理的方式行事而另一方有理由知道这种情况。

2. 如果合同是依公平的条件订立的，同时，另一方并不知道该精神疾患或缺陷，那么，依第 1 款拥有的撤销权在如下程度上发生终止：合同已被全部或部分地履行，或者，情况已发生变化因而合同的撤销将导致不公正的结果。在这样的情况下，法院可以给予为实现公正而有必要给予的救济。”

上述规定包含了以下几个方面的含义：

第一，第 1 款的（a）项和（b）项分别涉及不同的情况：（a）项涉及有精神缺陷的人（包括有精神疾患的人），（b）项涉及的人相当于大陆法系中某些国家的禁治产人。在美国，存在着法院将特定的人宣告为无能力的人并为其指定监护人的制度。对于这两类人的缔约能力，法律的处理标准是一样的。

第二，第 1 款采纳的是认识标准。这与英国法相一致。这是一种主观标准，即以真实的主观意思是否存在作为评判的尺度。一个人如果在没有理解合同条件的情况下签约，则无达成交易的真实意思可言。

第三，美国法较之英国法的一个重大发展，是第 2 款所反映的美国法院在司法实践中对一种客观标准的采纳，即法官在“精神有缺陷的一方在事实上是否理解了交易的性质和后果”难以查明的情况下，可以不问这一事实，而直接考查合同的条件是否公平以及相对方是否知道该精神缺陷。这种客观标准的合理性在于：首先，有精神缺陷的人在签约时是否能理解合同的条件往往是一个难以查实的问题。这种查证的困难使认识标准在多数情况下无法运用。其次，以合同条件是否公平和相对方有无过错为评判的尺度，有利于实现公正的结果。目前，这种客观主义的方法已经被法院采用。

第 16 条的规定如下：

“一个喝醉酒的人达成的交易仅使他负有可撤销合同的义务，如果另一方有理由知道

（a）他不能以合理的方式理解该交易的性质和后果；或者，

（b）涉及该交易，他不能以合理的方式行事。”

在法国，涉及成年人的无行为能力或限制行为能力的认定，现代的学理和美国法十分接近。首先，该国的现代学理强调对行为作个别的、具体的评价，而不是仅依一般的、抽象的原则推定行为人是否同意。例如，对于有精神缺陷的人，不是仅凭缺陷的存在推定其无能力理解合同，而是具体考查其在个案中事实上有无理解能力。这与英美法的认识标准相接近。其次，强调对结果公正性的考虑，例如，当能力受限制的成年人实施的行为事实上对其造成了损害时，尽管其有行为能力，其行为也应无效。这与美国的客观主义有相似之处。

在德国，因精神错乱而不能自由决定意志者，如按其性质此种状态并非暂时的，则其为无缔约能力的人。这也是依事先确定的精神状态推定行为人在个案中的认识能力的方法。

（2）无能力或只有限制能力的后果

英国法上的一般原则是，如果精神有缺陷的人和酗酒的人在缔约时没有能力理解交易的性质而另一方知道这一情况，合同可以为前者撤销。根据美国的《第二次合同法重述》第15（2）条，法官在认定合同为可撤销的合同的情况下可以从实现公正的原则出发不让能力有缺陷的一方撤销合同，而是仅给予适当的救济。比如，合同条件是公平的，相对方是善意的，合同的内容是由相对方提供服务而这种服务已提供完毕且已被能力有缺陷的一方享用。此时，法官可以不令相对方返还其收到的服务报酬。法国法处理这类问题的原则是，允许能力有缺陷的人撤销合同。

在德国，根据《德国民法典》第105条的规定，无行为能力人的意思表示属于无效的意思表示，其结果是，《德国民法典》第104条规定的精神错乱的人缔结的合同不生效力。

德国法的这些规定符合这样一种理性思维的逻辑：既然合同一方没有缔约能力，即不存在真实的意思表示，因而就无合意可言，故合同是无效的。这与美国法院在早期的判例中所持的立场是一致的。这样的制度在美国被放弃的原因是：一方面，它使业已签订的合同不能得到履行的机会增加了，这不利于商业交流的进行；另一方面，如果合同已经被全部或部分地履行，以无效为由而恢复原状很可能会导致不公平的后果。反之，如果使这样的合同成为可撤销的，无能力的一方在愿意维持合同的效力时就可以使合同得到履行。这样做既促进了商业交易的发展，又保护了无能力人的利益，对公共利益也不会发生损害。

《德国民法典》确立的无效制度也受到了德国法学家的批评，并有人提出了改革的建议。例如，法学家基普（Kipp）提出，当无效的原因和可撤销的原因都存在时，应允许使合同成为可撤销的。这一理论被德国学理接受，并为判例所援用。有法院判决说，如果撤销的原因比无效的原因更容易证明，就可以主张撤销。

（3）中国法中的有关规定

中国的《民法典》把有精神缺陷的人分为“不能辨认自己行为的成年人”（第21条）和“不能完全辨认自己行为的成年人”（第22条）。前者只能由其法定代理人代理其实施民事法律行为。后者实施的民事法律行为须由其法定代理人代理或者经其法定代理人同意或追认，但此类人可以独立实施纯获利益的民事法律行为或者与其智力、精神健康状况相适应的民事法律行为（第 22 条）。

（二）法人

1. 英美法系

在英国，公司大体上可以分为依制定法成立的公司和依英王颁发的特许状成立的公司。大多数商业公司属于前一种公司，后一种公司则主要是慈善机构和教育机构。长期以来，在决定依制定法成立的公司的缔约能力时，适用的规则是“越权”（ultra vires）无效的原则。其含义是，公司无权在其章程（memorandum of association）规定的营业目的之外签署合同，否则，该合同是无效的。创立这一规则的权威案例是 1857 年由英国上议院判决的 Ashbury Railway Carriage and Iron Co. v. Riche 案。在该案中，被告将他购买的建筑铁路的特许权出售给原告，后因拒绝履约而被诉。该院判决说，该合同涉及铁路的建筑，超出了被告的营业目的，因而是无效的。该判决导致的结果是，被告不必履行其签署的合同。作出这一判决的理由是：首先，公司依制定法成立，其权力来自法律的授权，超越了其获得授权的范围，即没有任何权力可言；其次，为了保护投资者，必须认定越权的行为无效；最后，为了保护公司的债权人，应确立越权行为无效的原则。

可是，对上述判例规则的运用导致了大量的不公正的后果。例如，与公司签署的合同一旦超越了公司的经营范围便不能被强制执行：如果与公司交易的人已经交货或提供了服务，他也不能依合同获得货款；如果某人把钱借给一个公司，该公司借贷属越权行为，他通常不能将钱追回，即使他不根据合同起诉，而是提起返还不当得利之诉。英国法院在判决中说：与公司交易的人在签约之前应认真阅读公司的章程，明确公司的经营范围。可是，人们往往做不到这一点。其结果是，越权的理论对善意地与公司交易的人来说成了坑人的陷阱。

越权无效的规则受到了人们的激烈批评。在英国加入欧共体之后，改革这一制度的契机终于到来。1972 年，为了贯彻欧共体 1968 年通过的一个指令（the first Directive 68/151/EEC on Company Law，1968 O. J. L65/7），英国接纳了《1972 年欧共体法》。其中第 9 条使善意的与公司交易的人受到保护，只要这一交易是由公司董事在其被授权的范围内决定作出的。以后，英国又通过了《1985 年公司法》和修改该法的《1989 年公司法》。这些法律规定：“由一个公司实施的行为的有效性，不能因公司章程中的任何内容所导致的能力的缺乏而受到质疑。”至此，传统的越权无效规则被废弃了。

在美国，早期的判例也接受了越权无效的规则。然而从 19 世纪末开始，美国法院在审判实践中已经表现出对公司章程中的营业目的的条款作扩大解释的倾向。在 20 世纪，越权无效的规则在各州的制定法中已逐步被放弃。目前，美国各州的制定法几乎都废弃了这一规定。这种情况通过 1979 年的《商业公司示范法（修正案）》（Revised Model Business Corporation Act）第 3. 04 条的规定反映出来。该条款的名称为“越权”。其 a 款规定：“除了 b 款的规定之外，公司行为的有效性不能以公司缺乏或曾经缺乏行为权（power to act）为由而受到质疑。”这一规定原则上废弃了越权无效的规则。该条的 b 款规定了可适用越权无效规则的三种例外情况：

（1）在股东起诉公司以便阻止该越权行为的诉讼中，公司的行为权可受到质疑；

（2）在公司起诉公司现任的或过去的董事、高级职员、雇员或代理人的诉讼中，公司的行为权可受到质疑；

（3）在由司法部长（the Attorney General）依该法第14.30条提起的诉讼中，公司的行为可受到质疑。

根据该法的上述规定，如果一个公司在与另一方签订合同时超越了该公司的章程规定的营业范围，该公司和另一方均不能以该合同是前者越权签署的因而无效为由否认该合同的有效性。可是，为了使公司股东的利益得到保护，法律允许股东起诉公司，阻止公司实施越权行为。这是第一项例外。当公司实施越权行为签署合同时，公司也可以对以公司名义签约的公司董事、高级职员等人起诉，并在诉讼中否认该越权行为的效力，比如，让签约人对该越权行为负个人责任。这是第二项例外。当诉讼由公司对公司董事或其他当权者提起时，诉讼可以由股东以公司名义提起。这就是所谓的派生诉讼。上述第三项例外是，公司的越权行为在司法部长依第14.30条提起的诉讼中可以受到质疑。美国联邦政府的司法部长的职责之一是，代表联邦政府提起诉讼，而该法第14.30条涉及法院解散公司的理由（grounds for judicial dissolution）。依该条第1款的规定，当公司通过使用欺诈手段使公司章程得到批准时，以及当公司的权力由法律授予，而公司持续地越权或滥用其授权时，司法部长可以代表政府提起解散公司的诉讼。

2. 大陆法系

法国在1969年通过颁布第69-1176号法令在《商事公司法》第49条中增加了如下规定：对于有限责任公司，“在与第三人的关系中，经理拥有在任何情况下以公司的名义进行活动的最广泛的权力……公司甚至应对经理的不属于公司宗旨范围的行为负责，但公司举证证明第三人已知道或根据当时情况不可能不知道该行为超越了公司宗旨范围的除外。仅公布公司章程不足以构成此种证据。限制经理根据本条所产生的权力的章程条款不得对抗第三人”。根据同一法令而在第113条中增加的内容规定：上述规定也适用于股份有限公司的董事会和董事长。

在德国，《德国民法典》第26（2）条规定：对于社团法人，“董事在法庭内和法庭外代表社团；董事会具有法定代表人的地位。代表权的范围可通过章程加以限制，其作用可以对抗第三人。”然而，依德国《股份有限公司法》第82条和《有限责任公司法》第37条，公司章程中对公司营业目的的限制不得对抗第三人。因此，公司的行为越权并不会导致行为无效。

3. 中国法

在20世纪90年代之前，中国法院基本上奉行了越权行为为无效行为的宗旨。最高人民法院在1987年发布的《关于审理经济合同纠纷案件中具体适用〈中华人民共和国经济合同法〉的若干问题解答》中说：“工商企业、个体工商户及其他经济组织……超越经营范围或违反经营方式所签订的合同应认定为无效合同……全部为超营项目的，全部无效；部分为超营项目的，超营部分无效。”20世纪90年代以来，为了适应社会主义市场经济发展和使中国的法制环境与国际接轨的需要，上述立场已不再被坚持。1993年，最高人民法院在《全国经济审判工作座谈会纪要》中指出：“合同约定仅一般违反行政管理性规定的；例如一般地超范围经营、违反经营方式等，而不是违反专营、专卖及法律禁止性规定，合同标的物也不属于限制流通的物品的，可按照违反有关行政管理规定进行处理，而不因此确认合同无效。”

三、合同的形式

（一）英美法系

1. 早期的制定法的规定

涉及合同订立的形式要件，英美法系各国的制度都不同程度地受到英国 1677 年颁布的《欺诈行为法》（The Statute of Frauds）的影响。依据该法，当事人之间达成的协议或证明协议存在的备忘录或记录，必须以书面方式写成并经在诉讼中被追究责任的当事人签字，否则，当事人不能提起诉讼。这一有关合同形式的规定适用于六种合同：（1）有关遗嘱执行和遗产管理的合同；（2）担保合同；（3）就婚姻的对价订立的合同①；（4）不动产合同；（5）不在一年内履行的合同；（6）货物买卖合同。

上述制定法产生的背景是，在该法制定之前，口头协议的强制执行力得到了法院的承认，而口头协议是否存在，作为一种事实问题由陪审团裁判，法官没有对陪审团的武断裁判进行控制的有效手段。于是，有人利用虚假的口头证据达到了“证实”本来不存在的协议的目的。为了制止这种现象，英国议会于 1677 年通过了该法。

2. 英国法的发展

长期以来，对于《欺诈行为法》究竟有没有起到防范欺诈的作用，一般的看法是否定的。有人甚至认为，该法与其说防范了不诚实的交易，倒不如说鼓励了这样的交易。法官在审判实践中也总是设法绕过该法的规定。结果，到 1954 年，英国通过了《1954 年关于合同强制执行的法律改革法》（the Law Reform（Enforcement of Contracts）Act 1954）。该法规定，除了担保合同（contracts of guarantee）和“对土地进行买卖和其他处置的合同”（contracts for the sale or other disposition of land）之外，1677 年《欺诈行为法》规定的对其他合同的书面要求均被废除。

今天，依英国法上的一般原则，“要使一项协议成为一个有约束力的合同，采用某种特定的书面形式并不是必须的”。不过，对于某些合同，基于种种原因，对书面形式的要求依然被保留下来了，或者又根据需要被重新规定了。归纳起来，这方面的规定可用于以下三种情况：

（1）须以契据形式签署的合同。对于某些合同，法律要求必须以契据的形式订立。其中，典型的是不动产权益转让合同。根据《1925 年财产法》（the Law of Property Act 1925），有关土地产权的转让，在通常情况下，要通过订立契据完成。关于契据的制作，普通法规定了三个要件：“签字、蜡封和交付”。这些要件又根据制定法的规定而增加或减少。例如，依据《1989 年财产法》，一份文件要成为契据，其表面必须明确地显示，其制作者意在使其成为一份契据。又如，该法还规定，如果契据是由个人签署

---

① 举例来说，如果甲对乙说：“你如娶我的女儿为妻，我将送一幢房子给你。”乙听后表示同意，双方便就婚姻的对价达成了协议。不过，男女双方约定结婚，并不需要达成书面协议。

的，而不是由公司签署的，不必进行蜡封，但是由个人签署的契据在签字时还必须有证人在场。

契据所服务的一种目的是，使本来无法律义务的当事人承担起这样的义务。例如，向慈善机构实施捐赠的诺言，虽然没有对价，但一旦以契据的形式作出，诺言人就不能再反悔。在这里，契据的签署表明，诺言人已经作出了郑重其事的许诺；此前，他已作过慎重的考虑，不会再反悔。

（2）须以书面形式签署的合同。典型的须以书面形式签署的合同包括：① 汇票、本票和支票；② 海事保险合同必须是书面的，且必须以保险单的形式签署；③ 消费信贷协议（consumer credit agreement），比如由房主或贷款人与消费者签署的“承租—购买协议”（hire-purchase agreement）；④ 转让有限责任公司股份的协议。

（3）须以书面证据证明的合同。这类合同本身无须采用书面形式订立，但协议的存在必须以书面形据加以证明。因此，有关的书证在强制执行合同的诉讼发生时必须依然存在，并且必须为被执行方签署。担保合同即属于这类合同。

根据判例法确定的原则，当合同的订立与《欺诈行为法》的规定不符时，合同既不是无效的，也不是可撤销的，而是不能对未签署合同的一方强制执行的。因此，如果一方没有在可证实合同存在的备忘录或票据上签字，另一方不能通过对他起诉，强制他履约；反之，如果合同已经得到了履行，双方在合同项下实现的利益互换受到法律的认可和保护。对于这一原则，法院在实践中又作了诸多的变通。例如，在 1925 年的 Rawlinson v. Ames 案中，合同涉及土地权益的转让，双方依口头协议成交因而合同是不能强制执行的。由于买方已经付了一笔钱，构成了部分履约，法院允许买方就合同的订立依口头证据举证。

3. 美国法的发展

在美国，几乎所有的州都以制定法的形式采纳了英国的《欺诈行为法》。其结果是，这些州都规定，对于该法规定的六种合同，必须以书面形式订立。许多州还扩展了须以书面形式订立的合同的种类。与英国不同的是，在英国已大部分废除《欺诈行为法》的情况下，美国却依然保留了当初从英国继受的制度。不过随着时间的推移，该法的影响已被削弱。法院在许多情况下倾向于对该法的规定作限制性的解释。其潜在的考虑是，使已经成立的交易得到执行，不鼓励合同一方以合同在形式上存在瑕疵为由拒不履约，以保证商事交易的安全。例如，依《欺诈行为法》的“一年条款”，“不在一年内履行的合同”（contract not to be performed within a year）须以书面方式订立。纽约州上诉法院在一项判决中解释道：“合同可能履行多久，当事人期望它履行多久以及它实际上履行了多久都无关紧要，重要的是，根据对其条件的合理解释，这个合同是否要求它不应在一年之内履行。”根据这样的解释，如果财产的卖方拥有在四年中的任何时候将财产出售给买方的选择权，则合同双方并没有排除让交易在一年之内发生的可能性，即卖方可在一年之内行使出售财产的权利。因此，这一合同并不在“一年条款”的适用范围内，无须采用书面形式便可有效成立。

又如，美国法院在对“书面”的含义进行解释时，通常只要求当事人签署书面的“备忘录”（memorandum），而对备忘录并没有特定的要求。一封信、一份电报或电传、一张收据、一张发票、一张支票、一张价目表、一份会议记录、一份合同以及一份遗嘱均可构成能满足法律要求的备忘录。也就是说，美国法一般并不要求合同本身必须是书面的，而只要求合同为书面文件所证明。

再如，美国法院有时依书面形式在不同的情况下目的的不同而对合同在形式上是否合乎要求依不同的标准作出判断，而不是一味地否认未采用书面形式的合同的效力。具体地说，书面形式有时仅起证明作用，即起证实合同已订立或某一内容已协商一致的作用。此时，当事人在诉讼过程中对合同曾订立这一事实的承认就可能使合同的形式合乎要求。这种做法已为美国《统一商法典》第 2-201（3）（b）条采纳，但"强制执行的程度不能超过该方所承认的货物数量"。有时，书面形式起着表明诺言是郑重作出的作用，即所谓"谨慎作用"（cautionary function）。对担保合同而言即是如此，所以，在涉及担保合同时，书面要件是不能忽略的。书面形式的另一种作用是所谓的"引导作用"（channeling function）。例如在进行有关不动产的交易时，法律要求合同不仅要以书面方式订立，而且要包含全部实质性的条件。这种要求促使人们采用完备的格式化的合同文本，使重要的交易条件不致被遗漏，从而避免纠纷的发生，同时，也可以将正式订立的合同与起草合同的意向等非合同性质的文件区分开来。不动产交易通常金额较大，其中又包括复杂的分期付款和利息计算等条件，以完备的格式合同文本作为"引导"，其重要作用在今天的美国法中不但没有取缔，反而有加强的趋势。

关于合同的订立在形式上不合乎法律要求的后果，美国各州的法院一致认为，这样的合同是不能被强制执行的。如果合同已经被部分地履行，结果又怎么样呢？作为一般原则，合同的部分履行并不能使合同成为可强制执行的合同。不过，这一原则从属于许多例外的情况，例如，当书面形式的作用仅仅旨在证明双方已达成协议时，如果部分地履行可以起到这样的证明作用，则它的发生可以使合同成为有强制执行力的合同。这种例外发生于货物买卖合同的情况较多。不过，它一般仅指一方已完全履行了其合同义务，而另一方尚未履约的情况，也就是说，一方的部分履行通常是不够的。根据美国《统一商法典》第 2-201（3）（c）条的规定，如果合同应采用书面形式订立而未采用，但合同的买方已经付款且已被卖方接受，或卖方已经交货且已被接受，合同可得到强制执行。

又如，涉及地产权益买卖合同，法院可以依据买方已经部分地付款，他对卖方转移房产的口头诺言发生了信赖，基于这种信赖其地位已经改变（比如已长期居住在房产之中且已对其进行修缮）的这样一些事实，为了实现公正的后果而确认该权益已有效地转移。

（二）大陆法系

1. 法国

法国法对合同形式的要求主要分为三类：公证合同、一般书面合同和实践合同。

在法国，公证在社会生活和经济生活中起着重要作用。在这个国家，几乎所有涉及人身权利和家庭关系的行为都须具备公证形式，而这些权利和关系的认定对经济生活往往有着重要的影响。比如，亲子关系的公证确立了法定继承权的存在。在财产关系方面，处置财产的单方法律行为（如遗嘱、对继承权的放弃）必须经过公证。涉及合同关系须经公证的合同主要有：赠与合同、夫妻财产合同、代位清偿债务的合同、设定抵押权的合同和某些种类的不动产合同。

法国学者认为，公证的主要作用在于：首先，使行为的合法性受到公共权力的检验。这是其维护社会公共利益的一面。其次，公证人在进行公证时有提供咨询的义务，使当事人可以了解其行为的后果。这有助于保护一方或双方的自由意志。例如，对于出售尚在建设中的房屋的合同，法律要求进行公证，因为买方对于这种合同的复杂性往往了解不够。不动产所有权的“租赁—转让合同”也具有这样的特点，因而也需要公证。

须以书面形式订立但不必公证的合同为一般书面合同。这类合同主要包括某些劳动合同、营业资产买卖合同、房屋推销合同、发明专利的许可或转让合同、私人住宅建筑合同等。对这些合同的书面要求都是依单行的立法而提出的服务于特定的目的的。比如，要求海上劳动合同以书面方式签署可以使水手或学徒更好地了解其义务。从中可以看出，对于一般的未作特别规定的合同，法律并不要求以书面方式订立。

实践合同是当事人的意思表示于实物交付时生效的合同。因此，依法国法的理论，对于实践合同，实物的交付也是合同成立的形式要件。在传统上，借贷、寄存和质押这三种需归还原物的单务合同属于实践合同。这种传统的制度今天仍得到了保留。

关于合同在形式上不符合法律要求的后果，法国法院在实践中表现出明显地避免让这样的合同完全不发生效力的倾向。依法国的学理，须公证而未公证的合同是无效的。但法国法院判决，在涉及第三人的利益时，未经公证的诺言并非完全无法律意义；如果合同已由当事人签字盖章，违背了其诺言的当事人仍须为此承担赔偿责任。对于一般书面合同，立法者有时并未规定违反法定形式的后果。学者对此的解释有两种：一种是，书面合同为要式合同，故不符合书面要求者无效；另一种解释是，法律的要求是以书面形式证实合同的存在，如不能依此方式证明，则合同无效，但如果经当事人承认或宣誓，合同仍然有效。法国最高法院常常采纳的是上述第二种解释。在这里，该法院对《法国民法典》第 1341 条规定的态度值得注意。该条写道：“一切物件的金额或价值超过 50 法郎者，即使为自愿的寄存，均须在公证人前作成证书，或双方签名作成私证书。”该条还规定，此事项不得以证人证明，但商业法律另有规定的除外。显然，法国最高法院以证人证实非书面的合同存在的做法，与这一规定是相抵触的。

2. 德国

《德国民法典》第 125 条规定：“不使用法律所规定的形式的法律行为，为无效法律行为。欠缺依法律行为所指定之方式的，在发生疑义时，同样导致无效的后果。”这一规定奉行了合同形式自由的原则，即当事人可以对合同的形式进行约定。由此可见，除非法律要求或当事人约定合同的订立须采用特定的方式，否则，合同的订立可采用任何方式。

德国的法学理论认为，要求合同的订立采用书面形式的优点，除了有利于避免解释上的疑难之外，更重要的还在于能避免当事人在实施法律行为时对意思的迟疑不决，同时，在证据方面也有极大的好处。

德国法对合同形式的要求分为两类：一类为基于立法者的意思而产生的要求；另一类为因当事人的意思而产生的要求。关于第一类要求，即法律规定应具备的要求，主要分为公证和一般书面形式两类。

涉及公证的方式，《德国民法典》第 129（1）条规定：“法律规定意思表示应经公证证明者，意思表示应以书面作成，并由公证人证实表意人的签名。”也就是说，公证人只须证明合同当事人签字的真实性。这一规定后来被修改和补充了。依 1969 年 8 月 28 日《公证法》第 17 条的规定，公证人被要求“确定当事人的意愿，解释交易的内容，就交易的法律后果提供指导，明确地和毫不含糊地就他们的陈述进行记录”。

关于一般的书面合同的签署方式，依《德国民法典》第 126 条的规定，书面合同须经合同双方签字；须在同一份文件之上签署；如以画押方式签约，须由公证人证明。该法典对一些须书面签署的合同作了规定，其中包括：期限超过一年的土地租赁公司（第 550 条）；约定支付“终身定期金”的合同，如支付养老金的合同（第 761 条）；保证合同（第 766 条）；非赠与性的债务约束和债务承认合同（第 780 条和第 781 条）；等等。

依该法典第 125 条阐明的原则，不合乎法定的或约定的形式的合同是无效合同。这一规定从属于该法典明确规定的若干例外，其中包括：让与或受让土地所有权的合同，虽未公证，但让与已完成，且已完成登记的，合同有效（第 311b（1）条）；赠与合同虽然未经公证，但赠与已实施的，合同有效（第 518（2）条）；租期一年以上的土地租赁合同，如果未以书面方式订立，视为不定期限的租赁合同（第 550 条）；等等。

除了上述由制定法明确规定的例外情况，德国法院在审判实践中对“形式不合法的合同无效”的原则也作了某些变通。在 1927 年的一个案件中，合同涉及《德国民法典》第 313 条（目前为第 311b 条）规定的土地所有权转让，并且是国际性的转让。合同的卖方过失性地诱使买方相信合同在形式上是合法的，但后来又以合同在形式上不符合法律的要求为由拒绝履约和否认买方有权索赔。德意志帝国民事法院支持了买方的索赔要求，理由是，否则将有违诚信原则。类似的适用《德国民法典》第 313 条的做法后来被法院扩大了，并在纳粹统治时期被滥用。1957 年，德国最高法院还就此类案件作出过实际履行的判决。然而，在近期的判决中，德国最高法院宣布，这样的解决方案只有在这样一种情况下才能采用：不这样做，会造成使无过错的一方“绝对无法容忍”(absolutely unbearable）的后果，而不是仅造成一种“苛刻的”（harsh）的结果。总的来看，到目前为止，《德国民法典》第 125 条规定的使形式上有瑕疵的合同归于无效的原则依然为德国法院信守和奉行。

（三）《国际商事合同通则》和中国

1.《国际商事合同通则》

《通则》在第 1.2 条规定：“通则不要求一份合同、一项陈述或任何其他的行为采用特定的形式，或由特定的形式加以证明。其可通过包括证人在内的任何形式证明。”这一规定与《联合国国际货物销售合同公约》第 11 条的规定保持了一致。这些规定反映了这样一种倾向：在国际性的商事交易中，应放宽对书面形式的要求。

2. 中国

中国《民法典》第 135 条规定：“民事法律行为可以采用书面形式、口头形式或者其他形式；法律、行政法规规定或者当事人约定采用特定形式的，应当采用特定形式。”依此规定，除非法律另有规定或当事人另有约定，否则，合同的订立以非要式为原则，即可以采用任何方式订立。

关于书面形式的含义，《民法典》第469条规定：“书面形式是合同书、信件、电报、电传、传真等可以有形地表现所载内容的形式。以电子数据交换、电子邮件等方式能够有形地表现所载内容，并可以随时调取查用的数据电文，视为书面形式。”

《民法典》规定的须采用书面方式签署的合同和协议包括：确定监护人的协议（第33条）、建设用地使用权出让合同（第348条）、建设用地使用权转让、互换、出资、赠与、抵押合同（第354条）、居住权合同（第367条）、设立地役权的合同（第373条）、抵押合同（第400条、第409条）、质押合同（第427条）、借款合同（第668条）、保证合同（第685条）、期限六个月以上的租赁合同（第707条）、融资租赁合同（第736条）、保理合同（第762条）、建设工程合同（第789条）、委托监理合同（第796条）、技术开发合同（第851条）、技术转让合同（第863条）、技术许可合同（第863条）、物业服务合同（第938条）、无偿捐献其人体细胞、人体组织、人体器官、遗体的协议（第1006条）、婚姻财产协议（第1065条）、离婚协议（第1076条）、涉外收养子女协议（第1109条）。

关于合同的订立不符合法定或约定的形式要件，但合同已得到履行的情况，《民法典》第490条规定：“法律、行政法规规定或者当事人约定合同应当采用书面形式订立，当事人未采用书面形式但是一方已经履行主要义务，对方接受时，该合同成立。”

四、合同的合法性

（一）英国和美国

涉及合同的合法性问题，英国法和美国法上的制度有着许多基本的相似之处，故在这里一并加以介绍。

1. 合同违法的原因和表现

根据英美法的理论，合同违法的实质是违反法律背后的公共政策，即作为法律制定和实施依据的反映社会公共利益的政策。违法的合同，或者与制定法背后的公共政策相抵触，或者与普通法所贯彻的公共政策相抵触。

通常，如果合同的订立或履行与制定法的禁止性规定相抵触，就会导致违法的后果。比如，在美国，有些州的制定法禁止在星期日从事商事交易，当有人在星期日订立了从事商事交易的合同或订立了要求在星期日从事商事活动的合同时，该合同即为违法合同。又如，在一个英国的案例中，制定法规定，出售化肥的一方应向买方提供标明产品化学成分的证明；由于卖方未能提供这样的证明，法院判决该方不能要求强制执行该合同。在后一例子中，虽然合同本身不违法，但卖方的履行与制定法的强制性规定相抵触，从而使该方不能依合同得到法律的救济。

长期以来，英美法院在司法判决中发展了一系列与合同合法性有关的公共政策，其中重要的和具有典型意义的包括：禁止从事限制贸易的活动（比如，甲付给乙一笔钱，以便让乙把乙的商店从甲的商店的对面迁走，乙表示同意，这种协议一般是违法的）；禁止从事犯罪行为、民事侵权行为或欺诈行为（比如，以金钱买通他人以便让他人盗取商业秘密)；禁止从事有损良好的社会道德的活动（比如，娼妓不能为得到“服务费”而到法院起诉)；禁止从事危害公共安全的活动（比如，在战争期间，不准与生活在敌对国的人进行贸易)；禁止从事造成公共生活中腐败的活动（比如在英国，为取得爵士身份而向慈善机构捐款是刑事犯罪行为)；禁止从事妨害司法公正的行为（比如，某人为使自己的犯罪行为不被举报而收买目击者，目击者不能依约定得到报偿)。

2. 合同的订立或履行违法的后果

早在 1775 年，英国历史上的著名法官曼斯菲尔德勋爵（Lord Mansfield）就在审理一个案件时指出：“公共政策上的原则是：ex dolo malo non oritur actio（拉丁文：对不法诉因不准予起诉)。当一个人将其诉因建立在一种不道德的或一种非法的行为之上时，任何法院都不会向其提供援助。”在历史上，这一原则始终成为英美法院处理违法合同的基本准则。以 1836 年的 Cope v. Rowlands 案为例。原告是一个股票经纪人，他在伦敦城没有获得开业的许可。被告在该地得到其服务后拒绝付费，原告提起诉讼。法院驳回了他的起诉，理由是，由于制定法禁止他作为一个经纪人行事，法院不能强制执行一个与这样的行为有关的合同。1994 年，英国法院在解释这一原则时依然说：“该原则不是一项关于公正的原则：它是一项政策性的原则；对它的运用是不倾向于任何一方的。所以，它不会在诉讼时的当事人之间造成不公平的结果。进一步说，该原则没有为法院行使裁量权以有利于一方或另一方留下任何余地。”采纳这一原则的结果是，意识到合同的违法性质的当事人不能请求强制执行合同；如果他已经付款或已转移其财产，他无权要求恢复原状。

今天，尽管上述原则依然没有被动摇，尽管法院在一般情况下依然依据这一原则处理合同违法的后果，但为避免这一原则所导致的过于严厉的或过分不公平的结果，法院已就它的适用作了大量的变通，从而发展出了一系列例外的规则。现就此作如下简要的介绍：

（1）违反法律或公共政策的性质以及由此决定的违法的严重程度。如果使合同成为违法合同的法律是禁止性的法律，违反该法律会导致刑事制裁，法院通常会拒绝强制执行合同，无论这样做是否会导致不公平的后果。在纽约州法院 1908 年审理的 Sirkin v. Fourteenth St. Store 案中，一个商人通过向一家商店的购货代理人行贿获得了与该商店订立买卖合同的机会。该商店知道此事后拒绝支付货款，而当时它已收了货。纽约州最高法院在终审判决中判这个商人（原告）败诉，因为他的行贿行为是触犯刑律的行为。该法院判决道：“法院依其判决拒绝对一个有罪的卖主提供帮助可阻止这种导致腐败的和触犯刑律的习俗的滋长和蔓延。没有一种手段比这更为有效了。”

（2）合同双方过错的程度。在英国法院 1824 年审理的 Bloxsome v. Williams 案中，原告向被告买了一匹马。被告是一个马匹交易商。他在成交时向原告保证，这匹马的年龄不满 7 岁，但实际上它已经是 17 岁的老马了。当原告提起诉讼要求恢复原状时，被告声称，该合同是在星期日签署的，依照《1677 年星期日教规法》（the Sunday Observance Act 1677)，马匹交易商在星期日进行马匹交易要受到刑事制裁，因而该合同是违法的。法院判决，被告不能以合同违法作为其辩护理由，因为原告在订立合同时并不知道被告是一个马匹交易商，因而当时并不知道该合同是违法的。

（3）强制执行合同与公共政策是否会发生抵触。在1996年由英国上诉法院作出终审判决的Arm house Lee Ltd. v. Chappell案中，原告与被告约定，在原告经营的杂志上为被告提供一定的广告版面。广告的内容涉及“性热线”（telephone sex lines）服务，即通过电话交谈满足被告客户的“性需要”，再通过电话公司向客户收费。此后，被告不愿再刊登这种广告，原告为收取广告费而起诉。被告在诉讼中辩护说，该合同起着损害性道德的作用，因而是违法的。法院判决，性热线现在已被社会广泛接受并为电话业所管理，没有证据表明，存在着某种被普遍接受的对电话性热线进行谴责的道德准则。

有时，对于表面上违法的合同，法院会以合同与公共政策并没有真实抵触为由强制执行合同。在美国阿拉斯加州法院1973年审理的一个案件中，雇主在雇用了非法受雇的外国劳工后拒绝向其支付报酬。法院判决，该禁止雇用外籍工人的制定法的目的是为美国的劳工阶层提供保护，防止外国人夺去其就业机会；如果雇主在雇用了外国人之后可以不受任何惩罚地拒绝向他们支付报酬，该立法的目的不仅不能实现，反而会出现相反的结果，因为因此而占了便宜的雇主反而会更乐于雇用外国人。

（4）允许恢复原状是否有恰当的理由。从原则上讲，当合同违法时，当事人是不能请求恢复原状的。然而在某些情况下，英国法院出于防止不当得利和维护公正的动机，也会承认当事人提出的要求恢复原状的理由：一种情况是，在请求方要求恢复原状时，合同的违法目的还没有付诸实施；另一种情况是，原告不必依违法的合同起诉，而是另有其他的诉因，比如依衡平法上的财产权起诉。

在1945年由英国上诉法院判决的Bowmakers Ltd. v. Barnet Instruments Ltd. 案中，被告以“承租—购买”① 的方式从原告那里获得了一批机器工具。根据一项政府禁令，不经英国供应部（the Ministry of Supply）颁发许可证，任何人不得销售机器工具。因此，双方的协议是违法的。由于被告没有依该协议支付租金，还将一部分工具转卖给他人，在租期届满时也不肯将剩下的工具返还原告，原告提起诉讼。原告主张，他不是依据这个违法的合同起诉的，而是依他对这些工具拥有的所有权起诉的；由于委托保管的时限已到，被告有义务返还原物。这种主张被英国上诉法院接受。

对该案持批评意见的人认为，该案的判决实际上导致了强制执行一个违法合同的后果。可是在1971年，英国法院仍然作出了一项采纳同一原则的判决。

如果说，在英国，违法合同的当事人仅在极其例外的情况下才可要求恢复原状，而在美国，法院的态度要灵活得多。美国法院允许恢复原状的几种典型情况是：首先，如果不允许恢复原状会导致一种“没收”（forfeiture）的后果，即让当事人一方的财产被另一方无偿地剥夺，而这种后果与所涉及的公共政策的重要性相比，显得太不相称，所引起的惩罚过于严厉。其次，合同违法是当事人的疏忽所致，因而是可以原谅的。再次，当一方是受到法律保护的社会阶层中的一员时，该方即使无权要求强制执行合同，也有权要求恢复原状，除非他参与了严重的违法行为。最后，同英国法一样，如果当事人在违法目的实现之前退出了交易，他可以要求恢复原状。

---

① 一般的“承租—购买协议”的内容是：协议的承租—购买方在约定的期限内租用标的物；在租期届满时，该方可行使选择权，或者支付余款，将标的物买下来，或者将标的物返还给相对方。

（5）能否对合同进行分解。分解合同的做法在英国和美国的判例中都可看到。在美国华盛顿州法院 1930 年审理的 Lund v. Bruflat 案中，一个未经注册而营业的木匠为房主装修房屋，投入了劳务和材料。法院判决，该合同是可分的，其中提供劳务的部分违反了禁止该木匠营业的制定法中的公共政策，即不让不称职的人营业以便让被服务的人受到保护；可是，其中提供材料的部分并不违反这种政策。因此，该木匠不能索取劳务费，但他可以得到材料费。

（二）法国

1.《法国民法典》第 6 条的规定及其适用

在法国，有关合同合法性的制度是依据《法国民法典》第 6 条规定的基本原则确立和发展的。该条规定："当事人不得以特别约定违反有关公共秩序和善良风俗的法律。"这一规定使"合同不违背公共秩序和善良风俗"成为合同有效成立的条件。

法国法上的公共秩序分为立法上的公共秩序和司法上的公共秩序。当立法者颁布法律，禁止签订某些合同时，即直接确定了公共秩序的具体内容。这就是所谓的立法上的公共秩序。当立法者没有明确规定某些规范是否可违背时，法院可以通过审判实践就此作出回答。如果法官认为，某一当事人不能通过订立合同加以违反的规范对于维护社会秩序至关重要，他有权赋予其强制性的特征。由此确定的公共秩序被称为司法上的公共秩序。

关于善良风俗，《法国民法典》并没有就其内容作出具体的规定，而其他法律，除了刑法的某些条文外，也没有关于善良风俗的具体规定。因此在法国，这一概念所包含的具体内容是由法院确定的。法国法院在审判实践中将道德标准作为评定是否违反善良风俗的尺度。如果当事人通过订立合同所追求的目的违背道德准则，即认定该合同为违反善良风俗的合同。这类合同主要包括：（1）违反性道德的合同，比如，以卖淫为目的而租赁房屋；（2）赌博合同；（3）为获取不道德的利益而订立的合同，如约定就转让法定利益支付报酬；（4）限制人身自由的合同，比如航空公司限定空中小姐必须为未婚者；（5）违背家庭伦理道德的合同，如"出借子宫"的合同；（6）违背一般人类道德的合同，如跳脱衣舞的合同。

2. 合同违反公序良俗的后果

依多数法国学者的观点，违反公序良俗的合同是损害社会利益的合同，因而属于绝对无效的合同。对于其后果，根据法国法处理各种无效合同的一般原则，如果合同在被法院确认无效之前尚未履行，则合同不得再履行。这一结果对违反公序良俗的合同而言也不例外。依法国法，如果一个合同在被确认无效时已得到全部或部分的履行，依据一般的原则，其无效具有溯及力，即当事人订立合同前的财产状态应予恢复。可是从法国的司法实践看，这种一般的处置方法在适用于违反公序良俗的合同时却出现了大量的例外。法国法院在许多案件中作出了不准许当事人返还财产的判决。对这方面的做法可以作如下概括：

（1）对违反道德的合同，当事人无权要求对方返还财产。比如，法国最高法院诉状审理庭 1905 年 7 月 17 日判决，购买房屋作妓院用的买方无权要求返还已支付的价款。该法庭在1923年4月17日判决，向一个已婚妇女出借房屋使其离开家庭与情人相聚的出借人无权要求返还房屋。

（2）基于维护公序良俗的需要作出处理。例如，对于借贷合同，如果允许返还财产，则合同无效与有效的结果没有区别，因此，对其不适用返还财产的原则。又如，对于赠与合同，不允许返还财产会使该合同在事实上发生效力，故对于姘居者之间的赠与行为允许返还财产。

（3）依当事人过错的程度作不同处理。如果原告的行为“可耻”的程度低于被告，则支持其主张；反之，则不予支持。

（4）视行为对社会造成危害的程度作不同的处理。例如，对约定价格超过规定价格的买卖，允许返还财产，因其对社会的危害较轻；对战争期间与敌人进行交易的合同以及对公务人员行贿的合同，不允许返还财产。

（三）德国

1.《德国民法典》第134条和第138条的规定及其适用

《德国民法典》第134条规定：“除基于法律的规定发生其他效果外，法律行为违反制定法的禁止性规定时无效。”该法典第138（1）条规定：“违反善良风俗的法律行为无效。”

根据前一条款，一个合同如果与制定法的规定相违背，则成为无效合同。在德国的法律中，存在着许多明确的可以使与之相抵触的合同归于无效的规定。以《德国民法典》本身为例，依该法典第276（3）条，债务人因故意的行为而应负的责任不得事前免除。该法典第311b（2）条规定，当事人不能订立转让其将来占有的财产的合同。该法典第311b（4）条禁止就目前尚生存的第三人的财产订立合同。

以其他制定法为例，德国《基本法》（即宪法）第9条规定，限制加入工会的协议无效。因此，雇主不能在劳动合同中写入这类条款。德国《刑法典》第259条规定，订立买卖盗窃物的合同的行为，属于犯罪行为。将这一规定与《德国民法典》第134条的规定相结合，将得出该合同为无效合同的结论。同样，依《刑法典》，订立洗钱的合同和行贿公共官员的合同也属于触犯刑律的行为，这些合同也属无效合同。

法官在依照《德国民法典》第134条的前述规定决定一个合同是否因为与制定法的规定相抵触而无效时，有权对立法者的意图进行解释。根据德意志帝国民事法院1905年3月17日的判决，管理商店开业时间的法律并不包含使在星期日订立的合同归于无效的意图。

根据《德国民法典》第138条的前述规定，一个没有违反制定法的禁止性规定的合同，如果违反了善良风俗，也是无效的。根据德国的法学理论和司法实践，第138条所指的善良风俗，包含了公共秩序的含义。德国法院在审判实践中认定的典型的违反善良风俗的合同包括：以性的需要作为交易对象的合同，如妓女与嫖客之间的合同；有损家庭和婚姻关系的合同，如夫妻双方达成的让妻在将来离婚时放弃扶养费的协议；约定不对刑事犯罪进行告发的协议；第138（2）条涉及的“利用他人处于急迫情势、没有经验、缺乏判断力或意志显著薄弱”而签订的合同以及所约定的或给予的给付与财产利益明显不相当的合同；等等。

2. 对合同违法的后果

涉及合同违反法律的后果，依《德国民法典》第 817 条，对给付的受领违反了法律的禁止性规定或善良风俗的，受领人负有返还的义务；给付人同样对此种违背负责任的，不得请求返还；为履行此种义务而进行的给付，亦不得请求返还。

涉及合同的合法性，德国法院在现代的审判实践中注重对个案的具体情况进行分析，注重对社会利益、合同当事人的利益以及第三人的利益进行权衡。

在德国联邦最高法院 1983 年 9 月 22 日宣判的案件中，原告为被告的房屋安装门窗。被告对施工的质量不满，因而拒绝向原告付费。当原告提出返工时，被告以原告没有获得营业执照为由，称原告没有资格纠正其工作的瑕疵。原告为得到约定的报酬而起诉。

按照一般的逻辑，在该案中，原告未获得营业执照而营业，属于违反制定法的禁止性规定的行为，故双方的合同依《德国民法典》第 134 条是无效的，而依《德国民法典》第 817 条，对于违法合同，如果合同已履行，有过错的一方不能就其在合同项下所为的给付要求返还。该案中的原告属于过错方，依该项规定不能得到补偿。可是，该法院判决原告胜诉。其主要理由是：本案所涉及的制定法，旨在保证工匠行业的操作和效率处于高水平，所体现的是整个经济的利益；旨在保护广大的公众或个人，防止不称职的专业操作招致的危险；旨在维持和促进整个行业的工匠的健康和效率，而不是旨在否认私人交易的效力。可是在本案中，被告对于原告是否为一个有营业执照的工匠从未表示过关注，而原告也从未向被告表示原告是合法的有营业资格的，因此，被告不能在后来又宣称撤销交易。

上述判决并不说明，对于违反制定法的禁止性规定的合同，法院通常会允许当事人恢复原状或得到其他救济。它仅仅表明，对于合同是否有效，必须依个案的情况作具体分析，特别是所违反的法律或公序良俗的性质。例如长期以来，德国法院对律师违反法律的禁止性规定与客户签署的或然费（即按胜诉金额的一定比例支付律师费）合同坚持判决无效，即使已经为客户提供了服务的律师也不能得到报酬。又如，律师或医生将其与客户的合同转让第三人的行为，违反法律规定的对当事人的信息保密的义务，是触犯刑律的行为，故该转让是无效的。再如，妓女或嫖客在另一方违反约定时均不能获得法律的救济。对于这些明显地危害社会的行为，法院不会作出例外的判决。

在处理有关合同合法性的案件时，德国法院的方法和技巧在审理高利贷合同的过程得到了充分的表现。在这类案件中，对于贷款利息超过法律规定限额的情况，如果判决合同无效，并依《德国民法典》第 812 条关于不当得利应返还的规定令借方返还借款，则借方会立即陷入经济上的困境，因为该方不得不将未来到期的借款提前偿还；如果判决贷方无权收回贷款，则让借方获得大笔的不当得利，从而有违公正。对此，德国法院在一系列的判决中将合同的利息条款与合同的其他部分分解，认定利息条款无效，合同的主体有效，然后判决该合同为一个免除利息的合同，即借方不用再偿付任何利息。

（四）中国

依照《民法典》，合同在以下情况下因违法而归于无效：（1）违反法律、行政法规的强制性规定（第153条第1款）；（2）违背公序良俗（第153条第2款）；（3）行为人与相对人恶意串通，损害他人合法权益（第154条）。

关于合同因违法而归于无效的后果，《民法典》作出了如下规定：（1）无效的合同自始没有法律约束力（第155条）。（2）合同部分无效，不影响其他部分效力的，其他部分仍然有效（第156条）。（3）合同归于无效后，当事人在合同下取得的财产，应予以返还；不能返还或没有必要返还的，应折价补偿；有过错的一方应当赔偿对方由此受到的损失；各方都有过错的，应当各自承担相应的责任。（第157条）

五、错误和误解

（一）英国和美国

1. 错误的概念

在英美法上，错误（mistake）指合同当事人在签约时对有关事实情况的假定与该事实情况不符。例如，在英国法院1903年判决的Scott v. Coulson案中，一张人寿险保险单发出时被保险人已经死亡，投保人和保险人都以为他当时并没有死亡。法院判决，保险人没有义务支付赔偿金。在这个案件中，当事人双方误认为被保险人依然在世，保险人如果知道他已经过世，就不会签署该保险合同。

2. 错误的后果

有关错误的制度，在普通法和衡平法中均得到了发展。依普通法，基于错误而订立的合同是在一定的条件下无效的。其理论依据显然是，当存在错误时，合同双方之间没有合意发生。可是，依衡平法，这种合同不是无效的，而是可撤销的，当错误的存在对一方不利时，该方有权撤销合同，但也可以放弃这种权利。在前述Scott案中，法院依普通法宣布该合同为无效合同。

在美国，依《第二次合同法重述》第152（1）条，基于错误而订立的合同，在满足了该条款规定的条件时，可以由受到不利影响的一方撤销。

3. 错误与误解的区别

在英美法上，错误与误解（misunderstanding）是不同的概念。误解是合同双方对于相对方“关于合同条件的认识”的错误理解。错误与误解都是认识上发生的偏差，但认识的对象不同：错误所涉及的认识对象是特定的事实，误解所涉及的认识对象是相对方的认识。

在英国法院1864年审理的Raffles v. Wichelhaus案中，货物从印度的孟买港装运，运货船的名称是“皮尔莱斯号”。当时孟买港有两艘船都叫“皮尔莱斯号”。其中一艘在10月离港，另一艘在12月离港。买方声称，合同项下的船应是10月离港的那一艘，而卖方主张该船应是12月离港的那艘。如果双方都认为自己的想法恰恰是对方的想法，则双方发生了误解。对于存在误解的情况，解决的办法有两个：一个是，通过解释当事人的意思，认定其中一方的意思属于双方的共同意思，并以之为合同条件。此时，误解属于合同的解释问题。另一个解决办法是，因重大误解而宣布合同未成立。理由是双方之间不存在合意。在Raffles案中，法院采用的就是后一方案。

4. 共同错误与单方错误

在英美法上，共同错误指合同双方在签约时存在着共同的对事实的假定，而这种假定与事实不符。在前述 Scott 案中，双方共同假定被保险人还活着，这是共同错误的典型例证。

在发生单方错误的情况下，合同双方并没有共同的错误假定，只有一方作了这样的假定。在英国的 Wood v. Scarth 案中，被告向原告出租一个客栈，一年的租金为 63 英镑，外加一笔额外费用。被告以为他的雇员已将要收取该额外费用的条件通知了原告，但该雇员忘记通知了。法院判决，合同条件中不应包括该额外费用，被告的错误对该条件并不发生影响。在这个案件中，被告假定该通知已转达给了原告，但事实上，该通知并没有被转达。这是单方的错误假定。

5. 单方错误的后果

作为一般规则，在发生单方错误的情况下，合同依然有效。其理论依据是，在存在单方错误时，双方之间虽然没有合意，但相对方的正当期望应受保护；错误方的过失给他带来的不利不应对相对方产生影响。

单方错误合同有效的原则从属于若干例外：

（1）如果相对方知道错误方的认识发生了错误，但将错就错地签约，合同无效或者可撤销。在美国的 Chernick v. United States 案中，建筑商在投标时把投标额写错了，仅为一般投标额的 1/10。法院判决，业主有理由知道这种错误，故该合同不能约束建筑商。

（2）如果一方的错误是另一方诱使的结果，合同不能约束错误方。在英国法院 1913 年判决的 Scriverl Bros. & Co. v. Hindley & Co. 案中，卖方通过拍卖出售两种不同的亚麻纤维，一种纤维较长，品质较好；另一种是纤维屑，品质较差。卖方将它们放入两个贮物栏内，但刷上了相同的唛头。通常，这两个贮物栏放的货是一样的。在拍卖时，买方误认为这两个栏内的货都是前一种亚麻纤维，故按这种货的合理价格出了价，这一竞价被卖方接受。但法院判决，双方之间没有合同存在，买方无义务接受合同项下的货物。

6. 以错误为由解除合同义务的条件

在发生错误的情况下，要使合同成为无效的或可撤销的合同还要满足如下条件：

（1）错误对合同项下的交易有重大影响。当错误涉及对合同标的认定的错误时，英国和美国的法律都认为，这可以构成使合同失效的事由。在前述 Scott 案中发生的就是这种情况。

根据普通法，错误对合同必须具有根本性（fundamental）才能使合同归于无效。在英国上议院 1932 年判决的 Bell v. Lever Bros. Ltd. 案中，Bell 和另一个人被 Lever Bros. Ltd. 公司任命为董事长和副董事长。在两人被提前解聘时，双方达成和解协议，该公司向两人一共支付 5 万英镑作为补偿。后来，该公司发现这两个人曾有过违约行为，故公司本来可以不经补偿而解雇他们。该公司为索回该 5 万英镑而起诉，理由是，该和解协议因错误而无效。上议院驳回了原告的请求，理由是，错误只有对合同是根本性的时候，才能使合同无效，而本案中的错误并没有这样的性质。

在美国，错误对交易的影响必须是“重大的”（material）。一般来说，当错误仅涉及合同标的的“品质”（quality）、“价值”（value）或“特征”（attributes）时，合同依然有效。在一个美国的案例中，一个银行的雇员盗用了银行的大笔款项，使该银行的股票价值从每股136美元下降到60美元。该股票的交易者在进行交易时并不知道这种情况。法院判决，这种错误仅涉及股票的价值，并没有涉及其性质或存在。因此，合同依然有效。

对法律规定的错误认识能否被视为对“事实”的认识错误呢？英美法院在现代的审判实践中作出的回答是肯定的。在1950年的Smile v. Butcher案中，被告以每年250英镑的租金向原告出租了一套房间。双方都相信，这一租金水平并不违反《租赁法》（the Rent Acts）的规定。可是，这种认识是错误的：对于该房屋，该法确定的最高租金是每年140英镑。上诉法院的丹宁勋爵在判决中说，该合同依普通法并不是无效的，但依衡平法是可撤销的，因此，原告可以放弃该住房，也可以继续居住，然后按法定限额支付租金。

（2）主张错误的一方没有承担发生错误的风险。在英国，如果当事人因过错而没有发现事实真相，或者，当事人关于事实的信念是没有任何合理依据的，那么，他们就不能以错误为由主张合同无效或可撤销。

在美国，当事人在没有发现事实真相方面存在过错，并不能使其丧失主张错误的权利。可是，如果他已经意识到某一事实的存在有可疑之处，并基于对该事实的臆测而签约，他就不能再主张合同可以撤销，因为他已经承担了发生错误的风险。在威斯康星州最高法院1917年判决的Wood v. Boynton案中，原告将一块保存多年未经雕琢的钻石以1美元的售价卖给被告——一个珠宝商。该钻石的实际价值是700美元。法院判决，既然该方拥有该钻石已有很长时间，并对其性质和品质作过一些调查，那么，当她未对其内在价值作进一步的调查就将其出售时，她就不能因这不是一笔好交易而反悔。美国法院在这类案件中经常说，这种行为不叫错误，而是“自知无知”（conscious ignorance）而依然行事的愚昧行为。

（二）法国

1.《法国民法典》确定的原则

《法国民法典》第1110条第1款规定：“错误，仅在涉及契约标的物的本质时，始构成无效的原因。”这一规定为法国法发展这一领域的制度奠定了基本原则。

根据法国法院1913年1月28日的判决，合同标的物的本质的含义是“物的实质性品质；没有它，当事人就不会订立合同”。在以后的司法实践中，对于什么是物的实质性品质，法国法院作了越来越宽泛的解释，其中包括广义的“客观性”解释和受到一定限制的“主观性”解释。

2. 对于“实质性品质”的客观性解释

根据对物的实质性品质的客观性解释，如果某物的实质性品质对当事人订立合同的意愿具有决定性作用，没有这样的品质，买方就不会订立该合同，这样的品质的不存在就可构成买方主张合同因错误而无效的理由。例如，如果当事人试图交易的是一幅名画，该画所具有的实质性品质就不是一件仿制品可能具有的。

长期以来，法国法院作出过大量通过对《法国民法典》第1110条的上述规定的客观性解释宣布合同无效的判决。其中包括这样的例子：买卖的是真古董，实际上是仿制品；买卖的是天然珍珠，实际上是人工培育的珍珠；买卖的是建筑用地，实际上该地已被长期出租出去；买卖的是新车，实际上是二手车；用很高的租金承租了据称“很理想”的房屋，但实际上不仅房屋状况差，邻近的建筑还在施工；一项拆掉水泥建筑的工程，建筑物令人意想不到地牢固，而这种情况只有发包方知道，承包方并不知道；等等。

3. 对于“实质性品质”的主观性解释

实质性品质的主观性解释，指通过考查特定的交易的买方订立合同的目的决定标的物是否具有实质性的品质。在1932年的一个案件中，一块土地的卖方在广告中称该土地的面积为7 800平方米。买方的意图是将该土地分割后转售。这种意图已为卖方了解。然而这块地实际上只有5 119平方米，因而不适用于买方购买它的目的。法国最高法院确认了上诉法院关于合同无效的判决。最高法院在判决中说：鉴于卖方知道买方的这一意图，该财产的面积具有“实质性品质”，因此，该错误涉及合同标的物的本质。

4. 动机的不相关性

依法国法，动机与标的物的实质性品质无关，除非当事人将动机通过合同条款明确地表达出来。例如，买方购买裙子的动机是为其女儿准备婚礼上用的礼服，他不能以标的物不适合该用途为由，依错误的理论主张合同无效。

在法国法院1950年审理的一个案件中，买卖的画出自名家之手，双方对此并无争议。但买方主张，他在成交时误认为这幅画曾在这位画家的卧室里挂过，因此，他有权撤销这笔交易。这一主张没有得到法院支持，因为这只涉及买方的动机。

5. 非错误方知悉的后果

在法国，买方有权以错误为由主张合同无效的前提是：在依客观性解释认定标的物不具有实质性品质时，卖方须知道标的物必须具有这样的品质；在依主观性解释认定标的物不具有实质性品质时，卖方必须知道买方购买该标的物的意图。如果卖方不知道而只有买方知道，合同不能被认定无效。

上述“卖方知道”的事实，可以通过谈判的过程、合同的明示规定等证据证实，也可以通过案件的背景情况进行推定，比如，当标的物在古玩店中出售且标价昂贵时，可推定标的物为古玩，而不是仿制品；反之，当标的物以便宜的价格从跳蚤市场购买时，卖方没有理由知道买方的目的是购买古董。

6. 错误方失误的影响

当错误方的错误不可原谅时，比如，错误由过分的轻率或疏忽所致时，该方无权主张合同无效。例如，投保人就已经保险的财产再次投保，无权要求撤销保险合同；建筑用地的买方有可能咨询有关土地能否用于建筑目的而没有咨询，无权推翻交易。

法国的学理认为，如果当事人的信念中掺杂有某种怀疑，并不影响错误的成立。巴黎上诉法院就此确定的原则是：如果当事人是基于对事物性质的猜测性认识而达成协议的，错误不能成立。

7. 救济

《法国民法典》第1117条规定，因错误、胁迫或欺诈而缔结的契约并非依法当然无效，而是发生请求宣告无效或撤销契约的诉权。依此规定，因错误而订立的合同属相对无效的合同，即可撤销的合同。

8. 无效性错误与障碍性错误

《法国民法典》第1110条规定的“错误”（erreur）被法国学者称为“无效性错误”（或译为“无效性误解”），相当英美法上的“错误”。英美法上的“误解”这一概念在《法国民法典》中未作规定，这一概念被法国学者称为“障碍性错误”（或译为“障碍性误解”）。比如，一方认为自己是在购买房屋，另一方认为自己是在出租房屋。法国法的传统理论认为，这种错误导致合同不成立，或绝对无效，但现代理论及司法实践将因之而订立的合同视为相对无效的合同。

（三）德国

1.《德国民法典》的规定

《德国民法典》第119条规定：“（1）在进行意思表示时，对意思表示的内容发生错误或根本不需要进行该内容表示的人，在可以认为其知悉情事并理智评价情况即不进行此表示时，可以撤销表示。（2）关于人或物的性质的错误，以性质在交易上具有实质性为限，也视为表示内容的错误。”

2. 意思的“表达错误”和“含义错误”

《德国民法典》第119（1）条涉及的错误分两种情况：一种是把意思的内容表述错了，即所谓的“表达错误”；另一种是对意思表示的含义的理解错误以及由此所致的意思表示错误，即所谓的“含义错误”。

在发生表达错误的情况下，表意人对意思表示含义的理解并没有错，只是在表述时发生了错误，比如，话说错了、写字或打字时发生了误差。当这种情况发生时，如果所表达的不是表意人本来想表达的意思，该意思表示依《德国民法典》第119（1）条可以撤销。将这一规则运用于商业实践，如果某人在参观证券交易所时随意作了一个手势，依那里的习惯，该手势等于一项要约，所以一个股票经纪人将其作为要约接受了，则该“要约”可以被撤销。

在发生含义错误的情况下，表意人对意思表示所具有的正确含义在理解上发生了错误，因而所作的表示并非他打算作的表示。在1978年的一个案例中，一所中学订购了“25 Gros Rollen WC-Papier”。该中学的真实意思是，购买25“大卷”厕所中的卫生纸。可是，Gros一词在德语中的含义，按照当时的理解，不是“大卷”，而是12打，即144（12×12）。这样，学校订购的就是3 600卷卫生纸（25×144）。结果，法院依《德国民法典》第119（1）条，允许该学校撤销该要约。

在上述运用《德国民法典》第119（1）条的例子中，法官无须考查相对方有没有对错误方的意思表示发生信赖；如果有的话，有无理由发生这样的信赖；错误方有无不可原谅的错误；等等。这与英、美、法等国的制度显然是不同的。进一步说，德国法并没有将单方错误与共同错误加以区别：无论是单方错误还是共同错误，只要符合《德国民法典》第119（1）条的规定，错误方就可以撤销其意思表示。

3. 关于人或物的性质的错误

依《德国民法典》第119（2）条，如果当事人对人或物的性质在认识上发生错误，且该性质在交易上具有实质性，其意思表示可以撤销。

对人的实质性性质的错误认识，可以包含这样的情况：相对方（合同另一方）过去曾经对其他贷款人实施欺诈行为，而错误方是在不知道该背景的情况下与之签约的。另一个例子是，错误方误认为相对方有提供特定服务的资格，而相对方实际上没有这样的资格。在实践中，当合同已得到履行时，法院对于以这样的理由撤销合同往往持勉强的态度。

涉及对物的实质性性质的错误认识，德国法院在目前可见的为数不多的案例中表现出如下倾向：

（1）古董的真假和年代、汽车的生产年代等情况具有实质性性质，而标的物的价值不具有这样的性质。在1929年的一个案例中，卖方将两个花瓶以390美元的价格出售，而它们实际上是中国明代的花瓶。判决结果，卖方被允许撤销合同。此后，这两件古董被卖方以20万马克的价格出售给了一家博物馆。

在这样的案例中，法院并未考虑错误是一方的还是双方的，而只关心物的性质是否有实质性。

（2）如果错误方是买方，法院可能考虑依《德国民法典》第434条让卖方就物的瑕疵承担责任，而不是允许买方撤销合同。在1932年的一个案例中，合同双方就一幅名画成交。一年之后，买方起诉卖方，以该画不是出自那位名画家之手而是该画家的表弟所作为由，要求撤销合同。法院判决，物一旦交付，《德国民法典》第459条（在新法中为第434条）规定的救济将优先于以错误为由撤销合同的救济；由于原告没有依《德国民法典》的规定在时效期内起诉，该方不能再得到任何救济。

以上案例表明，涉及买卖合同，错误制度在适用范围上受到一定的限制。

（3）价值计算错误属于动机问题，不是撤销合同的理由。例如，一方误认为自己购买的物有较高的价值，并基于这样的认识而签约，他事后不能以错误为由撤销合同。

4. 对不公平结果的补救

德国法与英、美、法等国的法律相比，给予了错误方更多的撤销合同的机会，这有可能造成对合同另一方以及第三人不公平的后果。为此，《德国民法典》第122条规定，错误方在行使撤销权时，应对相对方因信赖其表示有效而蒙受的损失作出赔偿；该赔偿以该表示有效时所拥有的利益为限；但是，如果受害人明知无效或可撤销的原因，或因过失而不知，不发生赔偿义务。

还应说明的是，在许多情况下，对涉及错误的案例，德国法院直接用《德国民法典》的其他规定进行了调整。比如，依《德国民法典》第242条规定的诚信原则，宣布合同无效或对合同条件进行调整。又如，在1920年的一个案例中，合同中写明的货物是鲨鱼肉，双方的真实意图是买卖鲸鱼肉。法院判决以后者为准。这是依《德国民法典》第133条“查明真实意思”的例证。该条规定：“解释意思表示时，应查明真实意思，并且不得拘泥于所用词语的表面意义。”

5. 对合同另一方意思的误解

对于合同双方对另一方的意思发生误解的情况，如上文提到的英国法院在 Raffles 案中遇到的情况，德国法将其视为“隐存的不合意”，依《德国民法典》第 155 条的规定解决。依据该条，“对于应达成协议的某一点实际上未成立合意的，以可以认为合同即使不对此点作出规定仍将认为已订立为限，所进行的约定为有效”。也就是说，如果涉及特定的合同条件合同双方实际上未成立合意，该特定的合同条件不成立。此时，如果合同缺少了该条件依然能够成立，即认定合同成立；反之，则认定合同不成立。比如，双方的隐存不合意涉及标的物的价格时，如果法院认为该价格可参考市场价加以补充，则合同成立；反之，整个合同不能成立。

（四）《国际商事合同通则》

《国际商事合同通则》第 3.2.1 条就“错误”的概念下了以下定义：“错误是合同订立时所作的关于既存的事实或法律的不正确的假定。”

关于错误的后果，《通则》第 3.2.2 条规定：

“（1）一方可以因错误而撤销合同，如果在合同订立时错误如此地重大，以至一个处于与错误方同等地位的合理人本想基于有重大不同的条件订立该合同，或者，如果知道情况的真相本不会订立该合同，同时，

（a）另一方有同样的错误，或导致了该错误，或者知道或应当知道该错误，并且，让错误方陷于错误的状态有违公平交易的商业准则；或者

（b）另一方在合同被撤销时尚未基于对合同的依赖而行事。

（2）然而，在以下情况下，一方不能撤销合同：

（a）该方的错误因重大过失所致；或者，

（b）该错误涉及这样的事项：有关该事项，发生错误的风险已由错误方承担，或者，考虑到相关情况，应当让错误方承担。”

上述规定是对英、美、法、德等国有关错误的制度兼容并包的结果：一方面，它包括了英、美、法等国的基本制度及其细节，同时，它也吸收了德国制度中的某些成分，即错误即使是单方的，错误方也可以撤销合同，但须以另一方没有基于对合同的信赖而行事为前提。

（五）中国

根据《民法典》第 147 条，基于“重大误解”而发生的合同关系，当事人有权请求人民法院或者仲裁机构予以撤销。这里的“误解”一词，应包括上文中的“错误”和对合同另一方意思发生误解两种情况。另根据《民法典》第 152（1）条，有重大误解的当事人，须自知道或者应当知道撤销事由之日起 90 日内行使撤销权，否则，该权利归于消灭。

六、欺诈

（一）英国和美国

1. 过错

在英美法系国家，欺诈是不真实表示（misrepresentation）的一种类型。不真实表示，按表意人的过错程度分类，分为欺诈性的（fraudulent）不真实表示、过失的（negligent）不真实表示和无过错的（innocent）不真实表示。

1889年，英国上议院在审理Derry v. Peek案时对欺诈性的不真实表示下的定义是：（1）表示是有意地作出的；（2）表意人不相信表示是真实的，或者，对它的真实性抱着一种无论真假都无所谓的态度。

根据英美法，当合同一方在合同订立时对他方进行欺诈性的不真实表示时，如果不真实表示的其他构成要件①也得到了满足，被表意人可以对表意人提起侵权法上的欺诈（deceit）之诉。其结果是，被表意人有权依侵权法的赔偿原则从表意人处获得赔偿。侵权法上的赔偿原则是，使原告处于侵权行为实施之前所处的地位。这意味着，使原告因侵权而蒙受的全部损失都由表意人赔偿。相比之下，违约赔偿的原则是，使受损害方处于合同得到履行时本应处的地位。在特定的案件中，这两种赔偿原则可能导致差别很大的赔偿后果，且一般而言，侵权赔偿会导致更高的赔偿额（参见下文中的South Australia Asset Management Corp. v. York Montague Ltd. 案）。

当一项表示不真实，但不构成欺诈性的不真实表示时，该表示或者是过失的不真实表示，或者是无过错的不真实表示。根据英国《1967年不真实表示法》（the Misrepresentation Act 1967）第2（1）条的规定，作出不真实表示的一方有义务就由此所致的损害作出赔偿，无论该表示是不是欺诈性的，“除非他证实，到合同订立时为止，他始终有理由相信，并且事实上相信，所表示的事实是真实的”。这一规定产生了如下法律后果：（1）就表意人的心理状态而言，区分过失的不真实表示与无过错的不真实表示的界限在于：表意人是否有理由相信且事实上相信他表示的事实是真实的；（2）就表示的责任而言，前者发生赔偿后果，后者不发生赔偿后果；（3）证明不真实表示为无过错的不真实表示，举证责任在表意人一方。

关于这两种不真实表示的赔偿责任，在上述1967年的制定法颁布之前，只有欺诈性的不真实表示产生赔偿责任；在该法颁布之后，欺诈性的和过失的不真实表示都产生赔偿责任，且两种赔偿责任是一样的。也就是说，根据1967年的制定法，无论不真实表示是欺诈性的还是过失的后果，被表意人均可提起侵权之诉，并按侵权法上的赔偿原则得到赔偿。可是，在近期的审判实践中，英国法院对过失的不真实表示采取了一种略为宽容的态度。在1996年的South Australia Asset Management Corp. v. York Montague Ltd. 案中，原告在20世纪80年代房地产经营业的繁荣时期向一些购买商业性房地产的人进行了贷款。在此之前，原告让被告对这些建筑物的价值进行了评估，评估的结果大大高于它们的实际价值。到90年代，随着财产市场的大萧条，这些财产的价格大幅度下跌，降到了其实际价值之下，致使由于相信了被告的估价而放贷的原告蒙受了严重的亏损。

---

① 这些构成要件包括过错、行为、因果关系等。

在这种情况下，原告以被告过失欺诈为由对被告起诉，要求就蒙受的全部损失得到赔偿。英国上诉法院支持了原告的索赔请求，理由是：该请求是贷出的款项与依市场价而转售这些房产的收入之间的差价，如果不是该错误的估价，原告本来不会进行贷款，从而蒙受该差价损失。这一判决被上议院推翻。上议院认为，被告仅应就违反其义务而导致的损害负责，该方的义务是，就这些房地产的价值提供信息；因此，该方仅应就提供错误信息的后果承担责任，而不是就原告因介入这一交易而蒙受的全部损失负责。最后，上议院判决，被告无义务就财产市场的崩溃所致的损失作出赔偿。

在美国，涉及表示者的过错，如果被表意人试图撤销合同，他需要证明表示是欺诈性的，或者证明，表示是“重大的”①；可是，如果被表意人想使表意人承担侵权法上的赔偿责任，他就要证明，表示不仅是欺诈性的，而且是重大的。② 所谓“重大的”，是指表示对被表意人有重大的影响，足以使一般的人相信所表示的事实是真实的。1942年，美国肯塔基州法院在审理一个案件时比喻说：如果一方对另一方说，“月亮是用新鲜的乳酪做的”，另一方没有理由相信这是真的。

2. 行为

在英美法上，不真实表示，必须是关于事实的表示。这一规则，将不真实表示与关于表意人主观见解（opinion）的表示区别开来。在许多情况下，被表意人对表意人的个人见解，只应在参考的基础上形成自己独立的判断，而不应产生依赖。在这样的情况下，表示作为见解，不能成为法律意义上的不真实表示。

在特定的案件中，一项表示是关于事实的还仅仅是见解，是一个事实问题，即依据案件的具体情况由事实的裁判者（由陪审团或者在没有陪审团参加的诉讼中由法官）决定的问题。在这方面，英美法院在长期的审判实践中发展了大量的具体规则。例如，当卖方基于自己的专业知识就其出售的产品的品质或性能等发表意见时，这种意见很可能被视为对事实的表述，因为缺乏专业知识的买方对该意见很难形成自己的判断，因而往往会对其发生信赖。反之，当卖方的表示涉及产品的价值时，作为一项确定的规则，买方通常没有理由对其发生信赖。英美法院经常判决，有关货物价值的表示只构成见解。

当一项表示涉及发生在过去的或正在发生的事实时，该表示可能成为对事实的表示。可是，如果它是关于将来的情况的，则一般不构成对事实的说明。在1927年的一个英国案例中，一块土地的卖方对买方说，这块地如果好好地利用，养2 000只羊是没有问题的。法院判决，这只是一种见解，因为在这块地上从来没有放养过羊。

当事人对自己想法的表示可以构成对事实的陈述，因为想法本身也是一种事实状态。在英国上诉法院1885年审理的一个案例中，一份为了得到国家贷款而起草的企业规划书称，该贷款将被用于修缮某些建筑物和拓展企业的业务，但实际上借款人的真实想法并不是这样。法院认为，这构成了对主观心理状态的不真实表示，是一种对事实的表示，因而欺诈成立。

---

① 《第二次合同法重述》第164条。

② 《第二次侵权行为法重述》第525条。

有时，表意人所说的本身只是一种看法，但它暗示着特定事实的存在，这样的表示也会构成产生法律后果的不真实表示。在英国的 Smith v. Land and House Property Corporation 案中，被告是房屋的出租人。他对原告说“弗莱克先生是最理想的房客”。原告据此认为，弗莱克从未拖欠过租金。然而在事实上，这位房客拖欠了大笔租金。上诉法院判决，被告的表示是关于事实的表示，因为该方知道弗莱克的债务状况，这样的地位使原告相信，“他是理想的房客”意味着他按时交纳了房租。

对法律的表示能否构成对事实的表示？依英国法，答案是否定的。但是在实践中，一项表示是关于法律的还是事实的并不容易澄清。在美国，对法律的表示可以成为对事实的陈述。因此，一个门外汉对律师所作的关于法律的表示有理由产生信赖，即使律师是代表前者的相对方加入谈判的。

关于不真实表示的行为构成，另一个重要问题是：保持沉默能否构成不真实表示？也就是说，一方不向另一方披露自己掌握的信息，能否构成欺诈性的或过失的不真实表示？根据英美法院采纳的拉丁语的格言——“买主自慎”（caveat emptor），作为一般原则，沉默不构成虚假表示。因此，合同一方即使知道另一方对某些情况存在误解，也不负有披露义务。在 1873 年的一个案例中，一名妇女在谋职时没有披露她结过婚。在当时，这是招聘者在雇佣人时考虑的一个重要因素。但英国法院判决，这并不能构成不真实表示。

上述一般原则从属于某些例外，其中典型的有以下几种：

（1）表意人负有“最大诚信”（utmost good faith）义务的情况。这以保险合同为最典型，即投保人必须向保险人充分披露有关的事实。这样的义务也适用于股票的卖方和不动产的卖方（披露影响土地所有权的情况）。

（2）原来的陈述因情况变化而变得不真实。如果一项表示在作出时是真实的，到签约时情况发生了变化，使表示与事实不符，表意人不能保持沉默；他有义务将变化了的情况通知另一方。

（3）因片面披露事实而不真实。如果一方披露了部分事实，掩盖了部分事实，从而使另一方对有关的整个情况作出错误的判断，其行为构成不真实表示。

（4）因存在信义关系（fiduciary relationship）而有义务披露。信义关系是存在于特定的当事人之间的信任关系。例如，律师和当事人之间、医生和病人之间、牧师和教徒之间、委托人与代理人之间，被认为存在这样的关系。当存在信义关系时，受到信任的一方不能对影响彼此间的权利义务的事实保持沉默。

3. 因果关系

在主观过错和客观行为均具备的情况下，因果关系的存在又成为被表意人主张不真实表示的诉因的不可或缺的要件。所谓因果关系，指表示引起了被表意人的信赖，成为该方对有关事实发生错误认识的原因。在以下几种情况下，这样的因果关系显然是不存在的：

（1）被表意人知道、有理由知道或意识到，表示是不真实的。可是，如果被表意人仅仅对表示发生了怀疑，或者，该方依据其掌握的信息进行调查，本来可以发现表示的不真实性，并不妨碍该方主张不真实表示成立。在 1881 年的 Redgrave v. Hurd 案中，一个律师将他的业务卖给了另一个律师。前者在成交前对后者说，他每年的收入能达到300英镑，并把有关的记录放在后者的面前。出于对前者的相信，后者没有翻阅那些记录。后来，后者发现前者作了虚假的表示，其每年的收入根本达不到前者说的数额，因而要求撤销交易。英国上诉法院判决，他有权这样做，即使他有机会发现前者的表示是不真实的。

（2）被表意人对表示的真实性作了调查，从而形成了自己的判断。在一个英国的案例中，一个煤矿的买方对卖方声称的该煤矿的年收益水平作了调查，但进行调查的人错误地报告说，卖方的表示是真实的。上议院判决，买方是基于对自己的调查报告的依赖而签约的，故合同不能被撤销。

4. 救济

在英国和美国，作为一般原则，当不真实表示是欺诈性的或过失性的时候，被表意人有权撤销合同。当不真实表示导致被表意人遭受损失的时候，该方还有权要求获得赔偿。在英国，根据《1967年不真实表示法》第1条的规定，当不真实表示的内容成为合同的条件时，被表意人有权同时提起不真实表示之诉和违约之诉，因此，原告可以一方面要求撤销合同，另一方面就蒙受的损失要求另一方赔偿。

（二）法国

1.《法国民法典》第1116条的规定

《法国民法典》第1116条规定，在当事人一方实施“欺诈手段”（manoeuvres）时，如果没有这种手段的实施另一方显然不会签订合同，欺诈（dol）构成合同无效的原因。该条采用的manoeuvres一词，类似于英语中的artifices（诡计）或machinations（奸计），其中带有“不诚实”的含义。这一词语可以包含各类进行不实表示的行为，如发出包含虚假信息的文件或提供假情报，但以具有使相对方发生错误认识的动机为共同特征。因此，该条款规定的欺诈，仅指恶义的不实表示，而不包括过失的不真实表示。

2. 过错

《法国民法典》第1116条规定的欺诈的构成，是以有故意的动机为前提的。进一步说，该条第2款规定，“欺诈不得推定，而应加以证明”。因此，除非被表意人能够证明表意人有实施欺诈的动机，否则，该方无权依第1116条提起欺诈之诉。

为了避免上述规定导致的不合理结果，法国法院允许当事人依《法国民法典》第1382条对作不真实表示的人提起侵权之诉。该条的内容是：“任何行为使他人受损害时，因自己的过失而致使损害发生之人，对该他人负赔偿的责任。”1975年2月4日，法国最高法院在一个案件中允许贷款人对借款人提起侵权之诉。该借款人在披露信息方面存在过失，从而使贷款人有权依第1382条起诉，尽管贷款人不能依第1116条起诉。

3. 行为

同英美法一样，法国法也认为，商业上的吹嘘或夸张并不构成欺诈。卖方对其商品的品质、价值或价格的低廉作了言过其实的描述，不一定要为此承担责任。在这里，区分欺诈与吹嘘的标准是：卖方的手法应否为习惯所容忍以及在特定的行业中当事人应有的期望是什么？在特定的案件中，法院在决定卖方对其产品渲染性的描述是否构成了

“担保”时，还要考虑买方的专业知识、年龄和经验等因素。

在法国法院的现代判决中，有大量关于保持沉默的后果的判决。长期以来，法国的判例一直奉行“不说话就不存在欺诈”的原则。其理由是，道德规范并不强迫人们做对自己不利的事情；相对方的利益，应由该方自己去保护。1971 年 1 月 15 日，法国最高法院第三民事法庭在一项判决中说：欺诈可以由一方的沉默构成，因为他向建筑商隐瞒了一项事实，而后者如果知道这一事实，本来不会签署该合同。

这一时期以及以后，法国法院在一系列判决中宣布合同一方的隐瞒构成欺诈。其中的一种情况是，对于有关的情况，相对方“不可能自行了解”。实际上，法官掌握的尺度并不是“绝对不可能”，而是有“严重困难”即可。在法国最高法院社会庭 1947 年 2 月的一个判决中，卖方出售的马是用于乡村工作的，但实际根本没有工作能力，这构成了欺诈。因为对于为卖方所拥有的这匹马，买方不可能了解其详细情况。类似的情况有：出售的营业资产因发明专利证书的转让而贬值；出售的土地不可能获得建筑经营许可证；出售的土地因许可过期而不能建设加油站。

另一种情况是，一方拥有相对方所没有的专业知识，而这种知识涉及合同的标的。特别是，当买方是消费者时，卖方的披露义务成为制定法明确规定的义务。根据法国 1992 年 1 月 18 日发布的第 92-60 号法律，“所有专业性的出卖人或服务的提供者都必须在合同订立之前使消费者处于知道货物或服务的实质性特征的地位”。

法院还依据诚信原则决定卖方是否有披露义务，同时，也考虑依商业习惯，让一方披露其掌握的信息是否公正。此外，相对方有无“不可原谅”的轻率和疏忽，也是考虑的因素。

4. 结果和因果关系

在法国，传统的观念是，“欺诈手段”必须导致受害人主观认识的错误，才能构成欺诈。可是，这种观点在科尔马法院 1970 年 1 月 30 日的判决中受到了挑战。在该案中，一个 75 岁的老妇被她的女儿和女婿“软禁”起来，不能外出，直至精疲力尽。在这种情况下，老妇签署了一份要式的文件，将其财产以遗赠方式给了该夫妻，从而剥夺了其儿子的继承权。法院判决，在《法国民法典》第 1116 条中并没有找到“错误”，而只提到这样的事实：“没有该欺诈手段”，另一方本来不会签署合同，因此，只要一方采用了“欺诈手段”，并具有让另一方以一种他本来不会采用的方式行事的动机，该手段就构成了欺诈。对于这一判决理由，学者的评论尚存在争议。

如果欺诈者所说的是一种赤裸裸的谎言，法院会否认欺诈成立，因为相对方没有理由对之产生信赖。换言之，相对方签约不是由于欺诈者的诱使，而是由于相对方的判断有误。

涉及欺诈手段对受害人的影响，法国法采纳了罗马法关于“主要作用”和“次要作用”的理论。所谓主要作用，指欺诈手段导致了整个合同的订立；而次要作用指欺诈手段仅影响到合同的部分条件，受害方仍愿意订立合同，只是不愿接受欺诈影响的条件。采纳这种理论的后果是，当主要作用发生时，受害方可同时撤销合同和要求得到赔偿；而当次要作用发生时，受害方的权利仅限于对合同条件进行调整。可是，法国最高法院在判决（例如该院商事庭 1984 年 5 月 2 日的判决）中宣布：作这样的划分是没有必要的，应当取消；欺诈作为影响当事人一方立约意志的决定性因素一旦被证实，该方便有权决定是宣布合同无效和要求赔偿，还是对合同条件加以调整。

5. 救济

依《法国民法典》第1117条，因欺诈而成立的合同属相对无效的合同，即可以由受欺诈的一方撤销的合同。

（三）德国

1.《德国民法典》第123条的规定

《德国民法典》第123条规定，因欺诈而被诱使为意思表示的人，可以撤销表示。这一规定成为德国发展合同欺诈制度的基本依据。以后，这方面的细节主要是靠德国法院的判例发展的。

2. 过错

在德国，欺诈的成立并不以欺诈者具有损害相对方的动机为前提，只要欺诈者没有诚实地行事，即可构成欺诈。进一步说，一方在请第三人帮助他进行谈判时，要就第三人的欺诈行为承担责任，不管他对该欺诈是否知情。

3. 行为

依德国法，当事人在订立合同的谈判过程中不负有将有关的信息告知另一方的一般性的义务，但是在审理案件的过程中，法院可依案件的具体情况，基于对贸易惯例、当事人之间的关系等因素的考虑，依诚信原则，决定当事人有无这样的披露义务。

对买卖合同而言，如果卖方知道货物的有关情况会影响买方作出购买的决定，并且知道，买方没有意识到该情况的存在，在当时的情况下也没有能力发现该情况，法院就可能认为，卖方负有披露这一情况的义务。

当卖方拥有某种专业知识而买方没有时，法院将更有可能认为卖方有披露义务。特别是，在不披露将使买方处于危险境地的情况下，卖方有义务将全部相关的信息通知买方。比如，双方成交的是一辆二手的汽车，这会增加发生车祸的危险。因此，卖方有义务将该汽车的缺陷告知买方，而这种通知对卖方显然是不利的：买方可能因此而拒绝签约。

如果双方都是专业人员，卖方的披露义务就减轻了。不过，如果一方过去曾经就有关事实通知另一方，而这一通知是不正确的，前者有义务再发通知给予纠正。

片面地披露有利的情况而掩盖不利的情况是构成欺诈的情况之一。在一个案件中，债务人本来无义务向担保人披露有关债务人财产状况的情报，但该方因片面地披露乐观的情况而构成欺诈。

4. 结果和因果关系

依《德国民法典》第119（2）条的规定，当事人以错误为由撤销合同，必须以认识的对象（人或物）的性质在交易上具有实质性为条件。可是，欺诈的成立并不需要类似的条件，进一步说，欺诈只需影响到相对方的动机，便可以成为撤销合同的理由，而不需要导致被欺诈人认识上的错误。1989年7月7日，德国最高法院在一个案件中判决，在卖方未披露货物的瑕疵而构成欺诈的情况下，买方无需证明卖方的欺诈是构成买方错误的原因。此外，欺诈无须成为被欺诈人订立合同的唯一原因，只要是该方订立合同的原因之一即可。

5. 救济

依《德国民法典》第 123 条的规定，欺诈使合同成为可撤销的合同。此外，法院允许被欺诈人就欺诈所致的损害获得赔偿。

（四）《国际商事合同通则》

《国际商事合同通则》第 3.2.5 条规定："一方有权撤销合同，如果合同的订立是另一方欺诈性的表示所导致，包括语言、行为和欺诈性地不披露情况，而根据有关公平交易的合理商业标准，后者本应披露该情况。"

（五）中国

涉及欺诈，《民法典》作出了如下规定：（1）一方以欺诈手段，使对方在违背真实意思的情况下订立合同，受欺诈方有权请求人民法院或仲裁机构撤销合同（第 148 条）；（2）第三人实施欺诈行为，使一方在违背真实意思的情况下订立合同，对方知道或者应当知道该欺诈行为的，受欺诈方有权请求人民法院或仲裁机构予以撤销（第 149 条）；（3）故意隐瞒与订立合同有关的重要事实或者提供虚假情况，造成对方损失的，应承担赔偿责任（第 500 条）。（4）因欺诈而有权撤销合同的合同的当事人，须自知道或者应当知道撤销事由之日起一年内行使撤销权（第 152（1）条）。

七、胁迫

（一）英国和美国

1. 从人身强制和暴力威胁到经济胁迫（economic duress）

胁迫的一般特征是，合同一方对另一方施加压力，迫使另一方在不得已的情况下接受强加的合同条件。其结果是，后者的意思表示不能反映其真实意愿。

英美法在早期只承认合同一方只有在遭受人身强制或受到暴力威胁的情况下签署合同才有权主张合同是基于胁迫而订立的。不过，英国法院很早就在《返还法》（the Law of Restitution）中承认，如果卖方为索要更多的货款而扣留货物，买方为得到货物而多付了钱，买方有权在卖方交货之后再把多付的钱要回来。这样的救济后来发展成货物胁迫（duress of goods）的制度，并成为合同法上的诉因。其特点是，卖方利用买方对货物的急迫需要，以不交货相要挟，以索要比已经约定的合同价更高的价款，而买方无法从其他途径获得货物，因而不得不接受卖方强加的条件。这种制度为后来更加开放的经济胁迫的理论和实践的发展奠定了基础。

与货物胁迫的相似之处是，经济胁迫也是以让相对方丧失一定的经济利益作为胁迫的手段，但经济胁迫不仅限于以扣留货物相威胁，也不仅限于买卖合同的卖方对买方进行的威胁。

美国比英国更早地采纳了经济胁迫的制度。例如，早在 1942 年，联邦最高法院就在 United States v. Bethlehem Street Corp. 案中判决，一家建造军舰的私人公司利用政府在战时对军舰的急迫需要在签约时索取高额的奖金，该奖金是经济胁迫的后果。

英国法院在1979年通过审理 North Ocean Shipping Co. v. Hyundai Construction Co. 案采纳了经济胁迫构成胁迫的原则。这是第一个采用该理论的判决。

2. 动机

在考查某一行为是否构成胁迫时，英美法最初对行为人动机的关注并不是很多。这是因为，传统的以暴力威胁为特征的胁迫一般是以行为人的恶意为特征的。然而，在考查经济胁迫的构成时，将善意地与相对方就已签订的合同的条件重新进行协商的意思表示与胁迫的意思表示相区别，是十分重要的。在商业实践中，商人在合同签订之后常常向合同另一方提出变更合同条件的建议。如果这种建议的提出是善意的，另一方接受了这一建议，该方不能在事后以受到胁迫为由拒不执行该变更的建议。

在决定重新协商的动机是否善意时，英美的判决和学理认为，在一个具体的案件中，应注意考查以下情况：

（1）要求重新协商的一方（要求方）是否善意地相信有权不履行原来签署的合同：如果依原来的合同履行会导致显失公平的结果，或者会使该方面临极大的困难，就有理由认为该方是善意的。

（2）要求方所寻求的新的合同条件是否公平。

（3）要求方所寻求的目的是否正当。依《第二次合同法重述》第176（2）（a）条的规定，如果一方通过威胁另一方所寻求的合同条件是不公平的，同时，“这种威胁的行为将损害被威胁方，又不能使实施威胁的一方获得重大利益”，那么，这样的威胁就构成了“不适当的威胁”。也就是说，当进行威胁的目的与双方的交易条件没有因果联系时，应认定行为人的动机是非善意的。

3. 行为

胁迫是以威胁（threat）为手段的，然而并不是所有签约过程中的威胁都构成胁迫行为。依英国法，由合法行为构成的威胁通常不构成胁迫行为。当一方在签约之前对另一方说“如果你不答应我提出的条件，我就不跟你签约”时，前者没有胁迫后者。因为签署合同或拒绝签署合同是当事人的合法权利。

上述原则从属于某些例外：首先，关于以提起刑事诉讼相威胁是否构成胁迫，依普通法，答案是否定的；而依衡平法，答案是肯定的。今天在英国，涉及这一问题，该衡平法的规则优先。也就是说，以提起刑事诉讼相威胁是一种胁迫行为。其次，在实施海上救助的过程中，如果救助方在救助前迫使被救助方答应了某些条件，后者有权以胁迫为由拒绝兑现其许诺。最后，当合法手段被用于敲诈（blackmail）的目的时，被敲诈的一方有权主张胁迫成立。例如，把丈夫与其他女人的私通行为告之妻子，是合法行为；但以之进行要挟，以获取合同项下的利益，是一种敲诈行为，构成胁迫。

美国的学理认为，以合法不合法界定某种威胁手段是否为胁迫行为是不科学的。美国采纳的标准是，“不适当的”（improper）威胁构成胁迫行为。与英国相同的是，在美国，以提起刑事诉讼相威胁是不适当的。犹他州法院在一个案件中认为，法院的刑事诉讼程序是为了保护公众，用来保护私人的利益是不适当的。当威胁的行为本身构成刑事犯罪行为或侵权行为时，该行为是不适当的威胁。另一项规则是，如果威胁构成对

“诚信和公平交易”（good faith and fair dealing）原则的违反，则该威胁是不适当的。

4. 因果关系

在英美法上，不合法的或不适当的胁迫只有在事实上导致了合同的订立或重新协商的发生时，胁迫才能成立。英国法院在决定这一问题时需考查多种因素，包括：受威胁方是否可能找到替代的合理补救方法；双方是否实现了有效的和解；受威胁方对于其受到的威胁是否提出过反对；受威胁方是否进行过独立的咨询因而是基于其自主意志达成协议的。

在决定因果关系方面，美国法院在今天的审判实践中最为关注的是，威胁是否已经让特定的被威胁者“没有合理的选择余地”（no reasonable alternative）。例如，威胁提起民事诉讼在某些情况下是“不适当的”（比如，威胁方本来就不认为自己对另一方提起的民事诉讼具有合理的依据，这构成非善意地滥用司法程序），但这种不适当的威胁一般不构成胁迫，因为被威胁方可以通过辩护来维护自己的利益。可是，如果威胁方声言要扣押被威胁方的财产，就可能构成胁迫。因为财产一旦被扣押，在诉讼了结之前，就不能正常地转让，由此造成的损失不一定能得到弥补。在这种情况下，被威胁方通过参加诉讼与威胁方对抗，而不是屈从于威胁方的压力，就不再是合理的选择。1959 年，加利福尼亚州法院在审理 Leeper v. Beltrami 案时针对这样的案情就作出了这样的判决。

一个具有普遍意义的问题是，当一方对另一方施加威胁时，如果另一方可以不作让步，并通过诉讼挽回其损失，那么，诉讼是否是一种合理的选择？美国法院判决，如果一种法律救济不能马上奏效，或者被威胁方没有把握获得这种救济，该救济就不是合理的选择。

5. 救济

当合同基于胁迫而成立时，英美法的一般原则是，该合同可以为被胁迫方撤销。但依美国《第二次合同法重述》第 174 条的规定，当胁迫表现为对人身的强制时，被胁迫的行为不发生效力，故合同不能成立。

（二）法国

1. 《法国民法典》第 1111 条和第 1112 条的规定

《法国民法典》第 1111 条规定：“对订立契约承担义务的人进行胁迫构成无效的原因，即使胁迫由为其利益订立契约的人以外的第三人所为时，亦同。”该法典第 1112 条规定：“如行为的性质足以使正常人产生印象并使其担心自己的身体或财产面临重大且现实的危害者，即为胁迫。在这方面，应考虑到受胁迫人的年龄、性别及个人情况。”法国的现代学理认为，上述第 1111 条所指的胁迫，并不包括对人身的强制；当一方受到这样的强制时，由于缺乏该方的同意，合同并不存在。所以，第 1111 条所包括的胁迫行为，仅指精神上的压迫，即一方或第三方对他方的威胁。根据该法典第 1112 条，此种威胁既可以作用于人身，也可以作用于财产。

2. 动机

当一方对他方进行威胁的目的与该方享有的权利无关时，应认为该方的动机是不正当的。例如，根据法国最高法院诉状审理庭 1903 年 4 月 6 日的判决，丈夫以起诉其妻与人通奸相威胁，迫使其妻在未得到任何款项的情况下签署一张收据，这一行为构成胁迫。又如，依照法国最高法院 1913 年 4 月 9 日的判决，债权人以起诉债务人相威胁，迫使债务人廉价出售其财产，构成胁迫。

如果威胁的目的是为了实现合法的权利，但所采用的方式是不适当的，比如对相对方进行恫吓，该行为同样有可能被视为胁迫。由此可见，动机的善意并不能排除构成胁迫的可能。

3. 行为

受罗马法传统的影响，法国法认为，只有违法的威胁行为，才能导致意思表示的瑕疵和法律的制裁。因此，一方以行使权利相威胁，不构成合同无效的原因。为了实现自己的权利，当事人可以威胁提起民事诉讼，也可以威胁提起刑事诉讼。在法国最高法院 1959 年 3 月 11 日判决的案件中，雇主以起诉相威胁，迫使被非法雇用的职员同意辞职。法官认为，这并不构成胁迫。不过，当行为合法但目的不正当或方式不适当时，也会构成胁迫，上文所述的丈夫迫使妻子签署收据的案例，即是这方面的例证。

4. 因果关系

在法国，如果所威胁的事项由于意外情况在客观上已经实现，或被威胁方已处于威胁所包含的危害之中，那么，除非威胁方对此一无所知，该威胁并不构成胁迫。这是传统的观点。在现代的判例中，利用他人的急需而施加压力，即使威胁的事项原来存在，仍构成胁迫。比如，在有关海难救助的案件中，遇难人所作的数额巨大的付款许诺，被判为因胁迫而无效或其金额得以减少。

依《法国民法典》第 1112 条，只有当威胁导致了重大而现实的危害时，胁迫才能发生。因此，如果威胁的事项不是近期将发生的，或是荒谬可笑的，则不能构成胁迫行为。

关于如何衡量胁迫的危害后果是否重大，《法国民法典》规定了两种标准：足以影响“正常人”的一般标准和由“个人情况”决定的个别标准。法国学者认为，在制裁有过错的行为人时，应采用该一般标准；在确定被威胁方同意的不自由时，应采用个别标准。法国法院在实践中倾向于优先适用个别标准判定威胁是否足以使被威胁方违心地表示同意。

5. 救济

依《法国民法典》第 1117 条，胁迫导致合同的相对无效。因此，胁迫的成立使被胁迫方获得撤销合同的权利。不过，该方有权仅要求变更合同的内容，同时要求损害赔偿。

（三）德国

1. 《德国民法典》第 123 条的规定

《德国民法典》在原则上规定，因 Widerrechtliche Drohung 而为意思表示的人，可以撤销表示。按字面意思，这一德文词语可译为英文的 unlawful threat，即“不法威胁”，我国学者多译为“不法胁迫”。但 Markesinis 等人指出，Drohung 应译为 threat。不法威胁一词并不包含暴力在内。在德国，以暴力手段实施强制，并没有意思和意思表示可言，因而谈不上撤销合同的问题。

关于上述“威胁”一词的含义，德国联邦最高法院在 1988 年 6 月 7 日的判决中解释道：“威胁是关于某种未来的危害的宣告；进行威胁的人宣称，对于该危害的发生或不发生，他具有影响；而该危害将会实现，除非受到威胁的人作出该进行威胁的人谋求的意思表示。”

2. 动机

依《德国民法典》第 123 条，不法威胁构成撤销合同的理由。因此，如果威胁的目的违法，则合同可撤销。不过，当这种情况发生时，合同将依《德国民法典》第 134 条（违反法律的禁止性规定）和第 138 条（违反善良风俗）归于无效，不管被威胁方是否行使撤销合同的权利。

3. 行为

在德国，如果威胁的手段违法，无论目的是否合法，合同成为可撤销的合同。例如，甲对乙说：“如果你不签这张支票，我就打断你的腿。”这构成不法威胁。同样，从原则上说，如果合同一方以违约相威胁，迫使另一方让步，也构成不法威胁。违约虽然不是违反法律的禁止性规定的行为，但属于不法行为。不过，涉及这类问题，学者找不到相关的德国判例。

当威胁方寻求的利益与该方的合法权利无因果关系时，威胁成为不法行为。例如，如果甲有意地将乙家的窗户上的玻璃打碎，乙有权威胁说：“除非你赔我玻璃，否则我向警察告发你。”但乙不能以此威胁让甲偿还甲欠乙的钱。

与上述案情相似的是，乙在玻璃被打碎后，没有对甲进行威胁，而是对甲的亲属说：如果不赔偿乙的损失就去告发甲，甲的亲属同意赔偿。在这种情况下，乙的威胁也属于不法威胁。因为乙对甲的亲属本来没有合法的权利。

值得注意的是，德国最高法院在 1988 年 6 月 7 日的判决中，通过援用《德国民法典》第 138 条，对上述威胁债务人亲属的案情进行了变通的处理。在该案中，某侵权人盗用了反诉人 100 万马克；该侵权人的妻子、母亲和岳母为使他免遭反诉人的刑事起诉而作了担保，替他还这笔钱。该法院拒绝了该侵权人的亲属撤销该担保合同的诉讼请求。它判决道：在本案中，该侵权人处于被人告发的境地，他的亲属要将他从这种“急迫情况”中拯救出来，这样的事实已为这些亲属所意识到；上诉法院允许撤销该合同，因为该法院没有将“威胁”与“急迫情况”区别开来；尽管依《德国民法典》第 138 条，利用他人的急迫情况而订立的担保合同可以归于无效，但这并不是必然的；依上诉法院查明的事实，不应得出该合同依第 138 条无效的结论。

德国最高法院作出上述判决的原因是，允许撤销该合同会导致不公平的结果。依《德国民法典》第 138 条，利用他人的急迫情况，使其向自己对一项给付约定给予财产利益，而此种利益与给付明显不成比例的，其法律行为无效。该法院认为，本案中不存在该“明显不成比例”的事实，故这些亲属在“急迫情况”下作出的许诺是有效的。

（四）《国际商事合同通则》

《国际商事合同通则》第 3.2.6 条规定：“在以下情况下，一方可以撤销合同：合同的订立是另一方不正当的威胁所致，这种威胁在当时的情况下如此地急迫和严重，致使前者没有合理的选择余地。特别是，当某一对被威胁方进行的威胁行为或不行为本身是不当的，或者，将该威胁作为达到订立合同的目的的手段是不当的时候，该威胁就是不正当的。”

上文中的“不正当”（unjustified）给了裁判者进行“公正裁判”的裁量权，而其中的“不法”一词（wrongful）是一种广义的概念，包括了各种不适当的或不妥当的行为，比如，违法、侵权和违约等各类侵犯私权和违反公序良俗的行为。

（五）中国

根据《民法典》，一方或者第三人以胁迫手段，使对方在违背真实意思的情况下订立合同的，受胁迫方有权请求人民法院或者仲裁机构予以撤销（第150条）；此种撤销权须自胁迫行为终止之日起一年内行使（第152（2）条）。

八、显失公平

（一）英国

1. 判例法

根据普通法，已经订立的合同不能以合同的条件不公平为由不予执行。普通法仅在有关海难救助的案件中允许撤销有利于救助人的敲诈性的交易。然而，当合同的条件显失公平时，受到不利影响的一方在一定的条件下可以获得衡平法上的救济。早在1751年，哈德威克（Hardwicke）勋爵就在审理Earl of Chester-field Janssen案时说：显失公平的案件“产生于缔约当事人的这样一种背景情况和条件：一方处于弱势，受到另一方重利盘剥或敲诈，或者，其弱点被另一方所利用”。1873年，即一个多世纪以后，塞尔伯恩（Selborne）勋爵在Earl of Aylesford v. Morris案中引用了哈德威克勋爵的上述观点，并进一步评论道：哈德威克勋爵所指的一方利用双方交易地位的不平等的情况“构成欺诈的推定。在这里，欺诈并不指欺骗或落入对方陷阱，而是指对产生于这样的背景和条件的权力的显失公平的利用：当各方当事人的相对地位构成导致这种推定的表面证据时，交易便不能得到维持，除非在该交易项下获得利益的一方能够证实，该交易在事实上是公平、正当和合理的，从而排除这样的推定”。

以上判决意见表明，即使在衡平法法院，仅仅证实合同条件不利于自己，还不能证明显失公平的存在。1983年，英国后座法院法官彼得·米利特（Peter Millett）在审理Alec Lobb（Garages）Ltd. v. Tolal Oil（Great Britain）Ltd. 案时归纳说：法院要介入当事人的交易，必须先审查三个要件是否得到了满足：首先，一方处于严重不利的地位，比如贫困、未能意识到对自己不利的合同条件或未能得到相关的咨询。其次，另一方以一种不道德的方式利用了这种弱势地位。最后，所产生的交易对于弱方不仅是苛刻的或“没有远见的”（improvident），而且是极为过分的和让人不能容忍的（overreaching and oppressive）。最后一个要件意味着，当合同是一个货物买卖时，价格过低还不够，而是要实质性地过低以至于触动了法院的良知（shocks the conscience of the court）。

上述判决意见在案件上诉到上诉法院后得到了确认。而这些判决表明了英国法院对以显失公平为由推翻交易的严格限制态度。执教于英国剑桥大学的 Beatson 教授指出，尽管英国法院曾在一系列的案例中表明，对于显失公平的理论应作扩大的适用，但是，在这方面，法律没有出现根本性的变化。在上述三个要件中，前两个要件（一方是弱方，且这种弱势被不道德地利用）被英美学者称为“程序性显失公平”（procedural unconscionability），后一个要件被称为“实质性显失公平”（substantive unconscionability）。主张显失公平的一方必须证实，同时存在程序上的和实体上的显失公平。这意味着，该方通常要证实，该案中同时存在着胁迫的情况或不正当影响（undue influence）的情况。

对于上述状况，在英国上诉法院任院长的丹宁勋爵曾进行过改革的尝试。1975 年，他在 Lloyds Bank Ltd. v. Bundy 案中表述了这样的意见：在存在胁迫、不正当影响、交易显失公平以及一方对另一方施加惩罚或“没收”（forfeiture）另一方利益的案件中，衡平法的介入是以“交易地位的不对等”（inequality of bargaining power）的基本原理为依据的。针对该案的案情，丹宁判决，该案中的贷款人利用了他与担保人之间存在的信任关系，其行为是不正当影响的行为，因此，担保可以被撤销。丹宁又进一步判决：“在当事人没有就公平的条件达成一致时，如果一方的交易地位如此地强大，另一方如此弱小，以致为维护一般的公平，允许其中的强者将该弱者逼入绝境是不对的。”依这样的判决意见，该案中即使不存在不正当影响的情况，法院也可以基于合同条件的不公平和双方交易地位的不对等作出同样的判决。

可是，丹宁的上述观点后来被英国上议院明确地否认了。1985 年，上议院在 National Westminster Bank Plc v. Morgan 案中说：不正当影响是一种应得到优先采用的处理方法；对契约自由加以限制的任务，就其实质而言，属于立法机关的任务，而不是司法机关的任务。

2. 制定法

英国的制定法并没有采纳显失公平的一般概念，同时，每一部制定法仅适用于一个特定的领域，但这些法律的发展对于保护弱方当事人的利益起了重要的作用。在这些制定法中，最重要的是《1977 年不公平合同条件法》（the Unfair Contract Terms Act 1977，以下称《1977 年法》）和《1994 年消费者合同不公平条件条例》（the Unfair Terms in Consumer Contracts Regulations 1994，以下称《1994 年条例》）。

《1977 年法》的主要规定包括：（1）因过失所致的死亡或人身伤害不能免责。（2）当货物被消费者使用时，涉及货物的品质缺陷，生产者和批发商的担保责任不能被免除。（3）因违反制定法规定的默示条件而承担的责任不能被免除。例如，由《1979 年货物买卖法》和《1982 年提供货物和服务法》（the Supply of Goods and Services Act 1982）规定的卖方对其拥有的货物的所有权的默示担保、货物与卖方对货物的描述和提供的样品相符的默示担保、货物具有令人满意的品质的默示担保、货物能适用于特定用途的默示担保等，不能被免除。（4）当合同一方为消费者时，或合同基于一方的“书面的标准商业条件”而订立时，有三种免责条款是无效的，除非它们是合理的：第一种是，免除或限制了一方违反合同的某一条件的责任。这方面的例证是，航空合同在其拟定的格式合同中规定，不就飞行的延误承担责任，或者只承担有限的责任。第二种是，一方有权以某种方式履约，而这种方式与另一方的预料有实质性的不同。这方面的典型例子是，由旅游公司起草的合同规定，旅游公司可以任意改变旅行计划中的时间或设施等因素。第三种是，合同规定，对于某种合同义务的全部或其一部分，一方可以完全不予履行。例如，音乐会的门票上写明，主办人可以取消音乐会并返还购票款而不必给予消费者任何补偿（包括往返于音乐厅的交通费）。（5）当合同一方为消费者时，合同中包含的消费者须就其过失行为或违约行为所致的另一方的损失对另一方负赔偿责任的条款只有在合理的情况下才是有效的。

《1977年法》第11（1）条规定，法院在决定某一免责条款是否公平和合理时应考虑当事人双方在合同订立时所知的或期望的情况。该法第11（2）条规定，在决定该公平和合理是否存在时，须考虑该法第2条列明的因素。其中主要包括：（1）当事人在讨价还价时所处的地位和可以使消费者的要求得到保障的其他手段，由此确定他们的强弱。（2）消费者在接受该免责条款时是否受到了诱使，是否本可签署一份不包含该条款的类似的合同。（3）消费者是否知道，或依贸易惯例或过去交易的过程，是否有理由知道该免责条款。（4）当某一特定条件的不发生是免责条款生效的前提时，消费者在合同订立时是否有理由预料到该条件是可成就的。

《1994年条例》是英国加入欧盟之后依照欧盟在1993年发布的《关于消费者合同中的不公平条件的指令》（the Directive on Unfair Terms in Consumer Contracts（1993））而制定的。依《1994年条例》，合同中包含的不公平条件是没有强制执行效力的。关于什么合同条件构成不公平条件，该法第4（1）条规定："不公平条件"指与诚信要求相抵触，导致当事人在合同项下的权利和义务的"重大失衡"（significant imbalance），使消费者受到损害的任何条件。

该法第4（2）条规定，在决定某一条件是否具有不公平的性质时，应考虑合同所涉及的货物或服务的性质，并考虑影响合同订立的全部情况、合同的其他条件或合同所依赖的另一个合同的条件。

为了向法院提供参考，该法的"表3"（schedule 3）列举了17类可能被法院视为"不公平条件"的合同条件。其中主要包括：（1）排除对人身伤害或死亡的责任的条件。（2）不适当地排除或限制消费者的合法权利的条件。（3）不加补偿地约束消费者的条件，而消费者在签约之前没有真正的机会了解该条件。（4）允许卖方在无合法理由的情况下变更合同的条件。（5）允许卖方在买方取消合同时扣留预付款，而当合同被卖方取消时买方却得不到同等程度的保护。

《1994年条例》是欧盟指令的翻版，反映了欧洲大陆各国消费者保护法一般的和主要的特征。在该法颁布之后，《1977年法》仍然有效，从而导致了两套制度的平行实施。对于这两部制定法的关系，可以作如下简要的概括：（1）《1977年法》主要涉及控制性的免责条款的有效性，而《1994年条例》的适用范围并不仅限于免责条款。（2）《1977年法》适用于作为消费者进行交易的主体，包括公司在内；《1994年条例》只适用于消费者与卖方或供货方之间的合同，而消费者仅指自然人（human beings），不包括公司在内。（3）《1977年法》的保护范围并不仅限于消费者，商人之间的合同也在其适用范围之内；《1994年条例》的保护对象仅限于消费者。（4）《1977年法》管辖的合同条款是“书面的标准商业条款”；《1994 年条例》管辖的范围更宽，包括了所有未经“个别协商的”（individually negotiated）条例，因而可包括非书面的条件。（5）《1977 年法》以合同条件是否合理作为判别其效力的标准；《1994 年条例》则以合同条件是否公平作为准绳。

（二）美国

1. 概述

问世于 1952 年的美国《统一商法典》的第 2-302（1）条规定：“如果法院发现，作为一个法律问题，合同或合同的任何条款在合同订立时是显失公平的，法律可以拒绝强制执行该合同，或者，只强制执行合同中显失公平的条款之外的其他条款，或者对显失公平的条款的适用加以限制以避免显失公平的后果。”有人认为，在美国，新的现代意义上的显失公平制度是由该法典的这一条款开创的。这一条款使法院有权对显失公平的合同或合同条款进行公开的干预，从而使原有的衡平法上隐秘的以良心裁判为尺度的显失公平制度演变为公开的可以普遍适用的一般性制度。其发展的结果是：首先，在不存在胁迫、不正当影响等一方压迫或引诱另一方的情况下，仅仅根据显失公平的要件，就可以否认合同或其某项条件的效力。其次，为了向交易中的弱方提供保护，美国法院可以直接否认显失公平的合同或其条款的效力，而不必等待立法机关采取行动。这与英国法的保守立场形成了鲜明对照。

2. 构成要件

从总体上说，在美国，现代意义上的显失公平由两种基本因素构成，即一方面，合同的条件不合理地有利于一方而不利于另一方；另一方面，另一方在合同订立时没有作出有意义的选择。前者被称为“实质性显失公平”，后者被称为“程序性显失公平”。造成程序性显失公平的原因可以归结为两种：一种是一方由于不能归咎于自己的原因未能理解合同的内容；另一种是一方由于其所处的地位完全没有同对方讨价还价的余地。这两种原因与现代社会格式合同的大量被采用和在现代商业条件下经常出现的交易双方“交易地位”的不平等，往往有着重要的关系。在印第安纳州最高法院 1971 年审理的 Weaver v. American Oil Co. 案中，被告将一个加油站出租给了原告。合同中的免责条款规定，该承租人将免除该出租人所有的发生于该出租财产的过失责任。之后，被告公司的雇员把汽油喷到了原告及其助手的身上，使他们被烧伤。被告主张依该免责条款免除其对原告的赔偿责任。该法院发现，原告没有能力理解该合同的条款：他只读了一年半的中学，不是那种懂得法律和能够理解技术性条款含义的人；进一步说，也没有人对他解释过这份租约，使他能抓住其中重要的法律条文；被告也没有劝原告在签字之前找律师咨询一下。这些事实使原告不能在理解合同内容的基础上作出签约的决定。在该案中更重要的使原告不能作出有意义的选择的情况是：原告是交易中的弱方，为了寻求工作的机会而不得不在被告事先印制好的格式合同上签字。这样的弱势地位使他没有任何与对方讨价还价的余地。签署该租约的整个过程是：被告的代理人将租约放在原告的面前，对他说：“签吧”，原告就签了。因此，这是一种典型的“take it or leave”（或者全接受或者全放弃）合同。法院在判决中说，“在这份文件上的签字只不过是一种向美国石油公司提供实质性保护的手续”。

关于实质性显失公平与程序性显失公平的关系：首先，实质性显失公平的存在是判定一个合同或其条款显失公平的必备条件。在所有的案件中，没有它的存在，法院就不能得出合同或其条款显失公平的结论。在 Weaver 案中，使法院认为该租约的内容显失公平的主要事实是，原告每周必须工作 7 天，一年所得的总收入不过 5 000-6 000 美元，而为了支付因这次事故导致的伤害的医疗费，原告可能要花费几千美元。

其次，一个至关重要的问题是，在特定的案件中，如果只有实质性的显失公平而没有程序性的显失公平，法院能否认定合同或其条款是显失公平的？在纽约州最高法院 1969 年审理的 Johns v. Star Credit Corp. 案中，一家商店以 900 美元的价格将一台一般零售价为 300 美元的家用制冷设备卖给了靠社会救济金维持生活的人。法院在没有考虑有没有程序性显失公平的情况下判决：这两个数字之差真是大得不能再大了；这样的数字就足以使本法院作出显失公平的判决。然而，这样的案例是为数很少的。在多数情况下，法院都会考虑有没有程序性显失公平的因素存在。

在前述 Weaver 案中，法院在认定该合同中的免责条款显失公平的同时指出：“这并不等于说，当事人双方不能订立免除某种过失责任的合同，而是说，这种合同只有在当事人知情并且情愿的情况下订立。”在哥伦比亚特区联邦上诉法院 1965 年判决的一个案件中，法院在考虑一个向消费者出售家具和家用电器的合同是否显失公平时说：“已经得到普遍承认的显失公平的案件包括了这样一种情况：合同的条款不合理地有利于一方，而另一方未能作出有意义的选择。在特定的案件中，某一选择是否是有意义的选择，只能在考查围绕交易发生的全部情况的基础上作出决定。”在该案中，该法院在初审的审理记录中没有看到足以使该法院就该合同在程序上和实质上是否显失公平作出判断的事实，因而将案件发回初审法院重新审理。

上述案件表明，美国法院在一般情况下要同时对合同在程序上和实质内容上是否显失公平进行考查；只有实质性的显失公平，一般还不能导致否认合同效力的后果。进一步说，在我们看到的判决中，以显失公平为由否认合同效力的案件绝大多数涉及一方为消费者或其他弱方当事人的情况；商人之间签订的合同很少有被认定显失公平的。

3. 救济

从原则上说，显失公平的合同是可撤销的合同。当合同中的某一条款会导致显失公平的后果时，受到不利影响的一方通常有权否认该条款的效力，同时认可合同其他条款的效力。如前所述，依美国《统一商法典》第 2-302（1）条的规定，法院有权以实现公平为出发点，限制显失公平的条款的效力，比如对其内容作适当的调整。

（三）法国

1. 《法国民法典》第 1134 条的规定

《法国民法典》第 1134 条规定：“依法订立的契约，对于缔约当事人双方具有相当于法律的效力。”这是阐明契约自由原则的著名条款，为法国合同法在 19 世纪——“契约的世纪”的发展提供了基本的指导思想。根据这一规定，对于依法订立的合同，法院不应以合同的条件不公平为由而加以干预。

2. 附和合同理论的产生和发展

《法国民法典》问世于1804年。在那个时代，合同被视为拥有平等交易地位的当事人自由协商的结果；合同的内容通常反映了他们的自主意志，一般并不存在一方利用自己在交易中的优势地位将自己的意思强加于另一方的情况。从19世纪下半叶到20世纪初，随着工业化进程和市场经济发展的加快，合同在越来越多的情况下签署于专业人士与“门外汉”之间、商业组织与个人之间、拥有“准垄断权”的企业与消费者之间，合同各方在交易中的平等地位在通常情况下已不复存在。以此为背景，法国学者萨雷利斯（Raymond Saleilles）于1909年提出了“附和合同”理论。他主张，附和合同不是真正的合同，因为它并不是当事人各方的意志达成真的一致的结果，而是起草合同的一方单方意志的体现和另一方对它的附和。基于这样的理由，他提出，附和合同不是《法国民法典》第1134条规定的“当事人之间的法律”，因此，法官应拥有广泛的对这种合同中的条款进行修正的权力，只要他认为该条款是不公正的。

上述理论在20世纪初曾风靡一时，但是在后来受到了现代学者的批评。法国的现代学理认为，赋予法官审查附和合同效力的自由裁量权，将使法律关系处于不安全的状态，使企业进行投资和生产的积极性受到打击。

3. 法院的立场

在附和合同的理论提出之后，法国的基层法院曾经在一个时期基于这种理论对合同进行特别的审查，但这种倾向很快被最高法院制止。结果，在司法实践中，附和合同同其他合同一样，仍适用合同法的一般规定。

不过，对于在现代生活中出现的合同显失公平的现象，法国法院也不是完全地无动于衷的。在司法实践中，附和合同要受到法律保护必须具备一个条件：受要约人在订立合同时必须有机会了解合同的条款。例如，运输合同中免除承运人责任的条款，如果只印在车票上，旅客在支付票价、合同成立之后才知道该条款，则该条款是无效的。这一原则也适用于附和合同之外的其他合同。比如，旅店住宿合同并不属于附和合同，但依法国土伦民事法庭1952年6月4日的判决，旅店将有关旅店免责的规定张贴于房间内，旅客在合同订立后才知道该规则，该规则不发生效力。

从总体上看，法国法院所抱的基本态度是，对于已经签署的合同，包括附和合同，应给予承认和执行，只要它“是清楚的和合法的，法官便有责任去实施它，尽管这样做会导致对被告极端苛刻的后果”。

4. 现代立法的发展

附和合同的理论尽管没有对法国的司法实践产生直接和重大的影响，但对20世纪上半叶的法国立法活动产生了一定的影响。这一时期，受到立法干预的附和合同有劳动合同、保险合同和运输合同。例如，根据变更《法国商法典》第103条的1905年3月17日法律，承运人不得在运输合同中加入免责条款。20世纪70年代以后，法国开展了大规模的保护消费者的立法活动。有人认为，自此以后，干预附和合同的立法与保护消费者的立法已融为一体。

在以保护消费者为目的而颁布的立法中，特别值得一提的是1978年1月10日颁布的第78-23号法律。该法第35条规定，合同的条款“凡属违背法律的特别规定，基于滥用经济权利而强加给消费者的，或者给予滥用权利的一方以不正当经济利益的，均因滥用权利而归于无效”。该法还规定，依据该法成立的“滥用权利条款”委员会负责审查由职业人员强加给非职业人员和消费者的合同条件，并就因具有滥用权利的性质而应被禁止或修改的合同条件提出建议。

为了使上述法律得到实施，法国立法机关于1978年3月24日颁布了第78-464号法律。该法规定：对于在职业人员与非职业人员或消费者之间订立的合同，合同中不得包含剥夺买方要求对有瑕疵的货物进行修理的权利的条款；不得包含允许职业人员单方面地变更所提供的货物或服务的条款；职业人员在就其提供的货物或服务作出保证时必须说明，该保证并不排除法律给予买方或被服务方的保障。

上述立法以及法国的其他保护消费者的立法不同于英国的《1977年不公平合同条件法》之处在于：首先，《1977年法》适用于各种合同，而法国的上述立法主要适用于消费者。其次，更重要的是，《1977年法》中包含了许多“柔性条款”和抽象概念，比如，规定对责任的免除必须是“合理的”。这种方法为法院在审查合同是否显失公平留下了广泛的裁量权。与之相比，法国的上述立法的适用范围要窄得多，同时，法院只能在“法律的特别规定”被违反时才能否认合同条款的效力。由此可见，法国法对干预契约自由所抱的审慎态度。

不过，法国法院在今天的判决中已经表现出对保护消费者的立法加以扩大适用的态度。这方面的突出例证是，根据法国最高法院1987年4月28日的判决，1978年1月10日第78-23号法律中的“非职业人员”也包括非职业性的商行（firm）在内。因此，该案中对卖方出售的报警系统不具备专业知识的从事不动产代理的商业机构与消费者一样受该法律的保护。

另一个例证是，通过对买卖的概念作扩大的解释使消费者受到1978年3月24日第78-464号法律的保护。在法国最高法院1989年1月25日判决的案件中，卖方出售的胶卷的价格中包含了冲印费。法院判决，卖方出售胶卷与提供冲印服务是不可分的，都是买卖的组成部分，因此，当胶卷被冲坏时，合同中将卖方的责任仅限于补偿一个新胶卷的条款是无效的，因为卖方的服务也适用第78-464号法律。

在法国最高法院1991年5月14日判决的案件中，该法院进一步表现出了这样的倾向，即使没有实施1978年1月10日第78-23号法律的立法，法院也可以主动地对合同中滥用权利的条款进行干预，使之归于无效。该案的被告用原告提供的底片为原告印制印刷品，不慎将底片丢失。合同中的一个条款规定被告不必就此负赔偿责任。该合同不属于买卖合同，不适用1978年3月24日第78-464号法律。然而，法国最高法院在没有法律的特别规定情况下判决：该合同条款是滥用权利的结果，应从合同中剔除，因为该条款是职业人员强加给非职业人员或消费者的，并使职业人员获得了一种过分的优惠。

（四）德国

1. 法院对《德国民法典》的运用

对于已经成立的合同能否以其条件不公平为由不予履行，《德国民法典》的起草者所奉行的哲学思想是：一个人在签署合同时对于权利和义务是有适当的理解的，同时，他是有能力照顾自己的利益的。因此，他在签约时已经表达了其自由意志。以此为指导思想，只要合同是依当事人的自主意志签署，不论其内容是否有利于一方而不利于另一方，都不应否认其效力。然而进入现代社会，随着格式合同在产业生活中越来越多地被采用，面对供货商、保险公司、银行及其他商业组织利用格式合同将消费者和其他弱方当事人置于不利地位的社会现实，德国法院意识到了将在真正自由协商的基础上订立的合同与一方强加于另一方的合同区别开来的必要性。

最初，德国是通过援用《德国民法典》第 138 条实现其目的的。依据该条款，合同一方利用另一方的急迫情况、无经验、缺乏判断能力，使其向自己作出给付，而其所得与付出明显不成比例，从而违背善良风俗的，合同归于无效。1921 年，德意志帝国民事法院在一个案件中判决，承运人加入合同的标准条款使其对它的过失责任的赔偿额限制在 60 马克的范围之内，这是对其垄断权的利用，明显违背了人们评判公正与公平的道德准则；因此，该条款违反了《德国民法典》第 138 条的规定，是无效的。该判决还补充说，如果这样的条款是自由协商的结果，其效力可以得到确认。

在后来的司法实践中，当经历了一段时间的动摇之后，德国法院又决定援用《德国民法典》第 242 条的规定，对合同中的标准条件进行更为积极的干预。依据该条，合同当事人必须遵守诚信原则并照顾到交易的习惯。因此，当合同一方通过其加入格式合同的标准条款免除或限制其责任，从而构成了对第 242 条的违反时，该条款是无效的。

与英国和法国法院相比，德国法院在干预格式合同中的标准条件方面走得更远，进入了前者不敢介入的领域。在这方面，德国法院的判决表现出一定程度的不确定性，但其突出的贡献在于，其作出的大量判决为 1977 年问世的《标准合同条件法》的制定奠定了基础。

2. 德国债法改革的结果

在 20 世纪 70 年代，对格式合同中的标准条件进行司法干预已不能满足社会的要求。其中最主要的原因是，在德国人看来，快速司法干预只有在提起诉讼之后才能发挥作用，而消费者通常不愿意花费时间和金钱去法庭与同他们签约的大公司对抗，当争议的金额较低时，他们就更不愿这样做。在这一领域，制定法的优越性在于其防范作用：它使受到禁止的标准条款不会再出现在格式合同当中；或者至少，使大公司不愿冒在合同中加入这种条件而招致的风险。

为了对格式合同进行管理，德国在 1977 年制定了《标准合同条件法》。该法后来于 2001 年 12 月 31 日随债法改革而废止，其主要内容经修改后成为目前《德国民法典》的第 305—310 条。

格式合同条款在民法典中被称为“一般交易条款”。新法典第 305（1）条涉及一般交易条款的定义。依据该条，这种条款包含了“为多数合同预先拟就的一切合同条件，其在订约时由合同当事人的一方（使用人）向合同当事人的另一方提出”；这种条款是否已纳入一份由双方签署的合同并不重要；合同条件如果已经由合同各方进行个别的协商，就不再是一般交易条款。

根据第305（2）条，当特定的合同条款被定性为一般交易条款时，其生效的前提是，使用人对该条款进行了相应的提示，同时，相对人获得了知悉该条款的可期待的机会。而根据第305（2）2条，在确定一般交易条款的效力时，应该“适当考虑能够为使用人所识别的另外一方当事人的身体障碍”。例如，如果一般交易条款中的免责事项是采用极小的字体印刷的，会令一般视力较差的人无法看清，即应认为该条款是无效的。

然而，并不是所有的一般交易条款都受到该法典的规制。依照第305a条，对某些种类的运送合同和服务合同来说，其中的一般交易条款，即使不符合第305（2）条的规定，也可发生效力。例如，经主管交通部门核准的，运营有轨电车、公共汽车、汽车的运送条件即属于此类。

如果某一条款已经由合同当事人协商，就不再是一般交易条款。本着这一原则，第305b条规定，“个人性的合同约定，优先于一般交易条款”。因此，在一个合同中，如果一般交易条款与双方特别协商的条款发生了冲突，应适用该特别协商的条款。

另一方面，根据第305c（1）条，如果合同中的某个条款属于“异乎寻常”的条款（或称“惊异条款”），则其不具有约束力。一个合同条款是否异乎寻常，须“依情形，特别是依合同的外在”进行确定。

涉及一般交易条款的解释，根据第305c（2）条，对此种条款应作不利于使用人的解释。

关于一般交易条款无效时合同可否继续履行，依照第306条，如果继续履行合同会对一方构成“一种不可苛求的困难”，则整个合同不发生效力。

值得注意的是，诚实信用原则对一般交易条款的效力的确定起着重要作用。根据第307条，一般交易条款如果违背诚实信用原则，不适当地损害了相对人的利益，则其不发生效力。在两种情况下，应认为此种条款构成了不适当损害利益：一种是，其违反了“法律规定的实质性基本思想”；另一种是，其“对因合同性质而产生的实质性权利和义务加以限制，致使合同目的的完成受到妨碍”。

第308条对典型的不发生效力的“价值判断性禁止条款”进行了列举。所谓“价值判断性”，是指此类条款使用了不确定的概念，故是否生效需由法官进行价值上的评判。例如，使用人对应由其履行的给付保留了不适当长度的延展期间（第308（2）条）。

第309条对典型的不发生效力的“非价值判断性禁止条款”进行了列举。该条所列的条款属于未使用不确定的概念的条款，故无须由法官作价值上评判就可得出无效的结论。例如，免除使用人对相对人进行催告的义务的条款是无效的（第309（4）条）。

第310条就前述条款的适用范围进行了规定。例如，对于通过网络进行供电、供气、供热、供水的合同，如果供给条件并不损害受取人的利益，因而违反相关的管理此类格式合同的法规，就不应对之适用第308和309条（第310（2）条）。

（五）《国际商事合同通则》

显失公平在《国际商事合同通则》中被称为“重大失衡”（gross disparity）。其第3.2.7条就此作出了如下规定：

“（1）一方在以下情况下可以撤销合同或合同的某一条件：在合同订立时，该合同或条件不公正地给予了另一方一种过分的优惠。此时，除了其他因素之外，应考虑以下因素：

A. 另一方不公平地利用了前一方的依赖、经济上的困境或急迫的需要，或者该方的缺乏远见、无知、缺乏经验或谈判技巧，同时，还应考虑

B. 合同的性质和目的。

（2）依有权撤销合同的一方的请求，法院可以对该合同或条件进行调整，使其符合有关公平交易的合理商业标准。

（3）法院也可以根据收到撤销合同或其条件的通知的一方的请求对该合同或条件进行调整，只要该方在收到该撤销通知之后，另一方基于对该通知的依赖而行事之前，立即将此请求通知了另一方。此时，第 3.2.10（2）条将得到适用。"

该《通则》第 3.2.10（2）条就撤销权的丧失作出了规定。

（六）中国

根据《民法典》，一方利用对方处于危困状态、缺乏判断能力等情形，致使合同在成立时显失公平的，受损害方有权请求人民法院或者仲裁机构予以撤销（第 151 条）；该项撤销权须自知道或者应当知道撤销事由之日起一年内行使（第 152（1）条）。

为了对格式合同进行管理、避免显失公平的后果，《民法典》第 496 条作出了如下规定：（1）格式条款是当事人为了重复使用而预先拟定，并在订立合同时未与对方协商的条款；（2）提供格式条款的一方应当遵循公平原则确定当事人之间的权利和义务，并采取合理的方式提示对方注意免除或者减轻其责任等与对方有重大利害关系的条款，按照对方的要求，对该条款予以说明；（3）提供格式条款的一方未履行提示或者说明义务，致使对方没有注意或者理解与其有重大利害关系的条款的，对方可以主张该条款不成为合同的内容。

根据《民法典》的规定，格式合同在以下几种情况下归于无效：（1）具有《民法典》规定的使合同归于无效的情形；（2）提供方不合理地免除或减轻了其责任，加重了对方责任，限制了对方的主要权利；（3）提供方排除了对方的主要权利（第 497 条）。

关于格式条款的解释，《民法典》第 498 条规定：（1）对格式条款的理解发生争议的，应当按照通常理解予以解释；（2）对格式条款有两种以上解释的，应当作出不利于提供格式条款一方的解释；（3）格式条款和非格式条款不一致的，应当采用非格式条款。

第六节　合同的内容和履行

一、合同的解释

（一）英国和美国

1. 主观意思主义与客观意思主义

早在 1820 年，英国法院就对合同解释的目的作了如下表述：对一个书面协议的条

件所作的全部解释的目的，是为了发现该协议当事人的意思（intention）。今天，这一宗旨依然为英国法院所遵循。

从倾向上讲，以探求当事人的意思为目标的合同解释是主观主义的。相比之下，涉及合同解释的目的，美国《第二次合同法重述》第200条的规定表现出了不同的倾向。该条规定："对一项诺言、一个协议或协议的一项条件的解释，是对其含义（meaning）的确定。"从该重述第201-204条的规定看，对诺言、协议或其条件的含义进行确定的过程，还包含了对当事人意思的补充。因此该重述的方法是将主观主义与客观主义相结合的方法。

以纯粹的主观主义为原则解释合同，其主要弊端在于，当涉及合同的实质性条件，当事人共同的真实意思无法查明时，只能认为当事人尚未就合同的成立达成一致。这对于保障交易的安全是不利的。进一步说，在当事人表达的意思不清，有赖于法院解释时，法官在解释合同的过程中不可能不加入法官自己的理解，而法官的理解又不可能不基于一定的外界影响而产生。因此，纯粹的仅限于对当事人主观意思的探求的合同解释，仅在逻辑上是可行的。实际上，英国的司法实践所采用的也不是纯粹主观主义的合同解释方法。关于这一点，请看下文的进一步讨论。

2. 合同解释的证据来源

关于法院有权依什么证据确定当事人的意思，英国法上的一般原则是：当事人的意思只能从合同文本本身去确定；当事人无权提交旨在证实其真实意思的、与合同文本表明的意思不同的直接证据，不论这些"外部证据"（extrinsic evidence）是关于合同订立前的谈判情况的，还是关于当事人在合同订立之后的行为的。

然而，英国法院在审判实践中发展了许多允许采纳外部证据的例外规则，其中重要的有：

（1）当合同的语言或措辞具有两个以上的含义，或者其意义含糊不清，只有参照合同订立的背景才能理解时，为了确定该语言或措辞的真实含义，可以采纳外部证据。

（2）在合同起草得很糟的情况下，法院不愿仅通过对合同文本的推敲对合同作那种让商人不可能接受的理解。合同起草得越差，法官借助合同起草的商业背景解释合同的倾向性就越明显。

（3）如果语义上的和句法上的解释会导致与商业界的常理相悖谬的结果，这样的解释应让位于这样的常理。

（4）在有的案件中，英国法院判决，为了发现当事人的真实意思，合同订立地点的惯例（usage）或习惯（custom）应得到考虑。不过，在这方面，英国的判例并不一致。在有的案例中，法院拒绝依习惯修正合同用语的自然意思。

（5）在有的案件中，法院判决，合同的解释应与合同的目的相一致。在1893年的Glynn v. Margetson案中，一批橘子从西班牙的马拉加港运往英国的利物浦港。提单中有一个宽松的准许绕航的条款。结果，装载货物的船因绕航而延误了时间，使橘子腐烂。上议院判决，对该准许绕航的条款应加以限制，使其与合同的目的和当事人的意思相一致。

（6）具有特殊意义的词汇可以采纳外部证据进行解释。比如，对于科技语汇，允许当事人出示外部证据去证实其特别的含义。

（7）当合同的解释涉及合同本身是否存在时或合同对当事人是否有约束力时，外部证据可以被采纳。

（8）当合同的解释涉及合同是否违法时，外部证据可以得到采纳。

（9）在合同的当事人不明确时，当事人可以通过提交外部证据明确之。

（10）在合同的标的不明确时，外部证据可以援用。

英国法院在各种例外情况下接受外部证据的主要目的，就其实质而言，是为了使合同的解释合理、公平，特别是与商业实践相吻合，而探求当事人的真意，在许多的情况下，只是一种说教。这一点在上述 Glynn 案中表现得十分明显。

涉及合同的解释，英国法排除外部证据的主要理由是：在当事人订立了一个书面协议，将他们之间在交易项下的权利和义务确定下来之后，这份协议便包含了他们最终的意思表示，因此，所有的外部证据均不能与之相对抗。

上述原理和原则与英美法上的“口头证据规则”（Parol Evidence Rule）具有密切的联系。依照这一规则，在书面合同订立之后，有关当事人协商情况的证据不能出于对抗书面合同条件的目的向法庭出示。进一步说，当一份书面协议属于当事人之间最终的不可分割的合同时，在该合同订立之前达成的以及在该合同订立的同时达成的口头的或书面的协议均不得与该合同中的条件相对抗。这里的“不可分割”（integrated），指在当事人的意图之中，双方的协议已包括在一份完整的文件中，除此之外，没有另行达成与之平行的（collateral）协议。

但是，口头证据规则，就其主要作用而言，并不是关于合同解释的证据范围的规则，而是关于合同内容的范围的规则：它决定当事人之间的哪些协议属于合同的组成部分。

与英国不同的是，在美国，作为一般原则，涉及合同的解释，法院有权考察围绕合同双方间的交易而发生的全部情况，当事人也可以向法院出示外部证据。口头证据规则并不阻止当事人出示服务于合同的解释的证据。

在美国的法学理论和司法实践中依然存在分歧的问题是：在解释合同的时候，如果合同的词语是清楚的，并无模棱两可或含糊不清之处，当事人能否出示有关过去协商情况的证据。这是美国著名的合同法学者威利斯顿（Williston，1861—1963）与科宾（Corbin，1874—1967）争论的焦点问题之一。前者是 1932 年问世的《第一次合同法重述》的报告人，后者是该重述的特别顾问。威氏对前述问题持否定态度而科氏持肯定态度。威氏的观点被《第一次合同法重述》采纳，而《第二次合同法重述》采纳的是科氏的观点。今天，科宾的观点得到提倡的重要原因是：合同中的语言有没有不清楚之处往往是难以把握的。在很多情况下，单就合同条款本身看，其词语并无含糊不清或模棱两可之处，但从双方交易的背景看，合同双方的意图并没有得到清楚的表达。

3. 依合同当事人的真实意思解释合同

英国法和美国法都承认，当合同的解释涉及特定的问题，而合同双方关于这一问题的意思是一致的时候，应依双方的一致意思解释合同。《第二次合同法重述》第 201（1）条规定：“如果当事人对一项诺言、一项协议或其一项条件赋予了同样的含义，应依该含义作出解释。”

在实践中，当合同双方的争议就合同的解释而发生时，经常出现的情况是，涉及合同的某项条件，双方并没有形成一致的认识。其中的一种情况是，双方都对对方的认识发生了错误的理解。例如，对合同的一项条件，一方的理解是A，且认为另一方的理解也是A；另一方的理解是B，且认为前者的理解也是B。这种情况被《第二次合同法重述》称为“误解”（见《第二次合同法重述》第20条）。

另一种情况是，一方对合同的某一条件的认识为另一方所知道，或者应当为另一方知道。关于这类情况，《第二次合同法重述》第201（2）规定：

“如果在合同订立时，当事人对一项诺言、一项协议或其一项条件赋予了不同的含义，应依照其中一方赋予的含义作出解释，只要

（1）该方不知道另一方赋予了某种不同的含义，而另一方知道前者所赋予的含义；或者，

（2）该方没有理由知道另一方赋予了某种不同的含义，而另一方有理由知道前者赋予了该含义。”

《第二次合同法重述》的上述规定的合理性在于：首先，如果一方在合同订立时不知道另一方对合同条件的不同理解，则该方基于自己的理解而抱有的期望是正当的，应受到法律的保护。其次，既然另一方在合同订立时知道前者的理解而不加反对，则另一方就放弃了依不同的理解而提出异议的权利。通常，该方不提出异议是因为，从总体上考虑，他愿意按对方的理解履行合同。最后，如果另一方在合同订立时有理由知道前者的理解，则他因自己一方的疏忽而不应得到与前者同等的法律保护。

显然，《第二次合同法重述》采纳的上述依一方的真实意思解释合同的规则不是奉行主观意思主义的结果，而是以诚信原则、公平原则和保护交易安全的政策为依据的。

4. 依推定意思或合理的意思解释合同或宣布合同不存在

在特定的案件中，如果法院不能确定当事人的真实意思，因而不能依当事人的真实意思解释合同，则法院可能作出的选择是：（1）宣布合同不存在；（2）对当事人的意思进行推定；（3）由法官赋予当事人一种意思。第一种选择是奉行主观意思主义的结果。第三种是奉行客观意思主义的结果。第二种则介乎两者之间。

在前述英国理财法院1864年审理的Raffles v. Wichelhaus案①中，法院判决，双方之间没有合意，因而不存在一个约束双方的合同。这一判决是遵循主观意思主义的结果。

Raffles案涉及的正是误解的情况。《第二次合同法重述》第20（1）条规定：“在以下情况下，当事人并没有就一项交易表达合意：他们赋予其表示的含义有重大的不同，同时，（a）任何一方都不知道或没有理由知道另一方所赋予的含义；或者，（b）每一方都知道或有理由知道另一方所赋予的含义。”其第204条进一步规定：“当某一交易足够明确地是一个合同时，如果其当事人没有就某一条件达成一致，而该条件对于决定他们的权利和义务是实质性（essential）的，则法院可以补充一个在此情况下为合理的条件。”

---

① 见本章第五节“合同的效力”中的第五段“错误和误解”中的“英国和美国”部分。

根据《第二次合同法重述》的以上规定，在 Raffles 案中，如果不存在第 20（1）（a）和（b）条规定的情况，法院可以视情况为当事人补充一个合理的条件，即认定其中的一条船为双方约定的船。也就是说，在美国，如果不能依当事人的真实意思解释合同，依案件的具体情况又不应认定合同未成立，法院可以推定当事人的意思或赋予当事人一种意思。

涉及法院有无权利赋予当事人一种意思，英国法的立场与美国不同。1865 年，英国上议院在审理 Gwyn v. Neath Canal Co. 案时说："所有的先例得出的结论是，一个普通法法院有权在一份契据或一份书面文据（instrument in writing）的四个角落之内的语言之中得出当事人明显的真实意思。在这样做时，他们只能补充某些必须补充的从当事人使用的语汇中推演出来的东西，并去除那些多余的与法官以此种方式察觉到的意思不一致的东西。他们只能以这样方式确认当事人意思的效力。"英国法学家盖斯特（Guest）在引述这段判决意见时评论道："英国法院没有权力为了使当事人使用的词语与法院认为当事人实际所想的或理应去想的保持一致而修改这些词语，或加给它们一种含义，而不是它们通常具有的含义。"由此可以看出，英国法的一般倾向是，法院推定当事人意图的权力是有限的，而且更没有权力赋予当事人一种意思。

如上文所述，依美国《第二次合同法重述》第 204 条的规定，法院不仅可以依合同的语言推定当事人的意思，依案件的各种情况考查当事人的意思，而且可以为当事人补充一个合理的条件。这是典型的对客观意思主义的运用。这对于保障交易的安全无疑是更为有利的。

5. 合同解释的指导性原则和具体规则

英美法院在长期的司法实践中创立和发展了大量有关合同解释的指导性的原则和具体规则。它们大都是指导性和辅助性的，而不是强制性的。现对其作如下简要的介绍：

（1）依词语的通常含义进行解释，不过，对技术性术语，应依其特殊含义进行解释。

（2）从合同的整体确定当事人的意思，即在解释合同和其中的个别词语时，都要以整个合同为背景，在考查当事人的目的和上下文之间的联系的基础上，发现当事人的意思。如上文所述，许多美国法院强调通过考查整个案件的情况确定当事人的意思。

（3）合同的解释不能导致荒谬和自相矛盾的结果。比如，局部的含义须与整体相一致，依词语的通常含义得出的结论须与合同的目的相一致。

（4）对合同应作有效解释。如果解释的结果可能使合同或其条件有效，也可能使之归于无效，原则上应取前一种含义。

（5）应作对提供方不利的解释。这是一条古老的但被沿用至今的规则。

（6）合同解释应符合公共利益。如果两种解释均可成立，其中一种与公共利益相抵触，则应采用另一种解释。

（7）合同解释应符合公平交易的原则。在两种解释均可成立的情况下，应以能公平交易的为准。

（8）法律赋予的含义应当优先。比如，依英国《1925 年财产法》第 61 条的规定，在一份地契中，"人"（person）一词包括了公司，除非该文件中另有说明。

（9）对贸易惯例等外部证据在合同解释上的作用，英国法与美国法的规定有较大差异。两国法都认为，作为一般原则，惯例或习惯的含义不能优于合同明示条件的通常含义。但英国不承认合同成立以前的行为和后来的行为所表现的当事人的意思可用于合同的解释。与之相反，《第二次合同法重述》明确肯定了当事人履行合同的行为、当事人在过去相互交易的过程中建立起来的习惯做法都可成为解释合同的依据。该重述第 203（b）条规定：在解释合同时，“明示的条件的分量重于履约过程（course of performance）、交易过程（course of dealing）和行业惯例（usage of trade），履约过程的分量重于交易过程或行业惯例，交易过程的分量重于行业惯例。”

（10）除了上述原则和规则之外，还有许多具体的有关文义解释的规则。比如，手写的文字优先于印刷的文字；列举的事项构成对未列举事项的排除；对排列于数个狭义词语之后的广义词语，不应作宽泛解释；等等。

（二）法国

1.《法国民法典》规定的解释原则

《法国民法典》第 1156 条规定：“解释合同时，应探究当事人的意思，而不应拘泥于合同文字的字面意思。”这一规定要求法官在解释合同时采用心理分析的方法，尽一切可能发现当事人的真实意思，体现了主观意思主义。然而，《法国民法典》第 1159 条规定：“有歧义的文字，按契约订立地的习惯解释。”第 1160 条进一步规定：“习惯上的条款，虽未载明于契约，解释时应加以补充。”这两条规定，与其说是为了探究当事人的真意，不如说为采纳推定意思打开了大门。法国学者认为，《法国民法典》第 1159 条和第 1160 条的规定，不过是法律对当事人用默示方法表达的意志的一种推定。

进入现代社会，伴随着意思自治原则的衰落，法官在司法实践中对于奉行《法国民法典》第 1156 条确定的原则采取了更为灵活的方法。如果说，在 19 世纪，法官在确定合同的内容时会尽力寻找当事人的“真实意思”，那么，在今天，法官的判决更多的是建立在“公平”的基础上，也就是说，公平即当事人最可能有的意愿。

2. 解释合同的一般规则

（1）适合于合同的目的。这一规则由《法国民法典》第 1158 条规定。该条的内容是：“文字可能有两种解释时，应采取适合于契约目的的解释。”

（2）作整体上的理解。《法国民法典》第 1161 条规定：“契约的全部条款得互相解释，以确定每一条款从整个行为所获得的意义。”

（3）作有效推定。《法国民法典》第 1157 条规定：“如一项条款可能有两种意思时，宁可以该条款可能产生某种效果的意思理解该条款，而不以该条款不能产生任何效果的意思理解该条款。”这与英美法上的有效推定原则是一致的。

根据这种“对已订立的合同，与其使之无效，不如使之有效”的原则，《法国民法典》第 1163 条和第 1164 条又规定了针对合同文字过于笼统或过于狭隘的情况的解释规则。第 1163 条规定：“所订立契约的文字不问如何笼统，契约之标的仅为可推知当事人有意订定的事项。”第 1164 条的内容是：“在契约中记载一种情形以解释义务时，不得以此认为当事人意在限制该项义务的范围，该项义务应包括未列举的各种情形。”这些规定要求法院对缺漏的事项尽可能予以补充。

（4）有利于债务人。《法国民法典》第1162条规定："契约有疑义时，应作不利于债权人而有利于债务人的解释。"这一规定在实践中往往演变为"作不利于起草合同的一方的解释"。例如，买卖合同多为卖方起草，应作不利于卖方的解释。法国学者认为，其理由是，该方有机会将有利于自己的内容加入合同，因此，没有加入应视其不愿加入；进一步说，如果该方因疏忽而没有加入，其后果应由该方自负。

（5）遵循商业习惯。如上文所述，依《法国民法典》第1159条和第1160条的规定，法院在解释合同时，应依习惯消除合同中的歧义或对合同进行补充。

（三）德国

1.《德国民法典》第133条与第119条之间的"矛盾"

《德国民法典》第133条规定："解释意思表示时，应查明真实意思，并且不得拘泥于所用词句的表面意义。"依该法典第119（1）条，当意思表示发生错误时，如果可以认为表意人如"知悉情事并理智评价情况即不进行此表示"，该意思表示可以撤销。从表面上看，这两条的规定之间存在着矛盾：第133条要求在确定意思表示的含义时探求当事人的意思，而依第119（1）条，当事人有权以其意思表示依当时的客观情况不是理智的意思表示为由撤销其表示；前者以表意人的心理状态为准，属意思表示的主观主义，后者以外界的客观情况为准，反映了意思表示的客观主义。

对于上述问题，德国现代学者的解释是：解释私法律行为，应采用与解释成文法同样的方法。解释法律的一般原则是，不必探究立法者的原意。因为首先，对立法者原意的探究必须确定每一个参与表决的人的意思，即从多数票的投票人的意思中找出一般意思，这是不现实的。其次，以立法者的意思为准是不能使法律的解释适应后来发生的社会变化的需要的。最后，假定法官经过复杂的调查程序能确定立法者的意思，生活在现实社会中的人们却无从知道这种意思。这样一来，法律的解释与人们的期望就会产生冲突，就不能成为人们的行为准则。因此，法律的解释应符合社会的现实需要，与现实社会的人的期望相吻合。

将上述法律解释的原则适用于意思表示的解释，法官的任务不是探求当事人的心理活动，而是确定其法律意思，即表意人创造的，在他与其利害关系人之间起法律作用的意思；这种法律意思不是对表意人内心心理的必然表达，而是为实现有关利益而创制的规范；其内容应符合这些利益的要求，并照顾到习惯、诚信的需要与公平原则。这样的意思表示解释所依据的理论不是法律心理论，而是心理的法律形式论。所以说，现代法学夺回了被心理学夺去的地位。经过这样的对《德国民法典》第133条的解释，该条的规定与第119条的规定在实际运用中能够实现一致。

2.《德国民法典》第133条与第157条的关系

《德国民法典》第157条规定："解释合同应遵守诚信原则，并考虑交易习惯。"这是有关合同解释的特殊规则。有的德国法学家认为，第157条与第133条非但不是相互补充的，而且是相互对立的：在解释合同时，如果真实的意思违反诚信原则，应以符合诚信要求的解释为准。这反映了意思表示解释的客观主义。按照这样的主张，法官的任务不再是解释当事人的意思，而是为当事人制定规范。然而，这样的理解仅仅适合于一定的案件情况。

涉及合同的解释，对《德国民法典》第157条和第133条的含义及其相互关系的正确理解是：该民法典采用的是折中主义，即当事人真实意思与客观的符合诚信原则和交易习惯的意思的结合；结合的方式决定于案件中发生的具体情况。当双方当事人的真实意思一致时，合同的解释应依第133条以其一致的真实意思为准。不过，如上文所述，这里所谓的真实意思并不是通过心理分析而获得的，而是基于对全部的外界环境和一切表见的事实的考查得出的。显然，这样确定的“真实意思”已包含了客观主义的成分。在双方的真实意思不一致时，法官应依第157条作出平均的解释，即以双方基于诚信和交易习惯应有的共同意思进行解释。此时的解释完全是依客观理念作出的。

3.《德国民法典》第154条对合同解释的影响

如上文所述，依德国的现代法学，在解释合同时，如果合同双方共同的真实意思无法确定，法官可以依诚信原则和交易的习惯确定双方应有的意思。由此而进一步提出的问题是，如果双方未就合同中的某些事项达成协议，对双方此时的意思，应理解为这些空缺将由法官填补呢，还是应理解为在这些空缺为当事人自己填补之前合同尚未成立呢？关于这一问题，依《德国民法典》第154条，如果“双方当事人未对合同的所有各点成立合意，而按照哪怕仅只一方的表示，应就所有的点达成协议的，有疑义时，合同未成立。”依此规定，如果合同的某一条件发生了缺漏，依合同一方或双方的意思，该条件是不能缺漏的，则合同尚未成立。

可是，依德国的现代学理，如果合同双方已就合同的主要点作出约定，对合同的各次要点未作出约定并不影响合同的成立。在这种情况下，应认为当事人责成法官补充合同的空缺。依照今天的理论，第154条包含的法律推定是可以基于反证而推翻的。当双方已就合同的主要点实现一致时，对他们的意思，不应再解释为对合同的次要点双方仍准备作进一步的协商。

（四）《国际商事合同通则》

《国际商事合同通则》第4.1-4.7条就合同的解释作出了较为详尽的规定。

第一，关于依当事人的意思解释合同，第4.1条规定：

“（1）合同应依当事人的共同意思进行解释。

（2）如果这样的意思不能被证明，合同应依与当事人同类的合理人处于同样的情况将会赋予合同的意思进行解释。”

涉及对合同一方的陈述或行为的解释，第4.2条规定：

“（1）对一方的陈述或其他行为，应依该方的意思进行解释，只要另一方知道或不可能没有意识到该意思。

（2）如果前款不能适用，对该陈述或其他行为，应依一个与另一方同类的合理人处于同样的情况将会赋予该陈述或其他行为的含义进行解释。”

第二，关于在解释合同和当事人的意思时是否可以采纳合同文件之外的证据以及应采纳哪些“外部证据”，第4.3条规定：

"在适用第 4.1 条和第 4.2 条时，应考虑所有的情况，其中包括：

（1）当事人之间初期的谈判；

（2）当事人在相互之间确立的习惯做法；

（3）当事人在合同订立之后的行为；

（4）合同的性质和目的；

（5）合同的条件和当事人的表示在相关的行业中通常具有的含义；

（6）惯例。"

第三，第 4.4-4.7 条包括了对合同的书面文本进行解释的原则或规则，其中包括：

（1）应从合同或表述的整体上去解释其含义（第 4.4 条）；

（2）对合同条件的解释，应确认其所有条件的效力，而不是否定其中一些条件的效力（第 4.5 条）；

（3）当合同条件由一方提供时，对其中的含糊之处，应作不利于该方的解释（第 4.6 条）；

（4）当合同用两种以上的语言起草时，如其具有同等效力，对其中相互抵触之处，在解释时应让最初起草的文本优先（第 4.7 条）。

（五）中国

关于合同的解释，《民法典》作出了如下规定：（1）有相对人的意思表示的解释，应当按照所使用的词句，结合相关条款、行为的性质和目的、习惯以及诚信原则，确定意思表示的含义（第 142 条第 1 款、第 466 条）；（2）合同文本采用两种以上文字订立并约定具有同等效力的，对各文本使用的词句推定具有相同含义。各文本使用的词句不一致的，应当根据合同的相关条款、性质、目的以及诚信原则等予以解释（第 466 条）。

二、履约义务因障碍或情况变化而免除

（一）英国

1. 合同受挫制度的演变

在英国，使合同当事人免除合同义务的基本制度是合同受挫（frustration）。英国的权威学者认为，这一制度是在 1863 年 Taylor v. Caldwell 案的判决之后得到发展的。在此之前，英国法奉行的一般原则是：一个人受其承担的义务的绝对约束；即使该义务的履行在后来变得不可能，他也不能因此而被免除履行的责任。

在 Taylor 案中，原告向被告租了一个音乐厅，以便演出节目。在演出日到来之前，该音乐厅因火灾而被烧毁。对于该火灾的发生，被告没有任何过错。原告向法院起诉，以被告未能提供剧院、违反了合同为由，要求被告赔偿损失。审理该案的后座法院判决："在我们看来，法律的原则是，在其履行取决于特定的人或物的继续存在的合同中，存在着一项默示条件（implied condition），即因该人或物的不复存在而导致的履行的不可能应使该合同的履行得到免除。"

在上述判决之后，英国法院在一系列判决中发展了合同受挫的制度，逐步扩大了其

适用的范围，所依据的理论也不仅限于“默示条件”说。

2. 合同受挫的例证

（1）合同标的物的灭失。当特定的物对合同的履行具有实质性时，如该物的灭失造成了履约的不可能，当事人因合同受挫而无义务继续履约。上文引述的 Taylor 案即是这方面的例证。

（2）当事人期望的事件未发生使订立合同的目的落空。这方面的典型案例是 1903 年的 Krell v. Henry 案。在该案中，原告同意于 1902 年 6 月 26 日和 27 日将自己房子的阳台出租给被告。被告想利用该阳台观看该日举行的英王爱德华三世的加冕典礼。由于这位国王生病，该日的庆典被取消，被告拒绝支付尚未付给原告的 2/3 的租金。英国上诉法院判决，合同的目的因该典礼的取消而落空，因此，被告的义务应被解除。

不过，英国法院在类似的案件中表现出的立场并不十分确定。根据这方面的判例，在合同履行前，诱使当事人签约的因素没有发生并不会必然地使当事人的合同义务得到解除；法院免除当事人义务的前提是，该事件的发生构成合同订立的基础。

（3）当个人性质的服务构成合同的标的时，提供服务的人的死亡或意外生病造成履约的不可能。在 Robinson v. Davision 案中，被告的妻子是一个著名的钢琴家；被告代表其妻向原告许诺，由其妻在一场音乐会上演奏。后来，这位钢琴家因生重病而未能到场演奏。原告为索要赔偿金而提起诉讼。法院判被告不承担赔偿责任。

（4）合同订立后法律的变化使合同的履行违法。在 1943 年的 Fibrosa Spalka Akeyjna v. Fairbairn Lawson Combe Barbour Ltd. 案中，被告应向原告交付机器设备。可是，在机器交付之前，原告的所在国波兰被德军占领，继续交货成为非法的对敌贸易。因此，合同因受挫而被解除。

（5）使合同的履行成为不可能的其他情况。除了以上列举的几种典型的情况之外，当合同的履行因合同订立后情况的变化而变得不可能时，英国法院也通过行使裁量权，决定合同是否已经受挫。例如，在英国上议院 1916 年判决的 F. A. Tamplin Steamship Co. Ltd. 案件中，船主与承租人达成协议，将一艘船从 1912 年 12 月至 1917 年 11 月出租给承租人。然而到 1915 年 2 月，英国政府因战争需要征用了这艘船，将其用于运送军队。承租人表示，该方愿意继续向船主支付租金。实际上，政府因征用而支付的补偿金高于双方约定的租金。船主为了得到政府的补偿金，主张该合同因政府的征用而受挫。在审理此案时，上议院的意见出现分歧，最后以 3 票对 2 票形成判决：该合同仍然有效，因为该政府征用仅持续了一段时间；在此之后，该船仍有几个月的时间可用于商业用途。这一判决表明，英国法院除了在先例确定的几类情况下认定合同受挫之外，也运用法律的原理决定合同是否受挫。

3. 合同受挫制度的理论依据

英国法院在决定合同是否受挫时运用的理论主要有以下四种：

（1）“默示条件”说。如上文所述，在 1863 年的 Taylor 案中，英国法院运用的就是这种理论。这种理论在英国法院的判决中曾经成为占主导地位的依据。可是，在多数情况下，说特定事件的不会发生是合同双方的默示约定，仅仅是法律上的一种虚构。也就是说，在多数案件中，法院说当事人作了默示约定，并不意味着当事人真的约定过，而仅指合理人处于当事人的地位，在案件涉及的事件发生的情况下，不会再坚持合同的效力。

（2）“公正和合理结果”（just and reasonable result）说。以怀特（Wright）勋爵和丹宁勋爵为典型，一些判决认为，合同受挫的理论依据是法院实现公正和合理结果的意愿。不过，在英国的以先例为依据的制度之下，这样的观点被认为会使法官的裁量权过大，从而造成过多的免除当事人履约责任的机会。

（3）“合同基础消失”（disappearance of the foundation）说。这一理论为英国王座法庭在 1939 年一个案件中所采纳。该法庭判决道，该案合同涉及船舶的租赁，由于该船被西班牙内战中的一方扣押，尽管双方事前已预见到这种扣押的可能，该合同的基础已不复存在。可是，到了 1981 年，这种理论被上诉法院否定，理由是：首先，在特定案件中，关于什么构成合同的基础难以确定；其次，这种理论的适用范围过窄，不能适用于合同标的物无法再被利用之外的其他情况。

（4）“义务根本改变”（radical change in the obligation）说。这是目前被英国法院普遍承认的理论。1956 年，上议院的拉德克利夫勋爵在 Davis Contractors Ltd. v. Fareham U. D. C. 案中对这一理论作了这样的表述：“如果在法律上能够承认，在任何一方均无过错的情况下，由于履行的背景情况使合同的履行变得根本不同于依合同承担的履行，合同义务已变得无能力再履行，合同受挫便发生了。”

上述理论为上议院后来的一系列判决所确认。这一理论又被称为“解释理论”（construction theory），因为它要求法官在审理案件时首先参照合同的性质和合同订立的有关背景对合同的条件进行解释。通过这种解释决定当事人原来依合同负有什么义务。接下来，法院需考查，在后来发生的情况下，如果要求当事人继续履约，其义务是否根本性地变化了。在 Davis 案中，上诉人的义务是为被上诉人建造 78 所别墅，工程费是 94 424 英镑，工程预期在 8 个月内完工。由于事前未预料到的技术工人的缺乏和某些建筑材料的不足，建筑工期拖延至 22 个月，施工费用的支出已达到 115 000 英镑。上诉人主张，在这种情况下，合同已经受挫；因此，该方有权向另一方索取实际发生的支出。这一主张没有被上议院接受。上议院认为，上述情况仅使上诉人的负担增加了，并没有使该方的义务发生根本的改变。

4. 主张合同受挫的限制条件

在英国，当事人以合同受挫为由主张免除合同义务，受到许多条件的限制。现就其主要方面介绍如下：

（1）承担风险的后果。当合同一方在订立合同时已承担了发生特定情况的风险时，该方不能再主张该情况的发生使合同受挫。在这方面，具有典型意义的是，因市场情况变化而导致的履约成本的增加被英国法院认定为商业风险，不构成使合同受挫的情势。

另一类具有典型意义的问题是：如果特定事件的发生在合同订立时已为当事人预见，当事人是否仍然能主张该事件的发生使合同受挫？关于这一问题，依英国的判例，关键的因素并不在于当事人是否预见到了某一事件的发生，而在于当事人是否已经承担了发生该事件的风险。也就是说，当事人在订立合同时是否期望，或者有理由期望，即使发生了该事件，合同依然将继续被履行。在 W. J. Tatern 案中，合同项下的船前往西班牙运送难民，双方已预见到该船可能被那里的政治势力扣押。但法院认为，在双方的意图中，该船如果被扣押，合同即已受挫，因为合同中没有关于合同在这种情况下仍具有约束力的明示规定。

（2）合同受挫是由当事人自己导致的后果。在1935年的一个案件中，被上诉人将一条捕捞水獭的拖网渔船出租给上诉人，以便在加拿大海域作业。双方在订立合同时都知道，进行这样的作业不经加拿大政府批准，将是违法的。后来，上诉人就5艘船进行这类作业向加政府提出了申请，其中包括了被上诉人租给上诉人的船。不久，上诉人收到通知，只有其中的3艘船能得到批准；上诉人须决定就该5艘船中的哪些船申请执照。结果，上诉人申报了其他的船，而没有申报被上诉人的船。英国枢密院司法委员会判决，上诉人无权以该船未经获准作业为由主张合同受挫，因为该船没有得到作业执照，是该方自己选择的。

（3）合同部分受挫的后果。部分受挫（partial frustration）指合同订立之后情况的变化使合同特定义务的履行成为不可能或使合同的履行变得暂时不可能，而合同在整体上并未受挫。从原则上说，部分受挫只能使当事人的合同义务得到部分的免除，而不能使整个合同丧失效力。例如在前述F. A. Tamplin Steamship Co. Ltd. 案中，由于合同项下的船只被解除征用之后尚有几个月的时间可用于履约的需要，上议院的多数成员不同意合同已受挫的主张。

（4）合同的履行依然成为可能的后果。英国法上的合同受挫，在原则上，是以履约的不可能为基本要件的；当情况的变化造成了履约的艰难，但合同依然能够履行时，一般不承认合同已经受挫。在上议院于1962年判决的著名案例Tsakiroglou & Co. Ltd. v. Noblee Thorl GmbH案中，卖方依合同规定应在1956年11月至12月间将一批苏丹产的花生在苏丹发运。1956年11月2日，苏伊士运河因中东战争爆发而关闭，致使该货物不能通过该运河运往目的港——德国的汉堡港。然而，这批货物可以通过绕航，即从非洲南端的好望角绕行，运往汉堡。这将比原来预期的航行路线长3倍，应由卖方支付的运费将大大增加。卖方因此而主张，该合同因该运河的关闭而落空。上议院在终审判决中说，尽管当事人双方已经预见到货物将通过苏伊士河运输，而该运河的关闭会导致该履约方式的变化，但这种变化并不是对合同义务的根本改变（fundamental change），因而没有使合同受挫。

然而，履行的不可能是一个相对的概念。在特定的案件中，合同能否得到履行要结合该案的具体情况进行考查。在前述Robinson案中，该钢琴家因生重病不能演出造成了被告方合同义务的不可能履行。这决定于合同的性质：该音乐会是在特定时间举行的，该时间是不能更改的。在Tsakiroglou & Co. Ltd. 案中，上议院指出，如果合同规定卖方须于特定的日期在欧洲交货，而绕航好望角会使交货延期；如果货物属于易腐货物，长途运输会使其腐烂变质，则卖方的交货义务得以解除。

一个实质性的问题是：如果合同一方的履行因情况的变化而无法实施，该方有无义务通过自付费用提供替代的履行？例如，当出租的船舶被扣押时，出租方有无义务为承租方另租一条船？当农产品因严重歉收而不能交付时，卖方有无义务通过在市场上高价买进替代的农产品交付买方？关于这类问题，一般的答案是，当事人没有这样的义务。

依英国法上目前流行的“义务根本改变”说，让某当事人承担此类的义务会造成该方合同项下的义务的根本改变。因此，在前述 Tsakiroglou & Co. Ltd. 案中，上议院没有说，卖方在苏伊士运河被关闭之后有义务在欧洲市场上寻找高价的替代货物。进一步说，依早期流行的默示条件说，也不应让当事人承担这样的义务。在前述 Taylor 案中，供演出用的剧院被火烧毁，法院不认为被告有提供一个替代的剧院的义务，因为双方的默示约定是，合同的履行以该剧院的存在为前提，即让演出在该剧院进行。英国法院曾经判决，对于货物买卖合同，如果卖方应交付的货物是非特定的，卖方不能主张合同受挫。也就是说，如果卖方原计划交付的货物不能交付，该方有义务交付替代货物。可是，根据 1921 年的 Re Badische Co. Ltd. 案，如果货物从特定的国家进口构成合同的基础，而该进口已成不可能的事，合同受挫的主张能够成立。在该案中，货物依合同从德国进口；由于战争的爆发，继续从德国进口成为违法贸易。在这种情况下，法院判决卖方的交货义务被免除。在 Re Badische Co. Ltd. 案之后，英国法院的一系列判决都与该案保持了一致。

（5）合同就障碍的发生作出了规定的后果。在英国，合同当事人可以在合同中加入一个明示的条款，规定当特定的事件发生时，双方或一方在合同项下的义务被免除。因此，如果当事人在合同中加入一个不可抗力条款，并规定特定事件的发生构成不可抗力，这一条款是有效的。

（二）美国

1. 合同受挫

合同受挫在美国又称“目的受挫”（frustration of purpose）。《第二次合同法重述》第 265 条对目的受挫的构成要件作了四点概括：（1）某一事件的发生使订立合同的主要目的“实质性地受挫”（substantially frustrated）；（2）该事件的不会发生是合同赖以订立的基本假定；（3）该受挫不是请求免责的一方的过错所导致的；（4）该方没有在法律强加的义务之外承担额外的义务。

2. 履行不能

美国法除了继受英国法上的合同受挫理论之外，还发展了履行不能的制度。目前在实践中，更容易被法院接受的是后一种制度。美国《统一商法典》第 2-615 条规定：“除非存在卖方已经承担了更多的义务的情况……否则，如果发生了某种意外情况，这种情况的不发生是合同赖以订立的基本假定，由于这种情况的发生，合同的履行像双方协议的那样付诸实施已变得不现实，那么，全部或部分货物的交付的拖延或不交付……并不构成对依买卖合同承担的义务的违反。”这一规定得到了《第二次合同法重述》第 261 条的采纳。

上述规定中采用了“不现实”（impracticable）而不是“不可能”（impossible）的措辞。这是因为，法院在实践中并没有严格地要求意外事件对履约的阻碍须达到使履约不可能的程度，而只是要求该履行变得“不现实”或“极不现实”（highly impracticable）。在 Wasserman Theatrial Enterprise v. Harris 案中，一个演员在登台演出之前感到喉咙发紧和发痒，于是拒绝表演。法院判决，这种担心是合情合理的，他可以被免除履约义务。

美国法院通常认为，履约成本的增加不能成为免责的理由，因为额外的支出尽管是由不测事件所致，但是达不到履约不能的程度。另一种情况是，通过使用替代的履约手段可以使履约的障碍得到克服。此时，法院对于免除当事人的合同义务也会抱勉强态度。

3. 两种理论的区别

合同受挫与履行不能的主要区别在于：在合同受挫的情况下，如果合同的目的实质性地落空了，当事人即可主张免责，尽管合同依然能得到履行。不过，美国法院对于依这一理由主张免责持一种限制态度。在著名的 Lloyd v. Murphy 案中，一个租约规定，承租人只能用租赁的房产出售新汽车和经营加油站，不能在那里卖旧汽车，也不能将房产转租他人。不久，美国政府因加入第二次世界大战而颁布了限制出售新汽车的法令，该承租人因此而停止了租赁。加州最高法院判决，对于该租约的目的应作广义的解释；该出租人后来已放弃了该租约中的限制，使该房产可以用于任何合法的目的，并可转租；这种对权利的放弃不会使租约的目的因新法令的颁布而受挫。

（三）法国

1. 不可抗力

与英美法不同的是，大陆法在原则上承认，如果合同的未履行非因过错所致，未履行的一方可以被免除履约义务。

《法国民法典》第 1147 条规定，当债务的不履行是由于不应归咎于债务人的“外部原因”（cause etrangere）时，债务人对之不承担民事责任。该法典第 1148 条进一步规定：“如债务人系因不可抗力或意外事件而未履行给付或作为的债务，或违反约定从事禁止的行为，不发生赔偿损失的责任。”

第 1147 条的外部原因包含了三种情况：（1）不可抗力；（2）第三人的行为；（3）债权人自身的行为。

在法国，不可抗力的构成须同时具备三个构成要件：

（1）不可预见性（imprevisibilite），指当事人在订立合同时对于不可抗力事件的发生不可能作出预见。关于这一要件，一般的原则是，考查一个可获得充分信息的债务人如果处于同样的情况可否预见到，而不看该特定的债务人能否预见到。这是评定可预见的客观标准。不过，在有的案件中，法院采用了主观的可预见标准决定这一问题，比如，在债务人所处的当地的条件下可否预见。

（2）不可抵御性（irresistibilite）。这一要件强调合同的履行已达到了不可能的程度，或者说事件的不可克服性。因此，如果事件的发生仅使履约变得更困难了或成本增加了，债务人并不能主张不可抗力。例如，根据法国最高法院商事庭 1969 年 11 月 12 日的判决，在货物的海上运输因罢工的发生而受阻的情况下，承运人有义务采用空运送货，而不能主张不可抗力。

（3）外在性（exteriorite），即事件非因债务人自身的原因而导致。所谓债务人“自身”，包括债务人雇用的履行合同义务的人。当罢工因政府的某项决定而引发时，雇主可以主张不可抗力。但有的学者主张，对于周期性发生的罢工，不能主张不可抗力，因为这应该被预见到。

2. 第三人的行为和债权人自身的行为

当事件由第三人的行为引发时，如果该事件是不可预见和不可抵御的，债务人可以被免除不履约的责任。在有个案件中，当列车在乡村地区行驶时，有个人突然冲上铁道，列车的紧急刹车引起了一名旅客受伤。法院判决，该承运人不承担赔偿责任。然而，在另外的一系列案件中，铁路事故是由第三人蓄意破坏引起的，第三人事先进行了威胁，则承运人因对事件的可预见或可抵御而被判决违反了合同。

当事件由债权人自身的行为所导致时，债务人可否免责取决于以下几种情况：(1) 如果该行为不可预见和抵御，债务人可以完全免责。(2) 如果该行为并不是不可预见和抵御的，且债权人并无过错，债务人不能免责。(3) 如果该行为并不是不可预见和抵御的，债权人有过错，依该过错的程度，债务人可获得全部的或部分的免责。

3. 情况的变化

1876 年，法国最高法院在 Canal de Craponne 案的判决中说："在任何情况下，法院均无权为了修改现存的合同和为了用新的条款取代那些被合同当事人自由接受的合同条款而对时间因素和环境因素加以考查，无论这样做会使其判决显得多么公平。"在该案中，一条运河的建设方兼经营人根据签署于 1560 年和 1567 年的合同承担了永久性的供水以便灌溉土地的合同。合同规定的供水价格为每 190 立方米 15 生丁（1 生丁等于 1% 法郎）。后来，由于劳动力价格的上涨，水价上涨了 4 倍。于是，该方试图将水价上调至每 190 立方米 60 生丁。上诉法院判决，该合同是持续有效的；当一方定期支付的价金与另一方付出的成本失衡时，法院有权对该价格进行调整。可是，这一判决被最高法院否决了，否决的基本理由是，依《法国民法典》第 1134 条，依法订立的合同在缔约当事人之间具有相当于法律的效力。

上述判决，尽管受到过指责，但在法国的法理学中一直受到了维护。从法国最高法院商事庭 1979 年 12 月 18 日的判决可以看出，由 Canal de Craponne 案阐明的原则到现代社会依然得到了坚持。在该案中，上诉法院认为，由于经济情况的变化，该不定期的仓储合同中规定的仓储费已失去公正性；但最高法院依据《法国民法典》第 1134 条否决了上诉法院的判决。

（四）德国

1. 履约的"嗣后不能"

在德国，合同的履行因障碍的发生而受阻的后果，属于嗣后不能的理论调整的范围。关于债务人在何种情况下可依嗣后不能的理由被免除履约责任，德国的传统法理强调过错的概念。债法改革之前，《德国民法典》第 275（1）条明确规定："给付因在债务关系发生后产生的不可归责于债务人的事由而致不能的，债务人免除给付的义务。"

债法改革之后，新法典第 275（1）条规定："在给付对于债务人或者对于任何人均为不能的限度之内，排除给付的请求权。"第 275（2）条规定："在考虑债务关系内容和诚实信用原则的情况下，履行给付需要支出的费用与债务人的给付利益严重不成比例的，债务人可以拒绝给付。在确定可以苛求债务人作出的努力时，亦应当考虑债务人是否应对给付障碍负责任。"第 275（3）条进一步规定："此外，债务人应当亲自履行给付，并且在将妨碍债务人给付的障碍与债权人的给付利益进行权衡时，不能够苛求债务人给付的，债务人可以拒绝给付。”

对新法典第275条的上述规定可以作出以下归纳：

(1) 在原则上，当债务人本人无能力履行其在合同项下承担的义务，也不能通过其他人完成履行时，其义务得以免除。其义务可否被解除与债务人是否有过错无关(第275(1)条)。

(2) 在实践中经常发生的情况是，债务人并非完全地无能力履行，而是仅在支付高昂成本的情况下方能履行。例如，卖方的存货被火烧毁，但其可以通过支付高价从第三人处购入替代货物交付给买方。当这样的情况发生时，应该在考虑多种情况之后作出决定，其中包括：债务关系的内容，各方依照诚信原则应如何行事，继续履行的成本与所带来的利益是否过分地不对称，债权人是否有过错，等等(第275(2)条)。

(3) 当义务须由债务人亲自完成时，如果通过对履约障碍与履约利益进行比较，继续履行将构成对债务人的过分苛求，其义务得以免除。

2. 交易基础的丧失

早在《德国民法典》诞生之前，交易基础丧失的理论已被写入了德意志民族的成文法中。1794年的《普鲁士民法典》规定，如果环境的不可预见的变化使当事人在合同中明示表达的或从交易的性质推定的其追求的最终目标不可能实现，任何一方均可摆脱尚未履行的合同。根据1863年的《萨克森民法典》，如果合同赖以订立的环境发生了改变，或者合同的履行或对待履行变得不再对称，任何一方均有权从合同撤出。1900年《德国民法典》的起草者在经过激烈的论争之后放弃了在法典中规定交易基础瑕疵的打算。这些起草者担心，采纳这一制度会对交易的安全产生不利影响。

第一次世界大战结束之后，客观情势的巨大变化促使德国法院采用务实的观点对待战前签订的长期合同。1920年，德意志帝国民事法院在一项判决中对一个签订于1912年的合同规定的蒸汽的价格进行了调整。该法院说：在蒸汽成本大幅度上涨的情况下，“不这样做，情势就会变得无法接受，从而成为对诚信原则和所有正义公平戒令的嘲弄”。

为了满足司法实践的发展对理论的迫切要求，德国学者Oertmann在1920年发表了《交易的基础：一个新的法律概念》一书，对交易基础的概念进行了重新定义。根据他的观点，交易的基础是一方的假定，这种假定对另一方来说是显而易见的，并得到了另一方的默认；在这一假定中，特定的他们认为重要的情势或者是现存的或者将会发生；当合同订立时，在他们相互交换的明示意思中，这种假定是否被表达过，是无关紧要的。依这一定义，交易基础是当事人在合同订立时关于合同赖以成立和合同条件赖以存在的背景条件的假定。

交易基础在两种情况下会出现瑕疵：一种是交易基础的事后丧失，即在合同成立之后不复存在；另一种是交易基础的自始欠缺，即在合同订立时，当事人假定其存在，但实际上并不存在。其中的交易基础的事后丧失涉及“因情况变化而免责”，而交易基础的自始欠缺与多种制度相关联，比如上文提到的合法性、错误和误解、欺诈、胁迫、显失公平等。

交易基础学说在民法典中的依据是第242条规定的诚信原则。这实际上是用道德规范对合同双方的权利义务进行调整，即当交易基础不复存在时，如果依然坚持原定的合同条件的效力，是有违诚实信用的。在社会发生剧烈动荡的时期，比如第一次世界大战之后、1923年货币崩溃时期，第二次世界大战以后以及东、西德统一之后，这种调整对于缓和各种社会矛盾起了重要作用。

今天，交易基础事后丧失的学说，即所谓的“情势变迁”，也被运用于日常发生的民商事关系中。其典型的例证包括：夫妻在结婚时对未来生活作出了规划；当婚姻关系破裂时，该规划因基础丧失而对双方不再具有约束力。同样，如果两家足球俱乐部达成了让某一球员转会的协议，当该球员丧失了参赛权时，该协议的基础丧失，拟接纳该球员的一方不再负有向另一方支付高额转会费的义务。再有，合同中的违约金条款能够成立的假设前提是，当事人设置这类条款是合法的，如果这类条款后来成为违法的，该条款的基础即告丧失。

在德国债法改革的过程中，交易基础事后丧失的学说和相关的司法实践被写入了《德国民法典》第313（1）条。其中规定：“已经成为合同基础的情况，在订约之后发生重大变更，并且当事人在预见此种变更的情形将不会订立或者将以其他的内容订立合同的，以在考虑具体情形下的一切情况，特别是考虑合同下的风险分配或者法定的风险分配时，不能苛求一方当事人坚持履行不变的合同为限。”

根据以上规定，主张合同基础丧失的一方必须证明的要件包括：（1）成为合同基础的情况在订约后发生了重大变化；（2）当事人在订约时如果预见到此种变更的情形将不会按照原有的条款订立合同；（3）变更的情形不属于该方已经承担的风险；（4）按照原有的条件继续履约会构成对该方的过分苛求。

（五）《国际商事合同通则》

《国际商事合同通则》对于履约障碍和所谓的“情况变化”并没有分别论及，而是在“艰难情势”（hardship）标题之下一并规定的。

《通则》第6.2.1条规定：“当合同的履行使一方负担加重时，从属于以下有关艰难情势的条款，该方仍有责任履行其义务。”

第6.2.2条进一步规定：“艰难情势是指，由于一方履约成本的增加，或由于一方所获得的履约价值的减少，而发生了根本改变合同的均衡的事件，并且，（a）该事件的发生或受到不利影响的一方知道该事件的发生是在合同订立之后；（b）在合同订立时，受到不利影响的一方不能合理地考虑到该事件的发生；（c）该事件不能为受到不利影响的一方控制；（d）受到不利影响的一方没有承担发生该事件的风险。”

（六）中国

关于履约义务是否可因障碍或情况变化而免除，中国《民法典》采纳了不可抗力和情势变更制度。

关于不可抗力，《民法典》规定：（1）因不可抗力不能履行民事义务的，不承担民事责任（第180条第1款）；（2）不可抗力是不能预见、不能避免且不能克服的客观情况（第180条第2款）；（3）根据不可抗力的影响，部分或者全部免除责任（第590条第1款）；（4）因不可抗力不能履行合同时，应当及时通知对方，以减轻可能给对方造成的损失，并应当在合理期限内提供证明（第590条第1款）。

关于情势变更，《民法典》规定："合同成立后，合同的基础条件发生了当事人在订立合同时无法预见的、不属于商业风险的重大变化，继续履行合同对于当事人一方明显不公平的，受不利影响的当事人可以与对方重新协商；在合理期限内协商不成的，当事人可以请求人民法院或者仲裁机构变更或者解除合同"（第533条）。

第七节　违约及其救济措施

一、解除履约义务

当一方违约时，在许多情况下，另一方可以通过解除合同从而解除其全部履约义务，或者，解除其在合同项下的某一特定义务，使自己得到救济。例如，在货物的市场价格呈大幅度下跌趋势的情况下，如果买方有权因卖方迟延交货而解除合同，买方就可避免因卖方交货迟延给自己造成的损失。

（一）英国

关于合同一方在何种情况下可因另一方违约而解除自己的履约义务，英国法上的主要制度如下：

1. "条件"与"担保"的划分

英国法把合同条款划分为"条件"（condition）和"担保"（warranty）。如果合同双方认为某一条款具有实质性（essential），则该条款为一项合同条件。当条件被违反时，受损害方有权解除自己进一步履约的义务。与此同时，该方也有权就其蒙受的损失让另一方作出赔偿。如果合同双方认为某一条款不是实质性的，而是附属性的（subsidiary）或第二位的（collateral），则该条款为一项担保。在一方违反担保的情况下，另一方可以要求得到赔偿，但不能解除自己的合同义务。根据这样的划分，法官在决定受损害方是否有权解除其履约义务时，需要首先决定所违反的是一项条件，还是一项担保。

上述划分的缺陷在于：首先，一项约定属于条件还是担保决定于当事人的意思，这种意思要依合同的条款和争议的性质等情况决定。这必然造成一定的不确定性。其次，将合同条款人为地划分为上述两类在许多情况下未免牵强。

在现代的判例中，英国法院经常采用另一种方法，即不把有争议的合同条款认定为条件或担保，而是把其视为这两种条款之外的"中间条款"（intermediate terms）。对中间条款的违反是否会导致受损害方有权解除履约义务，取决于该违约的具体的性质和后果。

上述关于条件、担保以及中间条款的划分，没有为美国法采纳。

2. 违约是否涉及"合同的根本"

当一方所违反的属于"中间条款"时，在决定这一违反是否使另一方获得了解除合同义务的权利时，英国法院经常采用的一种说法是，该违约是否涉及了“合同的根本”（the root of the contract）。这可以追溯到英国上诉法院1884年的一项判决。类似的说法还有：违约是否是根本性的（fundamental），违约是否影响到了合同最实质的方面（the very substance of the contract），违约是否导致了风险投资的商业目的的受挫（frustrate the commercial purpose of the venture），等等。

3. 受损害方的义务是否独立于违约方的义务

独立的义务指义务的履行不以相对方对义务的履行为条件。例如，依英国法，房屋承租人支付租金的义务独立于房东对房屋进行修缮的义务。因此，承租人无权以房屋未得到应有的修缮为理由拒付租金。

在通常情况下，合同双方对义务的履行是互为条件的。因此，一方的未履行如果构成对“条件”的违反，或涉及了合同的根本，另一方通常有权解除其合同项下的义务。例如，被不当解雇的雇员没有义务遵守劳动合同中加入的“限制贸易条款”（covenant in restraint of trade），即在合同解除后不得与雇主竞争的条款。

4. 违约方承担的是否是一种“完整的义务”

完整的（entire）义务指该义务的完全的履行构成相对方履行其义务的前提条件。因此，如果违约方承担的是这样一种义务，只要该义务尚未得到完全的履行，受损害方即有权视情况中止其履行，或解除其合同义务。例如，裁缝对其客户承担的缝制一件衣服的义务属于完整的义务。只要该义务的履行尚未完成，客户即可拒绝付款。

（二）美国

涉及违约的严重程度，美国的法学著述中经常使用的措辞是“重大违约”（material breach）。美国法在现代的发展中表现出的倾向是：重大违约使受损害方有权暂停履行（suspending performance），但并不必然地使该方获得解除合同的权利；本着公平原则，违约方被允许在一段时间内对其违约行为进行纠正（to cure the breach），如果在一段时间过后，该违约仍未被纠正，受损害方便有权解除合同。

受损害方需要等待多长时间才能行使解除合同的权利，是一个事实问题，取决于特定案件的具体情况。以下几种情况是经常会被法院考虑的重要情况：

首先，履行的拖延会在多大程度上剥夺受损害方有权期待得到的利益。例如，对于货物买卖合同来说，时间是一种实质性的因素，货物价值依市场价值的波动而变化，因而交货或收货的迟延往往会将这种波动导致的风险转移给另一方。美国法院经常说，在货物买卖合同项下，时间是实质性的。

其次，违约方有无可能纠正其违约行为。当该方根本没有纠正其错误的意愿时，比如已经毁弃合同时，受损害方有权立即解除合同。美国法院有时说，此时合同已被完全违反（total breach），而不再是被部分地违反（partial breach）。

最后，立即解除合同会不会导致对违约方“没收”（forfeiture）[①] 的结果。如果通

---

① 在美国法上，狭义的没收指不经补偿而剥夺财产；广义的没收也包括对违反义务的当事人惩罚性地剥夺其权利。在合同法上，反对没收是一种公共政策。

过解除合同而避免的受损害方的损失与所导致的违约方的损失过分地不对称，而与之相比，通过解除合同而实现的利益显得微不足道，就构成了对后者的过重惩罚，出于这方面的考虑，法院对卖方专门为买方生产的特定物的迟延交付，往往持一种宽容的态度。

除了以上因素之外，合同中关于解除合同的条件的规定通常会得到法院认可，比如，买卖合同中规定，卖方必须于特定时间交货，否则买方有权拒收货物。这类条款通常是有效的。

（三）法国

1.《法国民法典》的规定

《法国民法典》第1184条规定："双务契约债务人不履行其债务时，应视为有解除条件的约定。"该条进一步规定："在此情况下，契约并不当然解除。债权人有权选择：如有可能履约时，要求他方履约，或解除契约而请求赔偿损害。"

然而，该法典没有规定受损害方解除合同的限制条件。此后，法国的法学理论和司法实践主要围绕以下两个问题而发展了《法国民法典》的规定：（1）解除合同是否以违约方有过错为前提条件？（2）违约的严重程度与解除合同的权利有什么关系？

2. 违约方的过错

依《法国民法典》第1184条，如果合同的不履行由不可抗力或意外事件而导致，不履行的一方不必承担责任。问题在于，当这种情况发生时，相对方有无权利解除合同？还是说，既然前者没有过错，后者只能继续履约？

依法国的合同法理论，一方解除合同，必须以相对方有过错为前提。可是，法国最高法院所持的立场并不是这样。早在1891年，法国最高法院就在发布于该年4月14日的判决中说："第1184条并没有对不履约的原因加以区分，也没有认可，在当事人一方履行其债务的情况下，不可抗力可以成为解除合同的障碍。因此，在一个双务合同中，当事人一方所负之债是另一方所负之债的原因；它们以这样一种方式相互作用：如果一方的债未得到履行，无论出于何种理由，另一方的债的原因就被剥夺了。"这样的判决意见，在后来的司法实践中被一再地表达过。

3. 违约的严重程度

依据《法国民法典》第1184条第2款，"债权人解除契约应向法院提出，法院得根据情况给予被告一定期限"。因此，在特定的案件中，受损害方可否因违约方的行为解除合同是一种由法院视案件的具体情况加以裁量的事。而依法国最高法院的判决，对这类事项，作为事实问题，应由下级法院进行裁量，而且，这是由下级法院绝对控制的事项。下级法院在进行裁量时遵循的基本准则是，该不履行是否具有充分的严重性，以致应当立即解除合同，否则不应解除合同而只能给予金钱赔偿。

在决定一方不履行的严重程度是否足以使相对方解除合同时，法国法院反复运用的原理是，未得到履行的债是否构成相对方的债的原因。比如，货物的交付是否如此地晚，或者其缺陷是否如此的严重，以至于对于买方而言，不能获得真实的利益？假如买方预见到卖方有瑕疵地履行的这样一种状况，他还会不会签署这个合同？

关于对附属债务的违反可否构成原因的丧失，在这类判决中，找不到明确的答案。但可以肯定的是，不仅违反主要债务可导致解除合同的结果，违反附属债务同样可导致这样的结果。

法院在决定应否解除合同时，还考查当事人的行为以及由此反映出的当事人的动机。比如，违约方是否在诚信行事的情况下不得已而违约？该方有无过错？如上文所述，违约方的过错并不是解除合同的前提条件，但是否有过错是法院考虑的重要因素。另外，法院也考查受损害方的动机。比如，该方是否以违约方的履约瑕疵为借口而解除合同，以便使自己退出一桩对自己不利的交易？

（四）德国

在债法改革之前，涉及当事人在何种情况下可以解除合同，主要的依据是《德国民法典》第 325 条。其中规定："一方因双务合同负担的给付，因可归责于该方的事由而致不能的，另一方可以请求不履行的损害赔偿或从合同中退出。"

新民法典通过 323 条对合同的解除条件作出了较为详尽的规定：

（1）在双务合同的情形，债务人不履行或者不依约履行届期给付的，以债权人向债务人指定适当的给付或再履行期间届满未果为限，债权人可以解除合同（第 323（1）条）。这一款中包含了两种由债权人给出的额外的期间：一种是适当的由债务人完成给付的时间，即所谓的履约宽限期；另一种是适当的由债务人进行再履行期间，比如对交付的物进行修理的期间。因此，在原则上，当债务人不履行债务或未按期履行债务时，或者，当其履行不符合同时，债权人应给出适当的履约宽限期；在宽限期届满，债务人仍未履行到位时，债权人方可解除合同。此种宽限期制度，反映了德国的传统法律文化。

值得注意的是，依上述规定，比照旧法，合同的解除不再以存在可归责于相对方的事由作为前提条件。同时，解除合同不再以放弃损害赔偿作为前提条件，即债权人有权在解除合同的同时要求损害赔偿。

（2）在一定的情况下，债权人给出额外的履约期限的义务得以免除。其中包括：债务人"认真并最终拒绝了给付"（第 323（2）1 条）；债务人未在合同规定的期限内或特定的期限内给付，且债权人受领利益的计算仅限于及时履行（第 323（2）2 条）；经过对双方利益的衡量，存在使立即解除合同具有正当性的特殊情况（第 323（2）3 条）。

（3）如果指定期限并不可行，可以用催告代替期限指定（第 323（3）条）。

（4）解除合同的要件显然将要成就的，可在给付到期前解除合同（第 323（4）条）。

（5）债务人已履行部分给付的，仅在债权人对该部分给付无利益时，债权人得解除整个合同（第 323（5）条）。

（6）债务人的履约虽不符合同，但仅为轻微违反的，债权人不得解除合同（第 323（5）条）。

（7）债权人对于将使自己享有解除权的事由，负单独责任或根本性责任的，不得解除合同（第 323（6）条）。

（8）不可归责于债务人的情况发生在债权人受领迟延时，不得解除合同（第323（6）条）。

（五）《国际商事合同通则》

《国际商事合同通则》第7.3.1（1）条规定：“一方可以终止合同，如果另一方未履行合同项下的义务构成根本性的不履行。”

《通则》第7.3.1（2）条进一步规定：“在决定未履行某一义务是否构成根本性的不履行时，应特别考虑：

（a）该未履行是否实质性地剥夺了受损害方在合同项下有权期待的东西，除非另一方并没有预见到，也不可能合理地预见到这样的结果；

（b）对该未履行义务的严格遵守在合同项下是否具有实质性；

（c）该未履行是否是有意的或放任其后果的；

（d）该未履行是否使受损害方有理由相信，他不能对另一方进一步的履行产生依赖；

（e）若合同被终止，未履行方是否会因准备履行或已经履行而蒙受不相称的损失。”

在这五种应考虑的因素中，a款的规定是采纳1980年《联合国国际货物销售合同公约》第25条的结果，其他规定是采纳各国法的规定的结果。

《通则》还在第7.3.1（3）条规定了迟延履行与终止合同的关系：“在迟延履行的情况下，只要另一方未在第7.1.5条允许的额外期限届满之前履行，受损害方亦可终止合同。”依《通则》第7.1.5条，受损害方可以给不履行方一段合理的宽限时间，让后者继续履行其义务，并在该期限届满而后者仍不履行的情况下终止合同。这些规定受到《联合国国际货物销售合同公约》第47条和第63条的影响。

（六）中国

根据《民法典》的规定，合同一方有权解除合同或终止合同效力的主要事由包括：（1）情势变更，即合同的基础条件在合同订立后发生了订立时无法预见的、不属于商业风险的重大变化，继续履约对于当事人一方明显不公平（第533条）。（2）不可抗力，即“因不可抗力致使不能实现合同目的”（第563（1）条）。（3）预期违约，即“在履行期限届满前，当事人一方明确表示或者以自己的行为表明不履行主要债务”（第563（2）条）。（4）催告后依然迟延，即“当事人一方迟延履行主要债务，经催告后在合理期限内仍未履行”（第563（3）条）。（5）合同目的不能实现，即“当事人一方迟延履行债务或者有其他违约行为致使不能实现合同目的（第563（4）条）”。

二、预期违约

（一）英国和美国

“预期违约”（anticipatory breach）是英美法上的传统制度。其含义是，如果一方在合同规定的履约期到来之前毁弃（repudiate）了合同，另一方可以立即解除合同，并要求得到赔偿，而不必等履约期已到，前者事实上违反了合同再解除合同和要求赔偿。

早在1853年，英国后座法院就作出了这样的判决。在Hochster v. De la Tour案中，被告将于4月12日雇用原告陪同被告外出旅行并在旅途中为被告提供服务。该合同从6月1日起开始履行。然而在5月11日，被告通知原告，不再需要原告的服务了。原告立即提起了诉讼，而当时合同规定的履约时间还没有到。法院判原告有权起诉和获得赔偿。

上述毁弃合同的行为，既可以是用言论表示的，也可以是以行为表示的。在1846年的Lovelock v. Franklyn案中，被告对原告许诺，将在7年之内的任何时候将某一租赁物上的所有权益转让给原告，只要原告表示需要。可是，在7年未满的时候，被告已将该权益转让给了其他人。英国法院判原告胜诉，尽管被告并没有通知原告，他将不履行其许诺。今天，美国也承认，预期违约可以由行为构成。

预期违约制度的另一个重要方面是，在一方表示将不履行其合同义务的情况下，另一方可以立即解除合同并要求获得赔偿，也可以坚持合同效力，因而要求前者继续履约。如果后者作出了后一种选择，他就放弃了主张前者预期违约的权利：在合同履行期到来之后，后者只能依新的事实主张前者违约，即履约期之后前者重新违约的事实主张前者违约，而不能再主张原来的预期违约。

（二）法国和德国

在法国，不存在预期违约的制度。其重要的原因之一是，受损害方只有经法院判决才能解除合同。因此，在一方明确表示将不履约或其行为使合同在履约期到来之后不可能被履行的情况下，另一方不可能立即解除合同。

在《德国民法典》条款的严格含义上，如果合同一方在履约期到来之前以言论或行动表示将不履约，另一方无法获得适当的救济，因为依照《德国民法典》规定的原则要先发出催告，再给予适当的宽限期，而不能马上解除合同。然而，德国法院在现代的判决中，通过运用积极违约的理论和对《德国民法典》规定的类推适用，使当事人获得了类似于英美法上的预期违约制度给予的救济。

在德国最高法院1953年11月13日发布的判决中，原告和被告分别为一个租船合同的出租方和承租方，船舶应于1950年9月5日或该日前后到达纽约港装载货物。1950年9月11日，原告通知被告指定的公司，该船已做好装货准备。但是，货物当时并没有备妥。同一天，原告通知被告，除非货物能在9月12日开始装运，或者，被告应在该日出具一份银行保函，否则，原告将不再受该租约的约束。此后，被告既未备妥货物，也未出具银行保函，而只是含糊其辞地说，在另一个地点可能找到货物。9月13日，原告通知被告，该方不再受合同约束，并保留对被告索赔的权利。9月15日，该船转到纽约州的其他港口靠泊。后来，原告提起诉讼，要求被告赔偿该船开往纽约州的成本。一审法院驳回了起诉，二审法院推翻了原判，最后，最高法院判原告胜诉。

在该案中，双方的争议集中在，哪一方违反了合同从而使该合同未得到履行？被告主张，依《德国商法典》第577条，装载期[1]结束时才能把船开走。原告提前把船开走，因而无权解除其合同义务。被告还主张，依《德国民法典》第321条，双务合同应先为给付的一方只有在另一方订约后财产发生明显减少并危害对待给付的请求权时，才能在对待给付履行之前或另一方提供担保前，拒绝其负担的给付。在本案中，原告的履约在前，在第321条的规定未得到满足的情况下，原告不能在被告的履行到期之前解脱其合同义务。

然而，被告的上述观点并没有被上诉法院和最高法院接受。最高法院在判决中指出：被告负有协助原告履约的义务，该方未尽该义务构成对合同“有过错的”积极违反；由于被告的行为如此地不可信赖，让原告继续受合同的约束将有失公正；如果一种积极的违约使合同目的的实现面临危险，那么，让守约方继续受合同约束并继续履行合同，就会导致不公平，并与《德国民法典》第242条规定的诚信原则相违背，因此，守约方可以拒绝履行合同，并在以下两者之中进行选择：就未履约的损失要求赔偿，或者，从合同中退出；《德国民法典》第321条的规定并不适用于本案的情况，而只适用于履约在后的一方的经济状况严重恶化的情况，该条并不管该方有无过错。

在本案中，被告没有及时备妥货物，构成对合同项下“协助义务”的违反，但这种违反尚未使合同的目的变得不可能实现，因为装载期还没有结束。相对于合同目的的实现，被告的违约只是“预期的”，而不是现实的。从这一点上说，该案是预期违约的案例而不是有关一般违约的案例。

（三）《国际商事合同通则》

《国际商事合同通则》第7.3.3条规定：“如果在一方履行的日期之前，该方显然将根本性地不履行合同，另一方可以终止合同。”这一规定是采纳《联合国国际货物销售合同公约》第72条的规定的结果。

（四）中国

关于预期违约，《民法典》赋予了守约方以下权利：（1）在履行期限届满前，一方明确表示或者以自己的行为表明不履行主要债务，另一方有权解除合同（第563（2）条）；（2）一方明确表示或者以自己的行为表明不履行合同义务的，对方可以在履行期限届满前请求其承担违约责任（第578条）。

三、双务合同履行中的抗辩权

（一）英国和美国

1773年，曼斯菲尔德勋爵在代表英国王座法庭审理 Kingston v. Preston 案时遇到这样的案情：被告同意把自己经营的生意在1年零3个月之后转让给原告和其他人；为了保证付款，原告将在转让之前提供担保；后来，被告没有实施这一转让，原告提起诉

---

① 在航运业务中，从开始装货到完成装货，或者，从开始卸货到完成卸货的允许时间称为装载期（laytime）。这一时间由港口依货物的情况以及其他情况确定，超出这一时间，需支付罚金。

讼。曼斯菲尔德判决说：如果一个双诺合同的一方的诺言依赖于一个对应的诺言，即前一诺言是以后一诺言为条件的，该对应诺言的不履行，可以成为前一诺言不履行的免责理由。依这一理由，被告不应负违约责任，因为该协议的实质是，被告应对原告个人的担保给予信赖；在被告转让生意之前，他应得到充分的担保，即这种担保构成被告诺言的先决条件；而原告未提供这一担保。

上述判决创立了“推定的交换条件”（constructive condition of exchange）理论。根据这种理论，法院可以依当事人明显的意图和交易的实质推定，一个双诺合同的一方的履行以另一方的履行为条件，或双方的履行互为条件。当一方的履行以另一方履行为条件时，后者的不履行可成为前者不履行的免责理由。后来，这一理论在英美法院的审判实践中被不断扩大适用，并进一步发展出一系列具体规则。其中，有关“对流条件”（concurrent conditions）和“履约次序”的规则有着最突出的实践上的重要性。

当合同双方有义务在同一时间履行其义务时，双方的履行构成对流条件。例如，货物买卖合同双方的履行构成对流条件，除非双方另有约定，或案件的情况显示当事人另有其他意图。比如，在以信用证为付款方式的买卖中，买方开证是先决条件。

履约次序是合同双方履约时间的先后顺序。履约次序在后的一方的履行以另一方的履行为先决条件。次序在前者的不履行构成次序在后者的不履行的免责理由，反之，次序在后者的不履行却不能成为次序在前者的不履行的免责理由。

除了上述制度之外，在英美衡平法上，存在类似于大陆法上的不安抗辩权的制度。

（二）法国

在大陆法上，存在“同时履行抗辩权”的概念，即双务合同的一方在另一方尚未为对待给付之前，有权拒绝为自己一方的给付。

对同时履行抗辩权，《法国民法典》并没有规定一般性的原则，但对许多合同作了有关的具体规定。例如，对于买卖合同的卖方可行使的此种权利，该法典第 1612 条规定：“如买受人未支付价金，且出卖人并未同意延期支付时，出卖人不负交付标的物的义务。”对于保管合同的保管人可行使的这类权利，该法典在第 1948 条规定：“保管人得留置寄存物，直至寄存人全部清偿因寄存所欠的债务时止。”依法国合同法的理论，同时履行抗辩权适用于一切合同，不问《法国民法典》对这种合同有无具体规定。

在实践中，同时履行抗辩权的适用可能成为合同一方恶意拒绝履行义务的借口。为此，法院常常依公平原则对这种权利的行使加以限制。例如，在出租人未履行对租赁物的维修义务的情况下，如果租赁物尚能使用且承租人仍在使用，该方仍应履行交付租金的义务。

在法国，同时履行抗辩权与解除合同的权利不同：首先，这种权利的行使并不意味着合同义务的解除，一旦另一方履行了相对义务，当事人应继续履行其义务。其次，行使解除合同的权利要经过法院判决，而行使这种权利无须先诉诸司法机构。这是一种“私力救济”，可由当事人直接行使。

《法国民法典》第 1613 条规定：“如买卖成立后，买受人陷于破产或处于无清偿能力，致使出卖人有丧失价金之虞时，即使出卖人曾同意延期支付，出卖人亦不负交付标的物的义务，但买受人提供到期支付的保证者，不在此限。”这体现了大陆法上的“不安抗辩权”。

对不安抗辩权的含义的一般理解是，在合同一方应向他方先为给付的情况下，如他方的财产在订约后明显减少，有难为对待给付的可能时，在他未为对待给付或作出担保前，前者得拒绝自己的给付。

（三）德国

关于同时履行抗辩权，《德国民法典》第320条第1款规定：“因双务合同而负有义务的人，在对待给付履行之前，可以拒绝其负担的给付，但其负有先为给付的义务的，不在此限。”为防止一方滥用这种权利，该条第2款进一步规定：“一方已部分给付的，依情形，特别是因未给付部分无足轻重，拒绝对待给付将违背诚信原则时，不得拒绝对待给付。”

关于不安抗辩权，债法改革前的《德国民法典》第321条规定：“因双务合同而负有先为给付义务的，在合同订立后另一方的财产发生明显减少，并由此危害对待给付的请求权时，可以在对待给付履行前或在为对待给付提供担保前，拒绝其负担的给付。”

新民法典第321条对旧法作了若干补充：（1）旧法中的“另一方的财产发生明显减少”被改为“另一方欠缺给付能力”，从而扩大了先为履行的一方可据以行使不安抗辩权的事由。（2）根据新法，“对待给付得到履行或者为对待给付提供担保的，给付拒绝权归于消灭”。（3）根据新法，先为履行的一方可以指定一个适当的宽限期让另一方继续履约，并在期限届满未果的情况下解除合同。

（四）《国际商事合同通则》

涉及双务合同履行中的抗辩权，《国际商事合同通则》第7.1.3条规定：“（1）在各方同时履约的情况下，任何一方可在另一方提出履行前中止履行。（2）在各方相继履约的情况下，在先为履行的一方尚未履行之前，后为履行的一方可中止履行。”

该条第1款中的“提出履行”（tender performance）指作出打算履约的表示。这区别于实际地开始履行。也就是说，如果双方应同时履行，一方已提出履行，另一方不作响应，后者的行为即构成违约。这一规定受到英美法的影响。

该条中的“中止履行”（withhold performance）是关于履行的悬而未决的状态：一方面表明现在没有履行，另一方面又区别于拒绝履行，因为拒绝履行可能含有将来也不履行的意思。中止履行隐含着这样的意思：在另一方提出履约或已履行的情况下，不履行的权利随即丧失。

《通则》第7.3.4条进一步规定：“一方如果合理地相信另一方将根本性地不履约，可以要求对如约履行提供适当保证，与此同时，可不履行自己的义务。若该保证未在合理时间内提供，要求该保证的一方可终止合同。”这一规定采纳并发展了大陆法上的不安抗辩权。

（五）中国

关于履约中止权，《民法典》作出了如下规定：（1）同时履行抗辩权：当事人互负债务，没有先后履行顺序的，应同时履行；一方在对方履行之前有权拒绝其履行请求；一方在对方履行债务不符合约定时，有权拒绝其相应的履行请求（第525条）。（2）后履行抗辩权：当事人互负债务，有先后履行顺序，先履行方未履行的，后履行方有权拒绝其履行请求；先履行方的履行不符合约定的，后履行方有权拒绝其相应的履行请求（第526条）。（3）不安抗辩权：先履行方有确切证据证明对方有下列情形之一的，可中止自己一方的履行：① 经营状况严重恶化；② 转移财产、抽逃资金，以逃避债务；③ 丧失商业信誉；④ 有丧失或者可能丧失履行债务能力的其他情形（第527条）。（4）通知义务、解约权和索赔权：中止履行方应将其中止的情况及时通知对方；对方提供适当担保的，应恢复履行；中止履行后，若对方在合理期限内未恢复履行能力且未提供适当担保，中止履行方有权解除合同并要求对方承担违约责任（第528条）。

四、实际履行和损害赔偿

（一）英国和美国

1. 两种救济手段的关系

实际履行与损害赔偿是一对相关的概念。实际履行就是令违约方严格按照合同规定的方式实践其诺言。损害赔偿是让违约方对受损害方进行金钱上的补偿，以此作为对实际履行的替代。

损害赔偿是典型的普通法上的救济方法。英国早期的普通法法院在违约发生时首先考虑的就是让受损害方获得金钱赔偿。这主要是因为，金钱赔偿没有违约方的配合也能得到强制执行。

与普通法法院截然不同的是，在这两种救济中，衡平法法院给予的救济是实际履行。在英国法发展演变的过程中，由于损害赔偿在实施上的方便，由于普通法法院管辖范围的扩展等原因，损害赔偿逐步成为主要的救济手段。后来在英美法上得到确认的原则是，当普通法的救济是“适宜的”救济时，衡平法的救济就不得采用。

2. 应准予实际履行的情况

在现代社会，英美法院在运用“适宜原则”时考虑的首要问题是，采用哪一种方法可以使受损害方得到更好的保护？具体地说，在决定是否作出实际履行的判决时，法官经常考虑的因素包括：

（1）交易的标的物是否具有独一无二、不可替代的性质。例如，在传统上，土地作为合同的标的物具有这样的性质，一件举世罕见的工艺品也具有这样的性质。对于这种情况，作金钱赔偿的判决是不适当的。

（2）作出实际履行的判决是否会与公平、公正和诚信等道德准则相背离。这是衡平法法院传统上的考虑。例如，如果原告企图利用被告的错误而获取被告的特定财产，如果实际履行会让被告陷入艰难的境地，如果这样判决会使被告承受巨大的、与其过失不相称的和无限度的损失，法院有不作这种判决的裁量权。

（3）对涉及人身性质的服务的合同，不作实际履行的判决。例如，雇员不能被强制履行与雇主签署的劳动合同。

（4）实际履行的判决在执行上的可能性和难度是应予考虑的重要因素。例如，对于某些合同，如建筑合同，一般认为法院是难以监督被告执行合同的。又如，当合同对履约细节规定得模糊不清时，实际履行的判决是无法得到执行的。

（5）在被告实际履约之后，原告是否会履行对应的义务？如果被告出于对原告履约能力的担心而停止了履行，在传统上，衡平法法院会考虑被告的担心是否有理由；如果确有理由，就不会作出让被告实际履约的判决。这类似于大陆法上的不安抗辩权。

3. 确定损害赔偿范围的一般规则

关于损害赔偿的范围，英美法在长期的发展过程中积累了大量的规则。现就其中最重要的一般规则介绍如下：

（1）使受损害方在经济上处于合同得到履行时本应处的地位。例如，卖方在货物的市场价格上涨的情况下拒绝按合同规定交货，买方有权得到合同价与市场价之间的差价。这使买方在经济上处于卖方交货时同等的地位，因为如果卖方交了货，买方持有的这批货物含有相当于市场价的价值。

不过，这一一般性的规则从属于许多的限制。这些限制使受损害方实际上很难处于合同得到履行时本应处的地位。以下规则则体现了这样的限制。

（2）损害赔偿仅限于违约方在合同订立时有理由预见到的违约的后果。这一规则源于英国理财法院1854年审理的Hadley v. Baxendale案。

（3）受损害方有义务减轻损失。例如，当雇主无正当理由解除雇员时，雇员应找一份替代的工作，然后就减少的工资要求获得赔偿。如果他待在家里，什么也不做，他无法就丧失的工资得到赔偿。

（4）对损失的计算应具有合理的确定性。如果原告主张的利润在通常情况下是难以获得的，在法官看来，他对利润的计算具有很大的主观臆测性，其主张就不能得到支持。在这方面，英美法院在审判实践中发展了“期待利益”（expectation interests）和“依赖利益”（reliance interests）的概念。前者指当事人依合同有权期待获得的东西，如利润；后者指当事人一方基于对另一方诺言的信赖而改变了地位，该改变的地位与原来的地位在经济价值上的差异，比如他因履约而发生的成本。英美法院在许多案件中判决，如果原告主张的期待利益因缺乏合理的确定性而不能得到支持，对其主张的依赖利益至少应予支持。

（二）法国

1. 实际履行

在法国，让债务人履行合同是债权人的基本权利。《法国民法典》第1243条规定：“债权人不得被强迫接受非约定应给付的其他物品，即使该物品的价值等于或大于应给付物时亦同。”依此规定，当债务人不履约时，债权人有权拒绝接受作为实际履约的替代的赔偿金。该法典第1184条规定，在双务合同的一方有权解除合同的情况下，该方“有权选择：或如有可能履约时，要求他方履约，或者解除合同而请求赔偿损害”。

当合同之债的内容是转让财产时，上述要求使合同得到实际履行的权利得到了较充分的保障。首先，如果标的物是特定物，在债务人拒不交付的情况下，债权人可以请求法院扣押该物，再转交给债权人，除非该物已经毁损。其次，如果该物是非特定物，债权人可以提起诉讼，由法院给予获得替代物的权利，费用由债务人支付。此时，法院可要求债务人预先支付购入该物所需的费用。如果双方的合同是由商法管辖的合同，债权人无须经司法程序便可购入替代物，只要事前向债务人发出打算购入替代物的书面通知。不过，购入的替代物必须与合同规定的物在品质上和数量上相一致。

当合同之债是债务人的作为或不作为时，债权人让合同得到实际履行的要求受到《法国民法典》第 1142 条的限制。该条规定："一切作为或不作为的债务，如债务人不履行时，转变为赔偿损害的责任。"然而，依照法国的法学理论，第 1142 条的规定仅适用于两种例外的情况：（1）债务的履行在实际操作上已变得不可能，或者在法律上已变得不可能；（2）对于人身性质的债务，不得强制其实际履行。现对这两种例外分别作如下介绍：

首先，一般而言，当合同之债是债务人的作为或不作为时，债权人仍有权依《法国民法典》第 1184 条的上述规定要求债务实际履行。在法国最高法院 1984 年 1 月 17 日判决的案件中，合同规定，承包商为业主建造的游泳池边应有 4 级的台阶，但承包商只建了 3 级的台阶。上诉法院驳回了业主关于就重建一个 4 级的台阶的诉讼请求，理由是，没有证据证明修建 3 级的台阶会给进入游泳池带来不方便。最高法院推翻了上诉法院的判决，要求承包商执行合同的规定。该法院指出，业主的要求不应被驳回，除非按合同规定纠正承包商的工作已成为不可能的事。

在实践中，如果合同规定债务人应于特定的日期履约，在该日期过后，债务人便不可能再依合同规定履行在该特定日期履约的义务。在这种情况下，债权人只能要求得到金钱赔偿。

其次，如果债务是人身性质的，债权人不能强制其实际履行。比如，如果一个演员拒绝按约定登台演出，另一方只能要求得到金钱赔偿，而不能要求法院强迫其演出。

对于不作为的债务，法国的现代法学理论认为，在债务人不应作为而作为的情况下，债权人有权要求终止债务人的行为或拆毁债务人建造完成的东西；这样的终止或拆毁是否可能，由法院决定。其依据是《法国民法典》第 1143 条的规定，"债权人有权要求消除因违约而产生的后果，并得允许以债务人的费用消除上述后果"。这样的观点在一系列判决中得到了采纳。

2. 损害赔偿

关于违约损害赔偿，《法国民法典》的规定主要见于第 1149 条、第 1150 条和第 1151 条。第 1149 条规定，违约损害赔偿应包括债权人"所受的损失和所失的可获得的利益"。根据这一条，从属于第 1150 条和第 1151 条规定的限制条件，违约方应对受损害方作出全面的赔偿，其中包括受损害方依合同有权期待的利益。

第 1150 条规定，当债务人的违约不构成欺诈时，"债务人仅就订立合同时所预见或可预见的损害负赔偿的责任"。

第 1151 条规定，当债务人的违约构成欺诈时，损害赔偿"仅以不履行契约而直接发生者为限"。

关于第1151条规定的因果关系问题，法国学者波西亚（Pothier）举了这样一个例子：一个人在明知自己的牛有病的情况下把这头牛卖给了一个农民。日后，这头牛的病传染给了这个农民的其他的牛，引起了这些牛的死亡，并使他租赁的土地的耕作被延误。这一延误引起了粮食歉收，并使他无力支付土地租金。结果，该土地被出租方收回，土地上的附属物也被出租方低价出售。由此提出的问题是：（1）卖方是否应就这些死去的牛的价值作出赔偿？（2）卖方是否应就粮食的歉收作出赔偿？（3）卖方是否应就该土地被收回及其与之相关的损失作出赔偿？

波西亚认为，上述第一种损失属于违约所致的直接损失，应得到赔偿；第三种损失与违约行为的因果关系过远，不能得到赔偿。上述第二种损失，即延误工作的损失应否得到赔偿，是一个并不确定的问题。但他认为，由于该农民可以使用其他的牛进行耕作，该损失与牛的死亡并没有必然的因果关系。可是，该农民应有权就租用别人的牛而支付的费用得到赔偿。

今天，第1151条规定的因果关系原则已得到了扩大的适用，即不仅仅限于严格意义上的欺诈，也适用于其他的违约行为。例如，依《法国民法典》第1645条，出卖人明知标的物有瑕疵依然出售的，须赔偿买受人的全部损害。法国法院在职业卖方出售有缺陷产品的案件中要求缺陷和损害之间具有因果关系。

在法国最高法院1985年1月29日判决的案件中，一家旅馆发生的火灾，因该旅馆没有使用防火的装饰材料而使火势蔓延到整个旅馆。法院判决，客户的损失与该旅馆的过错有直接的因果联系。可见，《法国民法典》第1151条的规定也适用于过失违约（而不是有意欺诈）的案件。

关于损失须具有可预见性的第1150条比第1151条更为重要。第1150条使违约损害赔偿受到更严格的限制，因此，实施欺诈的债务人只能依第1151条限制免除自己的赔偿责任，而不能依第1150条为自己辩护。同样，出售具有隐秘缺陷的产品的出卖人也不能援用第1150条的限制。不过，在实践中，这两条规定之间的界限并不总是十分清楚的。

在法国最高法院1984年6月27日判决的案件中，建筑商为原告建造的房屋的通风系统有缺陷，造成室内空气过于潮湿。由于原告对潮湿的环境格外敏感，他的健康受到了损害。但该法院认为，原告要获得赔偿，必须证明被告可预见到原告会受到这样的损害。从此案可以看出，因果关系问题与可预见问题的区别以及《法国民法典》第1150条的作用的不同。

可预见原则不仅决定哪些性质的损害可获得赔偿，而且决定这些损害在什么程度上可以得到赔偿。这样的规则在大量的有关物品存放、干洗衣物和交付托运的案件中得到了发展。如果原告交付被告的物品被盗窃或丢失，原告只能就被告在该案的特定情况下，通常可预见到的该物品的价值得到赔偿。举例来说，如果原告居住在一家一星级饭店，丢失了一件十分贵重奢侈的物品，他不能得到金额的赔偿。法院认为，住这样等级饭店的旅客通常不会拥有这样的物品。

特定损失的可否预见是由法官依个案的具体情况予以评判的问题。法官在评判时采用的是客观标准。这在法国有时被表述为“一个合理人可以预见到的程度”。不过，这里的合理人并不是泛指一般的人，而是指与债务人拥有同等程度的专业知识的人的群体。

（三）德国

1. 实际履行

依德国法的理论，使债务人履行给付是主要的违约救济方法。《德国民法典》第241条规定："依债务关系，债权人有权向债务人请求给付。给付也可以是不作为。"不过，如果合同的履行已变得不可能，比如标的物已经毁损，债权人不能提出要债务人实际履约的请求。如果法院应债权人的要求命令债务人履约，债务人拒不执行命令，法院依《德国民事诉讼法典》第883-890条可采用某些具体的处置办法。如果债务人拒不交付动产，法院的执行官可以强制取得该动产，再转交给债权人。

如果合同之债表现为由债务人为一定的行为，而该行为可以由在这一行业中具有同等技能的其他人实施，法院可授权债权人让其他人履行，由债务人支付费用，同时，可应债权人要求令债务人预先支付费用，并可在预支的费用不足的情况下令债务人支付额外的费用。

如果债务人的履行只能由他本人实施，而实施与否又完全决定于他的意愿，那么，在他拒绝履行时，法院可以对他课以罚金。从原则上说，该罚金的数额是没有上限的。法院也可对这样的债务人处以人身监禁，最多可监禁6个月。这样的罚金并不归债权人所有，而应上缴国库。因此，如果一个演员在演出之前突然拒绝上台演出，或者一个俱乐部的运动员拒不参加比赛，债权人有权使他得到这样的惩处。

可是，如果债的履行只能由债务人实施，但债的不履行不是由于他不想履行，比如该履行需要其他人合作，其他人没有提供这种合作，而该其他人并不受债务人的控制，债权人就不能得到这些种类的救济。另一种情况是，债务人有履行的意愿，但力不从心，比如一个艺术家丧失了艺术灵感，债权人也不能得到上述救济。此外，依《德国民事诉讼法典》第888条，罚金或监禁不适用于雇员拒不履行雇佣合同的情况。

上述由《德国民法典》和《德国民事诉讼法典》规定的保障合同实际履行的措施，在实践中特别是在商业实践中被运用得很少。在商业实践中，商人希望获得的通常是一种更为有效的救济。还有一种可以由债权人选择的介于实际履行和损害赔偿之间的救济是让债务人作替代的给付，比如，让未履行交货义务的卖方交付具有同样价值的类似的货物。这在德国战后初期货币大幅度贬值的情况下具有重要的意义。

2. 损害赔偿

在德国法上，损害赔偿请求权的成立，是以债务人有过错为前提的。不过，在德国债法改革之后，民法典的相关规定出现了重要的变化。旧民法典第280（1）条规定："因可归责于债务人的事由致使给付不能时，债务人应对债权人因不履行而产生的损害负赔偿责任。"新民法典在同一条款规定："债务人违反由债务关系产生之义务的，债权人可以请求赔偿因此发生的损害。义务违反不应当归责于债务人的，不适用此种规定。"有德国学者认为，其中的变化在于，依照旧法，存在可归责于债务人的事由，即该方有过错，是债权人获得损害赔偿的前提条件，且存在过错的举证责任在债权人一方。而根据新法，除非债务人能够证明，给付不能并不是其过错所致，否则债权人有权获得赔偿。

根据新民法典，请求损害赔偿须满足一定的条件。其中最核心的是第281条的规定。依据第281（1）条，在原则上，债务人不提供给付或提供的给付不符合同时，债权人须指定一个适当的宽限期，让其提供合同规定的给付；仅在宽限期届满未果时，方可获得“替代给付的损害赔偿”。替代给付的损害赔偿是一个新概念，比如，卖方交付的商品有质量瑕疵但可以修理的，买方应允许卖方在一定的期限内修理改进；此后仍不能达到质量要求的，买方可依修理后的状况获得赔偿。不过，该条的其他条款也规定了债权人无须指定宽限期的各种情况，包括：债权人“认真地和最终地拒绝履行给付”；经权衡双方利益立即赔偿是正当的；根据违反的义务的种类，可以用催告代替指定期限。

需要指出的是，债权人在依第281（1）条主张损害赔偿后，就等于解除了合同，从而丧失了令债务人继续履约的权利。

第281条与第286条及其以下条款几个条款构成配套的体系：前者涉及债务人不履约或履约不符合同时的赔偿，属于在解除合同情况下的索赔权，而后者涉及履行迟延时的赔偿，即在合同继续履行的情况下要求赔偿。

根据第286（1）条，在原则上，债权人在债务届期后须进行催告；债务人仍不给付的，其因债权人的催告而构成迟延。第286条的其他各款规定了债权人无须催告即可主张债务人迟延的情况，包括：已经按日历对给付规定了时间；给付的适当时间从一定事件的发生时起按日历计算；债务人认真并最终拒绝了给付；依特殊事由，经权衡双方利益，认定迟延立即发生是正当的。

依照第287条，债务人在迟延期间应该对任何过失承担责任，包括对迟延履约期间发生的意外事件导致的损失承担责任。根据第288条，债务人在迟延期间，须对金钱债务支付利息。第289条就“复利”作出了规定，即不允许支付“迟延利息”。第290条就“价值补偿”的利息作出了规定，例如，如果标的物在迟延期间灭失，债权人可在请求标的物价值的同时就该价值的利息获得赔偿。

关于损害赔偿的范围，德国法没有采纳为英、美、法等国采纳的“可预见原则”（赔偿不得超出违约方在合同订立时可以预见到的损害的范围）。为了避免这种不受限制的赔偿可能造成不合理的结果，在德国法学中出现了“因果关系的适当性”理论。依这种理论，如果损害由这样一种行为所导致：该行为在事件发展的通常过程中客观地和严重地增加了损害发生的可能性，该损害可以得到赔偿。评价这样的条件能否成就的基础是：一个有专业知识的人，在损害发生的时候，基于他所知道的全部有关情况，包括特定债权人的知识，会作出什么评价。

（四）《国际商事合同通则》

1. 实际履行

《国际商事合同通则》原则上允许给予实际履行的救济，但从属于以下例外：（1）在法律上或事实上不可能；（2）会造成不合理的负担或费用；（3）可以合理地从其他渠道获得履行；（4）履行具有完全的人身性质；或者，（5）在知道或理应知道该不履行后的一段合理时间内未要求履行（第 7.2.2 条）。

如果当事人不执行实际履行的判决，法院可以令其支付罚金。该罚金应支付给受损害方，除非法院所在地法另有规定；该罚金的支付并不排除损害赔偿的权利（第 7.2.4 条）。

此外，如果实际履行未得到实施，当事人可以再诉诸其他的救济手段（第 7.2.5 条）。也就是说，受损害方并不因要求实际履行而从此丧失得到金钱赔偿或其他救济的权利。

2. 损害赔偿

依照《通则》，对受损害方来说，获得损害赔偿的权利既可以单独行使，也可在获得其他救济的同时行使（第 7.4.1 条）。从赔偿的范围上讲，损害赔偿应使受损害方得到完全的补偿，包括蒙受的损失和丧失的收益。同时，还应把受损害方为避免成本增加和损害扩大而作的投入考虑在内。此外，因违约所致的精神或肉体上的痛苦也可以得到赔偿（第 7.4.2 条）。

上述使受损害方得到完全补偿的原则受到若干重要的限制。其中包括，对损害的认定，包括未来权益的赔偿，必须有合理程度的确定性；在对一项机会的丧失作出赔偿时，应考虑该机会发生的可能性的大小；当赔偿金的数额无法具有充分的确定性时，该数额由法院依其裁量权确定（第 7.4.3 条）。另一项限制是，赔偿不能超出违约方在订立合同时预见到的或可合理预见的其违约很可能引起的损害的范围（第 7.4.4 条）。此外，受损害方有采取合理的措施减轻损失的义务；对于本来可由该方减轻的损失，该方无权得到赔偿；如果该方为减轻损失而付出了合理的成本，其有权就此获得赔偿。（第 7.4.8 条）。

（五）中国

1. 实际履行

根据《民法典》第 580 条，当事人一方不履行非金钱债务或者履行非金钱债务不符合约定的，对方可以请求履行，但是有下列情形之一的除外：（1）法律上或者事实上不能履行；（2）债务的标的不适强制履行或者履行费用过高；（3）债权人在合理期限内未请求履行。

该条还规定，若有上述除外情形的发生导致合同目的不能实现，当事人可请求人民法院或者仲裁机构中止合同；合同因此而中止不影响违约责任的承担。

2. 损害赔偿

关于违约损害赔偿，民法典作出了如下规定：（1）赔偿额的计算。当事人一方不履行合同义务或者履行合同义务不符合约定，造成对方损失的，损失赔偿额应当相当于因违约所造成的损失，包括合同履行后可以获得的利益（第 584 条）。（2）可预见原则。赔偿额不得超过违约一方订立合同时预见到或应当预见到的因违约可能造成的损失（第 584 条）。（3）减轻损失原则。一方违约后，对方应采取适当措施防止损失的扩大；未采取适当措施致使损失扩大的，不得就扩大的损失请求赔偿；因防止损失扩大而支出的合理费用，由违约方负担（第 591 条）。（4）比较过错原则。一方违约造成对方损失，对方对损失的发生有过错的，相应地减少损失赔偿额（第 592 条）。

五、违约金

（一）英国和美国

在英美法的制度下，受损害方只能要求违约方赔偿其损失，不能对之实施惩罚，这就决定了，合同中加入的旨在惩罚违约方的条款是无效的。

在决定合同中加入的违约金条款是一个无效的罚金条款，还是一个有效的、由当事人约定赔偿金的条款时，英美法院并不考虑这一条款中声明的该条款的性质。也就是说，尽管该条款冠以“违约金”（liquidated damages）的名称，或明确说明，该条款是为了实施补偿而订立的，法官仍可能得出它是罚金条款的结论。反之，即使合同双方使用“罚金”（penalties）作为该条款的标题，但其内容表明，它是补偿性的，该条款仍然是有效的。

英国法院判定这类条款是否是惩罚性的依据是当事人在订立合同时具有的动机，即该条款是否是为了对违约方施加惩罚而加入的。这是一种对当事人的意图进行解释的问题。如果订立该条款的目的是为恐吓某一方，以防其违约，则它是惩罚性的，因为它不是为了实施补偿而订立的。反之，如果当事人的动机是对违约可能引起的损失进行估算，比如在该案的特定情况下，对违约所致的损失进行确切的计算是不可能的，法官将认可该条款的有效性。另一种情况是，与合同订立时可想象的违约引起的损失相比，约定的赔偿额过高，达到了显失公平的程度。这样的条款被视为惩罚性质的。反之，如果该条款是为了限制赔偿额而加入合同的，则它是补偿性的。

对于上述依当事人在订立合同时的动机决定违约金条款的效力的做法，美国《统一商法典》作了重大的改造。该法规在 2-718（1）条规定，如果鉴于“违约引起的预计的或实际的损害”，违约金条款规定的赔偿额是合理的，该条款就是可强制执行的。依此规定，无论当事人有无对违约方施加惩罚的动机，只要约定的赔偿额与实际发生的损害相比显得过高，达到了不合理的程度，即可认为该约定是惩罚性的。不过，该法规的这一规定是在其第二篇（买卖）中作出的，只适用于该篇管辖的买卖合同，对于其他合同，美国法院仍适用上述传统的规则。

依英美法，如果合同中的违约金条款被认定有效，赔偿金将依该条款规定的数额支付，不管受损害方实际蒙受的损失是多少；如果该条款是无效的，赔偿金将依蒙受的实际损失计算。

（二）法国

在法国，基于当事人意思自治原则所处的神圣地位，当事人关于违约金的约定原则上是有效的，不论这种约定是基于补偿的目的而作出的还是为了防范违约而作出的。进一步说，在当事人已约定赔偿金的情况下，这种约定将成为确定赔偿金额的依据；依《法国民法典》第 1152 条，法官原则上不能对这种约定进行调整。

上述规定在很多情况下导致了不公平的结果。在法国最高法院 1969 年 2 月 4 日的判决中，合同规定，被告如果违约，应向原告支付 2 500 法郎的罚金。尽管有这样的约定，被告依然违反了合同，因为他通过违约可以获得更大的利益。结果，该法院增加了赔偿的金额，理由是，在发生欺诈的情况下，合同中的罚金条款并不适用。到 1975 年，为了克服原有制度造成的弊端，法国对《法国民法典》第1152条作了修改，加入了该条的第2款；到1985年，又作了进一步的修改，该条目前在第2款规定："但如果已约定的罚金的数额明显过高或过于荒谬，法院可依其意志增加或减少该数额。一切相反的约定应视为不适用。"

（三）德国

在德国法上，包含在合同中的具有惩罚性质的违约金条款原则上是有效的。《德国民法典》第340（1）条规定："债权人就其不履行债务的情形约定了违约金的，债权人可以请求已发生失权的违约金，以代替履行。债权人向债务人作出请求违约金的表示的，不得请求履行。"有德国学者指出，依此规定，如果关于违约金的许诺所涉及的是主义务没有被履行的情况，包括全部的主义务和部分的主义务，债权人就必须在主张违约金和要求继续履行之间进行选择，即主张前者放弃后者，或主张后者放弃前者。

根据第340（2）条，在债权人就债务的不履行享有损害赔偿请求权的情况下，他可以将违约金作为最低限度的赔偿。也就是说，如果他不向债务人主张更多的赔偿金，他不必证明他蒙受的损失有多少便可从债务人处获得合同中规定的违约金。这一款进一步规定，对违约金的主张"不排除主张其他损害的权利"。因此，如果债权人蒙受的实际损失超过违约金的数额，他除了主张违约金之外，还可以主张超出的部分。其结果是，在债务人不履约的情况下，即使债权人没有蒙受损失，他也可以得到违约金，此时，违约金具有惩罚的性质；如果他的损失超过了违约金的数额，而他后来得到了全部的赔偿，违约金便成为赔偿金的一部分，因而成了补偿性质的。

第341条涉及"就不适当履行而作出的违约金约定"。如果各方就未以适当方式履行约定了违约金，债权人在要求债务人继续履行的情况下，仍可就已经发生的失权请求违约金（第341（1）条）。但是，如果债权人已经受领履行，他仅在"受领时依然保留请求违约金的权利"的情况下，才能请求违约金（第341（3）条）。也就是说，除非双方另有约定，否则，受领履行意味着对违约金请求权的放弃。

依《德国民法典》第343条，当违约金过高时，债务人可以请求法院减至适当金额，但依《德国商法典》第348条，如果支付违约金的诺言是由商人在经商过程中作出的，《德国民法典》第343条的这一规定不应适用。不过，德国法院在司法实践中依然依诚信原则对商事合同中的违约金条款进行调整，只是不像调整"标准合同"中的违约金时那么严格。

（四）《国际商事合同通则》

《国际商事合同通则》第7.4.13条规定："（1）如果合同规定，不履行的一方应就该不履行而向受损害方支付某一特定的金额，受损害方有权获得这一金额，不论实际损害如何。（2）然而，如果考虑该不履行引起的损害以及其他情况，这一金额显然过高，可将其减少至一个合理的数额，无论有无与之相反的约定。"根据这一条款，约定的赔偿金原则上是有效的，但可根据实际损失的情况进行调整。

（五）中国

关于违约金，《民法典》作出了如下规定：（1）当事人可以就违约金进行约定（第585条第1款）；（2）约定的违约金低于违约造成的损失的，当事人可以请求人民法院或仲裁机构予以增加（第585条第2款）；（3）约定的违约金过分高于违约造成的损失的，当事人可以请求人民法院或仲裁机构适当减少（第585条第2款）；（4）当事人就迟延履行约定违约金的，违约方支付违约金后，仍应继续履约（第585条第3款）。

《民法典》还就定金作出了规定：（1）当事人可以就给付定金进行约定（第586条第1款）；（2）定金的数额不得超过主合同标的额的百分之二十，超过部分不产生定金的效力（第586条第2款）；（3）实际交付的定金数额多于或少于约定数额的，视为变更约定的定金数额（第586条第2款）；（4）债务人履行债务的，定金应当抵作价款或者收回（第587条）；（5）给付定金的一方若不履行债务或者履行债务不符合约定，致使不能实现合同目的的，无权请求返还定金（第587条）；（6）收受定金的一方不履行债务或者履行债务不符合约定，致使不能实现合同目的的，应当双倍返还定金（第587条）。

关于当事人同时约定违约金和定金的后果，《民法典》规定：（1）当事人既约定违约金，又约定定金的，一方违约时，对方可以选择适用违约金或者定金条款（第588条第1款）；（2）定金不足以弥补一方违约造成的损失的，对方可以请求赔偿超过定金数额的损失（第588条第2款）。

复习思考题

第一节

1. 如何理解合同法在国际商法中的重要作用？
2. 在世界范围内，从19世纪到20世纪，合同法经历了什么根本性的变化？
3. 在两大法系国家，合同法的渊源有什么差异？这些差异在今天经历了什么变化？

第二节

4. 关于合同的概念，英美法系和大陆法系的理念有何不同？现代商法涉及这一问题表现出什么倾向？
5. 中国《民法典》关于合同的定义与上述哪一种理念相接近？

第三节

6. 在英美法上，什么是对价？其作用是什么？
7. 对价须满足哪些要件方可成为“充分的”或“完好的”对价？
8. 在传统上以及在法律改革的进程中，对价制度受到了哪些限制和改造？
9. 在法国法上，什么是原因？
10. 关于原因，传统理论与现代理论有什么不同的观点？它们的缺陷分别是什么？

11. 在什么情况下，合同因原因的缺乏或存在瑕疵而丧失约束力？

12. 对价和原因调整的争议有什么共同之处？在这一领域，德国法的态度和做法是什么？中国法的态度是否明确？

第四节

13. 什么是要约？其构成要件有哪些？

14. 涉及要约的撤销，两大法系的制度有何差异？《国际商事合同通则》是如何调和其分歧的？

15. 在法律上确定要约的有效期间有什么意义？在涉及这一问题时，各国法上的一般制度是什么？

16. 什么是承诺？其构成要件有哪些？

17. 涉及承诺生效的时间，英美法与德国法的分歧何在？国际上的一般倾向是什么？中国法是否遵循了这种倾向？

第五节

18. 关于未成年人缔约的后果，英美法上的制度与德国法上的制度有何不同？

19. 依英美法和法国法，合同被撤销的后果是什么？

20. 各国法律在创制保护未成年人利益的制度的同时又发展了哪些平衡未成年人与成年人利益的手段？

21. 涉及对未成年人的保护，中国法主要受到哪国法律的影响？

22. 关于精神有缺陷的人的能力和他们签约的后果，各国法律作了什么规定？

23. 公司超越其章程的规定从事经营活动的范围进行经营，会导致什么后果？

24. 依英国和美国的法律，哪些合同必须以书面的方式订立？合同未依法以书面方式订立的后果是什么？

25. 法国法和德国法关于合同的形式要件的规定各具什么特色？

26. 涉及有关国际商事交易的合同的形式，国际上的一般倾向是什么？

27. 英美法处理合同违法的一般原则是什么？法院对于这种原则是如何进行变通的？

28. 对于违法合同，法国法在处理其后果时奉行的一般原则是什么？法院在实践中发展了哪些例外？

29. 对于合同违法的后果，德国法院对社会利益和合同当事人的利益是如何权衡的？

30. 关于错误和误解，《国际商事合同通则》第315条分别采纳了英、美、法、德等国的什么制度？

31. 从过错、行为、因果关系和救济各方面比较英、美、法、德各国关于欺诈制度的共同点和差异，思考其中哪些制度是较好的制度。

32. 从动机、行为、因果关系和救济各方面对英、美、法、德和《国际商事合同通则》关于胁迫的制度进行比较，试在取长补短的基础上归纳出一套你认为理想的规则。

33. 在发展现代的显失公平制度方面，英、美、法、德各国的做法哪些较开放？哪些较保守？

第六节

34. 什么是有关合同解释的主观意思主义和客观意思主义？各国在当代的司法实践中是如何协调这两种主义的？

35. 什么是确定当事人意思的外部证据？你认为，法国法和德国法对待外部证据是开放的还是封闭的？

36. 分析“合同受挫”、“履行不能”、“不可抗力”、履约“嗣后不能”和“交易基础的瑕疵”等理论的相同点和不同点，并分析它们在政策倾向上的差异。

第七节

37. 涉及违约的受损害方解除合同的权利，各国法律确立的制度有哪些？这些制度的差异和共同点有哪些？

38. 什么是预期违约？你认为，在一方预期违约的情况下，允许另一方解除合同是否合理？

39. 为什么说中国《民法典》全面借鉴了两大法系中关于双务合同履行中抗辩权的各项制度？

40. 关于实际履行和损害赔偿的关系，两大法系的制度存在着哪些差异？

41. 参照各国的制度，你认为对当事人约定的违约金应否加以限制和调整？应在何种情况下加以限制和调整？

在线做题　　扩展阅读及分析

第七章

货物买卖法

第一节　货物买卖相关法律概述

一、各国有关货物买卖的法律

在现代的市场经济条件下，货物买卖法在有关商事交易的法律中占有重要的地位。举例来说，在美国，各个州的合同法至今没有得到统一，但货物买卖法却通过《统一商法典》（Uniform Commercial Code，简称 UCC）第二篇（Article 2）的规定得到了统一。在国际范围内，《联合国国际货物销售合同公约》（Convention on Contracts for the International Sale of Goods，简称《公约》）于 1980 年获得通过，截至 2021 年 1 月，《公约》共有 96 个成员国。

世界各国的货物买卖法的渊源并不完全相同，主要有两种情形：（1）欧洲大陆各国大都把有关买卖的法律编入民法典内，作为民法典的一个组成部分。例如，《法国民法典》第三卷第六编、《德国民法典》第二编第七章第一节和《日本民法典》第三编第二章第三节，对买卖双方的权利义务作了具体规定。（2）英美法系各国的货物买卖法由两个部分组成：一是由法院以判例形式确立的法律原则，属于不成文法；二是制定法，即由立法机关通过的有关货物买卖的立法。在这方面，具有代表性的是英国《1979 年货物买卖法》和美国的《统一商法典》。

《1979 年货物买卖法》对英国《1893 年货物买卖法》和 1979 年之前对该 1893 年法的历次修订进行了合并，是在总结法院数百年来这一领域的先例的基础上制定的。1979 年以来，英国议会又分别通过了《1994 年货物销售与供应法》（Sale and Supply of Goods Act 1994）和《1995 年货物销售（修订）法》（Sale of Goods（Amendment）Act 1995），对 1979 年法作了某些重大修改。

在美国，从 1942 年起，美国统一州法协会（NCCUSL）和美国法学会（ALI）开始起草《统一商法典》。该法典于 1952 年公布，其后曾作过多次修订。该法典第二篇的标题为“买卖”（Sales），是关于货物买卖法的专篇。目前，除了实施大陆法的路易斯安那州之外，其他各州均已通过本州的立法程序采用了该法典。

中国有关货物买卖的立法主要见诸《民法典》。该法第三编第九章对“买卖合同”作了专门规定，从第595条至第647条，共53条。此外，《民法典》“总则”中的相关规定也适用于买卖合同。

二、《联合国国际货物销售合同公约》

早在1930年，罗马国际私法统一所（UNIDROIT）就决定拟订一份有关国际货物买卖的统一法，以便协调和统一各国关于国际货物买卖的实体法。1964年4月召开的海牙外交会议正式通过了《国际货物买卖统一法公约》和《国际货物买卖合同成立统一法公约》。但是，在通过后的四十多年中，参加这两部公约的国家寥寥无几，并没有起到统一国际货物买卖法的作用。在此情况下，联合国国际贸易法委员会（UNCITRAL）于1969年成立了一个专门工作小组，以便在1964年的两个海牙公约的基础上制定一部统一的国际货物买卖法。该工作组经过了大约10年的时间，于1978年起草完成了《公约》的文本。该文本于1980年4月11日在维也纳召开的外交会议上获得通过，之后于1988年1月1日生效。

我国是最早参加《公约》的国家之一，于1986年12月11日批准了该《公约》，但是在批准时作出了两项保留。第一项是关于合同采用书面形式的保留。根据《公约》第11条的规定，国际货物买卖合同无须以书面形式订立或证明。由于这一规定与我国当时实施的《涉外经济合同法》的规定不一致，我国在批准《公约》时对该条提出了保留。2013年，我国正式通知联合国秘书长，撤回对《公约》所作合同采用书面形式的保留的声明，该撤回已正式生效。因此，我国作出的该项保留已失效。另一项保留涉及《公约》的适用范围。根据《公约》第1条第1款a项的规定，如果合同双方的营业地位于不同的国家，且这些国家都是《公约》的缔约国，《公约》将适用于他们之间订立的货物买卖合同。而根据《公约》第1条第1款b项的规定，即使一个合同的当事人的营业地并不位于某一缔约国，但如果按照该缔约国的国际私法，该缔约国的法律应适用于这个合同，《公约》也应得到适用。这项规定的目的是为了扩大《公约》的适用范围。对于这一条款，我国在批准《公约》时也提出了保留。例如，一家中国公司与一家英国公司签约，发生争议后一方在中国法院对另一方起诉。由于英国没有加入《公约》，我国法院不能根据《公约》第1条第1款a项将《公约》作为解决双方争议的法律。进一步的问题是，如果根据我国相关的国际私法规则，我国法律应得到适用，而我国是《公约》的参加国，我国法院可否依照《公约》第1条第1款b项适用《公约》。其答案是，由于我国对这一条款作了保留，我国法院在此种情况下不能适用《公约》，而只能适用我国的国内法。

三、贸易惯例

国际贸易惯例所涉及的，通常是货物买卖过程中经常会遇到的细节问题。在国际贸易实践中，当事人经常在他们签订的合同中规定采用某种国际贸易惯例，用以确定他们之间具体的权利和义务。目前有关国际货物买卖通行的国际贸易惯例主要有以下几种：

（一）《国际贸易术语解释通则》（International Rules for the Interpretation of Trade Terms）

《国际贸易术语解释通则》由国际商会（the International Chamber of Commerce，简称 ICC）制定，其中包括了一系列广泛适用于国际货物买卖实践的商业术语。这些术语对国际货物买卖流程中各方的义务、成本和风险，作出了清晰的表述。制定该通则的主要目的是，通过对国际贸易术语做统一的解释，减少或消除因不同国家对这些术语的不同理解而造成的不确定性。目前，由该通则确定的术语，已经在世界范围内得到不同国家的政府、法律机构和商业界人士的采纳。该通则最初发表于 1936 年，到 2021 年为止，先后形成了 9 个版本。2020 年的版本是最新的。

（二）《华沙—牛津规则》（Warsaw-Oxford Rules）

该规则是国际法协会为了对 CIF（成本加保险费加运费）合同签约双方的权利和义务作出统一规定和解释而制定的。该规则的制定过程是，1928 年，国际法协会在华沙首次制定了关于 CIF 买卖合同的统一规则，称为《1928 年华沙规则》。此后，在 1930 年纽约会议、1931 年巴黎会议和 1932 年牛津会议上，将该规则修订为 21 条，称之为《1932 年华沙—牛津规则》（Warsaw-Oxford Rules 1932）。该规则在“总则”中说明，这一规则供交易双方自愿采用。该规则曾经在国际上有过较大的影响，但目前已经由于《国际贸易术语解释通则》得到普遍采纳而失去了其原有的地位。

（三）《1990 年美国对外贸易定义修订本》（Revised American Foreign Trade Definitions 1990）

1919 年，美国的九大商业团体共同制定了《美国出口报价及其缩写》（The US Export Quotations and Abbreviations）。其后，由于贸易习惯发生了很多变化，由美国商会、美国进口商协会和美国全国对外贸易协会组成的联合委员会于 1941 年 7 月 31 日对前述 1919 年的文件进行了修订。修订后的文本定名为《1941 年美国对外贸易定义修订本》。1990 年，经过进一步的修订，该文本改称《1990 年美国对外贸易定义修订本》（简称《1990 年修订本》）。它包含了 EXW、FOB、FAS、CFR、CIF 和 DEQ 六种贸易术语。

（四）《商业跟单信用证统一惯例》（Uniform Customs and Practice for Commercial Documentary Credits）与《托收统一规则》（Uniform Rules for Collection）

信用证是国际贸易中被普遍使用的支付手段。最初，由于国际上缺少对跟单信用证有关当事人的权利和义务的统一定义和解释，各国银行根据各自的习惯和利益各行其是。为了减少由此引起的争端，国际商会于 1930 年拟定了《商业跟单信用证统一惯例》，并于 1933 年正式公布，建议各国银行采用。随后，国际商会对该惯例进行了多次修订。其中，2007 年的修订本，即《国际商会第 600 号出版物》，简称《UCP 600》，共有 39 条，适用于所有的在正文中标明按该惯例办理的跟单信用证。同时，除非信用证中另有规定，该惯例对信用证项下的一切有关当事人均具有约束力。

除了信用证外，托收作为一种付款方式在国际贸易中也经常得到采用。为了明确各有关当事人在托收关系项下的权利和义务，统一各国银行在托收安排方面的做法，国际商会在1967年制定了《商业单据托收统一规则》，后几经修订，于1995年公布了新的《托收统一规则》，简称《URC 522》，并于1996年1月1日将其付诸实施。

第二节　国际货物买卖合同的成立

一、“货物”的定义

《公约》所指的“货物”是在交付时可移动的并且有形的物体。例如，生长着的农作物可以是《公约》意义上的“货物”，即使在交付之前它们仍然生长在地里。货物既可以是固体的也可以是液体的，在理论上还可以是气态的。此外，货物既可以是新的也可以是旧的；既可以是天然的也可以是人造的；既可以是最终的产品也可以仅仅是整个产品的一部分；同时，“货物”也包括动物在内。

另外，《公约》用列举的方式将六种特定类别的买卖活动排除在了其适用的范围之外，其中三类依据的是交易的性质，另三类依据的是货物的种类。前三类是：（1）“为个人、家人或家庭使用而购买的货物”，即消费者为一方的买卖；（2）以拍卖方式进行的销售；（3）为执行法律或法律授权的行为的销售。后三类是：（1）股票、股份、投资证券、流通票据或货币；（2）船只、船舶或者航空器或飞机；（3）电力。

二、《公约》的相关规定

《公约》第二部分的标题是“合同的成立”（FORMATION OF THE CONTRACT）。此处“合同的成立”，即合同的订立。在这一部分中，《公约》对关于合同成立的两个主要问题——要约与承诺作了详尽的规定。

（一）要约

1. 要约（offer）的含义

根据《公约》第14条的规定，向一个或一个以上特定的人提出的订立合同的建议，如果其内容足够确定，并且表明了该方具有该建议一旦被承诺即受其约束的意思，即构成要约。按照这一规定，要约应符合以下要求：

（1）要约应向一个或一个以上的特定人发出。这项规定的目的，是将要约与刊载普通商业广告或向广大公众散发商品目录、价目表等的行为加以区分。按照《公约》第14条第2款的规定，凡不是向一个或一个以上特定的人提出的订约建议，仅被视为要约邀请（invitation for offer），即让他人对自己发出要约的表示，除非提出建议的人明确地表示了相反的意向。

（2）要约的内容必须足够确定。所谓“足够确定”（sufficiently definite）是指必须符合《公约》所提出的最低限度的关于“确定性”的要求。这里所谓的“确定性”，是指一项意思表示的内容必须具体和明确到一定的程度，否则，从法律的角度看，该意思表示等于没有作出。根据《公约》第14条第1款的第2句话可知，如果一项建议写明了货物，并且明示或暗示地规定了其数量和价格，或者规定了应如何确定数量和价格，即为足够确定。这表明，要约人无须在其要约中详尽无遗地列出合同的全部或大部分的条款；对于未明确提及的事项，可以在合同成立后通过某种方式补充，比如，通过援引《公约》的有关规定来补充，或通过贸易惯例补充，或通过双方之间业已存在的习惯做法补充。

（3）一旦被承诺即受其约束的意思。作为要约内容的建议，需要显示出要约人愿意受其约束的意图。如果一项关于订立合同的建议附有某种保留条件，表明即使其被对方接受，建议人亦不一定受其约束，则其只是一种要约邀请。

需要指出的是，根据《公约》第14条的规定，一项关于订立合同的建议，如果在价格方面缺少确定性便不能构成有效的要约，但《公约》第55条规定，“如果合同已有效订立，但没有明示或默示地规定价格或规定如何确定价格，在没有相反的情况显示时，当事人应被视为已经默示地参照了合同订立时此种货物在相关贸易中可比较的情形下销售时通常索取的价格”。

关于第14条和第55条的关系，正确的理解是：《公约》第92条第1款允许缔约国对《公约》的第二部分（合同的成立）作出保留；在某一缔约国对《公约》该部分作出保留的前提下，如果该国的作为准据法的国内法允许在缺少确定价格的情况下订立合同，才可以适用《公约》第55条。也就是说，如果某一缔约国批准了整个《公约》，应当优先按照《公约》第14条判断一项要约是否具有足够的确定性。

作出上述设计的原因是，在某些国家，特别是英美法系国家，法律允许在缺少确定价格的情况下订立合同，然后依法律的特殊规则对货物的价格进行补充，比如，在有可参照的市场价格的情况下采用市场价格。

2. 要约生效的时间

《公约》第15条第1款规定，要约于其到达受要约人时生效，即一项要约及其内容在“到达”（reach）受要约人之前不生效力。在这一点上，各国国内法所持观点基本相同。根据要约的到达生效规则，即使一方凭借以往交易的经验，或通过其他途径了解到对方可能向他发出报价的内容，他也不能在收到要约之前主动作出承诺的表示。即使他这样做了，其表示也只能构成对方要约的“交叉要约”（cross offer）。

3. 要约的撤回与撤销

《公约》对要约的撤回（withdrawal）与撤销（revocability）进行了区别。要约的撤回是指，在一项要约发出之后，尚未到达受要约人之前将其收回，使之不发生效力。而要约的撤销则是指，要约人在其要约已经到达受要约人之后，即在其已经生效之后，将该项要约取消，从而使要约的效力归于消灭。

《公约》对要约的撤回和撤销作出了如下规定：

（1）要约的撤回

《公约》第 15 条第 2 款规定：一项要约，即使是不可撤销的要约，仍可以撤回，只要撤回的通知在该要约送达受要约人之前或与其同时送达受要约人。例如，要约人在以航空邮政方式寄出要约后，通过采用电子信息、电报、电传等更快捷的通讯方式发出撤回通知，在要约送达受要约人之前将其撤回。

鉴于电子信息交换等瞬时通讯手段（instantaneous communication）在当今的国际货物贸易实践中已经得到广泛的运用，《公约》的顾问委员会（Advisory Council）认为，“到达”与一条电子信息进入受要约人服务器的时间相对应；如果撤回通知先于或在要约到达受要约人的同时进入了受要约人的服务器，要约即被撤回了。不过，通过电子信息撤回要约的先决条件是，受要约人已经明示或者默示地同意按照该类型、格式和地址接收电子信息。①

（2）要约的撤销

关于在要约已到达对方并生效后，要约人能否将其撤销，两大法系存在着分歧：英美法系认为，要约作为一项诺言在被承诺之前是没有对价的，因而是可以撤销的，而大陆法系并不像英美法系那样容许要约人随意撤销要约。《公约》通过第 16 条对此种分歧进行了调和。

依照《公约》第 16 条第 1 款的规定，在合同成立以前，要约得予撤销，但撤销通知须于受要约人发出承诺的表示之前送达受要约人。

依照上述规定，一旦受要约人对要约人发出了承诺要约的通知，要约人撤销要约的权利即告终止，而不是等到承诺生效时，即承诺通知到达要约人之时才告终止。这一规定的目的是缩短要约人得以撤销其要约的时间，把这一时间从合同成立提前到承诺通知发出时。

按照《公约》第 16 条第 2 款的规定，在下列两种情况下，要约一旦生效，即不得撤销：① 在要约中已经载明了承诺的期限，或以其他方式表明它是不可撤销的；② 受要约人对要约是不可撤销的产生了合理的信赖并已经依赖要约采取了行动。

关于如何判断受要约人是否产生了“合理的信赖”，取决于每个案件的具体情况。重要的是，“合理的信赖”与“依赖要约而行动”是并列的条件。比如，受要约人作为卖方合理地相信要约不会被撤销，因而根据要约的内容备妥了货物。

4. 要约的终止或失效

《公约》第 17 条规定，一项要约，即使是不可撤销的要约，应于拒绝该要约的通知送达要约人时终止。这里的“拒绝”（rejection），既指直截了当的回绝，又指对要约人提出的交易条件进行讨价还价。

（二）承诺

1. 承诺的含义

承诺（acceptance）即对要约的接受。《公约》第 18 条规定，受要约人以声明或以

---

① CISG Advisory Council Opinion No. 1, Electronic Communications under CISG.

其他行为对某一要约表示同意，即为承诺。

不过，按照《公约》第 18 条的规定，“沉默或不行为本身”并不等于承诺。这意味着，沉默以及与之相伴随的其他情况是可能构成承诺的。在一个美国的案例①中，一个美国德克萨斯州的公司作为买方（被告）向一个意大利的卖方（原告）购买 10 批经过包装的熏腌猪肉。卖方在对买方的要约进行答复时表示，愿意提供未经包装的货物。在对卖方的回复中，买方未对上述变更表示反对。在卖方交付了 4 批货物之后，买方拒绝接受其余货物。卖方因此而提起诉讼，要求买方赔偿其损失。该案中争议的问题之一是：卖方提出交付未经包装的货物，是否构成反要约，即一项新要约；如果构成，买方在收到该反要约之后没有以作出声明的方式对其中“提供未经包装的货物”的内容作出回复，会不会导致合同未成立的后果。审理该案的美国法院判决：卖方对买方要约的答复是一项反要约，但是，鉴于买方在对卖方的答复中未对有关条款的变更表示反对，双方约定交付的货物应为未经包装的货物，而买方未收取超过半数货物的行为构成对合同的根本违反，故卖方有权解除合同和获得损害赔偿。

2. 承诺的生效以及作出承诺的时间

承诺的生效时间是一个重要问题，因为承诺一旦生效，合同即告成立，双方当事人就要受合同的约束，承担合同项下的权利和义务。

根据《公约》第 18 条第 2 款的规定，对要约所作的承诺，应于承诺的通知到达要约人时生效。这一规定采纳了大陆法系中的“收邮主义”。

关于承诺人须作出承诺的期限，《公约》第 18 条第 2 款规定：承诺的表示须在要约人规定的承诺期内到达要约人，否则，承诺不能生效。如果要约人没有在要约中规定承诺的期限，承诺的表示即须在合理的期限内到达要约人。在决定该期限的合理性时，须适当地考虑交易的情况，包括要约人采用的通讯手段的迅即程度。

关于在要约人发出口头要约的情况下承诺的期限，《公约》第 18 条第 2 款规定，对口头的要约必须立即接受，除非情况另有所示。而对于在承诺人以行为作出承诺的情况下承诺的期限，《公约》第 18 条第 3 款规定，如果根据要约或当事人之间业已建立的习惯做法或惯例，受要约人可通过某种行为表示同意，例如发运货物或支付货款，而无须向要约人发出通知，则承诺于该行为作出时生效，只要该行为是在《公约》第 18 条第 2 款规定的合理期间内作出的。

3. 对要约进行变更的后果

承诺是对要约的接受，因此，从原则上说，如果受要约人的回复与要约的内容不一致，该回复就不能构成承诺，而只能成为一项反要约。这样的原则得到了《公约》第 19 条第 1 款的采纳：“对要约的回复，尽管声称是一项承诺，如果载有添加、限制或其他更改，构成对要约的拒绝和反要约。”

然而，为了避免一种不尽如人意的后果，即承诺的内容与要约稍有出入便导致合同不能成立，《公约》第 19 条第 2 款进一步规定，对要约表示接受但载有添加或不同条件的回复，如果所载的添加或不同条件并没有重大地变更（materially alter）要约的条

---

① 19 U 97/91, cite as: http://cisgw3.law.pace.edu/cases/920922g1.html.

件，仍构成承诺，除非要约人在不过分迟延的期间内以口头或书面通知反对其中的差异。

关于在何种情况下对要约的更改会构成“重大地变更”，《公约》第 19 条第 3 款用列举的方式进行了规定，即所作的更改涉及“货物的价格、货款的支付、货物的质量和数量、交货的地点和时间、一方对他方负有责任的范围、争议的解决”。值得注意的是，该条款在作这些列举时使用了“除其他情况外”（among other things）的措辞。因此，缔约国的法院在适用该条款时可以通过类推或扩大解释增加构成“重大地变更”的事项。

4. 逾期承诺的后果

逾期的承诺又称为迟到的承诺（late acceptance），是指承诺通知到达要约人的时间，超过了要约所规定的承诺期，或者在要约未规定承诺期时，超过了合理的时间。按照各国法律，逾期的承诺不能视为有效的承诺，而只是一项新的要约。《公约》亦认为逾期的承诺原则上是无效的，但《公约》第 21 条第 1 款规定，逾期的承诺仍具有承诺的效力，只要要约人毫不迟延地以口头或书面的方式将其此种意思通知受要约人。

另一种情况是，逾期承诺的文件显示，逾期到达是由于传递延误造成的，即在传递正常时它本可以及时送达要约人。依照第 21 条第 2 款，在此情况下，该逾期承诺为有效承诺，除非要约人毫不迟疑地通知受要约人，表示拒绝该承诺。

《公约》第 21 条的上述规定有利于增加合同成立的机会，促进国际贸易的发展。

5. 承诺的撤回

根据《公约》第 22 条的规定，承诺可以撤回，只要表示撤回的通知于承诺生效之前或同时到达要约人。

第三节　卖方和买方的义务

本节将对货物买卖合同双方的义务分别进行讨论。其中，讨论的重点是《公约》中的相关制度，但在涉及某些复杂问题时，也对西方国家国内法中的相关制度进行介绍。比如，涉及卖方对货物品质的默示担保义务和卖方的权利担保义务，将较多地介绍和讨论英、美、法、德等国的制度。

一、卖方的义务

（一）交货地点

关于卖方应交付货物的地点，《公约》第 31 条作出了如下规定：

“如果卖方没有义务在任何其他特定地点交付货物，他的交货义务如下：

（a）如果销售合同涉及货物的运输，应当把货物移交给第一承运人，以运交给买方；

（b）在不属于上款规定的情况下，如果合同涉及特定的货物，或未加区别的、将从特定存货中提取的货物，或尚待制造或生产的货物，而当事人在签约时知道该货物位于某一特定地点，或将在某一特定地点制造或生产，应当在该地点把货物交给买方处置；

(c) 在其他情况下，应当在他于订立合同时拥有营业地的地点把货物交给买方处置。”

依照上述规定，卖方应当在如下地点交货：

第一，在 (a)、(b) 和 (c) 款规定的地点之外的某一地点交货。这通常所指的是在合同规定的地点交货，其中包括合同中明示规定的交货地点和通过解释当事人的意思而确定的交货地点。

除了合同的规定之外，确定交货地点的依据还包括行业惯例、当事人之间业已确立的习惯做法、法律的强制性规定等。

《公约》对行业惯例和当事人之间业已确立的习惯做法给予了高度的重视。它在第9条中明确规定：“（1）双方受他们同意的惯例和他们之间确立的习惯做法的约束。(2) 除非另有约定，当事人被认为已经默示地将某一惯例适用于他们的合同或其成立，只要此一惯例是他们知道或应当知道的、在国际贸易中被广泛知晓的、且为此类合同的当事人在该特定的贸易中惯常遵循。”

值得注意的是，根据《公约》第9条，某一惯例如果符合该条第2款规定的要件，即使没有被合同提到，也适用于交货地点的确定。

第二，在涉及货物运输的情况下，卖方应把货物移交给第一承运人，以运交给买方。其含义是，如果卖方的义务并不是将货物直接交给买方，而是将其交给一个承运人，通过承运人运送给买方或买方指定的第三人，在“卖方没有义务在任何其他特定地点交付货物”（第31条第1句话）的情况下，卖方只要将货物交给了“第一承运人”(the first carrier)，就视为在其应当交货的地点履行了交货义务。所谓“第一承运人”，是指合同条件下连续运输中的首个承运人。例如，当合同采用了“FOB上海”这一贸易术语时，第一承运人是指从上海将货物运送给另一个国家的从事国际运输业务的承运人。因此，在中国国内将货物从加工货物的工厂运往上海港口的承运人，并不是《公约》含义中的“第一承运人”。

第三，在不涉及货物运输时，如果拟交付的货物已经以某种方式被确定在合同项下因而能够与其他货物相区别，而当事人在签约时知道该货物存放地或待加工制造的地点，卖方应在该地点交货。简言之，如果双方在签约时知道合同项下的货物位于何处，该地点即为交货的地点。其原理是，除非双方另有约定，否则，卖方无义务送货，而买方有义务取货。

第四，如果不涉及运输，双方在签约时也不知道货物位于何处，卖方的营业地就是交货的地点。其原理是同样的：卖方无义务送货，买方有义务取货。

在国际贸易实践中，货物买卖合同的当事人通常会通过在合同中加入某种贸易术语以确定交货的地点。例如，如果合同中加入了“FOB上海”，卖方的义务就是在上海将货物装船。

在一个瑞士法院审理的依据《公约》判决的案件①中，卖方在1995-1996年间向买方交付了多批艺术书籍，而买方没有付清货款。在卖方为索要货款而提起的诉讼中，买方辩称：双方产生争议的原因是，卖方多次不能在展览会开幕时及时交付艺术书籍和商品目录，这使买方失去了极为重要的艺术赞助商对其的信任，从而使其蒙受了重大损失；因此，买方有权对卖方的索赔进行抵销并有权要求减价。

法院在判决中首先对双方的争议进行了澄清：涉及交货，双方均认为应由卖方实施对货物的运输，但对于哪一方应对货运代理人的行为承担责任存在争议。卖方认为，货物出厂即为交付；其安排货运代理人仅是一种恩惠而并无相应的义务。买方则称，向货运代理人支付佣金并对其行为负责是卖方的义务。

该法院指出：根据《公约》第31条，卖方通过将货物交给第一承运人便可完成其交货义务，如果货物在运输过程中发生毁损、错运或迟延交付，不可能再要求卖方承担责任。因此，合同是否得到及时履行，应取决于卖方是否及时发货而非货物到达的时间。从提交的证据和双方的相关陈述中可以明显看出，1995年9月28日被确定为“准备发运货物”的时间。买方并未主张卖方没有遵守这一日期，相反，买方甚至承认了卖方及时发运了货物。买方未进一步主张卖方承诺了一项在买方指定地点交货的合同义务；而是仅仅认为，卖方应当承担寻找货运代理人并对其行为负责的义务。所以，关于卖方于1995年9月28日将货物交于他雇用的承运人的事实，并不存在争议，故卖方及时地依法履行了他的义务。买方可以要求承运人（货运代理人）或保险人赔偿其遭受的损失。

《公约》的上述规定是在综合了两大法系的相关制度，特别是英美法制度的基础上制定的。根据英国《1979年货物买卖法》和美国《统一商法典》，如果一个买卖合同涉及货物的运输，卖方的义务即是将货物交给承运人。英国《1979年货物买卖法》第32条第1款就此规定说：如果合同要求或者授权卖方向买方发送货物，卖方为了把货物运交买方而把货物交给承运人，无论该承运人是否为买方任命，即在表面上已向买方交货。《统一商法典》第2-504条也作出了类似的规定：如果合同要求或者授权卖方向买方发送货物，且合同并未要求卖方在特定的目的地交付货物，则除非另有协议，卖方必须根据货物的性质和其他情况将符合合同的货物交付给承运人并与之订立运输合同；取得为使买方占有货物而必需的单据，或当事方之间的协议或交易惯例所另外要求的其他单据，并以适当方式迅速向买方交付或提示此种单据；并且立即向买方作出有关发运的通知。

另一类情况是，卖方并无义务将货物交给承运人。此时，许多国家的法律将货物属于已确定的货物的情况与一般的情况相区别：在一般情况下，让买方在卖方的营业地收取货物；而在货物为已确定的货物时，将该货物所在的地点作为交货地点。

依照英国《1979年货物买卖法》第29条第2款的规定，除非合同另有明示或默示的规定，交货地为卖方的营业地；如其无营业地，为其住所地。但如果合同是为了买卖特定的货物而订立，双方在合同订立时已知该货物位于其他地点，则该地为交货地。

---

① HG 970238.1, cite as: http: //cisgw3.law.pace.edu/cases/990210s1.html.

美国《统一商法典》第2-308条的规定与英国法相似：除非另有协议，交货地点为卖方营业地，如果没有该营业地，为卖方的住所地；但是在涉及已被确定的货物（identified goods）的买卖合同时，如果当事人在订立合同时已知货物在其他地点，则该其他地点为交货地点。

根据《法国民法典》第1609条的规定，“交付应当在标的物于买卖之时所在地点进行，另有约定的除外”。这意味着，如果买卖的对象已经确定，则该对象在合同订立时所在的地点为交货的地点。

关于卖方交货的地点，依照中国《民法典》第603条，“当事人没有约定交付地点或者约定不明确，依据本法第五百一十条的规定仍不能确定的，适用下列规定：（一）标的物需要运输的，出卖人应当将标的物交付给第一承运人以运交给买受人；（二）标的物不需要运输，出卖人和买受人订立合同时知道标的物在某一地点的，出卖人应当在该地点交付标的物；不知道标的物在某一地点的，应当在出卖人订立合同时的营业地交付标的物。”根据该法第510条，当事人就履行地点没有约定或者约定不明确的，“可以协议补充；不能达成补充协议的，按照合同相关条款或者交易习惯确定。”这些规定与《公约》第31条的规定基本上是一致的。

（二）交货时间

关于交货时间，《公约》第33条作了如下规定：

“卖方必须按以下规定的日期交付货物：

（a）如果一个日期已经由合同确定，或者可以通过合同决定，应在该日期交货；

（b）如果合同确定了一段时间，或者通过合同可以确定一段时间，那么，除非情况表明应由买方选定一个日期，可在该段时间内的任何时候交货；或者

（c）在其他情况下，应在订立合同后一段合理的时间内交货。”

根据上述规定，涉及交货的日期，卖方的义务和权利包括：

第一，在合同有规定的情况下，依照合同规定的日期交货。在实践中，买卖各方可能会根据情况的需要确定一个非常具体的时间作为交货的时间，但这样的情况是较少发生的。

第二，如果依据合同，交货的时间在一个时间段之内，原则上，卖方有权决定具体的交货时间，但双方可以另作约定。在实践中，最经常发生的情况是，买卖双方在合同中规定一段时间作为交货的时间，而实际交货的开始日决定于装运货物的船舶停靠装货码头开始装货的时间。这一时间又往往是由多种因素决定的。例如，如果双方采用了FOB交货条件，则买方应负责租船。此时，该方实际租到一艘船的时间可能会早些，也可能会晚些。在最终承租的船到达装运货物的港口之后，该船停靠到适当的泊位开始装货的时间，受港口作业安排的影响，也具有不确定性。因此，在国际贸易中，交货的具体时间往往并不是由一种单一的因素决定的。

第三，如果合同没有就交货的时间作出规定，既没有规定具体的交货日，也没有规定一个交货的时间段，卖方应当在一段合理的期限内交货。在决定卖方交货的时间是否超过了合理的期间时，有时需考虑多种因素。例如，对于季节性产品，卖方通常应在使

用该货物的季节到来之前交货，有时还要给货物进入市场留下一个适当的准备期。而对于尚未加工的货物，合理的时间段至少应包括加工货物所需的时间。

在一个西班牙法院判决的适用《公约》的案例①中，买方以卖方交货迟延为由拒绝支付货款并要求卖方赔偿因迟延交货给其造成的损失。法院在审理过程中发现：双方交易的是3个订单项下的季节性纺织品，而合同并未规定交付货物的具体日期；买方在1993年1月收到了卖方发出的最后一批货物，当时未加反对地接受了该批货物。基于这些事实，该法院判决：在季节性纺织品的贸易中，交货的时间是一项重要因素。但毫无疑问的是，如果合同未规定交付货物的具体日期，则必须遵循《公约》第33条（c）款的规定。根据该条款，在合同未对交货日期作出规定的情况下，卖方应在订立合同后一段合理时间内交货。在本案中，应认定卖方履行了其在《公约》第33条项下的义务，基本理由是，买方未加反对地接受了货物。

《公约》的上述规定主要也是受英美法的影响。根据英国《1979年货物买卖法》第29条第5款的规定，如果一个货物买卖合同没有就卖方交货时间作出规定，卖方应在合理的时间内要求交货或提示交货（tender of delivery），否则，其要求或提示交货是无效的。该条同时规定，何为合理的时间是一种事实问题（a question of fact）。所谓“提示交货”，是指提出交货的要求。提示交货不同于实际交货，但是在法律上有时相当于实际交货。比如，如果卖方在合同规定的交货时间到来时作出了交货的表示，而买方没有作出回应，买方就会丧失主张卖方未按时交货的权利。

美国《统一商法典》第2-309条第1款作出了类似的规定：如果该篇（第二篇）未作规定，当事方也未订立协议，则发运货物或交付货物的时间应为合理时间。

关于卖方交货的时间，依照美国《统一商法典》第62条第4款，“履行期限不明确的，债务人可以随时履行，债权人也可以随时要求履行，但应当给对方必要的准备时间”。这其中包含了大陆法系的“催告”制度，即在合同未规定卖方交货时间的情况下，除非买方进行催告，卖方并没有主动交货的义务。

根据中国《民法典》第601条，当事人约定交付期间的，卖方可以在该交付期间内的任何时间交付。该法第226条进一步规定：“动产物权设立和转让前，权利人已经占有该动产的，物权自民事法律行为生效时发生效力。”这意味着，买卖的标的物如果在订立合同之前已经在买方的占有之下，合同生效的时间即为标的物交付的时间。

（三）单据的提交

在国际货物买卖中，装运单据（shipping documents）具有十分重要的作用。它们是买方提取货物、办理报关手续、转售货物以及向承运人或保险公司请求赔偿时必须持有的凭证。

关于卖方负有的交付单据的义务，《公约》第34条规定：“如果卖方有义务移交与货物有关的单据，他必须按照合同要求的时间、地点和方式移交。如果卖方在那个时间以前已移交这些单据，他可以在那个时间到来之前纠正单据中不符合同要求的情形，只

① 755/95-C, cite as: http://cisgw3.law.pace.edu/cases/970620s4.html.

要对此种权利的行使不会使买方遭受不合理的不便或发生不合理的开支。不过，买方保有本公约规定的赔偿金请求权。”

根据《公约》的上述规定，涉及单据的提交，卖方的主要义务是按照合同的要求按时提交、在规定的地点提交，以及按规定的形式提交。在实践中经常发生的情况是，卖方提交的单据，包括提单、商业发票、原产地证书、商检报告、保险单等，由于与合同或信用证规定的应提交的单据不完全相符而导致开证银行或买方的拒收，从而引发争议。故对于卖方来说，确保其提交的单据与合同和信用证严格相符，具有十分重要的意义。

关于卖方对买方的交单义务，中国《民法典》第 598 条规定：“出卖人应当履行向买受人交付标的物或者交付提取标的物的单证，并转移标的物所有权的义务。”该法第 599 条进一步规定：“出卖人应当按照约定或者交易习惯向买受人交付提取标的物单证以外的有关单证和资料。”

（四）品质担保和包装

品质担保义务和包装义务是卖方对买方负有的基本义务。即使合同没有就此类义务的承担作出明示的规定，此类义务也会存在。

1.《公约》的规定

卖方的品质担保义务和包装义务包含在《公约》第 35 条当中。该条的原文如下：

“（1）卖方交付的货物必须与合同要求的数量、质量和规格相符，并按照合同要求的方式承载或包装。

（2）除当事人另有协议外，货物将不符合同，除非

（a）货物适合于同一规格的货物通常使用的目的；

（b）货物适合于合同订立时明示或默示地使卖方知道的某种特定目的，除非情况表明，买方并不依赖卖方的技能和判断，或者对买方而言，这种依赖是不合理的；

（c）货物具有卖方向买方提供的样品或模型具有的品质；

（d）货物采用了通常的适合于此类货物的方式承载或包装，或者，如果没有此种方式，采用了足以保全和保护该货物的方式承载或包装。

（3）卖方不依前款（a）项至（d）项就货物的不符合同承担责任，只要在合同订立时，买方知道或不可能未意识到此种不符。”

以上规定表明，即使合同未作规定，涉及货物的品质和承载包装，卖方对买方也会负有某些默示的义务，而在以下情况下，应认为卖方已经履行了其在此方面的义务：

（1）货物适合于同一规格的货物通常使用的目的。援用这一条款的情况是，当事人就货物应否具有某种特定品质发生了争议而合同未就此作出规定。此时，如果货物适合于同类货物通常使用的目的，一般应视为已经符合合同的要求。这是在实践中被经常援用的“通常使用的目的”标准。例如，卖方交付的肉鸡具有强烈的鱼腥味，原因是在此前的饲养过程中使用了过多的鱼粉。如果此种味道导致了该批肉鸡已经不适合于人类食用，即可认为，其因不符合肉鸡的通常使用的目的而具有品质缺陷，尽管合同并没有规定卖方交付的肉鸡不得含有鱼腥味。

（2）货物适合于卖方知道的某种特定目的。这是所谓的“特定目的”标准。援用这一条款的情况是，合同未就货物是否应具有某种特殊品质作出规定，但买方已经明示地或默示地让卖方知道，其购买这批货物的目的是为了某种特殊的用途。举例来说，双方成交了一批金属线材。卖方知道买方是一个制造钉子的工厂，且多次向买方提供适合于制造钉子的金属线材。如果卖方实际交付的金属线材含碳和含锰量过低，硬度不够，不适合于制造钉子，即可认为卖方供的货不符合同。根据该条款认定货物不符合同的前提是，买方在合同订立时已经明示或默示地使卖方知道此种特定目的。例如，在这个买卖金属线材的例子中，买方至少已经“默示地”让卖方知道，买方购买这批线材的目的是加工钉子。

应当说明的是，依照《公约》，如果案件的情况表明，买方并不依赖卖方的技能和判断力，或者对买方而言，这种依赖是不合理的，买方不能依据这个条款主张货物与合同不符。在买卖金属线材的例子中，如果买方有足够的技术实力，知道或理应知道制造钉子应当用什么规格的金属线材却依然订购了含碳和含锰量过低的金属线材，该方就不能主张货物有品质缺陷。同样，如果卖方是一个普通商人，对他来说，知晓制造钉子应当用什么规格的金属线材是一种专业性很强的技能因而难以胜任的，即应该认为，买方对卖方技能和判断力的依赖是不合理的。

（3）货物与卖方提供的样品相符。这是所谓的样品标准。对某些货物来说，这是最适合的标准。例如，在成交粮食和某些品类的工业原料时，当事人经常采用这种标准。在美国联邦第二巡回法院审理的一起案件中，位于纽约州的甲公司同意出售给意大利的乙公司若干台空调压缩机。在合同履行前，甲公司曾发运给乙公司一台样机并附以书面的履约规格。在对第一批货物进行检验之后，乙公司告知甲公司，其中 93% 的压缩机由于耗电量超标且制冷效果未能达到样机水平，因而未能通过质量检测。结果，该法院判决甲公司根本违反合同并赔偿乙公司蒙受的损失。

（4）货物的包装符合要求。首先，在合同未作特别规定的情况下，货物应采用通常的适合于此类货物的方式承载或包装。在国际贸易中，当事人对于不同类型的货物应采用何种方式承载或包装，通常会达成共识。例如，粮食和煤炭一般会采用散装的方式运输，在运输途中容易损坏的货物多采用集装箱运输。其次，如果某种货物没有通用的包装方式，比如货物是一种新产品，则应按足以保全和保护货物的方式包装。这应视货物的种类、品质、型号、运输期间以及目的地国的气候条件等因素综合加以确定。这里提及的是关于包装的最低标准，《公约》并不阻止卖方提供比通用方式更好的包装。

《公约》关于货物包装的上述规定得到了中国《民法典》的采纳。根据该法第 619 条的规定，“出卖人应当按照约定的包装方式交付标的物。对包装方式没有约定或者约定不明确，依据本法第五百一十条的规定仍不能确定的，应当按照通用的方式包装；没有通用方式的，应当采取足以保护标的物且有利于节约资源、保护生态环境的包装方式。”根据该法第 510 条，当事人就相关履约细节没有约定或者约定不明确的，“可以协议补充；不能达成补充协议的，按照合同相关条款或者交易习惯确定。”

卖方由于以上各项不符不承担责任的前提是，买方在合同订立时知道或不可能未意识到此种不符的存在。在实践中经常发生的情况是，买方以较低廉的价格购买了使用过的旧货，即所谓的二手货，此时，卖方不会就货物的品质承担默示的担保责任。

在一个仲裁案①中，一个意大利的卖方与一个瑞士的买方订立了一个买卖一辆二手履带式推土机的合同。此前，买方已于卖方的营业地点对推土机进行了测试。双方约定，在交货前，卖方应更换推土机上三个有缺陷的部件。双方还约定，买方应对卖方开出的发票预付部分货款，余款分两期在交货后支付。此后，买方在卖方开出发票两周后支付了约定的预付款，卖方交付了更换过新部件的推土机，但买方拒绝支付余款并起诉卖方，要求就货物的不符合同赔偿损失。仲裁庭认为：双方签署的合同第35条第3款规定，如果买方在订立合同时知道或者不可能不知道货物不符合同，卖方就无须负有货物不符合同的责任；在本案中，卖方已明确将二手推土机的状况告知了买方，而买方更是在发出订单前已测试过推土机的性能；除了对三个特定部件进行更换外，双方并未约定对推土机的缺陷进行更彻底的修复。据此，仲裁庭得出结论：卖方交付的货物符合合同规定的规格。

2. 各国法上的制度

（1）关于商销品质和“通常使用的目的”标准

根据英国《1979年货物买卖法》最初的规定，如果卖方是在营业中出售货物的，则合同应当包含一项默示条件，即卖方依据合同提供的货物须具有商销品质（merchantable quality）。由于“商销品质”一词的含义在解释时不宜把握，英国《1994年货物销售与供应法》采纳了英国“法律改革委员会”的建议，引入了“令人满意的品质”（satisfactory quality）的概念，不再使用“商销品质”的措辞。此后，经过修订的《1979年货物买卖法》也采用了“令人满意的品质”的概念。

修订的《1979年货物买卖法》第14条第2款规定：“如果卖方是在经营过程中出售货物的，则其应符合一项默示条件：依合同提供的货物具有令人满意的品质。”

关于什么是“令人满意的品质”，该条第2A款采用了“合理人”标准。该条写道：“基于本法的目的，在对货物所作的描述、货物的价格（如果具有相关性）以及所有其他相关情况加以考虑之后，如果货物能够符合使一个合理人感到满意的标准，货物便具有令人满意的品质。”

该条第2B款进一步规定：

“为本法的目的，货物的品质包括其状态和条件，且下列各项（但不限于下列各项）在适当的情况下构成货物品质的各个方面：

（a）适合于此类货物通常被适用的所有目的，

（b）外观以及完成情况，

（c）不存在即使是较小的缺陷，

（d）安全性，以及，

（e）耐用性。”

美国《统一商法典》中的相关内容见第2-314条。其内容为：

“（1）除了第2-316条所作的排除和修改之外，如果涉及该类货物，卖方是一个商

① C1 97 167, cite as: http: //cisgw3. law. pace. edu/cases/971028s1. html.

人，其在为出售货物而签署的合同中所作的关于货物应具有商销性的担保，是一项默示的担保。

（2）货物要具有商销性，至少应符合以下各项：

（a）依据合同的描述，在行业中无异议地获得通过；

（b）如果是可替代的货物，在描述的范围内具有尚可的平均品质；

（c）适合于所描述货物适用的通常目的；

（d）在所涉及的每个单元和所有单元中，种类、数量和质量均不超出协议允许的变动幅度；

（e）按照协议的要求适当地装载、包装和加上标签；

（f）如果承载货物的容器上或货物标签上有关于事实的许诺或确认，与该许诺或确认一致。"

《统一商法典》第 2-316 条规定了卖方对商销性的默示担保在何种情况下可以被排除。

从英国法和美国法的上述规定可以看出，"通常使用的目的"标准关系到货物的商销性，是决定货物是否具有商销性的诸多因素中重要的因素之一。

"通常使用的目的"标准在大陆法系国家的民法典中也可以看到，也是在决定货物的品质是否合乎要求时考虑的因素之一。《德国民法典》第 459 条第 1 款规定，物的卖方应向买方担保，其物在风险转移到买方时，没有灭失或减少其价值，或具有减少其通常效用的缺陷，或使合同预定的效用减少的缺陷。但价值或效用的减少程度无足轻重的，不视为缺陷。《法国民法典》第 1641 条规定，因买卖标的物含有隐蔽的缺陷，致使其不能具有通常效用，或使其通常之效用减少，如果达到买方事前知此情形，即可能不会买受该物或仅在其降低价格始于买受时，卖方应负担保责任。

根据中国《民法典》第 511 条，"质量要求不明确的，按照强制性国家标准履行；没有强制性国家标准的，按照推荐性国家标准履行；没有推荐性国家标准的，按照行业标准履行；没有国家标准、行业标准的，按照通常标准或者符合合同目的的特定标准履行。"这里的"通常标准"应当包含了《公约》第 35 条规定的"通常使用的目的"标准。

综上，通常使用的目的标准是一种为各国法律普遍认可的决定货物是否符合合同的默示条件，是一项应具备的基本条件。

（2）关于"特定目的"标准

"特定目的"标准在英国和美国的制定法中得到了明确的规定。

《1979 年货物买卖法》第 14 条第 3 款规定：

"如果卖方是在经营过程中出售货物的，同时，买方明示或默示地使下列人知道了购买货物的某种特定的用途，即会存在一项默示的条件：依合同提供的货物合理地适用于该目的，除非情况表明，买方并不依赖于卖方或信用经纪人的技能或判断，或者对买方而言，此种依赖是不合理的：

（a）卖方，或者

（b）信用经纪人，如果购货款项或其一部分采用了分期付款，并且货物原本是由信用经纪人出售给卖方的。”

美国《统一商法典》第 2-315 条规定：“如果卖方在合同订立时有理由知道货物被要求适用的某种特定目的，而且，买方是依赖卖方的技能或判断选择或提供适合的货物的，则会发生一项默示的担保，即货物将适用于该目的，除非该担保依下一条的规定被排除或修正了。”

根据中国《民法典》第 511 条的规定，“符合合同目的的特定标准”是决定货物的品质是否符合合同规定的标准之一。

（3）关于样品标准

关于样品标准，《1979 年货物买卖法》第 15 条第 1 款和第 2 款作出了如下规定：

“（1）一个货物买卖合同构成一个凭样品进行买卖的合同，只要合同中明示或默示的条件包含了这样的效果。

（2）一个凭样品进行买卖的合同包含了如下默示条件：

（a）整批货物的品质与样品相符；

（b）买方应有合理的机会将整批货物与样品进行比较。

（c）在对样品的合理检验中，货物没有表面上不可见的缺陷。”

根据美国《统一商法典》第 2-313 条第 2 款（c）项的规定，“任何样品或模型，如果构成交易的基础的组成部分，则其成为一项明示的担保：全部货物应与样品和模型相符”。

中国《民法典》也对样品标准作出了规定。依照该法第 635 条，“凭样品买卖的当事人应当封存样品，并可以对样品质量予以说明。出卖人交付的标的物应当与样品及其说明的质量相同。”

（4）默示担保的排除

如上文所述，根据《1979 年货物买卖法》第 14 条第 2 款的规定，如果卖方是在经营过程中出售货物的，则合同中会自动地包含一项默示条件，即合同项下的货物应具有“令人满意的品质”。根据该条的第 2C 款，在以下情况下，依第 14 条第 2 款的规定产生的默示担保“并不延伸至某一使货物品种不能令人满意的问题：（a）该问题在合同订立前已经特别地使买方注意；（b）买方在合同订立前已经检验了货物，而该检验应使该问题得到显露；（c）在凭样品销售的合同中，该问题通过对样品的合理检验本来可以看出”。

涉及对商销性默示担保的排除，美国《统一商法典》第 2-316 条第 2 款规定：

“除本条第 3 款另有规定外，在消费者合同中，对商销性默示担保或其某一部分进行排除或修改，其语言必须被记录，必须引人注目，同时，需作这样的陈述：‘除本合同另有规定外，卖方不就货物的品质承担任何责任’；在其他合同中，此类语言必须提到商销性，同时，在以记录进行记载时，此类语言必须引人注目。除本条第 3 款另有规定外，对适用于特定目的默示担保或其某一部分的排除或修改，必须被记录并引人注目。在一个消费者合同中，要排除所有的适用于特定目的默示担保，其语言需作这样的陈述：‘除本合同另有规定外，卖方不就货物将适用于你购买这些货物的任何特定目的承担责任’。在其他合同中，采用的语言如果作了这样的陈述即是充分的：‘在表面的描述之外，不存在任何担保'。采用的语言如果能够满足本款针对在一个消费者合同中排除或修改担保而提出的要求，亦可满足针对其他合同提出的要求。"

《统一商法典》第2-316条第3款进一步规定：

"尽管有第2款的规定，默示的担保在以下情况得以排除：

（a）除非情况另有显示，所有的默示担保均由于采用了这样的表述而被排除：'依现状出售'，'带有缺陷的出售'，以及其他的语言，只要这些语言在通常的理解中足以使买方注意到担保的排除，并使默示担保的不存在变得明白无误；此外，在一个以记录证明的消费者合同中，此类语言在记录中必须引人注目；

（b）如果买方在订立合同之前已经按其意愿充分地检验了货物、样品或模型，或者，在经卖方要求之后已经拒绝检验货物，那么，涉及通过检验应当发现的缺陷，不存在默示担保；同时，

（c）一项默示担保也可以通过交易过程、履约过程或行业惯例被排除。"

从上述两部法律的规定可以看出，涉及对默示担保的排除，在英美的货物买卖法中存在着这样一些共同的规则：

首先，如果在合同签订之前，货物中的某种使货物不具有"令人满意的品质"或"商销品质"的情况，已经足以引起买方的注意，那么，涉及此种情况，默示的担保即被排除。在此需要说明的是，在这里，法律并不要求买方在事实上已经知道货物中特定缺陷的存在，卖方只要给了买方充分机会，使其能够注意到该缺陷就可以了。关于这一点，《1979年货物买卖法》采用的措辞是"特别地使买方注意"（specifically drawn to the buyer's attention）；《统一商法典》采用的措辞是"必须引人注目"（must be conspicuous）。为了避免歧义，《统一商法典》还用列举的方式提出了多项具体要求。例如，即使货物并不是向消费者出售的，要排除商销性默示担保，采用的语言也必须提到"商销性"（merchantability），比如声明，"本货物并不具有商销性"。

其次，买方在合同订立前已经检验了货物，或者，买方拒绝检验货物，而货物中的问题本来可以通过对货物的检验显现出来，此时，涉及通过该检验可以发现的问题，不存在默示担保。

此外，《统一商法典》还列举了"依现状出售"（as is）和"带有缺陷的出售"（with all faults），作为典型的可以使默示的担保被排除的情况。

（5）各种默示担保的相互关系

《1979年货物买卖法》第13条第2款规定："在既凭样品又凭说明进行的货物买卖中，即使整批货物与样品相符，如果不能同时与说明相符，也不能构成充分相符。"这里的"说明"（description）一词的表面含义是指对货物的描述。根据英国的判例，当货物与说明的不符构成对合同条件的违反时，买方有权解除合同。由此可以看出，在英国的制度下，货物即使与样品相符，如果与合同的其他重要条件不符，也会构成对合同的重大违反。

《统一商法典》第2-317条（标题是"明示担保或默示担保之间的叠加与冲突"）规定：

"对于担保，无论为明示或默示，应作一致的和有叠加效力的解释，但如果此种解

释是不合理的，应依当事人的意志决定其中哪一种担保优先。在确定该意志时，应遵循以下规则：

（a）精确的或技术性的规格排除与其不一致的样品、模型或一般性描述语言。

（b）从现存的大宗货物中抽出的样品排除与其不一致的一般性描述语言。

（c）明示担保排除与其不一致的默示担保，但货物适用于特定目的默示担保除外。”

根据对《统一商法典》第 2-317 条的正式解释（official comment），该条（a）、（b）、（c）三款中的规则并不是绝对的，可以根据个案中的情况改变。

上述规则是从大量的司法实践中归纳出来的，具有很高的实用性。例如，合同项下的货物是一批小麦。如果卖方作出的默示担保之一是，应交付一批“一级种子小麦”；另一项是，这批小麦的“千粒重”（一千粒小麦的重量）不小于若干克，则后一默示担保应优于前者，因为后者是一种“技术性的规格”，前者相比之下只是一种“一般性描述”。又如，卖方作出的一项默示担保是，卖方应交付一批“一级种子小麦”；另一项是，货物须与买方提供给卖方的样品相符。如果实际交付的小麦属于一级小麦，笼统地说，也可以用来做种子，但与买方事前提供的样品不符，应当认为，该批小麦不符合同。这是因为，当事人通过样品表达的意图是具体、生动和直观的，在解释当事人的意思时，应当让这样一种表达得明确的意思优先于表达得较为模糊的意思。

中国《民法典》特别地提到了样品标准与“通常标准”的关系。该法第 636 条规定：“凭样品买卖的买受人不知道样品有隐蔽瑕疵的，即使交付的标的物与样品相同，出卖人交付的标的物的质量仍然应当符合同种物的通常标准。”

（五）卖方的权利担保

卖方的权利担保是指卖方在将货物出售给买方时必须保证，买方对购买的货物拥有一个货主通常会拥有的完好的所有权。

1.《公约》的规定

《公约》第 41 条规定：“卖方所交付的货物，必须是第三方不能就其主张任何权利或提出任何权利要求的货物，除非买方同意在从属于这种权利或要求的情况下收取货物。”根据该规定，如果卖方将不属于其拥有的货物以及其无权出售的货物予以出售，或者，如果卖方交付的货物上设置有没有披露的第三方持有的担保权益（security interest），将构成违反该条规定的义务。除此之外，《公约》还保护买方免受第三方提起的权利要求（claims），即如果某一第三方提出了权利要求即构成卖方违反该条规定的义务，买方有权行使《公约》提供的救济措施。总之，根据这一条款，无论合同是否作出了明示的规定，卖方均对买方负有这样的默示担保义务：该方对其出售的货物拥有完整的和排他的权利，任何第三人均不会对合同项下的货物主张权利或提出权利要求。

在一个由奥地利法院审理的案件①中，一个来自德国的买方与一个来自奥地利的

① 10 Ob 518/95, cite as: http://cisgw3.law.pace.edu/cases/960206a3.html.

卖方订立了一份买卖丙烷气的 FOB 合同。卖方在合同签订之后提出，由于来自其上一手的供应商的限制，其所出售的丙烷气不得在比利时、荷兰、卢森堡关税同盟国家转售。该方据此要求改变原来约定的交付条件。该要求未获买方同意。最终，买方在比利时的代理商不得不以高于卖方承诺的价格进行替代购买，由此支出了额外的成本。

奥地利最高法院认定，卖方对原合同未能得到履行负有责任，因为他们没有从他们的供应商那里获得将液态丙烷气出口到比利时的许可证。该法院判决道：根据《公约》第 30 条的规定，卖方有义务按照合同条款交付货物。卖方在上诉中的如下主张是不能成立的：由于买方并未将向比利时出口的可能性列为合同的条件，买方应对禁止向比利时出口及其导致的结果承担责任。合同一旦签订，如果不存在特殊情况，比如禁运、法律管制、全行业通晓的一般限制等，买方通常可以推定，对货物的进一步使用是不受限制的。根据《公约》第 41 条的规定，卖方所交付的货物，不能受第三方权利的制约，除非买方先前已同意接受这种受到限制的货物。如果卖方的供应商已对货物的出口作出了限制，则该货物即负担了该种限制。该结果意味着，未经买方同意，交付受到这种限制的货物将构成不履行合同。

在这里，有必要同时提到《公约》第 4 条（b）款的规定，本公约“不涉及：……（b）合同对所售货物所有权可能产生的后果”。根据这一条款，如果卖方出售的货物是第三人可以主张权利的货物，而买方是在完全不知情的背景下购买这批货物的，在该第三人和这个善意的且支付了对价的买方之间谁对货物的权利优先，不能依照《公约》的规定解决。

《公约》第 42 条进一步规定：

“（1）卖方所交付的货物，必须是第三方不能根据工业产权或其他知识产权主张权利或提出权利要求的货物，但以卖方在订立合同时知道或不可能不知道的权利或要求为限，且这种权利或要求根据以下国家的法律保护的工业产权或其他知识产权为依据的：

（a）根据货物将转售或做其他使用的国家的法律，只要当事人在订立合同时预见到货物将在该国转售或做其他使用；或者，

（b）在其他情况下，根据买方拥有营业地的国家的法律。

（2）卖方依上一款负有的义务不适用于以下情况：

（a）买方在订立合同时知道或不可能不知道此种权利或要求；或者，

（b）此项权利或要求是因卖方对买方提供的技术图样、设计、公式或规格的依赖而发生的。”

根据以上规定，原则上，货物的买卖不能导致对他人的知识产权的侵犯。然而，《公约》的这一条款试图解决的，只是在货物的销售侵犯了他人知识产权，由此导致了买卖双方纠纷的情况下，卖方要不要对买方承担责任的问题。根据《公约》的规定，涉及这一问题，卖方在以下两种情况下须对买方承担责任：一种情况是，卖方在订立合同时知道或不可能不知道货物的销售可能引起与第三人的知识产权纠葛，同时，卖方在合同订立时预见到货物将在某一国转售或使用，而此种转售或使用会侵害第三人的受该国法律保护的知识产权。另一种情况是，卖方在订立合同时知道或不可能不知道可能发

生此种知识产权纠葛，货物是在买方拥有营业地的国家转售或使用的，而此种转售或使用会侵害第三人的受该国法律保护的知识产权。可是，如果在上述两种情况下，买方在订立合同时知道或不可能不知道第三人的知识产权可能受到侵害的情况；或者，卖方是根据买方提供的技术图样、设计、公式或规格而设计、制造或组装产品的，卖方就不再对买方承担责任。

请结合《公约》的上述规定阅读以色列法院审理的一个案件。① 一个以色列的卖方生产并出售一种靴形牛仔裤（jeans boots）给一个比利时的买方。后者订购这些货物的目的是将其出口到美国。买方明确要求卖方在靴子上加贴一个驰名的牛仔裤商标。后来，美国海关当局以违反商标保护法为由拒绝这些货物进入美国市场。在去除了该商标之后，买方只得以大幅减低的价格将牛仔裤出售。此后，买方就其蒙受的损失向卖方提起诉讼。以色列法院在该案中应适用1964年在海牙会议上通过的《联合国国际货物买卖统一法公约》，因为在该案合同订立时，以色列和比利时均未批准《联合国国际货物销售合同公约》。不过，以色列最高法院还是附带讨论了《联合国国际货物销售合同公约》的相关规定。该法院特别提到了《联合国国际货物销售合同公约》第42条第2款（a）项。

该法院在判决中说：根据该条的规定，卖方所交付的货物，必须是第三方不能根据工业产权或其他知识产权主张任何权利或要求的货物，但买方在订立合同时已知道或不可能不知道此项权利或要求的除外。根据本案中的具体情况，买方必然了解商标侵权的存在，因为商标是买方自己提供的设计方案的一部分。最后，该法院以双方均违反了以色列合同法中有关诚信的一般条款为由，判决卖方给予买方相当于后者遭受损失一半的赔偿，理由是，毕竟双方均不能宣称自己没有意识到对如此驰名商标的侵权。

应当指出的是，依照《公约》第43条第1款的规定，买方在已经知道或理应知道第三方对货物的权利或请求后，应在合理时间内通知卖方，否则，买方就会丧失援引上述第41条和第42条所规定的权利，除非买方对于未及时通知卖方能提出合理的理由。不过，根据《公约》第43条第2款的规定，卖方如果知道第三方的权利或要求及其性质，就无权援引上一款的规定。

2. 各国法的规定

关于卖方对买方负有的权利担保义务，英国《1979年货物买卖法》第12条作出了如下规定：

“（1）在一个买卖合同中，除本条第3款应适用的合同外，对卖方而言，存在着一项默示条件：在一项买卖中，他有出售货物的权利，同时，在一个出售货物的协议中，他在所有权转移时拥有转移的权利。

（2）在一个买卖合同中，除本条第3款应适用的合同外，另有如下默示条件：

（a）在该财产转移之前，在货物上没有，且始终未设定，任何在订约前未向买方披露或不为买方所知的担保或负担；同时，

---

① Eximin S. A. v. Textile and Footwear Italstyle Ferarri Inc. , 3912/90, cite as: http: //cisgw3. law. pace. edu/cases/930822i5. html.

（b）买方将享有安宁地占有货物的权利，除非受到其所有人或其他人的干扰，而此种干扰是由于所有人或该其他人对某种已披露或已知的担保或负担享有权益。

（3）本款适用于这样的买卖合同：从合同能够看出，或依其情况可以推断出，卖方仅旨在转移他可能拥有的或某一第三人可能拥有的所有权。

（4）在一个适用本条第3款的合同中，存在这样的默示条件：为卖方知晓而不为买方所知的全部担保或负担在合同订立之前已经向买方披露。

（5）在一个适用本条第3款的合同中，另有这样的默示条件：以下三种人均不会妨碍买方安宁地占有货物：

（a）卖方；

（b）在合同当事人的意图中，卖方所转让的仅是第三人可能拥有的所有权，此时的第三人；

（c）某个通过卖方或前款中的第三人主张权利的人，但其他的人不在此限，只要他们是根据在合同订立之前已经向买方披露的担保或负担主张权利的。"

根据上述规定，货物买卖合同的卖方对买方负有如下默示的担保义务：第一，根据第1款，卖方有权出售货物和转移货物的所有权。第二，根据第2（a）款，除非已经告知买方或买方已经知道，在出售的货物之上，并没有设定任何"担保"（charge）或者"负担"（encumbrance）。这里的"担保"，是指为了保证金钱的给付而设定的担保；"负担"是设定于财产之上的义务或权利主张，比如租约、按揭、地役权等。第三，根据第2（b）款，买方将不受干扰地拥有对货物的占有权，除非买方已经被告知或已经知道会有某种干扰。第四，根据第3款和第4款，当卖方的意图是将设定了某种"担保"或"负担"的财产转让给买方时，卖方应当将此种"担保"或"负担"披露给买方。第五，根据第5款，当卖方的意图是将设定了某种"担保"或"负担"的财产转让给买方时，买方对货物的占有不会受到卖方、可能拥有所有权的第三人、通过卖方或该第三人主张权利的人的干扰。第六，根据第5（c）款，当卖方的意图是将设定了某种"担保"或"负担"的财产转让给买方时，如果买方对货物的占有会受到其他人的干扰，卖方应当将此种情况告知买方。

《统一商法典》第2-312条规定：

"（1）除本条第2款另有规定外，在一个买卖合同中包含卖方的以下担保：

（a）转让的所有权是完好的，其转让是有权转让，并且，不应当不合理地由于某种可能成立的对货物的权利主张或在货物中的权益而使买方介入诉讼。

（b）交付的货物上不存在任何买方在缔约时不知晓的担保权益、其他的非占有性担保物权或负担。

（2）除非另有协议，卖方作为一个惯常经营该种类货物的商人应保证，交付该货物不会招致来自第三人的以侵权或类似理由提出的有权主张，但是向卖方提供货物规格的买方不应使卖方蒙受因遵守该规格而产生这种权利主张的损害。

（3）本条规定的担保只有在以下情况下才能被排除或修改：通过明确的语言排除或修改；或通过如下情形加以排除或修改，即该情形使买方有理由知道，卖方并不主张所有权，或者，卖方正旨在出售卖方或第三人仅可能拥有的权利或所有权，或者，卖方正出卖的货物受到侵权上的或类似的权利主张的约束。”

《统一商法典》的上述规定表明，买卖合同的双方在合同项下相互负有以下默示的权利担保义务：首先，卖方对其出售的货物拥有完好的（good）所有权，进行的权利转让是有权转让（rightful transfer）。其次，货物上没有买方不知道的“担保权益”（security interest）、其他的“非占有性担保物权”（lien）或“负担”。再次，货物买卖不会招致侵权诉讼，比如知识产权方面的诉讼。这是双方互相负有的义务。最后，卖方的权利担保义务可以通过明示的约定排除，或者，在买方在订立合同时已经知晓卖方权利瑕疵的情况下排除。

《德国民法典》第 433 条和第 434 条涉及货物买卖合同的卖方对买方的权利担保义务。根据其第 433 条的规定，卖方在将物交付买方时应使买方取得物的所有权。第 434 条规定，卖方负有使第三人对买方不得主张任何权利，从而使买方取得出卖的标的物的义务。

关于卖方对买方负有的权利担保义务，根据中国《民法典》第 598 条，出卖人应当履行向买受人转移标的物所有权的义务。该法第 612 条进一步规定：“出卖人就交付的标的物，负有保证第三人对该标的物不享有任何权利的义务，但是法律另有规定的除外。”然而，依照该法第 613 条，买受人订立合同时知道或者应当知道第三人对买卖的标的物享有权利的，出卖人不承担本法第 612 条规定的义务。该法第 614 条还规定：“买受人有确切证据证明第三人对标的物享有权利的，可以中止支付相应的价款，但是出卖人提供适当担保的除外。”

二、买方的义务

（一）支付货款

根据《公约》，买方支付货款的义务涉及多方面的问题，包括办理必要的付款手续、合理确定货物的价格、确定付款的地点和时间等。现分述如下：

1. 付款手续的办理

关于付款手续的办理，《公约》第 54 条规定：“买方支付货款的义务包括，根据合同或有关的法律和条例的要求，采取步骤和完善手续，使货款得到支付。”在实践中，合同通常会对买方付款的方式作出规定。比如在合同规定采用信用证付款的情况下，买方有义务通过开证银行开立信用证，使货款得到支付。在许多国家，对外汇的支付规定了专门的申请和汇出程序。在此情况下，当事人除了满足合同的规定之外，还要根据付款地国法律的规定，完善各种为付款而必经的程序。依照《公约》，在合同未作特别规定的情况下，履行这些程序是买方的义务。如果买方未尽此项义务，导致货款未能得到支付，买方就要为此而承担责任。

在上文提到的奥地利最高法院审理的买卖丙烷气的案件中，原告（德国买方）与被告（奥地利卖方）商定采用信用证方式付款。合同签订之后，原告通过传真请求被告确定天然气在美国的装船地点，因为原告的银行在开出信用证前需要这一信息。被告通过传真回复说，其正在等待其美国的供应商发来的有关装运地点的消息。由于一直未收到关于装运港的信息，原告再次通过传真催促，并另发了一份传真告诉被告，其银行只有在得到装运港的消息时才会开出信用证。最终，由于缺少装运港的关键信息，买方未能开立信用证。该奥地利法院在判决中援引了《公约》第 54 条，并指出，按照这一规定，同意开立信用证的买方必须及时开出信用证。然而在本案中，原告没有开立信用证是因为被告没有通知其天然气装运的地点。因此，被告不能抱怨原告没有履行开立信用证的义务，因为被告必须首先履行通知原告货物装运地的义务。被告清楚，原告必须知道货物的装运地才能开立信用证，是被告未能通知原告装运地导致了原告不能开立信用证。换句话说，原告未能开立信用证是由被告自己的不作为造成的。正如《公约》第 80 条所指出的那样，一方当事人因其行为或不行为而使得另一方当事人未履行义务时，不得声称该另一方当事人不履行义务。

2. 货物价格的确定

依据《公约》第 55 条的规定，如果货物买卖合同没有规定货物的价格，“当事人应被视为已经默示地参照了合同订立时此种货物在相关贸易中可比较的情形下销售时通常索取的价格”。因此，在合同未作规定时，价格的确定应根据四个要素进行：（1）“此种货物”（such goods），即与合同项下货物相同的货物。（2）“相关贸易中可比较的情形下”（under comparable circumstances in the trade concerned），即所处的情况具有可比性。比如，合同价是“FOB”价，所参照的价格也应是“FOB”价。（3）“通常索取”（generally charged）的价格，即通行的或一般的价格。此时，如果有通行的市场价可供参照，此种价格常常会得到各国法院或国际仲裁机构的确认。（4）“合同订立时”（at the time of the conclusion of the contract），即如果所参照的价格是浮动的，应采用合同签署时的价格。

关于货物价格的确定，中国《民法典》第 511 条第 2 项规定，如果合同没有就价格作出明确规定，按照订立合同时履行地的市场价格履行；依法应当执行政府定价或者政府指导价的，按照规定履行。

3. 支付货款的地点

关于支付货款的地点，《公约》第 57 条作了如下规定：

“（1）如果买方没有义务在某一其他特定地点支付货款，他必须在以下地点将货款支付给卖方：

（a）卖方营业的地点；或者

（b）如凭货物或单据的移交付款，则为办理移交的地点。

（2）卖方必须承担因其营业地在订立合同后发生变动而增加的付款费用。”

在国际贸易实践中，买卖双方通常会通过合同的规定确定支付货款的地点或约定确定付款地点的方式。例如，在采用信用证方式付款的情况下，买方只要将货款付给位于其营业地的开证银行，就履行了付款义务。

在合同未就付款地点作出规定的情况下，依照《公约》第 57 条第 1 款（b）项，如果双方约定凭货物或单据的移交付款，付款的地点应为交货或交单的地点。比如，如果采用的是“DP”（document against payment）付款方式，买方会通过银行“托收”货款，一般是将包括提单在内的全套单据交给卖方营业地的银行，再转给买方营业地的银行，由买方营业地的银行向买方收款。此时，买方只有支付货款，才能从银行取得单据，然后凭单据提取货物。在这种模式下，付款的地点就是交单的地点。

根据《公约》第57条第1款（a）项的规定，当合同未就付款地点作出规定，双方也没有约定凭货物或单据的移交付款时，买方应在卖方营业的地点付款。其原理与《公约》第31条（c）款是一致的，即买方应在卖方的营业地提货和付款一样；就正如同在商店购物时要在店里提货和付款一样，是一种得到普遍确认的习惯。另一种解释是，债务人应当在债权人的所在地履行债务。但是此种解释无法说明，依照《公约》，在合同未作规定的情况下，卖方为什么只需在卖方的营业地交货。

在一个由法国法院审理的案件①中，一个法国的买方与一个德国的卖方订立了一份工业设备销售合同。在货物交付后，买方对卖方提起诉讼，要求后者返还货款中超额支付的部分。这一诉讼请求涉及付款的地点，即超额支付的货款应当在卖方还是买方的所在地支付。审理该案的法国法院并没有直接适用《公约》第57条第1款（a）项，而是试图通过对该条文背后原理的解释确定付款的地点。

该法院判决，根据《公约》第57条第1款的规定，一般情况下应于卖方营业地付款。对该规则的通常解释是，该条表达了付款应于债权人营业地完成的一般原则。由于是买方起诉要求返还超额支付的货款，争议仍然发生在双方当事人之间，实为一项要求付款的诉讼，因此完成争议所涉义务的地点位于买方营业地。

关于买方付款的地点，依《民法典》第627条，买方应当在约定的地点支付价款；没有约定或者约定不明确的，依该法第510条，即依合同相关条款或者交易习惯，仍不能确定的，买方应在卖方的营业地支付；但约定以支付价款作为交付标的物的条件，或以支付价款作为交付提取标的物单证的条件的，付款地为标的物或者单证的所在地。

4. 付款的时间

《公约》第58条就付款的时间作出了如下规定：

“（1）如果买方没有义务在某一其他特定时间支付货款，他必须于卖方按照合同和本公约规定将货物或控制货物处置权的单据交给买方处置时支付货款。卖方可以这样的付款作为移交货物或单据的条件。

（2）如果合同涉及货物的运输，卖方可以在以下条件下放货：支付货款时方可把货物或控制货物处置权的单据移交给买方。

（3）买方在未有机会检验货物前无义务支付货款，除非此种机会的获取与当事人约定的交货或付款的程序相抵触。”

依照上述第1款，原则上，买方应在卖方交货或交单时付款，即所谓的“一手交钱，一手交货”。依上述第2款，如果买卖双方没有约定付款的时间，而货物已经在承运人手中，卖方可以要求在付款时“放单”（dispatch goods）或付款时“放货”（dispatch documents）。依上述第3款，如果买卖双方没有约定付款的时间，买方可以要求先验货后付款，除非此种要求与双方的约定相抵触。在这里，《公约》安排的适用次序是，第58条第3款优先于第2款，即在当事人没有就付款的时间作出约定时，买方有权要求先验货后付款，而卖方不能在验货之前要求在付款的同时交单或交货。

---

① Gaec des Beauches v. Teso Ten Elsen, 94/3859, cite as: http: //cisgw3. law. pace. edu/cases/961023f1. html.

关于付款的时间，另有必要讨论的是《公约》第59条的规定，即“买方必须按合同和本公约规定的日期或从合同和本公约可以确定的日期支付货款，而无需卖方提出任何请求或履行某种程序”。有些大陆法系国家的法律要求，债权人必须先向债务人发出催告通知，才能使债务人承担迟延履行的责任，但英美法系中并没有这种催告制度。而根据《公约》第59条的规定，在付款的时间已经约定或可确定的情况下，买方必须在该时间付款，而无需卖方作任何催告。

关于买方付款的时间，根据《民法典》第628条，买方应按约定的时间付款；对支付时间没有约定或者约定不明确，依该法第510条，即依合同相关条款或者交易习惯，仍不能确定的，买方应在收到标的物或者提取标的物单证的同时支付。

（二）收取货物

关于买方收取货物的义务，《公约》第60条规定：“涉及货物的交付，买方的义务包括：（a）采取一切合理的、期望其采取的行动，以使卖方能交付货物；（b）采取一切合理的、期望其采取的行动，收取货物。”

根据上述（a）款，在卖方的交货需要买方配合时，买方应当付诸合理的努力进行配合。例如在FOB条件下，买方承担着租船和让该船到指定的港口装运货物的义务。此时，该方必须履行这一义务。依照上述（b）款，买方须付诸合理的努力在货物运至目的地时收取货物，比如事先通知相关的港口，安排好适当的泊位，让运载货物的船舶顺利地停靠和卸货。

（三）检验货物并发出通知

关于货物的检验，《公约》第38条规定：

“（1）买方必须在按情况实际可行的最短时间内检验货物或由他人检验货物。

（2）如果合同涉及货物的运输，检验可推迟到货物到达目的地后进行。

（3）如果货物在运输途中改运或由买方再次发运，故买方没有合理机会验货，而卖方在订立合同时已知道或理应知道这种改运或再发运的可能性，检验可推迟到货物到达新目的地后进行。”

上述第1款涉及买方检验货物的时间。《公约》要求在尽可能短的时间内验货，是因为在很多情况下，迟延的检验会使检验结果不能准确地反映货物的实际状况。在理解“按情况实际可行的最短时间”时，货物的性质是一个重要的考虑因素。一般而言，技术含量高的机械设备和需要复杂测试手段进行检验的商品需要较长的时间完成检验；容易腐烂或变质的农副产品则需要在最短的时间内完成检验。另一个因素是买方能够实际接触到货物的最短时间和完成检验并取得检验报告的时间。如果货物是用集装箱装运的，检验最早也要在买方实际取得集装箱后开始，而从货物到达目的港到买方取得集装箱，可能需要一段时间；有的货物需要由专业的检验机构按照特定的步骤进行检验，这往往需要一段时间。

上述第2款和第3款涉及买方检验货物的地点。在此，《公约》奉行的原则是，让买方有机会在运输的目的地检验货物。这不仅给买方带来了方便，而且更重要的是，当货物启运前的检验报告与目的地的检验报告不一致时，原则上应以后者为准。但是，如果此种不一致是货物的状况在运输途中发生改变所致，而此种改变不能归因于货物的品质缺陷，而应归因于运输途中的风险，相关的损失就只能由买方承担。

《公约》第 38 条第 3 款规定，当货物改运或由买方再次发运时，将检验推迟到新的目的地后进行的前提是，卖方在订立合同时已知道或理应知道这种改运或再发运的可能性。这是因为，在通常情况下，卖方有理由期望货物将在其直接的目的地检验；将检验推迟到其他的目的地，会使运输过程和商检的时间延后，从而增加货物与合同不符的可能性。另外，改运或再次发运也会增加货物丢失和被盗的可能性。

一个与检验的及时密切相关的问题是通知的及时。《公约》为此而在第 39 条规定：

“（1）买方对货物不符合同，必须在发现或理应发现不符情形后一段合理时间内通知卖方，具体说明不符的性质，否则就丧失主张货物不符合同的权利。

（2）在任何情况下，如果买方未在货物实际交付给他之日起两年内发给卖方相关的通知，他就丧失了主张货物不符合同的权利，除非这一时限与合同规定的保证期限不符。”

在贸易实践中，买方在货物到达目的地后如果发现其有不符合同的情况，通常会立即将发现的问题通知卖方；在获得目的地的商检报告——证明货物不符合同的证据之后，一般会再次将相关情况告诉卖方。及时通知的重要意义在于，首先，使相关的问题得到及时的澄清。比如，卖方如果否认问题的存在，可以派人来存货的现场，观看货物的状况；如果怀疑目的地商检报告的真实性或正确性，可以与买方协商，对货物进行重新检验。其次，有利于通过及时的洽商，针对货物不符合同的后果，达成解决问题的方案，比如拒收货物，或者对货物进行降价处理。最后，有的时候，卖方是从其他人（上一手的卖方）购入货物再转售给买方的，此时，及时的通知可以让卖方及时地将货物不符合同的情况通知其上一手的卖方。

应当指出的是，对于合同写明的或《公约》规定的通知期限，不同的法院或仲裁机构把握的宽严幅度可能是不一样的。一种观点认为，任何超期通知都会使买方丧失权利；相反的观点则认为，即使通知超期了，但如果货物不符合同的问题是真实地存在的，买方并不一定丧失权利。德国汉诺威地方法院曾经作出的一项判决①表现的是前一种倾向。

在该案中，一名意大利的卖方与一名德国的买方订立了一份销售鞋的合同。双方约定，如果货物存在明显的缺陷，买方应当在交货后 10 日内以书面方式发出货物不符的通知；如果缺陷是不易发觉的，则买方应在发现后立即通知。买方后来拒绝付款，并称其在交货 6 周后发出书面通知，告知卖方鞋的质量没有达到合同的要求。该法院认为：本案中的买方已失去主张货物不符合同的权利；有关货物不符的通知只有在合同限定的期间内发出方为有效。由于货物的缺陷是明显的，买方本可以在交货后通过适当的检验发现这些缺陷。买方应当在规定的 10 天期限内就货物不符发出通知，而不应直到 6 周后，在消费者提出异议时才发出上述通知。

《公约》第 39 条第 2 款规定了两年的最长通知期限，其所针对的应当是买方无法

---

① 22 O 107/93, cite as: http: //cisgw3. law. pace. edu/cases/931201g1. html.

在短时间内发现货物与合同不符的情况，比如，货物中存在的隐秘缺陷只有在使用的过程中才能发现。

在美国密歇根州联邦地区法院审理的一个适用《公约》的案件①中，卖方于2000年11月与买方达成协议，同意为生产园艺用塑料花盆向买方提供热塑料成型生产设备以及运行该设备所需的技术支持。设备包括一条售价为120万美元、年生产能力为180万磅的生产线，以及一条售价为180万美元、年生产能力为3 270万磅的生产线。买方在使用该设备的过程中遇到了棘手的问题，并称该设备与卖方提出的规格以及行业标准不符；此后，买方单方面中止了付款。卖方在试图阻止买方主张其权利时提出的理由之一是，买方没有及时地将存在的问题通知卖方。

针对卖方的此种主张，该法院判决说：尽管从《公约》的措辞中可以揭示出买方负有迅速检验货物并就货物存在的缺陷向卖方发出通知的义务，但是，从《公约》的条文中同样可以推断，在有些情况下，要求买方在几周之内进行通知是不切合实际的。由于这个原因，《公约》为阻止迟延通知设定了两年的最长时限。在本案中，买方有多重理由使其有权推迟通知：卖方交付的设备是复杂、特殊并且分批交付的，还涉及培训和对设备不断的维护；买方的员工缺乏检验货物的经验，并且甚至需要依赖卖方的工程师来使用设备。

《公约》第39条第1款规定，卖方发出的通知必须“具体说明不符的性质”。对此，已有许多判例尝试对这一术语的适用进行解释并强调其重要性。例如，在上述德国汉诺威地方法院的判词中，法院判定，仅仅将货物不符的事实通知卖方是不够的，买方应当根据《公约》第39条的要求，对货物存在缺陷的详细特点进行描述。

值得注意的是，《公约》第39条并未具体规定买方在发出货物不符合同的通知时应采用的形式。这表明，当事人可以采用任何形式发出这类通知，可是，当买方采用口头方式发出通知时，他必须证明曾经发出过通知的事实。在前述密歇根州联邦地区法院审理的案件中，法院认为，双方之间频繁的有关设备功能的往来信件便足以构成关于该不符的通知。

关于货物的检验，根据中国《民法典》第620条，当事人没有约定检验期限的，买方在收到货物后应当及时检验。根据第621条第1款，当买方通过检验货物发现货物不符约定时，应当在检验期限内将不符的情况通知卖方；怠于通知的，视为标的物符合约定。根据该条第2款，当事人没有约定检验期限的，买方应当在发现或者应当发现货物不符约定之后的合理期限内将不符的情况通知卖方；买方在合理期限内未通知或者自标的物收到之日起两年内未通知卖方的，视为标的物的数量或者质量符合约定，但对标的物有质量保证期的，适用质量保证期，不适用该二年的规定。依据该条第3款，卖方知道或者应当知道提供的标的物不符合约定的，买方不受前两款规定的通知时间的限制。

---

① Shuttle Packaging Systems v. Tsonakis et al. Not Reported in F. Supp. 2d, 2001 WL 34046276 (W. D. Mich.).

第四节 合同因障碍而不能履行的后果

关于国际货物买卖合同的当事人在何种情况下可以被免除不履约的责任，《公约》第 79 条作出了如下规定：

“（1）当事人对不履行其义务不承担责任，只要他能证明：该不履行是由于某种他无法控制的障碍所致，并且，他不能被合理地期待，他在订立合同时已经考虑到这一障碍；或者证明：该不履行是由于某种他无法控制的障碍所致，并且，他不能被合理地期待，避免或克服了该障碍或其后果。

（2）如果当事人的不履行是由于他雇用的履行合同的全部或一部分的第三人不履行所致，该当事人只有在以下情况下才能被免除责任：

（a）他按照上一款的规定应被免除责任；同时，

（b）假如该项的规定也适用于他所雇用的人，此人也同样会被免除责任。

（3）本条规定的免责在障碍存在的期间有效。

（4）不履行义务的一方必须将障碍及其对他履行义务能力的影响通知另一方。如果该项通知在不履行的一方已知道或理应知道此一障碍后一段合理时间内仍未为另一方收到，则他对另一方因未收到通知而造成的损害应负赔偿责任。

（5）本条规定不妨碍任何一方行使本公约规定的除索要赔偿金之外的其他权利。”

根据第 79 条第 1 款的规定，未履行合同义务的当事人如果满足了以下条件可以被免除不履约的责任：

第一项条件是，该不履行是该当事人无法控制的障碍导致的。例如，卖方向买方运送货物的唯一通道因战争被阻断，构成卖方无法控制的履约障碍。又如，卖方因货物出口国突然实施出口管制而不能将货物出口，可能构成无法控制的履约障碍。可是，如果一家公司由于没有妥善地调整好劳资关系而引起员工罢工，因此无法按期加工完成应交付给买方的产品，该罢工很难被认定为无法控制的履约障碍。

第二项条件是，该当事人在签约时不能被合理地期待考虑到该障碍的发生，即交易的前提是，此种障碍不会发生，或者说，此类障碍一旦发生交易就可以停止。譬如，卖方在签约时有理由认为，向买方运送货物的唯一通道不会因战争而被阻断。又如，卖方在签约时没有理由预见到，货物出口国会实施出口管制，使合同项下的货物无法出口。

第三项条件是，该方不能被合理地期待避免或克服了该障碍或其后果。比如，卖方向买方运送货物惯常使用的通道因战争被阻断，但卖方仍可利用另一条较远的途径送货。可是，绕道送货可能使货物晚到，使交易失去意义。此时，如果卖方可以被合理地期待提前发运货物并绕道送货，该方就不能被免责。又如，卖方因货物出口国突然实施出口管制而不能将货物出口，此时，如果他可以被合理地期待从其他国家发运货物，他就不能被免责。

以上第一项条件和第二项条件是并列条件，即如果该两项条件同时满足，该方即可被免责。第一项条件和第三项条件是另一对并列条件。第一对并列条件突出了障碍发生的意外性，即它不在该方签约时的合理预期之内。第二对并列条件突出了障碍的严重性，即尽管该方预料到它可能会发生，但鉴于其规模和程度，让该方去避免或克服是不合理的。

需要指出的是，第 79 条第 1 款采用了“他不能被合理地期待”（he could not reasonably be expected）这一措辞，对此，应从以下两个方面来理解：

首先是其中的“合理”标准。在特定的案件中，试图得到免责的一方在签约时能不能“合理地”考虑到该障碍的发生，或者该方能否“合理地”避免或克服该障碍或其后果，取决于案件的具体情况。例如，卖方在签约时应否合理地预见到一场战争会爆发从而阻断向买方运送货物的唯一通道，可能主要取决于交战各国关系紧张的状态和相关信息被披露的程度。又如，在卖方向买方运送货物惯常使用的通道因战争被阻断的情况下，卖方应不应利用另一条较远的路送货，可能取决于更多的因素，其中包括绕行的距离和成本，以及该成本与该方在交易中可获得利润的比例。此种标准给了裁判者一定的裁量权。

其次，“他不能被合理地期待”中的“被期待”意味着：要求免责的一方怎么想的，或相对方怎么想的，都不是决定性的，一个“合理人”的期望才是决定性的。这是一种客观标准。

根据第 79 条第 2 款的规定，合同一方不能以他雇用的第三人未履约为理由要求免责，除非该第三人的不履行本身构成了第 79 条第 1 款含义中的障碍，或者该第三人的不履行是第 79 条第 1 款含义中的障碍导致的。

根据第 79 条第 3 款的规定，第 79 条第 1 款含义中的障碍仅在其存在期间起免责的作用。因此，如果卖方在障碍发生期间不能交货，在障碍过后履约期已过，他即可被完全地免责；但如果在障碍消失之后履约期未过，他应当继续履约。

根据第 79 条第 4 款的规定，要求免责的一方有义务在合理的时间内将障碍的发生情况及其对该方履约的影响通知另一方。该合理的时间自该方知道或理应知道障碍时起算。在该合理的时间过后，要求获得免责的一方对另一方因未收到该通知而蒙受的损害负赔偿责任。例如，卖方因障碍的发生不能交货，买方由于未收到通知而做了接货准备（比如租了仓库）从而蒙受了损失，如果买方未收到通知是卖方通知不及时造成的，则卖方就要为此承担责任。

根据第 79 条第 5 款的规定，第 79 条第 1 款含义中的障碍仅起到免除当事人支付赔偿金的责任，对《公约》规定的其他权利并不发生影响。

第五节　违反买卖合同时的救济措施

买卖合同订立后，卖方和买方都有可能发生违约行为。有时是卖方违约，如不交货、不按时交货、不按约定的质量交货、不按约定的数量交货，或不按约定提交相关的单据等；有时是买方违约，如无理由拒收货物或拒绝支付货款等。按照《公约》以及各国法律的规定，当一方违反合同使对方的权利受到损害时，受损害一方有权采取适当措施，以维护自身的合法权益。

一、买卖双方都可以采取的救济措施

（一）宣告合同无效

《公约》第 25 条规定："一方当事人对合同的违反，如果导致了对另一方的损害，以至于实质性地剥夺了他根据合同有权期待获得的东西，即构成根本违约，除非违反的一方并没有预见，且一个同类的合理人处于相同情况时也不会预见到这样的结果。"

上述规定将一般性的违约与"根本违约"（fundamental breach of contract）进行区分，目的是为了确认受损害方在何种情况下有权解除合同。例如，依照《公约》第 46 条的规定，当卖方交付的货物不符合同时，买方只有在此种不符合同的情形构成根本违约时，才可以要求交付替代货物。在国际贸易中，要求卖方交付替代货物，无异于解除了原来的合同。根据《公约》第 49 条第 1 款（a）项的规定，卖方如果不履行其在合同项下或《公约》规定的义务，构成了根本违约，买方有权"宣告合同无效"（declare the contract avoided）。同样，根据《公约》第 64 条第 1 款（a）项的规定，买方如果不履行其在合同项下或《公约》规定的义务，构成了根本违约，卖方也有权"宣告合同无效"。《公约》第 72 条第 1 款规定，如果在履行合同的日期之前，可明显看出一方当事人将根本违约，另一方当事人可以宣告合同无效。根据《公约》第 73 条第 2 款的规定，对于分批交付货物的合同，如果一方当事人未履行对某一批货物的义务，使另一方当事人有充分理由断定，涉及未来的各批货物，根本违约将会发生，该另一方当事人可以在一段合理时间内宣告未来的合同无效。

所谓的"宣告合同无效"，是指作出一种明确的表示，宣布合同对自己和对方当事人不再具有约束力。这就是通常意义上的解除合同。

关于一个货物买卖合同被宣告无效的后果，《公约》第 81 条规定：

"（1）宣告合同无效解除了双方在合同项下的义务，但对应进行的损害赔偿不发生影响。宣告合同无效不影响合同中关于纠纷解决的规定，或合同中其他的有关合同被宣告无效后当事人权利和义务的规定。

（2）已全部或局部履行合同的一方，可以要求另一方返还他依合同提供的货物或支付的款项。供应的货物或支付的价款，如果双方都须返还，他们必须同时这样做。"

依上述规定，有权宣告合同无效的一方（宣告方）通过行使此种宣告权至少可以使自己获得两项救济：第一，解除宣告方在合同项下的义务；第二，要求另一方返还宣告方在合同项下向另一方提供的利益。

在意大利米兰上诉法院审理的一个案件①中，一名意大利买方与一名中国香港卖方于 1990 年 11 月订立了一份销售针织品的合同。合同规定的交货日为 1990 年 12 月 3 日。合同签订后，买方于交货日之前按合同规定开具了支付定金的支票，但卖方没有交

---

① Italdecor v. Yiu's Industries, cite as: http://cisgw3.law.pace.edu/cases/980320i3.html.

付货物。在交货日期经过之后，买方取消了订单。此后，卖方于1990年12月14日回复买方，称其愿意交付货物，但买方须先行支付全部货款。1991年1月，买方在一家意大利法院起诉，要求对方退还已支付的金额。一审法院拒绝了买方的申请，买方提出上诉。上诉法院判决，由于卖方未能按《公约》第33条的要求在合同规定的日期交付货物，买方有权以《公约》第45条第1款和第49条第1款为依据宣布合同无效，并且买方发出的取消订单的通知相当于根据《公约》第26条向卖方发出了宣告合同无效的通知。最后，该法院支持了买方的诉讼请求。

应当指出的是，依照《公约》设立的制度，当合同的一方根本违约时，另一方有权解除合同。换言之，在原则上，如果合同一方对合同的违反是比较轻微的，尚未达到根本违约的程度时，另一方是无权解除合同的。这样的制度设计可以防止合同一方在另一方仅有轻微违约的情况下解除合同，以保障国际货物买卖交易的安全。请对比以下两个由不同国家法院作出的判决。

在前述由意大利上诉法院审理的买卖针织品的案件中，合同规定的交货日是1990年12月3日。合同签订后，卖方没有按合同规定的时间交货，买方取消了订单。上诉法院指出，考虑到合同中交货条款的具体行文，正如买方在合同成立后又向卖方加以澄清的一样，卖方严格遵守交货日期对买方具有根本的重要意义，因为买方期望及时收到货物以便在假日旺季（从感恩节到新年之间的一段期间）出售。因此，根据《公约》第25条的规定，卖方未在合同规定的日期交付货物构成了根本违约。

另一个案件①是由瑞士最高法院审理的。在该案中，三个德国的卖方与一个瑞士的买方订立了一个买卖肉制品的合同。买方计划将该批货物在埃及市场再次出售。货物交付后，买方以货物中存在过量的肥肉及水分而提出抗议，并宣告合同无效。买方在就货物不符合同向卖方发出通知的同时表示，可以以减低的价格接受货物。由于买方拒绝支付货款，卖方对买方提起诉讼。买方则提出反诉，要求依据货物的缺陷确定损害赔偿金和利润损失。

瑞士最高法院指出：在涉及货物不符合同的案件中，如果在通常的营业过程中，货物的加工或转售依然可行，且这样做不会给买方带来过重的负担，则不能推定，买方有权根据《公约》第49条和第25条，以根本违约为由主张终止合同。在本案中，经法院认定，肉制品存在的缺陷在经过工业加工后只意味着重量的损失而并不会阻碍买方将其在埃及市场上再次出售。买方关于以减低的价格接受货物的提议也说明了这一点。因此，买方仅有权以减低的价格购买这批货物而不能宣告合同无效。

一个有必要讨论的问题是，根据《公约》第26条，“宣告合同无效的声明，必须向另一方当事人发出通知，方始有效”，也就是说，违约的受损害方即使有权利解除合同，也必须通过向另一方发出宣告合同无效的声明达到此种目的，否则即可能产生对其不利的后果。由此产生的问题是，首先，货物买卖合同的当事人作为商人有时不会像律师那样，用规范的语言发出这样的通知；其次，更具有普遍意义的是，在实践中，如果合同由于违约方的行为已经在事实上被毁弃，比如，该方明确表示不再履行合同，或者

---

① E. K., L. & A. v. F., 4C. 179/1998/odi, cite as: http://cisgw3. law. pace. edu/cases/981028s1. html.

该方履行合同的期限已过，受损害方还有没有必要再发出宣告合同无效的声明。关于这一问题，请阅读德国汉堡法院审理的下述案件。[①]

在该案中，德国的卖方与英国的买方缔结了一份买卖铁钼合金的合同。合同规定，合金中钼的含量不能低于64%。在合同缔结数天后，此种合金的市场价格上涨，卖方提出了提高货物价格的建议，遭到买方拒绝。卖方进一步要求买方同意降低合金中钼的含量，并要求延长交货期。买方在回函中同意降低钼的含量，但提出了较原合同更短的交货期限。对此，卖方通知买方称，其需要额外的时间用于交货，并表示愿意对买方作出赔偿。由于卖方未能在买方规定的期限内交货，买方不得不以更高的价格进行替代购买以履行其已经与第三人缔结的合同。随后，买方对卖方提起诉讼，要求卖方支付损害赔偿金及利息。

德国法院在判决中指出：双方向法庭提交的多份往来传真均无法证明买方表达过宣告合同无效的意图，也无法证明买方将替代交易通知给卖方的确切时间。不过，本案法院无须按照《公约》第75条通常要求的那样，考察买方是否在进行替代交易之前宣告原合同无效，因为在买方进行替代购货前，卖方已经正式并终局性地表示将不履行原合同。尽管《公约》并未对宣告合同无效的要求作出例外规定，但是遵循《公约》第7条第1款规定的“在国际贸易中应遵守诚信”的规则，应得出如下结论：如果在一个案件中，合同的另一方当事人将确定不履行其义务，则宣告合同无效并非必要。

在一个由美国密歇根州联邦地区法院审理的案件[②]中，法官得出了相同的结论。该案中的卖方同意为生产园艺用塑料花盆向买方提供热塑料成型生产设备，并提供相关的技术支持。买方后来声称，卖方交付的设备与卖方提出的规格以及行业标准不符，并单方面中止了对分期付款的支付。随后，卖方开始参与园艺用塑料花盆的市场分销，该行为构成了对双方达成的限制竞业协议的违反。买方起诉要求法院限制卖方的竞业行为。

该案中要解决的关键问题是，如果买方停止付款的行为构成了对合同的根本违反，卖方能否在没有宣告合同无效的情况下参与园艺用塑料花盆的市场分销，理由是，卖方已经不受双方签署的合同的约束。审理该案的美国法院认为：买方停止对机器的分期付款确已构成“根本违反合同”。在此情况下，《公约》第64条赋予了卖方基于“根本违约”而宣告合同无效的权利。该条的措辞特别暗示了，不支付货款是买方根本违约的最典型方式，因为在不付款的严重情况下，卖方无须发出额外的通知即可宣告合同无效。在本案中，买方对设备交付和技术培训的抱怨确有某些合理之处。但从总体上看，提交的证据支持了如下观点：卖方的行为不能构成对合同的根本违反甚至连对合同的实质性违反也谈不上；特别是考虑到本案的具体情况，被告的助理已经成功使设备得以运行，而原告的经营资金匮乏，其不付款的行为具有明显的投机性。最后，该法院认定，由于原告拒绝支付大额到期货款构成对合同的根本违反，被告可以免受限制竞业协议的约束。

---

① 1 U 167/95, cite as: http://cisgw3.law.pace.edu/cases/970228g1.html.

② Shuttle Packaging Systems v. Tsonakis et al. Not Reported in F. Supp. 2d, 2001 WL 34046276 (W. D. Mich.).

（二）要求在宽限期内履约

与上述宣告合同无效制度相配合，《公约》针对迟延履约的情况设计了宽限期(period of grace）制度。其第 47 条规定：

“（1）买方可以确定一段合理长度的额外时间，让卖方履行其义务。

（2）除非买方收到卖方的通知，声称他将不在该确定的期限内履行其义务，买方在这段时间内不得寻求任何针对违约的救济措施。但是，买方并不因此而被剥夺主张迟延履行赔偿金的权利。”

《公约》第 49 条进一步规定，如果卖方已经根本违约，或者卖方在买方按第 47 条给予的宽限期内仍然没有交货，或卖方声明他将不在该宽限期内交货，买方即可宣告合同无效。

与上述规定相对应，《公约》第 63 条规定：

“（1）卖方可以确定一段合理长度的额外时间，让买方履行其义务。

（2）除非卖方收到买方的通知，声称他将不在该确定的期限内履行其义务，卖方在这段时间内不得寻求任何针对违约的救济措施。但是，卖方并不因此而被剥夺主张迟延履行赔偿金的权利。”

《公约》第 64 条进一步规定，如果买方已经根本违约，或者买方在卖方按照第 63 条给予的宽限期内仍然没有支付价款或收取货物，或买方声明他将不在该宽限期内履行这些义务，卖方即可宣告合同无效。

根据《公约》的上述规定，在以下情况下，受损害方可以选择给予违约方一个合理的宽限期，并在宽限期过后违约方仍未履约时解除合同：（1）受损害方希望解除合同，但不能确定违约方是否已经根本违约；（2）受损害方希望对方继续履行合同，但不愿长久等待，而是希望就合同能否得到继续履行尽快得出结论，以便作出相关的贸易安排。比如，买方在确定卖方不能再交货的情况下可以从其他渠道购入替代货物。

上述宽限期制度来源于在一些大陆法系国家实施的“催告”制度，即债权人在债务人履约迟延时须经过催告才能解除合同。《公约》规定的宽限期制度类似于催告制度，但是与宣告合同无效制度相配合，不会阻碍受损害方在另一方严重违约时行使合同解除权，从而较好地处理了既要保护受损害方又要防止该方轻易地解除合同这一矛盾。

（三）预期违约和不安抗辩权

《公约》第 72 条规定：

“（1）如果在履行合同的日期之前，可以明显看出一方当事人将根本违约，另一方当事人可以宣告合同无效。

（2）如果时间允许，打算宣告合同无效的一方必须向另一方当事人发出合理的通知让他就其履约提供足够的保证。

（3）如果另一方当事人已声明他将不履行其义务，则上一款的规定不适用。”

上述规定等同于或类似于英美法上的“预期违约”制度。依照此种制度，如果在合同规定的履约时间到来之前，合同一方明确表示将不履行其在合同项下的义务，或者客观情况表明，该方显然将不履行其在合同项下的义务，另一方可以立即解除合同，而不必等到合同规定的履约时间到来、前者的违约已经既成事实之后再解除合同。不过根据《公约》的规定，当预期违约由后一种情况构成时，如果时间允许，受损害方必须向对方发出打算解除合同的通知，让另一方有机会就其能够履约作出保证。

《公约》第 71 条规定：

“(1) 如果订立合同后，另一方当事人由于下列原因显然将不履行其义务的实质性部分，一方当事人可以中止履行其义务：

(a) 另一方当事人履行义务的能力或其信用有严重缺陷；或者

(b) 另一方当事人在准备履行合同或履行合同过程中的行为。

(2) 如果卖方在上一款所述的理由明显化以前已将货物发运，他可以阻止将货物交给买方，即使买方持有使其有权获得货物的单据。本款仅涉及买卖双方间的权利。

(3) 中止履约的一方不论是在货物发运前还是发运后，都必须立即将中止的情况通知另一方，如另一方当事人对履行其义务提供了足够的保证，则前者必须继续履约。”

第 71 条规定了卖方的“中途停运权”（right of stoppage in transit），对应于在某些大陆法系国家实施的“不安抗辩权”。其基本原理是：在合同履行之前或履约过程中，有义务先行履约的一方如果有理由相信另一方将不履约或不能完全履约，可以暂停自己的履行并要求另一方就其能够履约提供相应的担保，然后视另一方提供担保的情况继续履约或停止履约。

根据第 71 条第 2 款的规定，如果在合同一方中止履约之前货物已经在运输途中，该方有权阻止承运人将货物交给买方，即使代表货物所有权的单据已经在买方手中。在国际贸易实践中通常发生的情况是，在买方支付货款之前，提单作为证明货物所有权归属的凭证在卖方的控制之下，而海运的承运人在处置货物时应当遵从提单持有人的安排。因此，卖方在买方付款之前通常可以成功地阻止海运承运人将货物交给买方，但是在买方付款和取得提单之后，卖方即无权这样做。由此可见，《公约》第 71 条第 2 款所适用的是买方尚未付款却已经获得使其可以提货的单据的情况。

《公约》的上述两个条款所涉及的两种制度——预期违约和不安抗辩权，具有互补性：适用前者的典型情况是，合同一方在履约时间到来之前即明确表示将不履约；适用后者的典型情况是，先行履约的一方因怀疑另一方的信誉或履约能力而暂停其履行。不过在某些情况下，两者之间的界限并不是十分清楚的。请参见下面这个由德国法院审理的案件。①

在该案中，德国的买方与意大利的卖方在 1988 年 9 月 25 日缔结了一份金额为 10 107 马克的货物买卖合同。双方约定，卖方应自付费用在买方营业地交付货物。双方还约定，除非买方已支付 40% 的货款，否则承运人将不交付货物，而余款应在货物交付后 60 日内支付。卖方随后将货物及发票交予承运人。然而，根据卖方的要求，承运人一度中止了向买方交付货物，直至买方于 5 个月后支付了 40% 的货款。此后，买方仅支付了 1 000 马克。在该案中，卖方要求买方支付剩余的货款。法兰克福法院在决定

① 32 C 1074/90-41, cite as: http://cisgw3.law.pace.edu/cases/910131g1.html.

卖方是否有权中止向买方交货时认为：无须考虑卖方在货物发运后是否有理由对买方的信用产生怀疑，以使其有权行使中止进一步交付货物的权利。这类中止交货的权利与《公约》第71条第3款中规定的通知义务密切相关。如果卖方希望行使该权利，他有义务就任何有关其信用或履约能力的既存事实或产生的怀疑向买方发出通知。这类通知应是卖方对买方预期违约行使中止交货权的一项绝对必要的先决条件。

（四）支付赔偿金

1. 计算赔偿金的原则

在国际货物买卖实践中，当合同一方违约时，另一方通常会就其蒙受的损害要求获得金钱赔偿。关于此种救济方式，《公约》第74条作出了如下规定："一方当事人因违反合同而应支付的赔偿金，应等于另一方因为该违约的后果而蒙受的包括利润在内的损失额。该赔偿金不得超过违约方在合同订立时，依照他当时已知道或应当知道的事实和情况，预见到或应当预见到的作为可能发生的违约后果的损失。"

以上规定奉行了违约损害赔偿的一般原则：让受损害方获得全面的赔偿；或者，用英美法的术语表述为使受损害方处于合同得到履行时本应处的地位。也就是说，货物买卖合同项下的"期待利益"和"依赖利益"都应受到保护。前者是指受损害方根据合同本来可以得到的利润，或者指该方因合同订立前的原有地位发生了改变而蒙受的损失。

《公约》第74条在作出上述规定的同时以"可预见原则"作为对受损害方索赔权的限制，即赔偿的范围以违约方在合同订立时可以预见到的损失为限。在实践中，关于何谓"可预见的损失"，比如一种间接损失是否可被预见，是一个较难把握的问题。请看下面的案例。

在美国第二巡回法院1995年审理的一个案件①中，美国纽约州的甲公司同意销售给意大利的空调生产商乙公司一定数量的空调压缩机。乙公司计划于1988年春夏季将组装完成后的空调机上市销售。合同订立之后，乙公司在对第一批货物进行检验之后告知甲公司，所交付的压缩机有93%由于耗电量超标且制冷效果未能达到样机水平，未能通过质量检测。在双方的几番交涉无果后，乙公司解除了合同，并依据《公约》提起诉讼。初审法院认可了货物不符合同的事实，并作出了要求甲公司向乙公司支付总计1 785 722美元的利润损失及其他间接损失赔偿的判决。其理由是，乙公司已不可能及时地在销售季节开始时从其他渠道获得替代的压缩机，因此在销售数量方面遭受了损失。甲公司提起上诉。

上诉法院认为：《公约》第74条规定，一方当事人违反合同应负的损害赔偿额，应与另一方当事人因他违反合同而遭受的包括利润在内的损失额相等。该条是为了将受损害方置于这样一种良好的地位：如果另一方当事人恰当地履行了合同，其本应处于的地位。由于甲公司的违约，乙公司被迫在5月份关闭生产车间数日，并且乙公司原定的销售特定空调机的日期也被大幅拖延。由于乙公司在6月份准备好的空调机不能用于满

---

① Delchi Carrier v. Rotorex, 71 F. 3d 1024.

足春季的消费需求，乙公司在春季和夏初季节的销量受到了损失。因此，初审法院作出的有关销售损失的认定不存在明显错误。

甲公司在诉讼中辩称：初审法院错误地给予了乙公司因未满足后者在欧洲的分公司和位于意大利的销售代理的订单而遭受的利润损失赔偿。在该方看来，乙公司的关联公司的损失，作为一种间接损失，是甲公司在订立合同时无法预见到的。

上诉法院没有支持上诉人的这一观点。该法院认为：尽管《公约》第 74 条规定，损害赔偿不得超过违反合同一方在订立合同时对违反合同预料到或理应预料到的可能损失，但甲公司在客观上应当可以预见，乙公司将会依照其已经从甲公司订购的数量接受订单，同时，甲公司可以预计，乙公司能够根据销售季节到来前准备妥当的压缩机数量接受订单。因此，初审法院有权依据有关这类销售损失的单据和证据计算损害赔偿的数额。最后，上诉法院维持了给予乙公司损害赔偿金的原判决。

在适用《公约》第 74 条时需要解决的另一个问题是：对违约导致的商誉损失（loss of reputation）应不应赔偿。在德国达姆施塔特地方法院审理的一个案件①中，来自德国的卖方与来自瑞士的买方订立了多份销售电子产品的合同。在卖方交付的货物当中，有 4 000 套视频设备不符合合同的要求，需要由买方加以修理。在就赔偿买方损失而进行的谈判中，卖方主张削减一定数额的货款。但买方称，卖方给予的折价不足以支付全部的修理费用，并进一步称：由于产品的质量低劣，买方在瑞士的声誉受到了无法弥补的损害；尽管商誉的损失难以计算，但其至少价值 500 000 瑞士法郎。

德国法院在判决中没有接受买方关于商誉受损的主张。该法院认为：买方不能以此种方式主张其营业收入损失，即一方面从利润损失中获得补偿，另一方面又试图就其商誉的损失获得额外的赔偿。只要受损的商誉没有导致营业收入以及其后的利润损失，受损的商誉是无关紧要的。买方并未证明，其所称的受损的商誉损害了它的销售额度。本法院认为，买方至少应使法院确信，存在最低限度的并且经充分证实的预期。在本案中，卖方正确地指出，买方未能证实存在这种预期。

2. 利润损失的计算

关于对买卖合同的受损害方蒙受的利润损失应如何计算，《公约》第 75 条和第 76 条作出了具体的规定。

第 75 条规定："如果合同被宣告无效，而在宣告无效后一段合理时间内，买方已以合理方式购买替代货物，或者卖方已以合理方式把货物转售，则要求获得赔偿金的一方可以取得合同价格和替代交易价格之间的差额，以及依照第 74 条可以取得的其他赔偿金。"

第 76 条规定：

"（1）如果合同被宣告无效，而货物又有时价，要求获得赔偿金的一方，如果没有根据第 75 条规定进行购买或转售，则可以取得合同规定的价格与宣告合同无效时的时价之间的差额，以及依照第 74 条可以取得的其他赔偿金。但是，如果要求获得赔偿金的一方在接收货物之后宣告合同无效，则应适用接收货物时的时价，而不适用宣告合同

① 10 O 72/00, cite as: http: //cisgw3. law. pace. edu/cases/000509g1. html.

无效时的时价。

（2）为上一款的目的，时价指原应交付货物地点通行的价格，如果该地点没有时价，则指另一合理替代地点的价格，但应适当加上货物运费的差额。”

根据《公约》的上述两个条款，在受损害方因违约方的根本违约而解除合同的情况下，受损害方有权就合同价与市场价之间的差价，或者就合同价与替代的买入价或转售价之间的差价，向违约方索赔。

在理解上述规定时，首先有必要澄清的是，受损害方是否一定要首先宣告合同无效，然后才能依据这两个条款进行索赔？在上文讨论过的买卖铁钼合金的案件中，德国法院的答案是否定的。也就是说，如果在受损害方宣告合同无效之前，合同的效力，由于违约方的行为，或者由于其他原因，在事实上已经丧失，受损害方在行使第75条和第76条规定的索赔权时，没有必要再宣告合同无效。

另一个需要讨论的问题是，如果受损害方事实上购买了替代货物，或者将货物转售了，他能不能根据《公约》第76条就合同价与市场价之间的差价索赔，而不按第75条就合同价与替代的买入价或转售价之间的差价索赔？例如，在卖方未按合同规定交货的情况下，买方从第三方购入了替代货物。此时，如果合同价与市场价之差高于合同价与替代的买入价之差，该方可能会主张前一差价。从《公约》的文字上看，在此种情况下，受损害方似乎只能依照第75条索赔。然而在实践中，已经从第三方购入了替代货物的买方如果根据第76条提出赔偿要求，也可能会得到法院或仲裁庭的支持。其主要的原因是：首先，关于购买替代货物或将货物转售的证据通常掌握在受损害方的手中，如果受损害方不承认某一批卖出的或购入的货物与双方争议的交易具有关联性，违约方并不容易证明此种关联性的存在。其次，裁判者常常会倾向于实现一种对受损害方更为有利的结果，因此，当适用第76条对受损害方更为有利时，他们并不一定生硬地照搬《公约》的条文。最后，与合同价与替代的买入价或转售价之差相比，合同价与市场价之差更容易计算和得到证明，因此，在这两类证据都得到出示时，裁判者一般不会拒绝考虑后者。

在根据《公约》的上述两个条款计算赔偿金时，由于货物的价格通常是波动的，时间因素往往具有至关重要的意义。举例来说，受损害方在依照第75条索赔时，必须在合同效力丧失后一段合理时间内，购入替代货物或将货物转售。假定卖方在买方拒收货物后立即将货物转售，其蒙受损失的数额为货物总价值的10%；若在两个月后将货物转售，由于货物市场价格的下跌，其损失额为货物总价值的20%。在此情况下，如果在买方拒收货物时立即转售是可能的，而他拖延到两个月后才转售，他就不能获得全额的赔偿。

在根据《公约》计算赔偿金时，地点因素也很重要。根据第75条的规定，货物的转售或替代货物的买入均须采取合理的方式，其中包括了买入或转售须在合理的地点进行，否则，多发生的运费可能得不到审理机构的支持。根据第76条计算出的“差价”是合同价与“时价”（current price）之间的差额。这里的“时价”，依据该条的规定，是合同规定的交货地的通行的价格，或者，在没有该价格可援时，是另一合理替代地点的价格。因此，当合同规定卖方应在其营业地发运货物，该地点的价格大大低于货物到达地的价格时，应当采用前一价格作为计算差价的依据。

在实践中，上述“时价”一般被理解为市场价。在国际贸易中，许多货物会有公开的市场价。《公约》采用的“时价”概念更为广义，既包括市场价，又包括其他可供参照的价格。例如，如果合同项下的货物是一种专门为买方定作的特殊产品，并没有相应的市场价，在确定其“时价”时，可以参照同类物品的价格。

在根据《公约》第 76 条计算“差价”时，另一个重要因素是，与合同价相减的价格必须是合同价的“可比价”。例如，如果合同价是“FOB 上海”，相关的可参照的市场价是“FOB 东京”，在计算差价时，就要从该市场价中减去从上海到东京的运费。《公约》第 76 条第 2 款规定，如果采用替代地点的价格，“应适当加上货物运费的差额”，就是为了使替代地点的价格成为与合同价可比的价格。

《公约》第 75 条和第 76 条的上述规定主要借鉴了英美货物买卖法中的制度。关于买方拒收货物时卖方可主张的差价损失，英国《1979 年货物买卖法》第 50 条第 3 款规定：“如果有争议的货物有一个可供利用的市场，赔偿金的计算在表面上应根据合同价与该货物的市场价或现行价之间的差额计算，计算的时间为该货物应当被接受的时间，或者在未确定接货时间的情况下为拒绝接货的时间。”关于卖方拒绝交货时买方可主张的差价损失，该法第 51 条第 3 款作出了同样的规定。

美国《统一商法典》通过第 2-708 条和第 2-713 条，采用了类似于英国的以合同价与市场价之差计算损失的方法。此外，该法典还采用了以合同价与转售价之差或合同价与替代的买入价之差计算损失的方法。其中，第 2-706 条第 1 款涉及卖方的转售：“在涉及买方违约的适当情况下，卖方可以将相关的或未交付的剩余货物转售。只要该转售是善意的且是以一种在商业上合理的方式进行的，卖方即可获得合同价与转售价的差额以及第 2-710 条所允许的附带的或间接的损失，但须减去因买方违约而节省的开支。”第 2-710 条就附带损失（Incidental Damages）和间接损失（Consequential Damages）的含义作出了规定。

第 2-712 条涉及买方对货物的补进：

“（1）如果卖方不当行事而没有交货，或毁弃了合同，或者买方行使权利拒收了货物，或正当地撤销了接受，买方可以就应从卖方收取的货物‘补进’货物，即善意地且无不合理拖延地进行合理的购买，或者签订购买替代货物的合同。

（2）作为赔偿金，买方可以从卖方获得补进货物的成本与合同价的差额以及第 2-715 条规定的附带的或间接的损失，但须减去因卖方违约而节省的开支。

（3）买方未按本条补进货物并不妨碍买方获得其他救济。”

3. 其他损失的赔偿

《公约》第 74 条和第 75 条允许受损害方在主张“差价损失”的同时，主张“依照第 74 条可以取得的其他赔偿金”。在决定哪些其他损失可以赔偿时，所遵循的原则依然是“使受损害方处于合同得到履行时本应处的地位”，从而避免对损失的重复计算。例如，在卖方因买方拒收货物而将货物转售的情况下，多发生的仓储费应当由买方赔偿，但原本会发生的仓储费不能让买方赔偿。

关于受损害方因提起诉讼或仲裁而发生的律师费应不应由违约方承担，国际上的一般倾向是允许此种赔偿，但如果发生的律师费过高，审理案件的机构可能会加以限制。在美国联邦第七巡回法院审理的一个适用《公约》的案件①中，原告是一个提供饼干桶的墨西哥公司，被告是一个经营批发烘烤饼干的美国公司。初审法官判决原告胜诉并判决被告向原告支付 55 万美元的律师费。

上诉法院认为：《公约》的背景或适用《公约》的案例均未表明“损失”一词意图包括诉讼过程中发生的律师费用。《公约》是关于货物销售合同的，而不是关于法律程序的。确定败诉方是否必须补偿胜诉方支付的诉讼费用的原则通常并非实体法律（如合同法）规范的一个部分，而是程序法的一部分……《公约》不仅没有明确地解决律师费的分担，甚至根本没有涉及这个问题，也无法从《公约》的条文中推导出任何能够确定“损失”一词是否应包括律师费的原则。因此，根据《公约》自身的条款，律师费用的承担问题必须由国内法加以解决。据此，本法院得出结论，《公约》第 74 条中的“损失”一词并不包括律师费。最后，该法院没有支持原告关于律师费的诉讼请求。

（五）减轻损失的义务

《公约》第 77 条规定：“主张另一方违反合同的一方，必须按情况采取合理措施，减轻因另一方违约而引起的包括利润在内的损失。如果他不采取这种措施，违反合同一方可以要求从赔偿金中扣除原本可以减少的损失额。”

需要指出的是，尽管受损害方有采取措施减轻损失的义务，但对于此种义务的履行，不应提出过于苛刻的要求，即只能要求该方采取“合理的措施”（reasonable measures）。

在德国布伦斯维克上诉法院审理的一个案件②中，比利时的买方从德国的卖方处订购了一批冻肉，但是当卖方要求买方接货和付款时遭到拒绝。卖方提起诉讼要求获得赔偿。买方在诉讼中提出，卖方没有实施替代交易将货物另行出售，因而没有采取显而易见的步骤减轻损失，故根据《公约》第 77 条的规定，应从其可获得的损害赔偿金中进行扣减。

审理该案的德国法院没有支持买方的上述主张。该法院认为：《公约》第 77 条并未在原则上使一方负有进行替代交易的义务，只有在极特殊情况下，卖方才有义务为其主张损害赔偿的次要权利而放弃其要求履约的主要权利。该法院还认为：即使价格正在下跌，卖方也没有进行替代交易的义务，因为如果要求其承担这项义务就会将其置于无力履行合同的境地。只有当卖方在没有表面上成立的原因而迟延撤销合同时，才能适用《公约》规定的例外，而在本案中并不存在这种情形。特别是，我们无法期待卖方在当时剩余的时间内作出决定，是要求买方支付货款收取货物还是宣布合同无效进而将自己限定于主张损害赔偿的次要救济。只要这一决定尚未作出，卖方就不负有将货物出售给第三方的义务。

---

① Zapata Hermanos Sucesores, S. A. v. Hearthside Baking Company, INC., 313 F. 3d 385.

② 2 U 27/99, cite as: http://cisgw3. law. pace. edu/cases/991028g1. html.

该法院的逻辑是，当买方拒绝接受货物时，卖方仍然在同买方协商，敦促其继续收货。此时，如果要求卖方将货物转售给其他人，就等于要求其放弃让买方继续收货的“主要权利”，代之以寻求让买方赔偿差价损失的“次要权利”。法律不应强加给受损害方这样的义务。

（六）实际履行

实际履行（specific performance）是金钱赔偿的相对概念，即让违约方按照合同的规定履行其在合同项下的义务，而不是令其以支付金钱的方式赔偿损失。在一些大陆法系国家，法律赋予了违约的受损害方要求违约方实际履行的权利。与之相反的是，英美法系国家并不把实际履行视为一种当然可以为受损害方获得的救济手段，而是仅在特定的情况下才会被法院准予。

关于实际履行的救济，《公约》第 46 条第 1 款规定：“买方可以要求卖方履行其义务，除非买方已经寻求某种与此一要求相抵触的救济措施。”该条第 2 款赋予了买方要求卖方交付替代货物的权利；第 3 款赋予了买方要求卖方对不符合同之处进行修理的权利。另一方面，《公约》第 62 条规定，如果买方不履行合同义务，卖方可以要求买方支付货款、收取货物或履行其他义务。

《公约》对实际履行这种救济手段予以认可的同时通过第 28 条规定了采用的前提条件：“如果按照本公约的规定，一方当事人有权要求另一方当事人履行某一义务，法院没有义务作出实际履行的判决，除非法院依照其本身的法律对于不适用本公约的类似的销售合同会这样做。”依照这一规定，如果某一缔约国的法院对于类似的违反销售合同的情况会作出实际履行的判决，该法院应当作出实际履行的判决，而其他缔约国的法院没有义务作出这样的判决。《公约》之所以作出这样的设计，是为了调和英美法和大陆法在实际履行问题上存在的分歧。

二、一方可以采取的救济措施

《公约》的有些条款专门就买方可以采取的救济措施作了规定。其第 46 条第 2 款赋予了买方要求卖方交付替代货物的权利；依第 46 条第 3 款，买方可以要求卖方对不符合同的货物进行修理；《公约》第 50 条规定，如果卖方所交的货物与合同不符，买方可以要求降低价格。在这些救济方法中，应作特别讨论的条款之一是《公约》第 51 条。依据这一条，如果卖方只交付了一部分货物，买方只有在交付的货物不符合同构成了根本违约时才可以宣告整个合同无效。

在德国海德堡法院审理的一个案件①中，来自德国的买方向美国马萨诸塞州的卖方订购了 11 部电脑元件。后来卖方仅交付了预订的 11 部元件中的 5 部。德国买方在收到这 5 部元件后拒绝付款，其理由是，由于卖方仅交付了部分货物，其不得不寻找替代货物，以履行与下一手的买方——一家奥地利企业签订的合同。此后，卖方提起诉讼，要求买方支付货款。该法院支持了卖方的请求，认为卖方有权根据《公约》第 53 条就交

---

① O 42/92 KfH I, cite as: http://cisgw3. law. pace. edu/cases/920703g1. html.

付的货物得到付款。

该法院在判决中认为：在本案中，买方不享有根据《公约》第49条第1款（b）项设定一段额外的履约时间，并在该期限届满后一段合理时间内根据《公约》第49条第2款（b）（ii）项宣告合同无效的权利。根据《公约》第51条第2款的规定，买方只有在卖方不按合同规定交付货物（本案中为部分交货）构成根本违反合同时才可以宣告整个合同无效，而本案中卖方的行为不能视为根本违约。这是因为，根据《公约》第25条的规定，一方当事人违反合同的结果，如使另一方当事人蒙受损害，以致实质性地剥夺了他根据合同规定有权期待得到的东西，即为根本违反合同。特别是，买方购买货物的目的（至少应在合同中间接地加以体现）必须因卖方的违约而完全无法实现。为了确保合同在卖方违约的情况下能够履行，买方应当进行替代交易。最终，买方可以依据《公约》第74条进行索赔。

在买方可采用的救济方法中，《公约》第52条还规定了卖方提前或超量交货时的救济："（1）如果卖方在确定的日期之前交货，买方可以收取货物或拒绝收取货物。（2）如果卖方交付货物的数量多于合同规定的数量，买方可以收取或拒绝收取多交的货物。如果买方收取多交货物的全部或一部分，他必须按合同价就其付款。"

《公约》中的有些条款就卖方可以采取的救济措施作了规定。例如，《公约》第65条规定了卖方在合同未就货物的规格作出规定时卖方自行确定货物的规格的权利：如果货物的规格应当由买方确定，但买方没有在约定的或合理的时间内确定，则卖方可以依照他所知的买方的要求，自己确定货物的规格，但他必须把相关的细节通知买方，并留出合理时间使买方有机会确定不同的规格，如果买方在收到这种通知时没有另行作出选择，卖方确定的规格就具有约束力。

第六节　货物所有权与风险的转移

一、货物所有权的转移

在国际货物买卖交易中，货物所有权从卖方向买方转移，有时会对双方的权利和义务产生重要的影响。例如，如果卖方在货物的所有权转移至买方之前宣告破产，即使买方已经付款，买方也无权获得全部货物，而只能作为债权人参加清偿。

关于货物所有权的转移，《公约》并没有作出相关的规定。以下仅介绍和讨论英国、美国和《华沙—牛津规则》中的相关制度。

（一）英国

关于已确定在合同项下的货物和被划拨到合同项下的货物，其所有权何时从卖方转移至买方，英国《1979年货物买卖法》通过第16-19条作出了详细的规定。在介绍其内容之前，有必要先澄清几个概念：“已确定的”（ascertained）货物、“特定的”（specific）货物和“划拨”（appropriate）到合同项下的货物。

在英国货物买卖法的语境下，“已确定的”货物，是指货物在合同订立时已经存在且当事人已经将其作为交易的对象。“已确定的”与“特定的”均为《1979年货物买卖法》所使用，其含义并不完全相同：前一概念包含了后一概念，但后一概念所指对象比前一概念更加具体和明确。例如，一艘专门为某一买方特别定制的游艇是一种“特定的”货物，但又包含在“已确定的”货物的范围之内。另一个相关概念是“划拨”到合同项下的货物，是指在合同订立时尚未确定或尚不存在，此后从其他货物中分出，确定为交易的标的的货物。这几个概念都旨在解决同一个问题：交易的对象是否已经明确。

1. 相关规定

该法第16条规定：“从属于下文第20A条，当一个合同旨在买卖未确定的货物时，除非且直到货物被确定时，货物的所有权不会转移至买方。”①

第17条规定：“（1）当一个合同旨在买卖特定的或业已确定的货物时，其所有权在合同当事人意在使其转移时转移至买方。（2）为了确定当事人的意图，应考虑合同的条件、当事人的行为以及案件的背景情况。”

第18条规定：“除非当事人显示了不同的意图，涉及货物所有权转移至买方的时间，以下是确定当事人意图的规则：

规则1：当合同是为了无条件地买卖处于可交付状态的特定货物时，货物所有权于合同订立时转移至买方，无论付款的时间、货物交付的时间，或此两种时间是否发生了拖延。

规则2：当合同是为了买卖特定货物而卖方有义务对货物完成某事以使其处于可交付状态时，货物所有权于该事已被完成且买方已收到该事已被完成的通知时转移。

规则3：当合同是为了买卖特定的处于可交付状态的货物但卖方有义务称重、测量、检验或对货物完成某些其他行为或事情以确定其价格时，货物所有权于该行为或事情已被完成且买方已收到其已被完成的通知时转移。

规则4：当货物是基于试验买卖、余货退回或其他类似的条件而交付买方时，其所有权在以下情况下转移至买方：

（a）买方对卖方表示了认可或接受的意思或以其他方式认可了这一交易；

（b）买方没有对卖方表示认可或接受但他在未发拒收通知的情况下保留了货物，此时，如果返还货物的期限已被确定而该期限已至，或者没有确定返还的时间但合理的期限已至。

规则5：（1）当合同是为了买卖描述中的但尚未确定的货物或未来的货物时，如果该说明的和处于可交付状态的货物被无条件地划拨到了合同项下，该划拨由卖方经买方

---

① 第20A条涉及从大宗货物中未分出的部分货物的买卖。根据该条，如果双方依协议对一批未从大宗货物中分出的货物进行了确定，同时，买方已经支付了该货物的价款，双方可以达成协议，将该货物的所有权转移给买方，从而使买方成为该大宗货物的共同所有人。

同意完成，或者，由买方经卖方同意完成，该货物的所有权自划拨时起转移至买方；该同意可以是明示的或默示的，可以在划拨之前作出或之后作出。

（2）当根据合同，卖方将货物交付买方，或承运人，或其他受托人或保管人（无论是否由买方任命），以便转交给买方，而卖方不保留处分权时，视卖方已经无条件地将货物划拨到合同项下。

（3）当合同是为了买卖某一特定数量的未确定的处于可交付状态的货物时，如果该货物是某大宗货物的一部分，该批货物是根据合同或根据当事人签约后的协议鉴别的，同时，该宗货物已经被减少至该数量或少于该数量，那么，在买方依合同是唯一的出自此宗的货物应交付的购买人的情况下，

（a）剩余的货物被视为在该宗货物发生此种减量时划拨到合同项下；并且，

（b）这些货物的所有权自该时间起转移至买方。

（4）在以下情况下，经必要的限制，上述第3段的规定同样得以适用：该宗货物项下的各个合同的买方是同一买主，由于他的原因，该宗货物的总量被减少至各批货物的数量之和，或少于该数量之和，而在此时，他是该宗货物的余货的唯一买主。"

2. 具体规则分析

综上所述，涉及已确定的货物和划拨到合同项下的货物，如果当事人没有相反的意图，货物所有权的转移在以下情况下发生：

（1）如果交易的是特定的货物且已经无条件地处于可交付状态，所有权自合同成立起转移至买方（第18条规则1）。

（2）如果交易的是特定的货物但在卖方完成特定事项之后才能处于可交付状态，自该事项被完成且买方已收到相关的通知时转移（第18条规则2）。

（3）如果交易的是特定的货物且已经处于可交付状态但卖方尚需完成某事项才能使货物的价格得到确定，自该事项被完成且买方已收到相关的通知时转移（第18条规则3）。

（4）如果交易以买方的认可为成立条件，在买方以某种方式进行认可时转移。其中，"试验买卖"（delivered on approval）和"余货退回"（delivered on sale or return）是这类交易的典型表现。在试验买卖中，卖方把货物交付给买方，但交易在买方认可时才能成立。在余货退回交易中，卖方把货物交给买方，通过买方将货物出售给其他人；如果买方不能完全将货物出售，剩余的货物可以退回卖方（第18条规则4（a））。

（5）如果交易以买方的认可为成立条件，买方并没有作出认可的表示，但他在未表示拒收的情况下保留了货物，或者在占有货物之后返还货物的期限已至，或者在占有货物之后合理的期限已至，所有权的转移发生于保留货物的时间，或该期限到来的时间（第18条规则4（b））。

（6）如果货物在合同订立时尚未确定或尚不存在，所有权的转移在货物被无条件地划拨到合同项下时完成，但是该划拨必须经另一方认可。例如，合同项下的货物是未来产出于某片土地之上的粮食，该货物的数量仅为该土地的预估产量的一部分；合同规定，卖方应进行收割、运输、完成出口手续和在某一港口将货物装船；在双方未就货物何时划拨到合同项下达成协议或形成默契的情况下，可以认为，货物在越过船舷时被无

条件地划拨到合同项下，货物的所有权自此时起转移至买方。在这个例子中，如果买方在粮食收获时通知卖方，请卖方将合同项下的粮食存放于某一仓库，在两个月之后运走，卖方在收到通知后表示同意，货物被存放于该仓库的时间，即为货物被无条件地划拨到合同项下的时间（第 18 条规则 5（1））。

（7）如果卖方依据合同将货物交给了第三人以便交给买方，在卖方不保留对货物处分权的情况下，货物的划拨在货物被交付给第三人时完成（第 18 条规则 5（2））。

（8）如果合同货物包含在某大宗货物之中，该宗货物的数量已经减少到合同货物的数量或少于该数量，那么，在根据双方的协议该剩余货物属于合同货物时，或者在买方始终是该宗货物的唯一买主、货物仅因他的原因而减少时，货物的划拨在该减少的结果发生时完成（第 18 条规则规则 5（3）和（4））。

以上规则涉及三类情况：第一类是第 18 条规则 1、2 和 3 中的规则，涉及的情况是，交易的是特定的货物且已经处于可交付状态。此时，所有权在合同成立时转移，只要卖方已完成他在货物交付前所须完成的所有事情。第二类是第 18 条规则 4（a）和（b）中的规则，涉及的情况是，某批货物已经在买方或第三人的手中。此时，所有权在买方认可交易或无权否认交易时转移。第三类是第 18 条规则 5 中的规则，涉及的情况是，货物在合同订立时尚未确定或尚不存在。在此情况下，所有权在该货物被划拨到合同项下时转移。

此外，依照该法第 19 条的规定，如果双方成交的是特定的货物或合同订立后划拨到合同项下的货物，卖方依合同保留了对货物的处分权直至特定的条件成就，那么，尽管货物已经交付买方或为了交付买方而交给了第三人，在该条件成就之前，所有权并不发生转移。

（二）美国

1. 相关规定

关于货物买卖合同所有权的转移，《统一商法典》在第 2-401 条中作出了如下规定：

“（1）买卖合同项下货物的所有权在其依第 2-501 条被确定为合同的货物之前不发生转移，且除非另有明示的约定，买方通过对货物的确定而获得本法所限定的特殊财产权。卖方对已发运或已交付给买方的货物的所有权的保留，其效力仅限于对担保权益的保留。从属于这些保留和第 9 篇，货物所有权以当事人明示协议的方式和条件从卖方转移至买方。

（2）除非另有明示的约定，所有权在卖方完成履行交货义务的时间和地点转移至买方，即使对担保权益作了保留，即使关于所有权的文件是在不同的时间和地点移交的；特别是，即使存在凭提单保留担保权益的情况：

（a）如果合同要求或者授权卖方将货物发送买方但并未要求卖方在目的地交货，所有权在货物发运的时间和地点转移至买方；可是，

（b）如果合同要求在目的地交货，所有权在目的地提示交货时转移至买方。

（3）除非另有明示的约定，在无需移动货物即可交货的情况下：

（a）如果卖方应移交有形的所有权凭证，所有权在卖方移交该凭证的时间和地点转移；如果卖方应移交电子的所有权凭证，所有权在卖方移交该凭证时转移；或者，

（b）如果在订立合同时货物已经被确定，且无需移交所有权凭证，所有权在签约的时间和地点转移。

（4）如果买方拒绝收下或留下货物，无论有无正当理由，也无论其撤销对货物的接受有无正当性，货物所有权重新转移至卖方。此种回转因法律的实施而发生，并不构成一宗'买卖'。"

关于货物被确定在合同项下的时间，该法在第2-501（1）条中作出了如下规定：

"通过将现实存在的货物确定为合同项下的货物，买方可获得特殊的对货物的财产权和担保权益，即使被确定在合同项下的货物不符合同并使买方获得了返还或拒收货物的选择权。此种对货物的确定可依当事人的明示协议在任何时间和任何地点发生。当不存在此种明示的协议时，对货物的确定在以下情况下发生：

（a）如果合同是为了买卖业已存在和确定的货物而订立，在合同订立时；

（b）如果合同是为了买卖（c）款描述的货物之外的未来货物，在货物被发运、加注标记或被卖方以其他方式确定为合同项下的货物时；

（c）如果合同是为了买卖将在合同签订后12个月内出生的动物幼子，或者买卖将在合同签订后12个月内或下一个正常的收获季节收获的谷物（以其中迟者为准），在谷物被种植或以其他方式成为生长中的作物时，或动物幼子怀胎时。"

2. 具体规则分析

从该法典的规定中可以概括出如下规则：

（1）货物所有权发生转移的前提是，货物已经被确定在合同项下（identification to the contract）（第2-401（1）条）。

关于将货物确定在合同项下的时间，该法第2-501（1）条将其分为三类：第一类，在合同订立时已经存在且已经确定的货物。比如存放在一个仓库内准备全部出售给一个买方的粮食。第二类，"未来的货物"（future goods），包括未来将存在的货物和已经存在但是还没有确定在合同项下的货物。比如，买卖的1万吨煤被包含在一个100万吨的煤堆中，该1万吨煤也属于"未来的货物"。第三类，未来产出的动物幼子或谷物。

对于第一类货物，货物确定在合同项下的时间是合同成立的时间。对于第二类货物，该时间是货物被发运、加注标记或被卖方以其他方式确定为合同项下的货物的时间。对于第三类货物，该时间是谷物生长或动物怀胎的时间。在实践中，最经常遇到的是第二类情况。比如，将1万吨煤从一个100万吨的煤堆中分出，装入一列火车的若干车厢，然后在货运单上将买方加注为这些煤的收货人，即完成了此种"确定"。

（2）卖方在货物已经发运的情况下采取保留货物所有权的措施，并不影响所有权从卖方向买方转移。此种保留仅对"担保权益的保留"（reservation of a security interest）产生影响（第2-401（1）条）。举例来说，在"付款赎单"（document against payment，又称D/P）的合同条件下，卖方将提单等处置货物的单据交给银行；在货物运至目的港后，买方向银行付款赎单；在此之前，银行等于替卖方持有这些单据。根据《统一商法典》的规定，在此情形下，尽管在货物发运后、买方付款前，卖方依然控制着处

置货物的单据，但此种控制并不能阻碍货物所有权的转移。假如卖方在此时破产，发运后的货物也已经为买方所有，卖方的债权人对货物不能再主张权利。另一方面，卖方对货物所有权的保留将会对其担保权益发生影响，比如在“付款赎单”条件下，如果买方在货物到达目的港之后拒绝付款，该方就不能获得提单，因而也就不能取得货物。

(3) 买卖双方可以通过达成明示协议的（explicitly agreed）方式就货物所有权在双方之间的转移进行约定（第 2-401（1）条）。也就是说，在原则上，涉及货物所有权在买卖双方之间的转移，法律的规定让位于买卖双方的明示约定；故该法第 2-401 条关于所有权转移的规定仅对双方的明示约定起一种补缺作用。

(4) 在涉及运输的情况下，货物所有权在货物发运的时间和地点转移至买方。这是在货物买卖中运用得最多的规则。在理解这一规则时须注意的几点是：第一，所有权在卖方尚未完全地履行交货义务（比如还没有办妥出口手续）的情况下不发生转移。第二，所有权转移与单据的提交无关。例如，卖方在 10 月 1 日交货，第二天将提单交给银行，银行在 10 月 15 日将提单交给买方，而所有权的转移发生在 10 月 1 日。第三，当合同规定卖方租用运送货物的工具时，所有权在货物发运的时间和地点转移，而不是在货物到达的时间和地点转移，除非合同明确规定卖方在目的地交货。例如合同规定，货物从纽约发运至上海，交货条件是“CFR 上海”，即“成本加上至上海的运费”；此时，尽管由卖方负责租船，但所有权在货物于纽约交货时转移，而不是在货物到达上海时转移。可是，如果合同明确规定：“货物在上海交付”，则所有权在货物到达上海时转移。第四，如果合同要求在目的地交货，所有权转移的时间是卖方在目的地提示交货的时间。这里的提示（tender）交货，是指提出交货的要求，即卖方在已经完成交货准备的情况下向买方发出要求收货的通知。“提示交货”的时间往往会早于实际交货的时间。第五，所有权转移的地点在某些情况下具有特殊的意义。例如，如果美国某一个州的国际私法规定，对所有权转移的后果应适用所有权转移的地点的法律，则该州法院将依该地的法律确定这一后果（第 2-401（2）条）。

(5) 如果货物在无须移动的情况下交付，所有权在移交单据的时间和地点转移，除非买卖双方另有明示的约定。适用这一条款的典型情况是：货物被存放在仓库里；卖方的义务是将代表货物所有权的单据（比如提单或仓单）交给买方（第 2-401（3）(a）条）。

(6) 如果无须移动货物，亦无需移交所有权凭证，所有权在合同订立的时间和地点转移，除非买卖双方另有明示的约定。比如，当一个农民将其饲养在一个池塘中的鱼全部出售给一个买主时，即可能出现这样的情况（第 2-401（3）（b）条）。

(7) 如果买方拒绝收下或留下（receive or retain the goods）货物，无论出于何种原因，所有权都将回转至卖方。例如，合同规定的交货条件是“付款赎单”，买方在货物到达目的地后向卖方提出先收货后付款的要求。此种要求一经提出，卖方即重新获得货物的所有权（第 2-401（4）条）。

关于货物所有权的转移，比较美国《统一商法典》的规定与前述英国《1979 年货物买卖法》的相关规定，二者主要的不同之处在于：英国法更注重合同成立的时间，美国法更注重交货或交单的时间。

（三）《华沙—牛津规则》

《华沙—牛津规则》第6条规定：“从属于本规则第20条第2款的规定，货物所有权转移的时间，应为卖方将单据交给买方持有的时刻。”该规则第20条第2款的内容是：“涉及合同项下销售的货物，本规则对卖方依法享有的权利，包括非占有性担保权益（lien）、留置（retention）货物的权利或停运权（stoppage in transit），并不发生影响。”

依照这些规定，货物的所有权在移交单据时转移；换言之，既不是在订立合同时转移，也不是在发运货物时转移；并且，此种转移并不影响卖方依据相关的法律对货物拥有的各种控制权。

（四）中国

中国《民法典》第224条规定：“动产物权的设立和转让，自交付时发生效力，但是法律另有规定的除外。”

二、货物风险的转移

在国际货物买卖中，风险是指货物遭受意外灭失的危险，比如在运输途中被盗窃、因沉船而灭失、不属于正常损耗的腐烂变质、在战争期间被某国政府征用、在紧急情况下被抛弃等。风险转移的关键问题是时间问题，即从什么时候起，货物的风险从卖方转移至买方。在风险转移至买方前，损失由卖方承担；在转移之后，损失由买方承担。

（一）《公约》

1. 相关规定

关于货物风险的转移，《联合国国际货物销售合同公约》在第四章（风险转移）中分四个条款作了专门规定。其中，第66条的规定如下：“货物在风险移转到买方后发生损失或损害，买方并不能解除其支付货款的义务，除非这种损失或损害是由于卖方的行为或不行为造成的。”

第67条规定：“（1）如果销售合同涉及货物的运输，同时，卖方没有义务在某一特定地点交付货物，自货物按照销售合同交付给第一承运人以转交给买方时起，风险移转至买方。如果卖方有义务在某一特定地点把货物交付给承运人，直至货物于该地点交付给承运人，风险才移转至买方。卖方获得授权保留控制货物处置权的单据，并不影响风险的移转。（2）但是，在货物被清楚地确定在合同项下之前，风险并不移转至买方。将货物确定在合同项下，可通过在货物上加注的标记，通过装运单据，通过向买方发出的通知，或其他的方式。”

第68条规定：“对于在运输途中销售的货物，风险自订立合同时起移转至买方。但是，如果情况表明有此需要，自货物交给签发包含运输合同的单据的承运人时起，风险即由买方承担。然而，如果卖方在订立合同时已知道或理应知道货物已经遭受损失或损害，而他未将其披露给买方，则该损失或损害属卖方承担的风险。”

第69条规定：“（1）在不属第67条和第68条规定的情况下，从买方接收货物时起，或者，如果买方不在适当时间内这样做，从货物交给他处置但他不收取货物从而违反合同时起，风险移转至买方。(2) 但是，如果买方有义务在卖方营业地以外的某一地点接收货物，当交货时间已到而买方知道货物已在该地点交给他处置时，风险发生移转。(3) 如果合同涉及当时未加确定的货物，则直到其被明确地确定在合同项下，该货物才被视为已交给买方处置。"

第70条规定："如果卖方已根本违反合同，第67条、第68条和第69条的规定，并不损害买方以该违约为由可采取的救济措施。"

2. 具体规则分析

对《公约》以上各条含义可作如下概括：

(1) 风险从卖方移转至买方的前提是，货物已经被清楚地确定在合同项下，即货物已经与其他货物区分开，成为合同项下的货物。将货物确定在合同项下的方法是多种多样的，比如，将货物装入集装箱，将买方加注为收货人。又如，将一批散装货物装上船，在提单上将买方作为"受让人"(assignee)(第67条第2款)。

(2) 如果涉及运输，风险从卖方将货物交给第一承运人的时间起转移至买方。例如，一批货物依合同规定将从上海运至纽约，合同规定的价格术语为"FOB 上海"或者"CFR 纽约"，此时，风险从卖方将货物交给承运人时起转移至买方。这是在国际贸易中发生得较多的情况（第67条第1款）。

将风险转移的时间确定为交给第一承运人的时间，最突出地体现了《公约》所奉行的原则——风险自货物被交付时起转移。因此，《公约》特别规定，卖方保留处置货物的单据，并不影响风险的移转。也就是说，风险的转移不以单据的交付为标志（第67条第1款）。

(3) 如果涉及运输且卖方有义务在某一特定地点将货物交付给承运人，风险从卖方将货物在该地点交给承运人时起转移至买方。例如，一批货物依合同规定将从上海运至纽约，合同明确规定"卖方应在纽约交货"，换言之，卖方有义务自负费用和自担风险将货物送至纽约的某一港口。在此情况下，风险从卖方将货物运到该特定的港口交给买方时起转移至买方（第67条第1款）。

在一个由德国卡尔斯鲁赫（Karlsruhe）上诉法院审理的适用《公约》的案件①中，德国的买方通过电话向法国的卖方订购货物。卖方给出的报价为"含全部费用价格"(franco domicile)，即免费送货。卖方称其为交付货物指定了一名承运人，但买方未支付货款并否认曾收到货物。卖方起诉要求支付货款。作为已交付货物的证据，卖方提供了一份交货记录，上面盖有买方的"货物收讫"章，但无任何签名。

该法院认为，合同使用的术语"含全部费用价格"，不仅包括了运费，还包括了风险的转移。在该术语的条件下，买方无须担心货物的运输和保险问题。也就是说，只有当在买方营业地交付货物时风险才转移至买方。故双方默示地废除了《公约》第31条第1款和《公约》第67条第1款中有关风险移转的规定。进一步说，卖方并未就交付货物提供证据，仅盖有买方"货物收讫"章而没有签名的单据不足以证明货物已经交

---

① 15 U 29/92, cite as: http: //cisgw3. law. pace. edu/cases/921120g1. html.

付。基于这些理由，该法院驳回了卖方的诉讼请求。

（4）如果货物是在运输途中销售的，风险自订立合同时起转移至买方。此处所指的是货物在装运时尚未出售的情况。此时，如果卖方在货物运输途中找到了买主，与之签订了合同，则合同一旦签署，风险即转移给买方。

对于在途货物的风险转移，《公约》进一步规定，“如果情况表明有此需要”，风险从货物交给签发提单的承运人时起转移。这里所指的是对于风险何时发生无法判明的情况。比如，一船小麦10月1日从纽约装运，10月15日由卖方出售给买方，货物运抵上海后被发现因被海水浸湿而发霉变质。在能够确定海水侵蚀发生在10月15日之前的情况下，风险由卖方承担，因为根据《公约》的规定，在途货物的风险，从订立合同时起移转至买方。可是，如果对该货物何时受到水浸无法查明的，可以将风险转移的时间确定为把货物交给签发提单的承运人的时间，即在纽约装船的时间。其划界的原则是，如果货物在装船前是完好的，同时，风险在货物装船后何时发生无法查明的，应当让买方承担风险。

可是，根据《公约》的规定，如果卖方在将在途货物出售时已经知道或应当知道货物已经因风险而受损，而他未将此种情况披露给买方，则该损失应由卖方承担（第68条）。

（5）如果买方有义务在卖方营业地接收货物，从买方接收货物时起，风险转移至买方。但如果卖方已经将货物交给买方处置，而买方没有在适当时间内收取货物，风险自买方的迟延构成违约时起转移至买方。比如，卖方依合同将货物存入一个仓库让买方前来提取；合同规定，买方应当在收到卖方的提货通知后15天内将货物运走。卖方在将货物存入该仓库后向买方发出了提货通知，而买方没有及时提货。后来，一场大火烧毁了该仓库，此时为买方收到通知后的第20天。该损失应当由买方承担（第69条第1款）。

（6）如果买方有义务在卖方营业地以外的某一地点接收货物，风险在交货时间到来时转移，只要买方知道货物已在该地点交给他处置时（第69条第2款）。与第69条第1款规定的情况相比，该条第2款的规定对买方来说更为严格：第1款采用了“适当时间”（in due time）的措辞，对买方来说有一定的缓冲余地，而依照第2款，只要交货的时间已到，风险就会转移。这样规定的原因是，尽管这两款都涉及不必由卖方运送货物的情况，但由于第2款中的收货地点是在卖方营业地以外，买方不及时提货会给卖方造成更重的负担。

（7）在卖方已经根本违反合同的情况下，风险的转移并不会使买方丧失相应的获得救济的权利（第70条）。例如，卖方依合同应当向买方出售一级小麦，然而，卖方实际交付的是二级小麦；尽管这批小麦连同运输这批小麦的船在海运的过程中沉没了，该事故可以构成导致该货物灭失的风险，且该损失应当由买方承担，买方仍然有权就一级小麦与二级小麦之间的差价向卖方提出索赔。

（二）英国

1. 相关规定

英国《1979年货物买卖法》第20条规定：

“（1）除非另有协议，货物的风险由卖方承担直到货物所有权转移至买方，但是当货物所有权转移至买方时，不论是否已经交货，货物的风险由买方承担。

（2）但如果买方或卖方的过错导致了交货的延迟，货物的风险由过错方承担，只要没有该过错损失本来不会发生。

（3）本条之规定不影响卖方或买方作为另一方的受托人或保管人的义务或责任。

（4）当买方作为消费者交易时，或者在苏格兰，当消费者合同的买方是消费者时，上述第1款至第3款应被忽略，货物风险在其被交付消费者之前保留在卖方。”

2. 具体规则分析

由上述规定阐明的规则包括：

首先，货物的风险随着货物所有权的转移而转移。这是英国货物买卖法关于货物风险转移的基本原则，即“物主承担风险”原则（第20条第1款）。

其次，当一方的过错导致了交货的延迟时，风险由过错方承担，但是在该过错与风险导致的损失之间必须存在因果关系。举例来说，一个FOB合同于8月15日订立。其中规定，交货时间为10月1日之前。这意味着，装载货物的船应当由买方承租，且该船必须在10月1日前的某一合理的时间到达装运港，使卖方能够在10月1日前将货物装到船上。合同签订后，卖方于9月15日将货物划拨到合同项下，故货物的所有权和风险从此时起转移至买方。可是，由于买方的过错，装载货物的船直到10月10日才到达装运港，而货物在10月5日被一场大火烧毁。在此情况下，该损失应当由买方承担。在该案中，如果这场火灾发生在9月25日，该损失则应当由卖方承担。因为尽管买方派船迟延是过错行为，但该过错与该损害的发生并没有因果关系（第20条第2款）。

再次，当卖方是买方的受托人或保管人，或买方是卖方的受托人或保管人时，第20条关于风险转移的规定并不能解除该方作为受托人或保管人本来应负有的责任。例如，合同规定的交货时间为10月1日之前；货物的风险于9月15日转移至买方；由于买方的过错，装载货物的船直到10月10日才到达装运港，而货物在此前的10月5日被一场大火烧毁；根据第20条第2款的规定，该损失应当由买方承担。可是，如果根据合同或法律的规定，卖方在9月15日到10月5日之间是作为该货物的保管人看管货物的，该方依然要对该货物的损失承担责任。至于承担何种程度的责任，取决于有关保管人义务的法律（第20条第3款）。

最后，当一个合同属于消费者合同时，货物的风险在货物交付时转移（第20条第4款）。从这一条款可以明显地看出，相对于“风险随所有权转移”制度来说，“风险随货物交付转移”的规则对买方更为有利。

（三）美国和德国

1. 相关规定

关于货物风险的转移，美国《统一商法典》第2-509条作出了如下规定：

“（1）当合同要求或授权卖方通过承运人发运货物时，

（a）如果合同未要求卖方在特定的目的地交货，发生损失的风险在货物交付承运人时转移至买方，即使卖方是在依第2-505条作了权利保留的情况下发运货物的；

可是，

（b）如果合同要求卖方在某一特定的目的地交货，而货物是在承运人的占有下在该地点提示交付的，则发生损失的风险于货物在该地提示交付以便使买方接受时起转移至买方。

（2）如果货物由一个保管人占有无需移动即可交付，发生损失的风险在以下时间转移至买方：

（a）买方收到了可转让的关于货物所有权的文件，无论是占有还是控制这些文件；

（b）保管人对买方确认了买方拥有货物的权利；或者，

（c）买方依照第2-503（4）（b）条的规定，收到了不可转让的关于货物所有权的文件，无论是占有还是控制这些文件；或者，收到了其他保留于记录中的交货指示。

（3）在本条第1款和第2款以外的情况下，发生损失的风险于收到货物时转移至买方。

（4）本条的规定从属于与之抵触的由当事人达成的协议和第2-327条、第2-510条的规定。"

该法第2-510条进一步规定：

"（1）如果货物的交付或提示交付不符合合同，致使买方有权拒收货物，则货物的风险保留在卖方，直到该不符得到纠正或货物被接受。

（2）如果买方经行使权利撤销了对货物的接受，他可就其有效保险的不足部分，视发生损失的风险自始即由卖方承担。

（3）涉及与合同相符且已经被确定在买卖合同项下的货物，如果买方在货物发生损失的风险转移给他之前毁弃了或违反了合同，卖方可就其有效保险的不足部分，视发生损失的风险在商业上的合理时间内由买方承担。"

2. 具体规则分析

根据以上两条，除非当事人另有协议，有关风险转让的规则如下：

（1）如果货物需由第三方承运人运送给买方，风险从货物交付承运人时转移至买方，尽管卖方在发运货物时作了某些权利保留（第2-509（1）条）。这可能是美国法院在涉外的货物买卖案件中运用得最多的规则。在美国联邦第五巡回法院审理的一个案件①中，一家美国德克萨斯州公司（卖方）与一家厄瓜多尔公司（买方）订立了一份汽油销售合同。该合同规定的交货条件是"CFR 拉利伯塔德（La Libertad），厄瓜多尔"。其含义之一是：当卖方在合同规定的港口将货物装船时，货物发生毁损的风险随之转移至买方。在双方成交的汽油装船以前，根据买方指派的一名独立检验员出具的证明，汽油中的胶类物质含量在合同规定的限度之内。然而在货物运抵厄瓜多尔后，该汽油被检测出含有超量的胶类物质。买方因此而拒收了货物。

该美国法院判买方败诉。其主要理由是：按照合同规定的"CFR"条件，发运意味着由卖方支付将货物运至交货港所需的费用和运费，但货物所有权以及货物灭失的风险

① BP Oil International v. Empresa Estatal Petroleos de Ecuador, 332 F. 3d 333, 200 A. L. R. Fed. 771.

应于货物在发运港“越过船舷”时移转至买方。因此，对于货物在其后遭受的损害或灭失，买方通常只能向承运人或保险人寻求救济。本案中，买方指派的独立检验员的检测确认了汽油中胶类物质的含量在从德克萨斯州起运前是符合合同规定的，故买方不得拒收货物。

（2）如果合同规定卖方在某一特定的地点交货，风险于承运人在该地点向买方提示交付时转移至买方。也就是说，只要承运人在货物被运送到该地点后向买方提出了交货的要求，风险即发生了转移；买方没有实际收取货物，并不影响风险的转移（第2-509（1）条）。

（3）如果货物在一个保管人手中无需移动即可交付，风险在移交与货物所有权有关的单据的时间转移，或者在买方对货物的权利得到保管人确认时转移。适用这一组规则的典型情况是，卖方将货物存入仓库后从保管人处取得了货物所有权凭证，然后将该凭证出售给买方（第2-509（1）（a）条和第2-509（1）（c）条）；或者，卖方把货物存入仓库并告诉保管人，保管人在收到卖方指示后通知买方提货，此后，保管人在收到卖方指示的情况下向买方发出了提货通知（第2-509（1）（b）条）。

（4）如果货物既不用通过承运人交付，又不用通过保管人交付，风险在买方收到货物时转移。适用这一规则的典型情况是，买方来到卖方的营业地点购买货物；或者双方在某一约定的地点面对面交货和付款（第2-509（3）条）。

（5）如果双方达成的是“试用”（Sale On Approval）货物的协议，风险在买方接受货物时转移至买方（第2-509（4）条和第2-327条）。

（6）如果卖方在交付或提示交付货物过程中的违约行为严重到了使买方有权拒收货物的程度，风险不发生转移。例如，卖方依据合同应当交付一级小麦，但该方在交货日到来之前通知买方说，他将交付的是三级小麦。此后，尽管买方提出了反对，卖方依然将这些小麦装上了船，而该货物在运输途中因遭遇强烈风暴而受到海水侵蚀。在此情况下，该风险应由卖方承担。该规则的合理性在于，既然买方因卖方的违约有权拒收货物，卖方本来就无权发运货物，如果卖方没有将货物发运，风险是不会发生的（第2-510（1）条）。

（7）如果买方在接受货物之后有权撤销接受并行使了撤销权，涉及买方保险的不足部分，风险不发生转移。该规则涉及货物已经被买方接受，在买方的控制之下因风险的发生而受到损害的情况。此时，如果买方已经就该风险投保，卖方仅就该保险覆盖不到的部分承担损失（第2-510（2）条）。

（8）如果货物与合同相符且已经被确定在合同项下，买方在风险转移之前毁弃了或违反了合同，涉及卖方保险的不足部分，风险转移至买方。典型的应适用该规则的情况是，买方在货物已经被确定在合同项下之后表示拒收货物（第2-510（3）条）。

总之，关于货物风险的转移，美国法与英国法基本的不同点是：在英国，货物的风险随着货物所有权的转移而转移；而在美国，货物的风险在货物交付时起转移。

《德国民法典》第446条第1款规定：“自出卖的物交付时起，意外灭失和意外减损的危险转移至买受人。”该法第447条规定：“（1）出卖人依买受人请求将出卖的物送交清偿地以外的另一地点的，危险于出卖人将此物交付运输代理人、承运人或其他被指定实行送交的人或机构时转移至买受人。（2）买受人已对送交的方式给予特别指示，而出卖人无紧迫事由背离此种指示的，出卖人对由此而发生的损害向买受人负责。”这些规定明确地体现了货物的风险在货物交付时起转移的原则。

（四）法国

《法国民法典》第1138条第2款规定：“交付标的物之债，自该物应当交付时起，使债权人成为物之所有人并由其负担物之风险，即使尚未进行物之移交，亦同；但是，债务人如已收到移交催告，不在此限；在此场合，物之风险仍由债务人负担。”这一条款表明：首先，货物的风险随着货物所有权的转移而转移。这一原则与英国法一致。其次，货物所有权转移的时间，是货物应当交付的时间，但如果应交货的时间已到，且买方作了交货的催告而卖方仍未交货，风险仍然保留在卖方。简言之，在卖方迟延交付的情形下，风险由卖方承担。其结果是，就实际效果而言，法国的制度实际上更接近美国的制度。

（五）中国

关于货物风险的转移，中国《民法典》通过第604-610条作出了详尽的规定。这些规定是对各国法律中的制度兼收并蓄的结果，特别是受到《公约》的影响。

根据第604条：“标的物毁损、灭失的风险，在标的物交付之前由出卖人承担，交付之后由买受人承担，但是法律另有规定或者当事人另有约定的除外。”

根据《民法典》第605条，因买受人的原因致使标的物不能按照约定的期限交付的，买受人应当自违反约定之日起承担标的物毁损、灭失的风险。根据《民法典》第606条，卖方出售交由承运人运输的在途标的物，其发生毁损、灭失的风险自合同成立时起由买方承担，当事人另有约定的除外。

根据《民法典》第607条第1款，卖方按照约定将标的物运送至买方指定的地点并交付承运人后，标的物发生毁损、灭失的风险由买方承担。

根据《民法典》第607条第2款，当事人没有约定交付地点或者约定不明确，而标的物需要运输的，卖方将标的物交付第一承运人后，标的物毁损、灭失的风险由买方承担。根据《民法典》第608条，卖方按照约定或该法第603条第2款第2项的规定，将货物置于交付地点，买方违反约定没有收取的，货物发生毁损、灭失的风险，自违反约定时起由买方承担。第603条第2款第2项涉及交货地的确定。其中规定，如果货物不需要运输，买卖双方在合同订立时都知道货物存放的地点，则该地为交货地；否则，卖方订立合同时的营业地为交货地。

根据《民法典》第609条，卖方按约定未交付货物单证和资料的，不影响标的物毁损、灭失风险的转移。这一规定体现了风险转移不受单据交付的影响的原则。这一原则在许多国家的法律中得到了贯彻。

根据《民法典》第610条，货物品质不符合合同导致买方有权解除合同的，若买方因此而拒收货物，货物发生毁损、灭失的风险由卖方承担。

根据《民法典》第 611 条，即使货物发生毁损、灭失的风险应由买方承担，若卖方出售的货物不符合合同，买方仍有权要求卖方承担违约责任。这与《公约》第 79 条的精神是一致的。

复习思考题

第一节

1. 在世界范围内，与国际货物买卖有关的各国法律、国际公约和贸易惯例主要有哪些？其各有什么重要意义和特点？

2. 如何理解《联合国国际货物销售合同公约》对于统一世界各国的货物买卖法起到的重要作用？为什么说，迄今为止，此种作用仍然具有一定的局限性？

第二节

3. 与合同法相比，货物买卖领域有关合同成立的规则具有什么特殊性？

4. 《公约》关于要约和承诺的规则在我国合同法的相关领域产生了什么影响？

第三节

5. 在国际货物买卖合同项下，买卖双方的基本义务有哪些？

6. 关于买卖双方的义务，《公约》的规定受到英、美、法、德等国法律的哪些影响？

7. 中国《民法典》对于买卖双方的义务规定了哪些重要制度？试分析这些制度是采纳或整合哪些国家的制度的结果。

第四节

8. 关于合同因障碍而不能履行的后果，《公约》第 79 条的规定与传统意义上的“不可抗力”有什么相同点和不同点？

9. 中国《民法典》第 180 条关于“不可抗力”的定义是“不能预见、不能避免且不能克服的客观情况”，这与《公约》第 79 条的规定相比，在免除未履约方的责任方面，是较宽还是较严？

第五节

10. 关于合同一方违反买卖合同时另一方可采取的救济措施，《公约》规定了哪些重要制度？

11. 《公约》将“根本违约”作为解除合同的条件，其意义是什么？

12. 大陆法系国家的“催告”制度在哪些方面对《公约》产生了影响？

13. 预期违约和不安抗辩权有什么不同？为什么说，在某些情况下，关于当事人的行为属于其中哪一种行为并不容易区分？

14. 采用计算损害赔偿金的“合同价减市场价”公式有什么好处和弊端？

第六节

15. 关于货物所有权的转移，各国法中的制度有什么相同点和不同点？

16. 关于货物风险的转移，在《公约》和各国法中的制度之间有什么相同点和不同点？

在线做题

扩展阅读及分析

第八章

产品责任法

产品责任制度是伴随着世界各国近现代工业的发展，为了解决消费者因使用有缺陷的产品而蒙受损害的问题，逐步形成和发展起来的。它的基本理念和目标是，强调对消费者权益的保护，要求生产者承担起社会责任，使消费者免受有缺陷的产品的损害。

产品责任法主要调整产品的制造者、销售者与消费者之间的关系，从而解决产品的缺陷引起的人身伤害和财产损害的责任分担和损害赔偿问题。与一般的调整民商事关系的法律不同，它的许多规定是强制性的，当事人在订立合同时不得事先加以排除。因此，产品责任法是一个兼具公法和私法性质的领域。

产品责任法在20世纪下半叶经历了巨大的变化。美国侵权法学者爱德华·J·柯恩卡说："在最近的几十年内，关于有缺陷的产品引起损害的责任的法律经历了迅速的发展和惊人的变化。'产品责任'法从奉行买主自慎演变成了严格责任，并且，目前已成为侵权法最重要的领域之一。"还有人指出，产品责任法发展的历史实际上是"契约当事人主义"（the privity doctrine）崩溃的历史。

美国是近现代工业发展最为迅速的国家之一，其产品责任法的发展也最为超前和发达。美国加利福尼亚州在20世纪60年代已在产品责任领域确立了严格责任的原则。继其之后，美国其他的司法管辖区（除了北卡罗莱纳州以外）在产品责任领域纷纷实行了这一原则。

在其他国家，如澳大利亚在20世纪70年代、欧盟成员国在20世纪80年代、日本在20世纪90年代也开始效仿美国，通过颁布立法，在产品责任领域施行严格责任原则。

在今天，产品责任法的实施不仅针对本国的生产商和销售商，还针对本国的进口商以及外国的生产商和出口商。在经济全球化的背景下，各国的产品责任法以及其产品安全标准在很大程度上起到了非直接关税壁垒的作用。

下文将主要介绍美国和欧盟的产品责任制度。

第一节 美国的产品责任法

一、产品责任法的演变

在美国，产品责任法是一个新的和迅速发展的领域。美国早期的产品责任法源于普通法，主要奉行“买主自慎”的原则。1842 年，英国法院在关于温特博特姆诉赖特案[①]的判例中确立了“契约当事人主义”。根据该原则，合同的效力仅及于合同的当事人。因此，因产品缺陷而受到损害的当事人只能向与其有合同关系的产品销售者或生产者提出赔偿要求。这意味着，如果生产商将其有缺陷的产品出售给零售商，零售商再转售给消费者，消费者在受到损害后，不能对有过失的生产商或与之没有直接合同关系的中间商起诉和获得赔偿。这一原则为美国法院所遵循，成为美国的产品责任法在 19 世纪的主导原则。直到 20 世纪初期，美国法院才在麦克弗森案中[②]实质性地突破了该原则，确立了消费者在因产品缺陷而对生产商提起的过失之诉中不需要证明双方之间存在合同关系的原则。

除了提起侵权之诉外，美国的消费者还可以根据普通法上的担保理论寻求救济。目前，美国已经通过《统一商法典》第二篇第 2-314 条和第 2-315 条，将货物的卖方在销售产品时承担的明示和默示担保义务成文化。该法已经成为发展产品责任法的重要渊源之一。

1965 年，美国法学会推出了《第二次侵权法重述》。这并不是一部制定法，而是学理性质的条文汇编，但其经常为美国法院在判决中引用，其中第 402A 条对于美国产品责任法的发展产生了深远的影响。美国的大多数州是以《第二次侵权法重述》第 402A 条为基础确定其产品责任领域的严格责任的。值得关注的是，随着社会环境的改变，1998 年美国法学会出版了《第三次侵权法重述：产品责任》，标志着美国产品责任法的发展又进入了一个新的阶段。

现在，美国的许多州制定了综合的产品责任立法。由于这些立法之间差异较大，美国商务部于 1979 年 1 月颁布了一部《统一产品责任示范法》（Model Uniform Products Liability Act，MUPLA）供各州自愿采纳。

二、产品的范围

在美国，产品通常被视为有形动产，相当于《统一商法典》第二篇中的货物。但是在实践中，产品责任法所涉及的对象已超出有形动产的范围，将无形动产也包括在内了，例如，提供给消费者使用的电已经被视为产品；某些自然的未加工过的东西，如宠物的毛皮也成为产品；文字作品，如大批量生产的飞机航行图，尽管不是由一般的工厂

---

① Winterbottom v. Wright，(1842) 10 M&W 109；(1842) 152 ER 402.

② MacPherson v. Buick Motor Co.，217 N. Y. 382，111 N. E. 1050 (N. Y. 1916).

制造的，也被列入了产品的范围。此外，房屋在今天也成了产品。

《统一产品责任示范法》第 102 条（C）款规定：产品是指具有真实价值的，为进入市场流通而生产的，能够作为组装整件或者作为部件、零件而交付的物品，但人体组织、器官，包括血液及其组成成分除外。《第三次侵权法重述：产品责任》第 19 条对“产品”的定义作了这样的规定：“为本重述之目的，(a) 产品是指通过商业销售供给人们使用或者消费的有形动产。其他的类别，例如不动产和电，当其供应和使用的方式与前述有形动产的供应和使用的方式如此类似因而应使用本规则时，也属于产品。(b) 服务，即使是以商业方式提供的服务，不是产品。(c) 人体血液和人体组织，即使是以商业方式提供的，也不适用本重述的规则。”

三、关于产品责任的理论

目前在美国的产品责任法中有三种归责理论：过失责任、担保责任和严格责任。原告在因使用存在缺陷的产品遭受损害而向法院起诉要求赔偿损失时，可以选择其中一种或多种作为其主张权利的依据。

（一）过失

现代意义的过失概念是与风险联系在一起的。有美国学者作了这样的表述：过失是一种含有很大可能引起损害的不合理的风险的行为，或者是指，未达到法律为保护他人免遭由不合理的风险所引起的伤害而确立的行为标准的行为。根据过失理论，行为人的过错对决定其应否承担赔偿责任起着主要作用。即使是直接的和立即导致的伤害，如果不能证明被告有过失，原告也不能胜诉。

过失责任将侵权法的制度引入了产品责任领域，为那些除买方以外的受害者，如买方的家属、亲友、来访者以至过路的行人或旁观者提供了法律救济的途径，并扩展了合同受害者的诉讼依据。过失责任在产品责任领域的确立反映出美国立法和司法的一种价值取向，即从对生产者和销售者的保护开始转向对处于弱势地位的消费者的保护。

当原告以过失责任为诉讼依据向法院起诉要求被告赔偿损失时，原告必须证明构成诉因的每一个要素，其中包括：(1) 被告应承担的谨慎义务和行为标准；(2) 被告违反了该谨慎义务和行为不合理；(3) 被告的过失与损害结果有因果关系；(4) 被告的过失直接导致了损害；(5) 原告蒙受了实际损害，即人身伤害和财产损失。

原告在以过失责任为依据对被告起诉时，可以从各个不同的角度证明被告具有过失。例如，可以证明产品的设计存在缺陷，从而表明生产者在设计产品时没有付诸合理的注意；也可以证明被告对产品的危险性没有作出充分的说明，以提醒消费者或使用者注意，因而有过失；还可以证明被告在生产或销售产品时，违反了联邦或各州有关该种产品的质量、检验、广告或推销方面的规章、法令，因而具有过失。对普通消费者而言，这种举证要求通常会导致沉重的负担。这是过失理论对原告的不利所在。

（二）担保

担保（warranty）是生产商或销售商就产品作出的声明。这里的担保区别于不会导致责任的各种表示，比如在广告中进行的“吹嘘”。担保主要有三种，即明示担保、商销性默示担保、适合特定用途的默示担保。在涉及不动产的交易时，默示担保还可以指适住性的担保。《统一商法典》对明示担保和默示担保分别作了规定。

根据《统一商法典》第2-313条的规定，卖方的明示担保表现为下列方式：（1）卖方向买方就货物作出的许诺或对事实的确认。如果是达成交易的基础原因之一，卖方即明示担保货物将符合此种许诺或确认。（2）对货物的说明。如果是达成交易的基础原因之一，卖方即明示担保全部货物将符合此种说明。（3）任何样品或模型。如果是达成交易的基础原因之一，卖方即明示担保全部货物将符合此种样品或模型。明示担保既可以是书面的，也可以是口头的。

默示担保由法律创设并施加给当事人，并且随着相关物的所有权的转移而转移，除非由合同明确限制或者排除。然而，涉及对人身伤害的损害赔偿，在合同中加以限制是不允许的。为此，《统一商法典》第2-719（3）条规定，这种合同上的限制或者排除，从表面上看是显失公平的，不能得到强制执行。也就是说，加入此种限制即构成显失公平的表面证据，故加入者须就其并非显失公平进行举证。根据《统一商法典》第2-314条的规定，商销性默示担保要求产品及其包装符合合理的安全标准，符合该类产品的通常用途；而根据该法典第2-315条关于产品须适合特定用途的默示担保要求，如果卖方知道或者有理由知道买方购买该产品的特定目的，且买方产生了依赖，产品就须适合于该特定的用途。法律规定这些担保的目的是为了服务于保护买受人的公共政策，法院从保护他们的角度解释这些默示担保。

消费者在因使用生产商或者销售商提供的有缺陷的产品而蒙受损害时，可以通过主张生产商或者销售商违反了明示或者默示担保而获得损害赔偿。在以违反担保作为诉讼依据时，受害人无须证明产品的生产商或者销售商是否具有过失，而只须证明其违反了担保以及违反担保给受害人造成的损害。

在传统的意义上，违反担保之诉是一种合同之诉，原告须证明其与被告之间存在合同关系。比如，从零售商处购买了消费品的人不能对中间商起诉，因为双方之间没有直接的合同关系。这是传统的“契约当事人主义”影响的结果。随着保护消费者权益呼声的日益高涨，美国法院在违反担保之诉中逐步从纵横两个方面放宽和取消了对当事人之间须有直接合同关系的要求。在纵向上，原告不仅可以对直接的卖方起诉，而且可以对生产或销售产品的各有关责任方起诉。在横向上，原告不仅包括直接的购买者，还包括因使用有缺陷的产品而蒙受损失的其他人，甚至包括受到伤害的过路人。这种横向的扩展，对受担保的受益人的范围进行了实质性的扩展。不过，美国各州的法律就此所持的态度并不完全一致。

（三）严格责任

1. 严格责任的概念

美国法上的严格责任即无过错责任。在严格责任之诉中，作为一般原则，原告不必证明被告有过错即可胜诉。然而，严格责任并不是“绝对责任”（absolute liability），尽管英美法官在表述这一概念时经常使用这一词语。绝对责任就其字面含义而言，是指被告已没有为自己辩护的任何余地。美国法上的严格责任所具有的，并不是这样的含义。例如在许多情况下，被告可以以损害结果不可预见为由为自己辩护，以原告已承担风险为由为自己辩护，或者以损害有不可避免的事故为由为自己辩护。

2. 产品的缺陷

在产品责任的严格责任之诉中，产品存在缺陷是原告获得赔偿的前提。这里所谓的缺陷包括制造上的缺陷（manufacturing defects）、设计上的缺陷（design defects）和未给予适当的警告或指导。其中最为复杂的是设计上的缺陷。限于本书的篇幅和目的，我们仅讨论设计上的缺陷问题。

（1）通常的消费者预期标准

①《第二次侵权法重述》第402A条的规定

《第二次侵权法重述》第402A条的内容如下：

“（1）如果某产品包含了有缺陷的条件因而对其使用者或消费者或其财产具有不合理的危险，那么，出售该产品的人对由此引起的其最终的使用者或消费者或其财产的有形损害承担责任，只要：

（a）该卖方参与了销售该产品的经营活动，并且，

（b）该产品被期望且在事实上到达了该使用者或消费者的手中，并且，其条件在其被销售时未发生实质性的改变。

（2）尽管存在以下情况，第（1）款陈述的规则仍应得到适用：

（a）卖方在准备和销售其产品的过程中已付诸了全部可能付诸的谨慎，同时，

（b）该使用者或消费者没有从该卖方购买该产品或与该卖方发生过合同关系。”

依上述规定，当产品具有缺陷因而对使用者或消费者的人身或财产具有不合理的危险时，出售该产品的人对由此引起的人身伤害和财产损失负有严格责任，即无论他有无过失，无论他对受害的原告是否负有合同法上的默示担保义务，他均不能被免除赔偿责任。值得注意的是，这里的“出售该产品的人”也包括了产品的制造者。

关于以上规定所阐明的原则，该条的“注释i”写道：“本条陈述的规则仅适用于该产品有缺陷的条件使其对使用者或消费者具有不合理的危险的情况……出售的物件所具有的危险须达到这样的程度：购买它的消费者无法预期该危险的存在，而对它的性能，该消费者拥有通常的、对这个社会属于一般性的知识。”

这就是著名的“通常的消费者预期”（ordinary consumer expectations）标准（简称消费者预期标准）。根据这一标准，当产品具有的危险超出了通常的消费者可预见的范围时，该危险即成为不合理的危险。

② 消费者预期标准的局限性

这一标准经过司法实践的检验暴露出两个问题：首先，当产品的危险显而易见时，由于危险已在消费者的预期之中，原告便不能主张严格责任；其次，当产品是一种复杂的产品时，消费者凭借通常的知识（ordinary knowledge）无法判断该产品在多大程度上应当是安全的。

在科罗拉多州最高法院1987年判决的卡马乔诉本田汽车有限公司案①中，原告在驾驶被告生产的摩托车时发生车祸，其腿部严重受伤。原告在起诉时主张，该车没有安装腿部防护设施，属于设计上的缺陷。被告提出的辩护理由之一是，摩托车发生事故的风险是每一个消费者都能预见到的，因此，根据《第二次侵权法重述》第402A条注释i，未安装腿部防护设施不属于对消费者具有不合理危险的缺陷。

对于采纳“消费者预期标准”的法院来说，上述推理在逻辑上似乎是成立的。在卡马乔案中，这种推理被初审和上诉法院接受。但该州最高法院没有采纳这种观点。该法院指出：在以往的判决中，该州法院已经判决，“某一产品的危险是公开的和显而易见的这一事实，并不能构成对产品有不合理的危险的主张的辩护理由。我们注意到，采纳这样的原则，作为一个法律问题，将不公平地加强风险承担抗辩的作用”。②

关于通常的消费者预期标准的第二种不足，可通过田纳西州法院1985年判决的希格斯诉通用汽车公司案③清楚地看到。在该案中，发生事故的汽车没有安装安全气囊。原告主张这属于设计上的缺陷。法院判决：“原告作为‘通常的消费者’不会期望在发生猛烈碰撞时会有气囊冲出。”实际上，一辆汽车应否安装安全气囊是一个复杂的问题。比如，这与汽车的价格和“档次”有关。因此，这并不是单凭消费者的预期就能妥善解决的问题。

尽管通常的消费者预期标准具有某些不足，但并没有被美国的司法实践废弃。这一标准可以用来解决那些凭通常的生活经验即可以作出判断的问题，其作用类似于《统一商法典》关于商销性默示担保的规定。商销性默示担保的含义之一是，货物至少应“适合于这种货物通常被使用的目的”。它们之间的区别在于，《统一商法典》作为调整买卖双方之间的合同关系的法律，并不要求把产品具有危险性作为违约的条件，而《第二次侵权法重述》不仅要求证明产品缺乏商销性，而且要求证明产品的这种缺陷导致了不合理的风险。

在司法实践中，当通常的生活经验允许作出判断时，采用通常的消费者预期标准往往比采用其他标准更为方便。例如，消费者有理由预期，食品之中不会有碎玻璃，这是容易证明的。因此，如果食物中的碎玻璃引起了损害，被告应负严格责任。此种方便可以给消费者带来重要的利益，即可以使其承担较轻的证明义务。相比之下，采用下文介绍的“风险/利益标准”，消费者通常会付出较为昂贵的成本。

（2）风险/利益标准

① 风险/利益标准的含义

风险/利益标准（risk-benefit test），又称“风险/效用标准”（risk-utility test）或“危险/效用标准”（danger-utility test），是指当某一引起损害的风险在总体上大于该产品带来的利益或形成的效用时，即应认定该产品是有缺陷的。为了对产品的风险和效用进行权衡，美国学者迪安·约翰·韦德（Dean John Wade）提出了七点进行权衡的因素。他

---

① Camacho v. Honda Motor Co., Ltd., 741 p. 2d 1240 (1987).

② Camacho v. Honda Motor Co., Ltd., 741 p. 2d 1240 (1987).

③ Higgs v. General Motors Corp., 655 F. Supp. 221 E. D. Tenn. 1985.

的建议很快为美国法院广泛地采纳。

在前述卡马乔案中，科罗拉多州最高法院为了决定被告生产的摩托车未安装腿部防护装置是否属于设计上的导致不合理危险的缺陷，考虑了该七点因素。它们包括：

“(1) 该产品的有用性和适宜性，即对该使用者和作为整体的公众的效用。

(2) 该产品的安全性，即该产品引起损害的可能性和很可能发生的损害的严重性。

(3) 采用可满足同样需要且不会如此不安全的替代产品的可行性。

(4) 制造者消除该产品的不安全特征又不减损其有用性或不使其效用的维护过于昂贵的能力。

(5) 该使用者通过在使用该产品的过程中谨慎行事而避免危险的能力。

(6) 由于公众对该产品的显而易见的条件的一般知识或由于适当的警告或指导的存在，该使用者对于该产品的固有的危险预先拥有的意识。

(7) 制造者通过调整该产品的价格或通过投保责任险将损失分散的可行性。”

上述七点可以简要地概括为：第一，产品的效用；第二，产品具有的危险性；第三，生产可替代产品的可行性；第四，被告在适度增加成本和不降低其功能的前提下使之变得安全的能力；第五，原告通过谨慎行事避免风险的能力；第六，原告对风险的预见；第七，通过课以严格责任将风险分散到整个社会的可行性。

在审理卡马乔案的过程中，科罗拉多州法院在对以上因素中的相关因素进行分析的基础上指出：现有的证据表明，被告本来可以通过投入可接受的成本安装该防护装置，并且不会减损该产品的效用或实质性地改变其性能；被告未能这样做，从而使该产品依“危险/效用标准”包含了不合理的危险性。

风险/利益标准将导致不合理风险的缺陷看成一个相对概念，通过权衡各种因素得出最终结论，从而使各种利益（消费者的利益、生产者或销售者的利益、社会公众的利益）和诉讼各方的过错因素得到综合的协调，这有利于实现更合理和更公平的结果。

② 风险/利益标准的适用情况

1984 年，密歇根州法院在审理普伦蒂斯诉耶尔制造公司案[①]时指出：“在审理产品设计缺陷案件的法院中，绝大多数法院都赞同运用某种形式的风险/效用分析方法。”

在采用这种标准时，法院往往依案件的具体情况侧重于对某一种或某几种因素的考虑，而不是对前述七种因素给予均衡的考虑。例如，在阿克利诉韦恩药品公司案[②]中，原告是一个儿童；其父母声称在接种被告生产的牛痘疫苗之后受到伤害。联邦第六巡回区法院判决，原告要证明该疫苗有缺陷，必须证明存在其他有效的、更安全的、可替代的疫苗。这一案例所运用的是前述七种因素中的第三种因素。

在前述卡马乔案中，原告在主张被告生产的摩托车没有安装腿部防护装置构成设计上的缺陷时举证说：1978 年，当原告购买该摩托车时，有效的腿部防护装置已经由被告以外的几个生产者生产出来，作为可供消费者选择的设备；如果车祸在较低速度下发生，这种装置可以避免严重的腿部伤害。这一主张也是依前述七点因素中的第三点因素

---

① Prentis v. Yale Mfg. Co., 421 Mich. 670 (Mich. 1984).

② Ackley v. Wyeth Laboratories, Inc., 919, F. 2d 397 (6th Cir. 1990).

提出的，并对法院产生了影响。

（3）消费者预期标准与风险/利益标准的结合

① 巴克诉勒尔工程公司案与“双股叉标准”

巴克案①是加利福尼亚州最高法院1978年判决的著名判例。该法院通过该案采用了确定产品的设计缺陷的“双股叉标准”（two-prong test）。其内容是：首先，如果原告能够证实，某产品在以某种预期的或可以合理预见的方式使用时未能像一个通常的消费者预期的那样安全地运行，则该产品可以被认定在设计上存在缺陷。其次，作为对第一条标准的替代，如果原告能够证明，某产品的设计是导致其损害的近因，而被告不能证明，考虑到相关的因素，经过权衡，该受到质疑的设计带来的利益超过了由该设计固有的危险带来的风险，则该产品可以被认定在设计上存在缺陷。

根据巴克案，原告可以在消费者预期标准与风险/利益标准之中进行选择；如果他不能依消费者预期标准证实产品有设计上的缺陷，他只要证实设计是损害的近因，举证责任便转移到被告，被告就要证明采用该设计的利益大于风险。

② 索尔诉通用汽车公司案作出的限定

索尔案②由加利福尼亚州最高法院判决于1994年。其案由是，原告在驾驶被告生产的卡马罗（Camaro）牌汽车时，该车的左前部与另一辆相撞。撞击使这辆由被告生产的汽车的框架和支撑左前轮的系统发生变形和断裂，并使车轮爆裂和凸进汽车内部。结果，位于车轮之后原告脚下的钢板因受到挤压而发生断裂和向车内凸起。该断裂的钢板使原告的左脚踝骨发生粉碎性骨折，并造成永久性损伤。

原告在诉讼中主张，其受到的伤害并不是该事故自然的后果；由于该汽车的框架和支撑车轮的托架设计得不合理，该车轮在汽车发生碰撞时向后和向车内倾倒，从而导致原告的腿部受伤。初审和上诉法院依通常的消费者预期标准，支持了原告的请求。

加州最高法院在终审判决中指出：“消费者预期标准适用于这样的情况：该产品使用者的日常经验允许得出结论，即该产品的设计达不到最低程度的安全期求，因而是有缺陷的，无论关于该设计的专家意见是什么。”可是，“除非事实切实允许推定该产品的运行不符合通常的消费者期望的最低安全值，否则，陪审团必须按巴克案的第二条标准的要求对风险和利益进行权衡”。在本案中，原告主张的设计缺陷涉及技术上的和机械方面的细节问题，这些问题并不在通常的消费者可以合理预期的范围之内，因此，初审法院按照通常的消费者预期标准对陪审团作出指示是不适当的。

索尔案对巴克案的发展和限制在于，依据索尔案，原告无权在消费者预期标准和风险/利益标准之中进行自由的选择；应适用其中哪一条标准决定于案件的具体情况：当产品的设计是否有缺陷属于通常的消费者依其日常的经验可以判断的问题时，前一标准应得到适用，无论依后一标准会得出什么结论，反之，如果产品是否有缺陷涉及复杂的专业方面的问题，通常的消费者依其日常的经验无法判断时，就必须适用第二条标准。此时，法官应指示陪审团依据当事人提交的专家意见对产品设计的风险

---

① Barker v. Lull Engineering Co., Inc., 143 Cal. Rptr. 225 (Cal. 1978).

② Soule v. General Motor Corp., 34 Cal. Rptr. 2d 607 (Cal. 1994).

和利益进行权衡。

（四）小结

在美国的产品责任法中，过失、担保和严格责任，是三种互为补充的理论体系和规则体系。一般而言，根据担保理论起诉，原告能够获得最大的诉讼程序上的便利：他既不用证明被告有过失，也不用证明产品存在缺陷。不过，被告曾经作出过明示或默示的担保是提起此种诉讼和获得胜诉的前提。过失理论是一种较为传统的理论。通常，根据过失理论起诉，受害人的举证负担会比较重。在严格责任的理论框架下，原告的主要义务是证明缺陷的存在，一般而言，这比证明被告的过失容易，但有的学者就此表达了不同的看法。他们甚至认为，在许多情况下，对缺陷的证明比对过错的证明更加困难。此种情况经常发生在有关设计缺陷的案件中。

四、中国对美贸易中的产品责任问题

（一）美国的原告在美起诉的可能性

通常，中国制造的产品要经过许多中间环节才能到达美国使用者或者消费者手中，比如，中国的制造商通过中国的出口商将产品卖给美国的进口商，美国的进口商把产品批发给美国的零售商，美国的零售商将产品出售给美国的消费者。这种中间环节的存在造成了美国使用者或消费者直接对中国出口商或制造商起诉的困难；在许多情况下，他们甚至不知道产品的出口商或制造商是什么人。然而，当消费者或者使用者在使用产品的过程中，蒙受人身伤害或者财产损失时，美国的法律既允许他们对产品的制造者起诉，也允许他们对任何一个中间商（包括出口商、进口商、批发商和零售商等）起诉。这些因素使美国的消费者或使用者通常把直接向他们出售商品的美国零售商或上一手的美国批发商作为首要的诉讼对象。

美国的中间商在收到起诉状后，为了让中国的出口商或制造商承担赔偿责任，或者至少能与他们分担赔偿责任，往往力图把中国的出口商或制造商拉入诉讼。在这种对各方责任合并审理的诉讼中，美国的消费者是原告；美国的中间商是被告，同时又是第三方原告；中国的出口商或制造商是第三方被告。

然而，美国法院同意把中国的出口商或制造商拉入同一诉讼的前提是，该法院对中国的出口商或制造商拥有管辖权。也就是说，审理以中国的当事人为被告的案件不能超出该法院受理案件的权限范围。

美国联邦最高法院在 1945 年的国际鞋公司案中判决：宪法的正当程序要求，如果被告没有在法院地存在，对他行使对人管辖权的前提便是，他与法院之间具有某种最低限度的接触，因而对该管辖权的行使不会违反“传统的公平审理与实质性公正的观念”。“公平审理”指程序上的公正，“实质性公正”指实体上的公正结果。“公平审理与实质性公正”要求对管辖权的行使要具有合理性和适当性，这是总的原则。“最低限度的接触”是评判这种合理性和适当性的具体尺度。

在国际鞋公司案的判决作出之后，美国的各个州相继通过了自己的“长臂法”（long-arm statutes），就构成最低限度的接触的各种情况作出规定，而美国联邦和各州的法院则在一系列判决中对州的长臂法确认的构成这种接触的标准是否具有合宪性进行了审查。在此过程中，美国联邦法院通过对上述原则的运用又创立了若干具体标准，其中最重要的有两条：（1）被告的行为有意地指向了法院所在的州。比如，一家中国公司派代表到美国的某一州，与那里的一家公司进行谈判，以便把某种产品出口到那里；一家中国公司在美国的某一州设立了分公司或代表机构，以便在那里从事经营活动；一家中国公司在美国的某一州做广告，以便在那里推销产品等。所有这些行为都可以使该州与被告之间产生一种最低限度的联系，从而使该州对该中国公司拥有管辖权。（2）被告将其产品投入了商业的潮流，并预见到法院所在州的消费者将购买其产品，而其产品后来使该州的消费者受到了伤害。比如，某中国公司把其产品卖给了某香港公司，该香港公司把该产品卖给了一个美国进口商，其中的一件产品最终卖给了一个美国消费者并使他受到了伤害，该中国公司在出售该产品时知道该香港公司将把它们销往美国或很可能会把它们销往美国，因为美国是这种产品的主要消费市场。目前，美国法院对于应否采纳后一标准尚有意见分歧，但采纳这一标准的判例已经有许多件。

总之，美国法院在对境外的被告行使管辖权时手伸得很长，在产品责任案件中就更是如此。在此类案件中，当原告是美国的消费者时，美国法院通常会认为，本地的消费者的利益高于外国的被告在减轻其诉讼负担方面拥有的利益；同时，法院所在地在行使管辖权、保护本地的消费者方面拥有的利益高于外国的利益。其结果是，在多数情况下，美国法院能够找到对境外的被告行使管辖权的理由。

（二）美国法院判决对中国被告的影响

如果中国的产品制造商或出口商在美国受到起诉，在收到美国法院发出的传票后没有应诉，或者虽然应诉但未能胜诉，美国法院作出的令中国的出口商或制造商对美国的进口商、其他中间商或消费者进行赔偿的判决能不能得到执行呢？这取决于以下几种情况：

首先，如果中国的被执行人在美国境内拥有可供执行判决的财产，该判决通常能得到执行。因为美国的各个州在承认和执行其他州的判决方面是提供互惠的。

其次，如果中国的被执行人在美国以外的其他国家拥有财产，这一判决是否得到执行主要取决于美国是否与该国建立了相互承认和执行判决方面的互惠关系。迄今为止，美国没有与任何国家订立相互承认和执行判决的双边条约，也没有参加过任何具有此种性质的国际公约。因此，其他国家只能依互惠原则决定是否执行美国法院的判决。依互惠原则，甲国法院执行乙国法院判决的前提条件是，乙国法院在相同的情况下也会执行甲国法院的判决。这些因素无疑会给美国法院判决在其境外执行造成困难。

最后，如果中国的被执行人仅在中国境内有财产，美国法院的判决目前还不能得到执行。根据中国民事诉讼法的规定，中国法院执行某一外国法院判决的前提是，该外国与中国加入或签署了一个相互承认和执行判决的双边条约或国际公约，或者，两国之间存在着相互执行对方法院判决的互惠关系。目前，中美之间既不存在这样的条约或公约，也不存在这种互惠的关系。

第二节 欧洲的产品责任法

一、欧洲产品责任法的概况

在当代欧洲产品责任法发展的历史上，最重要的事件之一是，欧盟于 1985 年 7 月 25 日颁布了《关于在有缺陷的产品责任方面使成员国的立法、条例和行政规章接近的指令》(简称《产品责任指令》)。《产品责任指令》要求所有的欧盟成员国在 1988 年 8 月 1 日之前颁布与《产品责任指令》相符的“产品责任”法，生产者不得以合同或者其他办法来限制或者排除其在该《产品责任指令》项下对产品的责任。

《产品责任指令》要求成员国对造成人身或者财产伤害的有缺陷的产品的生产者施加严格责任。《产品责任指令》并没有就诉因问题作出规定，而是由成员国国内立法予以规定。产品责任案件由国内法院根据国内立法进行审理。《产品责任指令》适用的范围为所有动产，即使它被并入另一动产或者不动产，但是不适用于初级农产品和游戏产品。

在疯牛病危机之后，欧盟于 1999 年颁布了《第 1999/34/EC 号指令》，对《产品责任指令》的适用范围进行了修订，将其扩大到初级农产品（包括肉、谷物、水果和蔬菜）和游戏产品。通过要求生产商和进口商严格地遵守应当适用的标准和保障措施，以及对初级农产品的安全采取负责任的态度，修订后的《产品责任指令》大大提高了保护消费者的水平，恢复了消费者对食品安全的信心。进一步说，《产品责任指令》适用范围的扩大，导致无过错责任的原则在欧盟的所有国家能够适用于初级农产品，消除了竞争被扭曲的风险，人们也无须再面临无法区分初级农产品和加工产品之间的界限这一问题。成员国被要求自 2000 年 12 月 4 日为止必须适用这些修订后的规则。

《产品责任指令》所调整的产品范围包括在欧盟内生产的或者被输入进欧盟的对个人或者私人财产造成损害赔偿的任何有缺陷的产品。但是《产品责任指令》并不影响成员国国内的调整合同或者非合同责任的法律规定。《产品责任指令》并不适用于成员国已批准加入的国际公约所覆盖的核事故引起的伤害或者损害，也不适用于服务行业。

二、《产品责任指令》中的若干重要概念

(一) 产品

根据《产品责任指令》，产品是指有形财产和货物，而不是指不动产或不动产中的权利或者附属于不动产的权利。某一产品可以指整个产品，或者某一产品中的一部分，或者附着于不动产的某一固定物的某一部分。如前所述，《第 1999/34/EC 号指令》将该产品的定义修改为：产品是指所有动产，即使它被并入另一个动产或者不动产，包括农产品（例如肉、谷物、水果和蔬菜）和游戏产品。此外，该《产品责任指令》还适用于电子产品以及最终产品的原材料和配件。

（二）生产者

《产品责任指令》第3条对生产者进行了定义。它包括成品的生产者，还包括：原材料的生产者或者某一配件的生产者；任何将其名称、商标或者其他独有的特征放在产品上，表明其是生产者的人；如果生产者不能被辨认，则提供某一产品的人；将产品投入欧盟市场的进口商。当有两人或者两个以上的人应当对损害承担责任时，它们承担连带的和分别的责任。

（三）举证责任和因果关系

根据《产品责任指令》，受害一方有义务证明损害和缺陷的存在，以及损害和缺陷之间的因果关系，但是，受害人无须证明生产者有过失。在产品的缺陷得到证明的情况下，生产者承担其没有过失的证明义务。如果损害不仅由产品中的瑕疵引起，而且由第三人的行为或者过失引起，那么，生产者的责任并不能被减轻。如果产品本身存在缺陷，但受害人也有过错，生产者的责任可以被减轻。

在下列情况下，受害一方不可对生产商提起产品责任之诉：（1）受害方不能证明生产商（供应商）对受害人承担了注意义务，并且未能在提供有缺陷的产品时，对受害一方采取了合理的措施；或者，（2）受害一方未能证明生产者（或者供应商）未能遵守某一特定的涉及该产品的消费者安全法，或者工作场所健康和安全法。

（四）有缺陷的产品

根据该《产品责任指令》第6条，有缺陷的产品是指该产品未能向消费者提供它有权享有的安全；在决定某一产品是否有缺陷时，必须考虑所有的情形，包括：（1）产品的说明（包括任何说明或者警示、包装和广告宣传）；（2）产品是否被投入到可以合理预期的用途；（3）产品被投入到流通领域的时间。生产者生产出更新的产品并不能自动使旧型号的产品成为有缺陷的产品。

（五）生产者的辩护理由

根据《产品责任指令》第7条，生产者如果能够证明如下情形存在，将不承担责任：

（1）生产者没有负责将产品投入市场。

（2）生产者将产品投入市场时，产品本身并不存在引起损害的缺陷，或者，这种缺陷是后来才出现的。

（3）生产者生产的产品并不是供出售的或者为了其他的经济目的被投入流通，或者，产品并没有在商业经营中被制造或被投入流通。

（4）产品缺陷的产生是因产品为了符合公共机构颁布的强制性条例而导致的。

（5）按照生产者将产品投入市场时的科技知识水平，该缺陷当时不可能被发现。该款规定在实践中被简称为“发展中风险辩护”。该指令允许成员国的立法背离该款规定，即允许在这种情况下，判令生产者承担责任。

（6）当生产者是分包商时，缺陷是由成品的设计导致的，或者是由于成品的生产者给分包商发出的有缺陷的指示造成的。

（六）损害和损害赔偿金

《产品责任指令》第 9 条规定了可以成为请求标的的两种损害，即由于死亡或者人身伤害所蒙受的损害以及财产损害。

财产损害必须满足下列标准：它必须供私人使用；它必须是受害人本人在使用的过程中或者在消费的过程中蒙受的损害。涉及一项财产的损失而请求的损害赔偿金必须超过 500 欧元。

关于损害赔偿金，《产品责任指令》允许成员国对由于同一产品的缺陷而引起的死亡或者人身伤害事故，对生产者施加的总责任确定一个最高限额。这一限额不得低于 7 000 万欧元。成员国国内法可以对非物质损害赔偿金（non-material damages）作出规定，例如疼痛和痛苦，尽管《产品责任指令》并不要求成员国提供此类损害赔偿金。

（七）诉讼时效

受害人提起损害赔偿金的诉讼时效为 3 年，期限始于原告知道或者理应知道受到损害、产品有缺陷和谁是生产者之日开始计算。受害者的权利自生产者将引起损害的产品投入市场之日起 10 年期限届满即告消灭，除非法律诉讼悬而未决。

三、《产品责任指令》实施的情况

（一）《产品责任指令》实施概况

按照《产品责任指令》的要求，各成员国应于 1988 年 8 月 1 日以前，或是通过修改原有的法律，或是通过制定新的立法实施《产品责任指令》。目前，欧盟原有的成员国均已完成了将该《产品责任指令》转化成国内立法的工作。

（二）成员国法院和欧洲法院对《产品责任指令》中若干问题的解释

1. 缺陷的含义

《产品责任指令》第 6 条虽然对缺陷作出了定义，但该定义中包含的“合理预期”具有一定的主观性因素，这为成员国法院在处理有关争议时作出解释留下了空间。英格兰和威尔士上诉法院曾经作为一审法院在一起对国家血液管理局的集体诉讼①中，对《产品责任指令》中的“缺陷”（defect）进行了详细的讨论。

在该案中，原告有 114 名。他们在 1991 年 9 月之前，即英国尚未引进血液筛选测试方法（screening test）之前，在输血时感染了丙肝。尽管自 20 世纪 70 年代初，血液的生产商和医疗工作人员一直知道这种潜在风险的存在，但是在相关的时间，并没有可供利用的测试方法用来检测血液是否已被污染。法院认为，该产品的不安全并不构成事实上的缺陷。在决定此种不安全性是否构成缺陷时，需要考虑一般大众是否知道并且接受这种受到感染的风险。

---

① ［2001］3 All ER 289.

然而，针对被告没有就此进行警告性提示，也没有进行实质性的宣传这一事实，该法院判决道，对于输入该血液会有某种比例的被感染的风险，公众是不能接受的。因此，原告有合法的权利期待，输入的血液没有被污染。该法院在作出这一判决时还认为，《产品责任指令》第6条中的“所有情形”（all circumstances）仅限于相关的情形，而下列情况应被视为不相关的情形：缺陷的避免以及采取预防措施的不现实、昂贵和困难，在考虑某一产品是否有缺陷时，不能将被告的此种行为视为相关的考虑情形。仅在公众对风险掌握了充分的信息和有了恰当的了解时，该产品对社会的利益或者效用才被视为相关情形。

在某比利时法院审理的起诉庄臣和庄臣公司的案件①中，一位16岁的女孩错误地将一只迷你止血垫塞进了尿道里，而不是阴道。这使该女孩蒙受了很多痛苦。由于原告未能将止血垫抽出，出现了中毒性休克症状。原告主张，该产品是有缺陷的，因为它未能警告不得塞进错误的地方。法院驳回了该起诉，理由是原告使用该产品的方法并不是被告能够合理预见到的。法院还考虑了这样的事实，即被告从没有接到通知，曾有消费者试图将止血垫塞进尿道；该产品上的指示是清楚的，即使对初用者来说。

在波恩地区法院审理的一起案件②中，原告声称她从2002年11月至2003年2月每天消费一袋400克的甘草。在2003年2月，她在虚脱后到医院治疗心律失调。随后，给他治疗的医生在一封信中称，她心脏的问题缘于她长期食用甘草。于是，她向制造商提出索赔，理由是它未能警告食用甘草对健康的后果。该法院驳回了原告的起诉，理由是：原告不仅未能证实她的案件在侵权法上成立，也未能证实根据实施该《产品责任指令》的国内立法是可以成立的。法院无须考虑原告是否事实上食用了其所称数量的甘草，也无须考虑食用甘草是不是引起心律失调的原因，因为无论根据侵权法还是根据该《产品责任指令》，该产品不存在缺陷，不存在没有解释或没有警告的问题。尽管生产商有义务警告在正常使用条件下的危险和风险，但是并没有义务警告在过量食用的情况下可能引起的风险。

法国最高法院在2005年作出的一项判决③中也对“缺陷”这一概念进行了解释。该案是关于一种治疗痛风的药品导致的副作用，即用药后引发了皮炎。原告主张，该产品有副作用本身足以说明它有缺陷。该案一审法院和上诉法院根据原告蒙受的伤害推定缺陷存在，并作出了有利于原告的判决。但最高法院认为：药品本身有副作用并不构成事实上的缺陷；由于原告没有证实该药品的缺陷性质，该案不能成立；仅仅证明药品具有危险的性质是不够的，必须考虑所有的情形，包括公众从法律上有权期待什么。

2. 举证责任和因果关系

《产品责任指令》第4条对原告的举证责任作了初步的规定，但并没有对原告必须符合的证明标准作出规定。成员国的国内法院已采取不同的方法对原告的举证必须符合的标准作出了规定。

---

① Rb. Zwolle 24 April 2002, Praktijkgids 2002, 5921.

② 19 April 2004, District Court of Bonn, 9 0 603/03 (Haribo).

③ Cour de Cassation, Premier Civ., 1 April 2005.

在法国最高法院审理的一起案件[①]中，原告接种了一系列丙肝疫苗；在最后一次接种的一个月后，他被诊断出多发性硬化症。他主张，疫苗是引起多发性硬化症的原因。上诉法院判决，原告在接种疫苗前，健康状况良好，因此，该产品有缺陷，并且有其他病人在接种了该疫苗后也得了多发性硬化症，被告未能证明其他原因导致此种疾病的可能性。法院还判决，该产品没有满足原告有权合法期待的安全水平，该事实本身证明了该产品的缺陷性质。然而，法国最高法院推翻了下级法院的判决，理由是原告没有证实缺陷以及因果关系的存在。法国最高法院注意到，多发性硬化症病因不明，也没有科学的研究或者专家的报告支持如下观点：疫苗和多发性硬化症之间有因果关系。

在两起由产品爆炸引起人身伤害的案件中，由于危险的明显存在和缺陷的可推定性，法院实际上都免除了原告关于缺陷的举证责任。其中一个案件[②]是比利时法院根据《产品责任指令》审理的第一起案件。在该案中，原告由于软饮料瓶的爆炸蒙受了伤害。原告没有证据证明某一特定的缺陷引起了瓶子的爆炸。然而，审理该案的地区法院认为，从如下事实即可推定缺陷存在，即人们不会期望瓶子会发生爆炸。

另一起是法国普罗旺斯地区艾克斯地区法院审理的案件[③]，原告因火炉的玻璃屏发生爆炸而受到了伤害。法院判决，尽管原告并没有证明诉因是什么，但可以推定缺陷的存在以及缺陷与损害之间的因果关系。其理由是：从任何程度上说，该产品都是失败的，因为它摧毁了人们的合法期望。该生产者提出，可能有其他原因导致该损害，但法院认为，无须对引起缺陷的实际原因作全面审查即可作出判决。该案判决之后被告没有上诉。

3. 发展中的风险辩护

《产品责任指令》第 7 条 e 款规定了发展中的风险辩护（the development risks defence)。然而，对此种辩护理由的认可在实践中产生了两个问题：(1) 此种辩护的确切含义是什么？(2) 此种辩护可以适用于哪些领域？对其适用范围应当给予狭义的解释还是广义地解释？

欧洲法院 1999 年审理的一个案件[④]要解决的是第一个问题。在该案中，该法院对英国在“发展中风险辩护”这一问题上是否正确地实施了《产品责任指令》进行了审查。此前，英国为实施《产品责任指令》颁布了《1987 年消费者保护法》（the Consumer Protection Act 1987)。欧洲法院认为，这部立法与《产品责任指令》并没有明显的背离，但是该法院对于应如何解释“发展中风险辩护”提供了指导性的意见。该法院认为，被告要进行成功的抗辩，必须承担如下举证责任：该产品在被投入流通时，由于科技知识的客观状态，根据具有合理性的检验标准，其缺陷不可能被发现。

更多的案例涉及第二个问题。在前述英国法院审理的起诉国家血液管理局的案件中，双方当事人同意，相关的科技知识水平是指可供任何人利用的而不是仅能被生产者

① Cour de Cassation, Premier Civ., 1 April 2005.

② Riboux v. S. A. Schweppes Belgium, 21. 11. 96, Civ. Namur, 5e. Ch.

③ Tribunal de Grande Instance, Aix-en-Provence, 2 October 2001, D. 2001. IR. 3092.

④ Commission-v-UK, Case C-203/99.

利用的最先进的技术；某些未发表的文件或者研究不能被视为可供利用的信息。当这些信息可以被合理地获得时，发展中的风险辩护将不可被利用。英国法院指出：显而易见的是，缺陷的存在是指知悉在某一产品中存在一般的缺陷。只要有那种知悉，在某一特定的产品中，该缺陷即成为现实可能的风险。一旦某一生产者注意到某一潜在问题，如果他继续提供该产品，则他必须自担风险。如果某一生产者知悉该风险的存在，却无须就提供该产品所引起的伤害承担责任，即是不符合该《产品责任指令》的目的。该法院认为，发展中的风险辩护只在这样的程度上保护生产者：其对未知悉的风险不承担责任。

在荷兰法院审理的一起输血案①中，由于输入了由被告提供的被感染的血液，原告被传染了艾滋病毒。该血液的感染并没有被检测出来，是因为献血者刚刚感染艾滋病毒，恰好在3个月的“窗口期”，而在这一期间感染无法被检测出来。阿姆斯特丹地区法院判决：由于被告已经根据当时可供利用的科学和技术知识采取了相关措施，而该感染是不可避免的，因此应当适用发展中的风险辩护。阿姆斯特丹地区法院作出的这一判决遭到了严厉的批评。

在德国联邦最高法院审理的涉及《产品责任指令》的第一个案件②中，原告在事故发生时仅有9岁。由于一瓶苏打矿泉水瓶的爆炸，他的左眼严重受伤。矿泉水是用回收的瓶子装的。在回收之后被投放入市场之前，每个瓶子同时由机器和雇员根据最新的科学技术进行检查，以发现其是否存在缺陷。此案中的爆炸可能是由瓶子上的一个缺口引起的。下级法院认为生产商可以被免责，因为此种缺口根据目前的技术水平是不可能被查出的；同时，公众对充满二氧化碳饮料的回收瓶子可能会爆炸的风险已经了解了一段时间。然而，联邦最高法院判决，“发展中风险辩护”仅适用于设计缺陷，不能扩大到生产缺陷。

4. 投入流通

如何理解《产品责任指令》中“投入流通”这一用语，在解释该《产品责任指令》时具有重大意义。首先，在评估一个人的合法期望（第6条）以及科学和技术知识（第7条）时，应当是产品投入流通的时间。其次，《产品责任指令》第11条规定，受害者的权利自生产者将引起损害的产品投入市场之日起10年期限届满即告消灭，除非法律诉讼悬而未决。该期间的起算，应当是产品投入流通的时间。

在2004年的一起案件③中，关于如何解释“投入流通”的含义这一问题被提交给了欧洲法院。其案情是，原告一直在医院等待肾脏移植。一只肾脏已从捐献者——原告的哥哥那里摘除，并准备使用为此目的而设计的液体冲洗后完成肾脏的移植。然而，该液体被证明是有缺陷的，并致使该肾脏不能再用于移植。原告要求赔偿损失。被告医院拒绝承担责任的理由是，该产品并没有进入流通。法院在判决中指出，对定义的解释必须符合该《产品责任指令》的目的。被告试图依赖的例外仅包括如下情况：除了生产者以外的人已导致该产品离开生产过程；对该产品的使用违反生产者的意图；以及生产过程尚未完结。因此，欧洲法院认为，在该案中，该肾脏已经被投入了流通。

---

① Scholten-v-Sanquin Foundation, RB Amsterdam 3 February 1999, NJ 1999 621.

② BGH, 9.5.95, VI ZR 158/94.

③ Veedfald-v-Arhus Amtskommune, 13 Case C-127/04.

在同一年的另一起案件[①]中，英国法院也将某一产品何时投入流通这一问题提交给了欧洲法院。原告在被注射抗血友病的疫苗后，蒙受了严重的伤害。该疫苗的生产者将疫苗发送给分销商，后者又将其卖给了英国健康部，并交到该部指定的一家医院。由于该事故是很久前发生的，关系到10年的诉讼时效期是否超过的问题，故生产者何时将产品投入流通变得十分重要。法院认为，当某一产品离开生产者所操作的生产过程，并且进入营销过程时，即进入了流通，因为营销的目的是为了出售给公众消费和使用。

第三节 《关于产品责任的法律适用公约》

为了逐步统一各国关于产品责任的国际私法规则，海牙国际私法会议（Hague Conference For Private International Law）于1973年10月2日通过了《关于产品责任的法律适用公约》（Convention on the Law Applicable to Products Liability，简称《公约》）。这部《公约》已于1977年10月1日生效。

一、《公约》的适用范围

《公约》共有22条。其第1-3条对《公约》的适用范围作出了规定。《公约》仅适用于国际案件，应当被适用于确定有关制造商和其他人责任的准据法，不论程序本身是什么性质。

《公约》不试图在任何方面影响产品责任的实体规则，也不涉及司法管辖问题或者外国判决的承认和执行问题。如果某一产品的所有权或者使用权由被请求承担责任的当事人转让给了蒙受损害的当事人，在决定它们的责任时，不应当适用《公约》。

《公约》第2条规定："产品"一词应包括所有的产品，无论是自然产品还是工业产品，新产品或者加工的产品，动产或者不动产。"产品"不仅指成品，还包括其零部配件。

《公约》第2条还规定，"损害"是指所有种类的损害，无论是人身伤害，或是对有形财产（不动产和动产）的损害，或是经济损失（out-of-pocket loss）；但是不包括，对产品本身的损害以及由此而引起的间接经济损失，除非它们是伴随于其他损害发生的。这种损害可以产生于产品中的缺陷，或对该产品的错误说明，或者未能发出充分的通知告知其质量、性质或者其使用方法。

关于责任主体，《公约》第2条规定，"人"包括自然人和法人，例如公司、商业协会和合伙。

《公约》第3条对作为责任主体的"人"的范围作了进一步的说明。它包括除运输者外的所有的人，具体指：（1）某一产品或者其零配件的制造商。（2）自然产品的生

① O'Byrne-v-Sanofi Pasteur, Case C-127/04.

产者。(3) 产品的供应者（包括捐赠人）。(4) 在产品配备或分销的商业环节中的其他人，包括修理人和仓库管理人。例如，某汽车交易商将一辆汽车出售给某人，它在出售该汽车的前后对汽车进行了修理，其间存在疏忽行为，则该汽车交易商对该人承担的责任也受《公约》的调整。又如，某汽车制造厂在为某人修理汽车的过程中存在疏忽行为，但前者并没有向后者出售或出租该汽车，则前者对后者承担的责任不受该《公约》的调整。再如，某仓库的管理人在向最终买家出售某产品时保存了该产品，则该仓库管理人受该法的调整；但是，如果某最终买家在购买某产品后将该产品交给某仓库管理人，则该仓库管理人不受该法的调整。(5) 前述各种人的代理人或雇员。

二、确定准据法的规则

《公约》第 4-7 条是其核心条款，它们阐明了用于确定准据法的规则。这一组规则的特点是，单一连结因素并不能对准据法的确定起到决定性的作用。此外，如果被请求承担责任的人证实他不能合理地预见到其产品或者他的同类产品经过商业环节能够到达损害发生地国家或者直接受害人的惯常居所地国家，则这两个国家的法律不能被适用。

（一）适用损害发生地国家的国内法

《公约》第 4 条规定，准据法应当是损害发生地国家的国内法，但是该国必须符合下列条件之一：(1) 是直接受害人的惯常居所地；(2) 是被请求承担责任人的主营业地；或者 (3) 是直接受害人取得产品的地点。损害发生地是指被告的过失行为对直接受害人产生第一次影响的地方。

（二）适用直接受害人的惯常居所地国家的国内法

《公约》第 5 条规定，尽管有第 4 条的规定，准据法应当是直接受害人的惯常居所地国家的国内法，但是该国必须符合下列条件之一：(1) 是被请求承担责任人的主营业地；或者 (2) 是直接受害人取得产品的地点。

（三）适用被请求承担责任人的主营业地国家的国内法

《公约》第 6 条规定，在《公约》第 4 条和第 5 条指明的法律不能适用的情况下，应当适用被请求承担责任人的主营业地国家的国内法，除非原告根据损害发生地国家的国内法提起了诉讼请求。

第四节　中国的产品责任法

一、法的渊源

中国的产品责任法由《民法典》中的相关规定、《产品质量法》和《消费者权益保护法》等法律共同构成。其中，《民法典》第七编第四章是关于产品责任的专章；《产品质量法》最初于 1993 年通过，2009 年进行了修订，2018 年作了进一步的修订；《消费者权益保护法》最初于 1993 年通过，2009 年和 2013 年进行了修订。此外，《工业产品质量责任条例》《药品管理法》《食品安全法》中也有相关的内容。

二、缺陷责任

（一）严格责任抑或过错责任？

关于产品缺陷的含义，根据《产品质量法》第 46 条，产品缺陷是指“产品存在危及人身、他人财产安全的不合理的危险”。

关于在产品有缺陷的情况下，被告应承担严格责任（无过错责任）还是过错责任，在《民法典》颁布之前，《产品质量法》与《消费者权益保护法》的规定是不一致的。《产品质量法》第 42 条第 1 款规定：“由于销售者的过错使产品存在缺陷，造成人身、他人财产损害的，销售者应当承担赔偿责任。”因此，依照该法，即使产品存在缺陷，原告仍需证明该缺陷是被告的过错导致的。而根据《消费者权益保护法》第 48 条第 1 款和第 2 款第 1 项，只要经营者提供的商品或者服务存在缺陷，经营者就须承担民事责任。

对于上述问题，《民法典》第 1202 条规定：“因产品存在缺陷造成他人损害的，生产者应当承担侵权责任。”这意味着，作为一项原则，产品存在缺陷这一事实本身，即可导致责任的承担，无论被告有没有违约行为或者过失行为。

（二）谁是缺陷责任诉讼中的被告

关于在缺陷责任诉讼中原告有权对谁起诉，依照《产品质量法》第 42 条第 2 款，“销售者不能指明缺陷产品的生产者也不能指明缺陷产品的供货者的，销售者应当承担赔偿责任。”也就是说，缺陷产品的零售商可以通过指明生产者或批发商而转移其责任。换言之，在原则上，原告只能对实际造成产品缺陷的当事人起诉。然而，涉及这一问题，《消费者权益保护法》作出了不同的规定。依该法第 40 条第 2 款：“消费者或者其他受害人因商品缺陷造成人身、财产损害的，可以向销售者要求赔偿，也可以向生产者要求赔偿。”

依照新近颁布的《民法典》第 1203 条，“因产品存在缺陷造成他人损害的，被侵权人可以向产品的生产者请求赔偿，也可以向产品的销售者请求赔偿。”根据此条，当产品缺陷导致损害时，原告既可以对生产者起诉，也可以对经销产品的当事方起诉，其中包括批发商和零售商。

三、处罚措施

关于处罚措施，根据《民法典》第 1207 条，明知产品存在缺陷仍然生产、销售，或者没有依据前条规定采取有效补救措施，造成他人死亡或者健康严重损害的，被侵权人有权请求相应的惩罚性赔偿。因此，在缺陷责任诉讼中，如果责任人有故意或放任损害发生的行为并导致了严重后果，受害方可要求责任人支付惩罚性赔偿金。

对于出售不符合国家标准和行业标准的产品的行为，《产品质量法》第五章规定了具体的罚则。例如，根据第49条，生产和销售此类产品，包括已售出和未售出的产品，可处以相当于货值一至三倍的罚金。

《消费者权益保护法》中的罚则规定于该法第55条和56条。根据其第55条第2款，经营者明知产品有缺陷依然出售并导致死亡或对健康的严重损害的，受害人有权要求获得所受损失两倍以下的惩罚性赔偿。根据其第56条，如果出现该条规定的情况之一，“处以违法所得一倍以上十倍以下的罚款”。该条列举的情况之一是，“对商品或者服务作虚假或者引人误解的宣传”。

四、召回和退货

关于缺陷产品的召回，根据《消费者权益保护法》第19条的规定，经营者发现其提供的商品或者服务存在缺陷，有危及人身、财产安全危险的，应当立即向有关行政部门报告并告知消费者，同时，应采用包括召回在内的措施。该条还规定，采取召回措施时，因此而发生的必要费用由经营者承担。

《民法典》采纳了上述召回制度，并将其写入了第1206条。

“无理由退货”是《消费者权益保护法》规定的可为消费者提供有效保护的制度。该法第25条第1款规定：“经营者采用网络、电视、电话、邮购等方式销售商品，消费者有权自收到商品之日起七日内退货，且无需说明理由”。该条第2款规定了若干种不容许退货的情况，其中之一是，产品属于“在线下载或者消费者拆封的音像制品、计算机软件等数字化商品”。

复习思考题

1. 在产品责任领域，世界各国是否普遍施行了严格责任的原则？
2. 美国产品责任法调整的范围通常包括哪些？
3. 试述美国产品责任法中的三种归责理论：过失责任、担保责任和严格责任。
4. 试述欧盟《产品责任指令》在修订后主要发生了哪些变化？
5. 请举例说明欧盟《产品责任指令》中“缺陷”和“发展中风险”的含义。
6. 《关于产品责任的法律适用公约》的适用范围是什么？

在线做题

扩展阅读及分析

第九章

票据法

第一节 票据立法的演变

一、世界主要国家的票据立法

西方发达国家为了促进国际和国内贸易的进行和资本的迅速与无阻碍地流动，确保票据能够为市场服务，在工业革命初期就纷纷颁布相应的票据立法，确立汇票、本票和支票的性质和特征，其各方当事人的权利、义务和责任，以及出票、背书、承兑、付款、追索的程序等问题。这些票据立法的实施为确保金融市场的发展起到了十分重要的作用。例如，澳大利亚的《1909 年票据法》（Bills of Exchange Act 1909）不仅保障了汇票和本票成为该国短期货币市场（short term money market）的一个重要组成部分，而且还确认了汇票和本票具有的流通性，使票据的正当持票人（holders in due course）享有被担保的所有权（guaranteed title），票据能及时变现。

（一）英国以及前英联邦国家

英国在 1882 年制定了《1882 年票据法》（Bills of Exchange Act 1882，简称英国《票据法》）。此后，前英联邦国家均以该立法为模式，将本国或者本地区的票据法律法典化，并制定了各自的票据法。例如，印度《1881 年票据法》、新西兰《1908 年票据法》、澳大利亚《1909 年票据法》、毛里求斯《1914 年票据法》都是效法英国《票据法》起草的。这些法律调整的对象包括汇票和本票，并将支票视为汇票的一种。

后来，英国又分别于 1957 年和 1992 年颁布了《支票法》（Cheques Act），对《1882 年票据法》中调整支票的规定作了两次修订，而《1882 年票据法》中原有的关于支票的规定也被保留了。澳大利亚在做法上与英国有所不同。在 1987 年 7 月 1 日之前，澳大利亚《1909 年票据法》调整的对象包括汇票、本票和支票。之后，该国的支票完全受《1986 年支票法》（Cheques Act 1986）的调整。

英联邦国家的普遍做法是，仅让关于票据的制定法调整汇票、本票和支票，而不是所有的“流通票据”（negotiable instruments）。举例来说，澳大利亚《1909 年票据法》并不适用于该国货币市场上的其他流通票据，比如，可流通的存款证明（negotiable certificate of deposit）和财政票据（treasury note）。

（二）美国

美国的票据法最初源自英国。1896年，美国全国统一州法协会参照英国《1882年票据法》制定了《统一流通票据法》（Uniform Negotiable Instruments Law）。到《统一商法典》公布前，美国已有48个州相继采用了该法律。1952年颁布的《统一商法典》的第三篇为“商业票据”，其中的规定基本沿袭了《统一流通票据法》。《统一商法典》在1990年修订后，其第三篇的名称被改为“流通票据”（negotiable instruments）。该篇调整的对象包括了汇票（draft）、本票（note）、支票（check），还包括存单（certificate of deposit）等流通票据，但是所谓的“银行票据”（banknote）除外。①

（三）法国和德国

早在1673年，法国就在《法国商事条例》中加入了关于票据的规定。这些规定在经过修订后被编入1807年《法国商法典》的第一篇“票据法”，其调整的对象仅限于汇票和本票。法国于1865年另行制定了《支票法》。曾经采用法国模式的国家有荷兰、比利时、西班牙、葡萄牙以及拉丁美洲国家。

德国《票据法》实施于1871年，其调整的对象仅限于汇票和本票。德国于1908年另行制定了《支票法》。曾经采用德国模式的国家有意大利、奥地利、瑞典、瑞士、日本等国。

随着法国、德国等国加入1930年和1931年关于票据的日内瓦公约以及这些公约的生效，德国于1933年根据这些公约修订了自己的票据法及支票法，法国也于1935年修订了《法国商法典》第一篇“票据法”，并另行修订《支票法》，至此，法国和德国的票据立法已经基本统一。

（四）中国

中国《票据法》于1995年通过，于2004年进行了修正。该法主要受日内瓦公约的影响。此后，中国人民银行于1997年颁布了《票据管理实施办法》。该办法于2011年进行了修订。2000年，最高人民法院发布了《最高人民法院关于审理票据纠纷案件若干问题的规定》（以下简称《最高法院关于票据纠纷的规定》）。该规定于2020年作了修正。

二、国际票据立法的统一

在1930年和1931年有关票据的日内瓦公约生效之前，世界各国的票据立法被分为

---

① 根据美国《统一商法典》，下列文件不能被视为流通票据：提单（bills of lading），它由《统一商法典》第七篇调整；让与不动产上权益的契据（deeds）或者其他文件，尽管在利用按揭时可能会使用受《统一商法典》第三篇调整的本票；借条（IOUs）；信用证（letters of credit），它由《统一商法典》第五篇调整；证券（securities），例如股票（stocks）和债券（bonds），它由《统一商法典》第八篇调整。

三个派系，即法国法系、德国法系和英国法系。这些法系之间票据制度的不统一极大地阻碍了票据的跨国使用，影响了国际贸易的发展。19 世纪末，在一些国际组织的推动下，国际间票据立法的统一工作开始着手进行，到目前为止，比较重要的成果是日内瓦公约体系的票据公约和《联合国国际汇票和本票公约》。

（一）日内瓦票据公约

1910 年和 1912 年在荷兰政府的倡导下，一些国家在海牙举行了关于统一票据立法的国际会议，并制定了若干关于统一票据法的公约或公约的草案。由于第一次世界大战的爆发，该项工作被迫中断。

第一次世界大战之后，国际联盟分别于 1930 年和 1931 年在日内瓦召开了关于统一票据法的国际会议，共计通过了 6 项关于票据法的公约，分别为：1930 年《关于汇票和本票统一法的公约》（Convention Providing a Uniform Law for Bills of Exchange and Promissory Notes）、1930 年《关于解决汇票和本票若干法律冲突的公约》（Convention for the Settlement of Certain Conflicts of Laws in Connection with Bills of Exchange and Promissory Notes）、1931 年《关于支票统一法的公约》（Convention Providing a Uniform Law for Cheques）、1931 年《关于解决支票若干法律冲突的公约》（Convention for the Settlement of Certain Conflicts of Laws in Connection with Cheques）、1931 年《关于汇票、本票印花税法的公约》以及 1931 年《关于支票印花税法公约》。

日内瓦公约是调和德国法系和法国法系分歧的产物。它主要是参照大陆法系的传统，特别是德国法的传统制定的。英美两国虽然参加了该会议，但是美国没有参加这些公约，英国仅加入了两个印花税法公约。

到目前为止，参加 1930 年《关于汇票和本票统一法的公约》的国家已经达到 33 个，主要为除爱尔兰和英国外的欧洲国家和部分拉美、亚洲国家和地区，例如巴西、日本等国。

日内瓦票据公约生效后，大陆法系国家的票据法渐趋统一，法国法系和德国法系的区别也告结束。因此，当前世界各国的票据法基本形成了日内瓦法系与英美法系并存的局面。

（二）《联合国国际汇票和本票公约》

日内瓦票据公约的实施并没能达到统一世界各国票据法的目的，英美法系各国的票据法同参加日内瓦票据公约的各国的票据立法在许多问题上仍然存在着重大的分歧和不确定性，这阻碍了票据在国际上的使用和流通。为了促进各国票据法的协调和统一，联合国国际贸易法委员会在 1968 年召开的一次会议上决定，除了在国际货物买卖和国际商事仲裁领域推动统一法的制定之外，在国际支付中的票据领域也推动统一法的制定。

经过联合国国际贸易法委员会 15 年的努力工作，1988 年 12 月 9 日在第 6 次（法律）委员会的推荐下，联合国大会通过了《联合国国际汇票和本票公约》（The United Nations Convention on International Bills of Exchange and International Promissory Notes）。不过，截至 2009 年 3 月，只有加拿大、俄罗斯和美国 3 个国家在该公约上签字，几内亚、墨西哥、洪都拉斯、加蓬和利比里亚5个国家核准加入该公约。结果，该公约至今并未生效。

第二节　汇　　票

一、汇票的定义和特征

根据英国《票据法》，汇票是一项书面的无条件的命令；它由出票人签署并向他人发出，要求被发出的人向特定的人付款，或者凭特定的人的指示付款，或者对持票人付款；付款的时间为请求的时间，或者未来确定的某一时间，或者未来可以确定的某一时间；付款金额为一笔特定金钱。

日内瓦《关于汇票和本票统一法的公约》规定，汇票必须包含如下事项：（1）票据中包含有“汇票”字样，并用开立票据的语言表达；（2）一项无条件地支付确定金额款项的命令；（3）付款人（受票人）的姓名；（4）付款时间的声明；（5）付款地的声明；（6）收款人的姓名或者指示付款的人的姓名；（7）票据签发的日期和地点的声明；（8）出票人的签名。

根据《联合国国际汇票和本票公约》，汇票是指一种包含有如下四个要件的票据（instrument）：（1）它包含有一项无条件的命令，根据该命令出票人指示受票人向收款人支付确定金额的款项，或者根据收款人的指示支付确定金额的款项；（2）支付的时间在请求时或者在确定的日期；（3）有出票日期；（4）由出票人签名。

中国《票据法》第19条第1款规定：汇票是出票人签发的，委托付款人在见票时或者在指定日期无条件支付确定的金额给收款人或者持票人的票据。根据该法第22条，汇票必须记载的事项包括：（1）表明“汇票”的字样；（2）无条件支付的委托；（3）确定的金额；（4）付款人名称；（5）收款人名称；（6）出票日期；（7）出票人签章。该条还规定，汇票上未记载前款规定事项之一的，汇票无效。此外，中国《票据管理实施办法》第5条规定，票据当事人应当使用中国人民银行规定的统一格式的票据。根据《最高法院关于票据纠纷的规定》第15条，欠缺法定必要记载事项或者不符合法定格式的，票据债务人可对持票人提出抗辩，法院应予支持。

通过上述定义可以看出，英国《票据法》和《关于汇票和本票统一法的公约》有关汇票的定义是有区别的。它们的共同点是：汇票是一种无条件的支付特定金额款项的命令；汇票必须载明付款日期；汇票必须包含收款人的名字。

它们的主要不同之处在于：关于汇票的形式要件，英国《票据法》没有日内瓦公约要求得多。例如，英国《票据法》没有要求汇票上必须注明“汇票”字样、出票的地点和日期以及付款地点；而《关于汇票和本票统一法的公约》作了这些要求。此外，根据英国《票据法》的规定，汇票不仅可以制作成“见记名人付款”的汇票、“凭记名人指示付款”的汇票，还可以制作成“见持有人付款”的汇票；而根据《关于汇票和本票统一法的公约》的规定，出票人不能制作“见持有人付款”的汇票。

中国《票据法》基本采纳了《关于汇票和本票统一法的公约》中有关汇票的定义和关于其形式要件的规定，不过，中国法律只承认记名汇票。

在所有的有关汇票的法律体系下，汇票至少涉及三方当事人，即出票人（drawer）、受票人（drawee）、收款人（或称受款人，payee）。受票人也是付款人（payer），当他表示愿意付款后，成为承兑人（acceptor）。在国际贸易的通常情况下，卖方是出票人；买方或者买方的银行是收票人；卖方或者卖方的银行是收款人。占有汇票的人，无论是作为收款人（payee）、被背书人（endorsee）、持票人（bearer），被统称为持有人（holder）。

二、汇票的种类

（一）即期汇票和远期汇票

根据对付款时间规定的不同，汇票可以分为即期汇票和远期汇票。汇票没有直接规定付款的具体时间，但规定该时间为付款人见到汇票（at sight）时、或者持票人请求（on demand）时、或者持票人提示（presentation）时，该汇票为即期汇票。汇票本身规定的付款时间为见票日后或者出票日后的一定期限内付款，或者在某一个必然事件发生后的一定期限内付款，该汇票为远期汇票。例如“提单日”后 60 天付款为一种远期汇票。

（二）银行汇票和商业汇票

根据出票人的不同身份，汇票可以分为银行汇票和商业汇票。银行汇票是由银行签发的汇票。商业汇票是指由银行以外的人签发的汇票。在中国，商业汇票的出票人为银行以外的企业和其他组织。

（三）商业承兑汇票和银行承兑汇票

根据承兑人的不同，商业汇票可以被分为商业承兑汇票和银行承兑汇票两种。商业承兑汇票是由银行以外的付款人承兑的汇票。银行承兑汇票是由银行承兑的汇票，此时，商业汇票的信用被提升，其流通变得更为容易。在贸易实践中，最常见的商业汇票是银行承兑汇票。这些汇票通常由公司开立，银行承兑，银行担保汇票的持有人在汇票到期时能够得到付款。当汇票到期时，银行向持票人支付票面金额，银行向汇票的付款人索偿。

商业承兑汇票和银行承兑汇票通常都是远期汇票。在中国，向银行申请办理汇票承兑的商业汇票的出票人必须在承兑银行开立存款账户，并且资信良好，具有支付汇票金额的可靠资金来源。

（四）记名汇票和无记名汇票

按照汇票上是否记载收款人，汇票被分为记名汇票和无记名汇票。中国《票据法》规定的汇票必须具备的法定记载事项，包括收款人名称。这意味着，中国的《票据法》只承认记名汇票。

三、汇票行为

汇票行为通常包括出票（issue）、背书（endorsement）、提示（presentation）、承兑（acceptance）、付款（payment）等。如果汇票遭到拒付（dishonor），持票人还要依法行使追索权（recourse）。

（一）出票

汇票的出票是指出票人首次将符合法定形式要求的汇票交付给受票人的行为。出票人为在汇票上签名的人。这是产生票据关系的一种基本票据行为。出票包括两个过程：出票人制作汇票，并在其上签名；将票据交付给收款人。如果出票人仅仅是制成了汇票和签名，但并未把它交给收款人，那么，出票行为还未完成，因为此时他还可以将手中的汇票注销作废，使之不产生票据的关系。

关于出票人应承担的责任，各国法律中有不同的规定。依英国《票据法》第 55 条的规定，出票人的责任有两项：（1）担保当汇票被正当提示时，汇票将被承兑和付款；如果汇票被拒绝承兑或者付款，出票人将赔偿被迫付款的持有人或者其他任何背书人由于在汇票项下付款而蒙受的损失，只要在拒绝承兑或者付款发生时其正当地采取了必要的程序。（2）不得对正当持票人否认收款人的存在以及其背书的资格。

《关于汇票和本票统一法的公约》第 9 条规定，出票人担保汇票的承兑和付款；汇票上可以出现免除出票人担保承兑的文字，但如果存在免除出票人担保付款的文字，则视这些文字不存在。

根据中国《票据法》第 26 条的规定，出票人签发汇票后，即承担了保证该汇票能够得到承兑和付款的责任；出票人在汇票得不到承兑或者付款时，应当向持票人清偿汇票金额、利息及有关的费用。

（二）背书

1. 背书的含义

关于票据的背书，各国法律很少给出明确的定义。根据美国《统一商法典》第 3-204 条的规定，“背书”是指：除了出票人或者承兑人以外的签名人为了票据的流通、或者为了限制对票据的付款、或者为了使背书人承担责任，在票据上所作的签名本身，或者，在签名的同时附加其他文字；但是，不论签名人的意图是什么，签名和附加文字即为背书，除非所附的文字、票据的条款、签名的位置或者其他情形，毫不含糊地表明签名并非是为了背书。为了确定某一签名是否在票据上，该条还规定，附于票据的纸张构成票据的一部分。

与《统一商法典》不同的是，英国《票据法》第 2 条仅仅简单地提到了背书，即“一种通过交付而完成的背书”。《关于汇票和本票统一法的公约》没有对背书进行定义。

依照中国《票据法》第 27 条第 4 款规定，背书是指在票据背面或者粘单上记载有关事项并签章的票据行为。在汇票上作背书的人称为背书人，接受经过背书的汇票的人称为被背书人。

2. 背书生效的条件

根据英国《票据法》第32条的规定，背书生效的条件主要为：(1) 背书必须在汇票上书写，由背书人签名。在汇票上仅作签名，无其他附加文字亦构成背书。(2) 背书必须是全额背书。部分背书，例如，拟仅向被背书人转让部分应付款项，或者向两个或者两个以上的被背书人分别转让，不能构成汇票的流通。

关于汇票的背书是否可以附条件，英国《票据法》未作禁止性规定，但该法第33条规定，如果对某一汇票拟作有条件背书，付款人可以忽视该条件，并且不论该条件是否被满足，对被背书人的付款都是有效的。

根据《关于汇票和本票统一法的公约》第12条和第13条的规定，背书成立的条件主要有：(1) 背书必须在汇票上或者粘单上书写，且背书人必须签字。(2) 汇票的部分背书无效。(3) 背书必须是无条件的；如果汇票上载明背书所附的条件，应视其并不存在。

中国《票据法》第27条、第29条和第33条规定了背书的要件。其主要内容为：(1) 背书是指在票据背面或者粘单上记载有关事项并签章的票据行为。背书由背书人签章并记载背书日期。背书未记载日期的，视为在汇票到期日前背书。(2) 将汇票金额的一部分转让的背书或者将汇票金额分别转让给两人以上的背书无效。(3) 背书必须是无条件的。背书时附有条件的，所附条件不具有汇票上的效力。

3. 背书人在背书后承担的责任

英国《票据法》第55条规定，背书人在汇票上背书后承担如下责任：(1) 担保当汇票被正当提示时，汇票将被承兑和付款；如果汇票被拒绝承兑或者付款，背书人将赔偿持有人或者随后的背书人因其付款而蒙受的损失，只要在拒绝承兑或者付款发生时其正当地采取了必要的程序。(2) 不得对正当持票人否认出票人签名的真实性和合规性，以及所有先前的背书的真实性和合规性。(3) 不得对背书人直接的和随后的被背书人否认汇票在其背书时是一张有效的和存在的汇票，以及背书人对汇票享有完好的所有权。

《关于汇票和本票统一法的公约》第15条规定，在无相反规定的情况下，背书人担保汇票的承兑和付款。他可以禁止汇票被进一步背书；在此情况下，他对之后的被背书人不承担承兑和担保的义务。

依照中国《票据法》第37条，背书人以背书转让汇票后，即承担了保证其后手所持汇票能够获得承兑和付款的责任。该条还规定，背书人在汇票得不到承兑或者付款时，应当向持票人清偿汇票金额、利息以及有关费用。该法第34条规定，背书人在汇票上记载"不得转让"字样，其后手再背书转让的，原背书人对后手的被背书人不承担保证责任。依照《票据法》第30条，汇票通过背书汇票将权利授予他人行使时，必须记载被背书人名称。可是，根据《最高法院关于票据纠纷的规定》第48条，背书人未记载被背书人名称即将票据交付他人的，持票人在票据被背书人栏内记载自己的名称，与背书人的记载具有同等法律效力。

4. 背书的后果

《关于汇票和本票统一法的公约》第14条规定，背书使产生于汇票上的所有权利发生转让。英国《票据法》未对汇票背书是否会产生这样的后果作明确规定。

（三）提示

汇票的提示是指持票人向付款人出示汇票，请求其承兑或付款的行为。这是持票人为行使和保全其票据权利所必须实施的一种行为。提示可以分为承兑提示和付款提示两种。

1. 承兑提示

承兑提示是指持票人向付款人出示汇票，并要求付款人承诺付款的行为。即期汇票仅需作付款提示，而不需作承兑提示；远期汇票一般都需向付款人作承兑提示，然后在汇票到期时作付款提示。见票后定期付款的远期汇票必须及时向付款人作承兑提示，以便从承兑之日起计算付款的到期日。对于出票日后定期付款的汇票，通常也要向付款人承兑提示，以便确定其付款义务，因为付款人只有在其承兑汇票后，才成为该汇票的主债务人，承担到期付款的责任。

英国《票据法》第 40 条规定，见票后付款的汇票的持票人，必须在合理期限内作承兑提示或者使之流通；如果他不这样做，出票人和该持票人先前的所有的背书人在票据上的义务均被解除。该法第 41 条还对正当提示承兑必须遵循的规则作出了规定。

《关于汇票和本票统一法的公约》第 23 条规定，见票后固定期限付款的汇票，必须在出票日后 1 年内进行承兑提示。出票人可以延长或者缩短这一期限。背书人也可以缩短这一期限。

根据中国《票据法》第 39 条第 1 款规定，定日付款或者出票后定期付款的汇票，持票人应当在汇票到期日前向付款人作承兑提示。该法第 40 条第 1、2 款进一步规定，对于见票后定期付款的汇票，持票人应当自出票日起 1 个月内向付款人作承兑提示；汇票未按照规定的期限提示承兑的，持票人丧失对其前手的追索权。根据《最高法院关于票据纠纷的规定》第 57 条，票据超过提示付款期限，票据持有人背书转让的，背书人应当承担票据责任。

2. 付款提示

付款提示是指持票人向付款人出示汇票，请求其付款的行为。付款提示必须遵循的规则包括时间和地点等方面。

（1）付款提示的时间

《关于汇票和本票统一法的公约》第 34 条规定，即期汇票必须在出票后 1 年内进行付款提示。出票人可以缩减或者延展该期限，背书人也可以缩短该期限。出票人也可以规定，即期汇票在规定日期之前不可作付款提示。在此情况下，付款提示的期限自该日开始起算。

该公约第 38 条规定，如果汇票的持有人持有的汇票为在确定日期付款的汇票，或是在出票日后或者在见票后固定期限付款的汇票，则该汇票必须在应付日或者随后的两个营业日内付款提示。该公约第 42 条规定，如果未能在该条规定的期限内作付款提示，每一个债务人均被授权将相应的款项提存于有权的机构，并由持有人自担费用和风险。

根据英国《票据法》第 45 条第 1 款和第 2 款的规定，汇票必须作正当付款提示，否则，出票人和背书人将被解除责任。构成“正当付款提示”的时间规则为：① 当汇票不是即期付款汇票时，提示必须在该汇票到期日进行；② 当汇票是即期付款汇票时，付款提示必须在出票后合理时间内进行，从而使出票人承担责任；如果发生背书，付款提示必须在背书后合理时间内进行，从而使背书人承担责任。

中国《票据法》第 53 条第 1、2 款规定，见票即付的汇票，自出票日起 1 个月内向付款人作付款提示；定日付款、出票后定期付款或见票后定期付款的汇票，自到期日起 10 日内向承兑人作付款提示。持票人未按照规定期限作付款提示的，在作出说明之后，承兑人或者付款人仍应当继续对持票人承担付款的责任。

（2）付款提示的地点

根据英国《票据法》第 45 条第 4 款的规定，进行“正当付款提示”的要件之一是，汇票必须在恰当的地点进行付款提示。关于“恰当的地点”（due place），相关的规则包括：① 当汇票上规定了付款的地点时，汇票必须在该地点作付款提示。② 当汇票未规定付款地点但规定了受票人或者承兑人的地址时，汇票必须在该地点作付款提示。③ 当未规定付款地也未注明该地址时，汇票应当在受票人或者承兑人的营业地作付款提示，如果不知其营业地点，则在其通常的住所地作付款提示。④ 在其他情况下，在受票人或者承兑人可以被发现的地方作付款提示，或者在它最后的营业地或者住所地作付款提示。

《关于汇票和本票统一法的公约》和中国《票据法》均未在这一方面作出规定。

（四）承兑

汇票的承兑是指汇票的付款人承诺，在汇票到期日支付汇票金额的票据行为。通过承兑，汇票的付款人成为承兑人。

1. 承兑生效的条件

关于承兑生效的条件，各国法律有不同的规定。根据《关于汇票和本票统一法的公约》第 25 条的规定，承兑行为通过在汇票上书写完成；须用“承兑”或其他相当的字样表示。承兑须由受票人签字，仅有受票人在票面上签字即可构成承兑。当汇票是见票后定期付款的汇票时，或者汇票本身是规定必须在特定期限内承兑的汇票时，承兑时还需注明日期；该日期为承兑作出的日期，除非持票人要求该日期为提示日期。

根据英国《票据法》第 17 条的规定，承兑必须符合的条件有：（1）写在汇票上，并由受票人签字；受票人的签名本身即构成承兑。（2）不能表示受票人将通过其他方式而不是通过付款履行其承诺。

根据中国《票据法》第 42 条第 1 款的规定，付款人承兑汇票的，应当在汇票正面记载“承兑”字样和承兑日期并签章；见票后定期付款的汇票，应当在承兑时记载付款日期。

2. 承兑人的责任

关于承兑人的责任，各国法律有不同的规定。根据英国《票据法》第 54 条的规定，承兑人在承兑汇票后即承担了以下责任：（1）担保他将按照其承诺付款；（2）不得向正当持票人作如下否认：① 出票人的存在、其签字的真实性以及其出票当时的资格和授权；② 如果汇票是一张根据出票人的指示付款的汇票，出票人背书当时的资格，但不包括其背书的真实性或有效性；③ 如果汇票是一张根据第三人的指示付款的汇票，收款人的存在以及其背书当时的资格，但不包括其背书的真实性或有效性。

根据《关于汇票和本票统一法的公约》第28条的规定，受票人承兑汇票后，将承担在汇票到期时付款的义务。在汇票被拒付的情况下，持票人，即使其同时是出票人，亦可对承兑人直接请求他根据该法可以请求的全部权利。

关于承兑人的责任，根据中国《票据法》第44条规定，付款人承兑汇票后，应承担到期付款的责任。

（五）付款

汇票的付款是指付款人在汇票的到期日向执票人支付汇票金额，以消灭票据关系的行为。通常情况下，汇票项下的款项一旦由付款人付清，汇票上的债权债务关系即告消灭。

根据英国《票据法》第59条的规定，在汇票被正当付款后，在原则上，汇票上的债务即告解除，主要是指汇票的受票人或承兑人或者他们的代表在正当付款后责任得以解除。正当付款（payment in due course）是指在汇票到期日或者在到期日后向诚信的持票人付款，并且并不知悉他对汇票的所有权存在瑕疵。

根据《关于汇票和本票统一法的公约》第40条的规定，在汇票到期日之前，汇票持有人不得被强迫接受付款。受票人如果在汇票到期日前付款，须自担风险。受票人在到期日时付款，即被免除票据项下的责任，除非他已从事欺诈或者有重大失误。受票人有义务辨别背书的连续性，但不包括背书人签名的真实性。

中国《票据法》第54条规定，付款人应当在持票人作付款提示的当日足额付款。付款人在依法足额付款后，所有汇票债务人的责任均被解除。依该法第58条，对定日付款、出票后定期付款或见票后定期付款的汇票，付款人在到期日前付款的，由付款人自行承担由此产生的责任。

（六）拒付

汇票的拒付包括拒绝支付汇票项下的款项和拒绝承兑汇票。拒绝承兑意味着，付款人将在票据到期时拒绝付款。拒付导致的结果是，持票人在票据项下的权利将无法实现。此时，持票人可依据出票人或前手背书人作出的担保向其行使追索权。

广义地说，拒付即指付款人明确地表示拒绝承兑或拒绝付款，也包括其不履行其承兑或付款义务的事实或行为，比如，逃避债务、死亡或者宣告破产。

（七）追索

票据的追索（recourse）是指票据的持票人在法定承兑提示或者付款提示日请求付款而被拒绝时，或者出现其他法定事由时，请求承担担保义务的票据债务人履行其担保义务，偿还票据项下的款项、利息和其他费用的票据行为。

1. 行使追索权的前提条件

英国《票据法》第43条规定，当汇票被拒绝承兑时，持票人对出票人和背书人享有立即的追索权，并且无需再作付款提示。依照第 47 条的规定，当汇票被拒绝付款时，持票人对出票人和背书人享有立即的追索权。

根据《关于汇票和本票统一法的公约》第 43 条的规定，持票人可以在下列情况下对背书人、出票人和其他承担义务的当事人行使追索权：（1）在到期时，汇票没有被支付；（2）在到期前，汇票被全部或者部分拒绝承兑；或者，受票人破产，或其财产被冻结；（3）未承兑的汇票的出票人破产。

根据中国《票据法》第 61 条，汇票到期被拒绝付款的，持票人可以对背书人、出票人以及汇票的其他债务人行使追索权。汇票到期日前，有下列情形之一的，持票人也可以行使追索权：（1）汇票被拒绝承兑的；（2）承兑人或者付款人死亡、逃匿的；（3）承兑人或者付款人被依法宣告破产的或者因违法被责令终止业务活动的。依照《最高法院关于票据纠纷的规定》，持票人若不先行使付款请求权而先行使追索权，在遭拒绝后提起诉讼，人民法院不予受理。

2. 行使追索权时必须履行的义务

持票人在行使追索权时，必须提供拒付的证明，以及根据法律的规定，向其前手和出票人发出拒收通知书。

（1）提供拒付的证明

拒付的证明（protest for non-acceptance 或者 protest for non-payment）是指，在票据提示之后被拒绝承兑或拒绝付款时，公证人就此出具的书面陈述。根据英国《票据法》第 51 条的规定，在国际汇票遭到拒绝承兑和拒付时，为行使追索权，必须提供正当的拒绝证书，否则出票人和背书人将被免除责任。

根据《关于汇票和本票统一法的公约》第 44 条的规定，拒绝承兑的证明必须在为承兑提示而确定的期限内作出。涉及在固定日期付款的汇票、在出票后或见票后规定期限付款的汇票，拒绝付款的证明应当在汇票应付日之后的 2 个营业日之内作出。涉及见票即付的汇票，拒绝付款的证明的开立条件适用拒绝承兑的条件。拒绝承兑的证明作出后，不需再作付款提示和制作拒绝付款的证明。

根据我国《票据法》第 62 条，持票人行使追索权时，应当提供被拒绝承兑或者被拒绝付款的证明；未出具拒绝证明或者退票理由书的，应当承担由此产生的民事责任。该法第 65 条规定，持票人不能出示拒绝证明、退票理由书或未按照规定期限提供其他合法证明的，丧失对其前手的追索权；但是，承兑人或者付款人仍应当对持票人承担责任。根据《最高法院关于票据纠纷的规定》，《票据法》第 65 条规定的持票人丧失对其前手的追索权，不包括对票据出票人的追索权。

（2）发出拒收通知书

当汇票因被拒绝承兑或者被拒付而被拒绝接收时，持票人必须根据法律发出拒收通知书（notice of dishonour），否则，将承担相应的法律后果。

根据英国《票据法》第 48 条的规定，当汇票因被拒绝承兑或者被拒付而被拒绝接收时，必须向出票人和每一个背书人发出拒收通知书；如果未向出票人或者某一背书人发出该通知，出票人和该背书人的责任将被解除，但以下情况除外：① 在汇票被拒绝承兑且没有发出拒收通知书的情况下，在该疏忽行为发生后，正当持票人的权利不应当受到该疏忽的损害；② 在汇票被拒绝承兑且发出了正当的拒收通知书时，没有必要再发出关于拒绝付款的拒收通知书，但汇票在被拒绝承兑后又被承兑的除外。

根据《关于汇票和本票统一法的公约》第 45 条的规定，持票人必须在制作拒付证明日后的 4 个营业日内，向其背书人和出票人发出拒绝承兑和拒绝付款通知书。每一个背书人，在接到该通知之日后的 2 个营业日内须通知前手的背书人他已接到该通知，直到出票人接到该通知。某人未在上述规定的期限内发出通知，并不丧失其权利。他应当承担其过失造成的损失，但是损害赔偿金不超过汇票上的金额。

根据中国《票据法》第 66 条第 1 款和第 2 款，持票人应自收到被拒绝承兑或者被拒绝付款的证明之日起 3 日内，将被拒绝事由书面通知其前手；其前手应自收到该通知之日起 3 日内书面通知其再前手。持票人也可同时向各汇票债务人发出书面通知。未按照规定的期限进行通知的，持票人仍可行使追索权。但因延期通知给其前手或出票人造成损失的，由未按规定期限进行通知的汇票当事人承担对该损失的赔偿责任。此种情况下，赔偿金额以汇票金额为限。根据《最高法院关于票据纠纷的规定》第 20 条，《票据法》第 66 条规定的书面通知是否逾期，以持票人或其前手发出书面通知之日为准。

第三节 本　票

一、本票的定义和特征

根据英国《票据法》第 83 条的规定，本票是一项由出票人签名并由其向另一人发出的书面的无条件的承诺；它使出票人承诺向特定的人支付一笔特定金额的款项，或凭特定的人的指示支付该款项，或者向持票人支付该款项。本票的付款时间为请求的时间，或在未来确定的某一时间，或者在未来可以确定的某一时间。

根据《关于汇票和本票统一法的公约》第 75 条的规定，本票须包含下列事项：(1) 票据中包含“本票”的字样，并用开立票据的语言表达；(2) 无条件地支付确定金额款项的承诺；(3) 关于付款时间的声明；(4) 关于付款地的声明；(5) 收款人的姓名或者指示付款的人的姓名；(6) 出票的日期和地点；(7) 出票人的签名。

根据《联合国国际汇票和本票公约》，本票是一种书面票据；它包含一项无条件的承诺：出票人承担了向本票写明的收款人支付一笔确定金额的款项的义务，或者根据收款人的指示支付该笔款项；本票的付款时间为请求的日期，或者为某一确定的日期；本票须有出票日期，并有出票人的签名。

根据中国《票据法》第 73 条，本票是出票人签发的，承诺自己在见票时无条件支付确定的金额给收款人或者持票人的票据。该条还规定，只有银行才能开立本票，即银行本票。依法第 75 条，本票必须记载下列事项：(1)“本票”的字样；(2) 无条件支付的承诺；(3) 确定的金额；(4) 收款人名称；(5) 出票日期；(6) 出票人签章。本票上未记载前述规定事项之一的，本票无效。

从上述定义中我们可以看出，中国有关本票的定义主要采纳了《关于汇票和本票统一法的公约》中的相关制度，两者主要的区别在于：（1）根据中国《票据法》，本票的出票人只能是银行，而根据该公约，出票人可以是银行，也可以是其他商业主体；（2）根据中国《票据法》，本票无须注明出票地和付款地，而该公约有这样的要求；（3）根据中国《票据法》，本票必须注明收款人，而该公约却允许本票凭特定人的指示付款。

本票的条款通常包括本金、利率、当事人、出票日、偿还的条件和到期日。有时，本票还包括如下条款，即收款人可以在违约时行使的权利，包括对出票人的资产予以止赎。

本票涉及的当事人主要包括出票人（maker）和收款人（payee）。本票出票人承担义务的方式与汇票的承兑人相同。根据英国《票据法》第85条的规定，本票可以由两个或者两个以上的出票人出票，他们可以根据本票中的规定承担连带责任或按份责任；当本票上写明“我承诺付款”，并且由两个或者两个以上的人签名，视为他们对该本票承担连带责任。

本票与汇票的主要区别有：（1）汇票是一项命令（order），而本票是一项承诺（promise）；（2）汇票的主要当事人有三个，即出票人（drawer）、受票人、收款人，而本票的当事人主要有两个，即出票人（maker）和收款人。

二、本票行为

本票行为与汇票行为基本相同，通常包括出票、背书、提示、付款等。如果本票遭到拒付，执票人可以依法行使追索权。英国《票据法》中有关调整汇票的规定，大部分适用于本票。例如，英国《票据法》第89条规定，在适用这些规定的时候：（1）出票人将被视为相当于汇票的承兑人；（2）有关承兑提示、承兑、承兑时的拒付证书的规定不适用于本票；（3）当外国本票被拒付时，无须提供拒付证书。

《关于汇票和本票统一法的公约》中有关调整汇票的大部分规定也适用于本票，但也有少数规定不适用，例如有关汇票承兑的规定不适用于本票。此外，本票出票人承担的义务同汇票的承兑人。

三、商业票据

在发达国家，可流通的本票被广泛地用于向企业提供融资。自19世纪开始，由公司发行的采用本票形式的商业票据（commercial paper）就已出现。到目前为止，在全球货币市场上（globe money market），商业票据的发行额已占据相当的份额。到2007年7月，在全球资产支持的商业票据市场上，以美元发行的份额占到80%，当时其未到期的发行额达到1 200万亿美元，达到历史的峰值。在2009年末，超过1 700个公司在美国发行商业票据。

在美国，商业票据通常是一种无担保的本票，期限为1天到270天，本票当事人的权利和义务受美国《统一商法典》第三篇和第四篇的规定调整。此种商业票据是由大银行和公司发行的货币市场证券，发行的目的是为了筹集资金，为营运资金或者流动资产（例如存货和应收账款）提供融资，偿还短期债务。发行银行和公司承诺在票据到期后支付票面金额。在满足了相应的条件情况下，商业票据的发行无须受联邦政府的规制，即无须向美国证券交易所注册。不过只有得到评级机构极高评级的公司才能以合理的价格发行和出售他们的商业票据。商品票据通常以票面值的折价出售，比一般的债券的利息率要高。商业票据的期限越长，发行机构必须支付的利息越高。利息随市场波动，但比银行利率要低。

近年来，在国际资本市场上出现了一种“资产支持的商业票据”（asset-backed commercial paper）。其特点是，票据的发行者以其资产，比如其未来的应收款，作为信誉保障，通过发行此种票据而筹措资金。这些商业票据新品种的出现和大量发行是导致2008年全球金融危机的重要原因之一。例如，2008年9月15日，雷曼兄弟公司造成两笔商业票据违约，导致联邦政府干预货币市场基金。

第四节　支　　票

一、支票的定义和特征

支票是出票人签发的委托其存款银行作为付款人在见票时向收款人无条件支付票面金额的书面命令。

支票是汇票的一种。其最初是在商业交易的过程中为了避免携带大量的现金而发展起来的。支票的功能是指示一家金融机构从出票人名下的特定账户支付特定金额的货币。支票的出票人和收款人可以是自然人或者法人。在有的国家，它作为一种流通票据受到法律的调整，但是在有的国家，它是不流通的，即收款人不能将支票背书转让给第三人。

支票的核心要素包括：出票人，即制作支票的自然人或者企业；收款人，即支付的对象；付款人，即支票所提示并要求其付款的银行或者其他金融机构；金额，即特定币种的数额；出票日期；出票人的签名。出票人在开立支票时必须在他们的存款银行开立有特定的支票账户并有足够的余额。

支票的当事人包括出票人、付款人、收款人。在这三者当中，收款人是持票人，享有票据权利；出票人是票据债务人。他们相互之间存在着合同关系，其中，出票人与收款人之间的合同为主合同，出票人与付款人、付款人与收款人之间的合同是从合同。

出票人通常基于一定的基础合同关系向收款人签发支票，例如，出票人从收款人处购买商品或者服务，或者向收款人清偿债务。出票人通过签发支票来履行自己的付款义务。出票人出票后，出票人在基础关系中的付款义务暂时终止；如果付款人根据支票支付了款项，票据关系即因清偿而消灭，出票人在基础合同项下的义务也履行完毕。

出票人与付款人之间的关系是委托关系。出票人是委托人，付款人是受托人，出票人与付款人之间的委托合同，于出票人在银行开立支票存款账户时成立。付款人从出票人的账户上支付款项。

二、支票在世界各国的使用情况

尽管支票在9世纪就已经出现，但直到20世纪左右，对支票的使用才越来越普遍，从而成为一种非现金支付方式。到20世纪下半叶，随着支票处理程序的自动化，每年签发的支票量达到数十亿。到20世纪90年代，对支票的使用达到高峰。此后，随着电子支付系统的发展，对支票的使用逐年下降。目前许多欧洲国家已经废除了支票，其中包括德国、奥地利、荷兰、比利时、芬兰、瑞典和波兰。在这些国家，支票的功能已经被银行直接转账和电子支付所取代。

在英国，支票的使用在1990年之前达到了高峰，自1990年开始下降，到2009年为止已经下降了40%。出于多种考虑，在支票诞生350年之际，英国支付委员会（Payments Council Board）在2009年12月16日决定将2018年10月31日确定为关闭中央支票清算系统的目标日，即从该日起，英国将停止对支票的使用。

在美国、加拿大、日本、澳大利亚、新西兰等国家，支票仍在使用；然而由于受到电子支付系统的影响，对支票的使用也处在急剧减少的过程中。

三、空头支票

空头支票（Rubber Cheque）是指支票持有人在请求付款时，出票人在付款人处的支票存款账户中的存款余额不足以支付票面金额的支票。

中国《票据法》第87条规定，支票出票人签发的支票金额不得超过其在付款人处实有的存款金额，即不得签发空头支票。这就要求出票人自出票日起至支付完毕止，须保证其在付款人处的存款账户中有足以支付支票金额的资金。如果企业签发支票后出现账户余额不足，经确认后确实余额不足的，可提醒对方储款后重新开具一张支票。

在中国，签发空头支票的行为，如果情节严重，构成犯罪行为；情节轻微的可构成违反行政法规的行为。对空头支票实施行政处罚的主体为中国人民银行及其分支机构。处罚依据和标准为《票据管理实施办法》第31条。该条规定："签发空头支票或者签发与其预留的签章不符的支票，不以骗取财物为目的的，由中国人民银行处以票面金额5%但不低于1 000元的罚款。"《最高法院关于票据纠纷的规定》第72条规定：因出票人签发空头支票给他人造成损失的，支票的出票人和背书人应依法承担民事责任。

复习思考题

1. 英美法系国家有关票据的法律是否已采用制定法的形式？
2. 当前世界各国的票据法形成了哪几个法系？
3. 什么是汇票？试比较英国《票据法》《关于汇票和本票统一法的公约》以及中国《票据法》关于汇票的定义的异同。
4. 汇票行为一般包括哪些？它们各自生效的条件是什么？

5. 什么是本票？试比较英国《票据法》《关于汇票和本票统一法的公约》以及中国《票据法》关于本票的定义的异同。

6. 试比较汇票和本票的异同。

7. 什么是商业票据？在美国，商业票据受什么法律的调整？

8. 什么是支票？什么是空头支票？为什么在一些西方国家支票已走向衰亡？

在线做题

扩展阅读及分析

第十章

信 托 法

第一节　信托法概述

一、信托的概念

信托是指委托人基于对受托人的信任，将其财产委托给受托人，由受托人按委托人的意愿以自己的名义，为受益人的利益或特定目的，进行管理和处分的行为。在信托行为中，一般涉及三方当事人：委托人、受托人和受益人。（1）委托人是指提出信托要求的信托行为发起人。委托人可以是具有完全民事行为能力的自然人，也可以是法人或依法成立的组织。（2）受托人是指接受财产并按照信托合同的约定管理信托财产的人。同样，受托人可以是具有完全民事行为能力的自然人，也可以是法人，一般为信托投资公司。（3）受益人是指在信托关系中享有信托受益权的人，他们是信托财产的最终所有者和信托收益的所有者。受益人可以是自然人、法人以及依法成立的其他组织。

关于信托的概念，无论是普通法系国家还是大陆法系国家，在学理上虽然说法不一，但都有较为明确的界定。不过，由于两大法系的法律传统与司法体制迥异的原因，导致了在定义信托的问题上，英美等普通法系国家往往偏重于通过描述的方式来定义信托，而大陆法系国家则更倾向于用概括的方式来定义信托。

（一）普通法系国家对信托的定义

在英美法系下，信托通常被界定为一种法律关系，其中一方当事人为了另一方当事人的利益而享有某一财产在制定法上的权利（legal title），由后者对财产享有衡平法上的权利（equitable title）。美国信托法权威学者 George T. Bogert 把信托定义为："信托是当事人之间的一种信任关系，一方享有财产所有权，并负有衡平法上的为另一人的利益而管理或处分该项财产的义务。"① 英国著名的信托法权威学者 Hayton 教授也对信托作过解释，他认为："信托是一项衡平法义务，约束一个人（称为受托人）为了一些人

---

① See Bogert. Trust. 6th ed. West Publishing Co. , 1987：1. A trust is a fiduciary relationship in which one person is the holder of the title to property subject to an equitable obligation to keep or use the property for the benefit of anther.

（称为受益人）的利益处理他所控制的财产（称为信托财产），任何一位受益人都可以强制实施这项义务。受托人的任何未得到设立信托的文件条款或者法律授权或豁免的行为或疏忽，均构成违反信托。”① 美国法学家协会编撰的《信托法重述（第二版）》给信托下定义时明确申明：“信托，除慈善信托、归复信托及拟制信托（也有不少学者称之为‘推定信托’）外，是指当事人间的一种财产信赖关系，一方拥有财产之所有权，并负衡平法上为另一方的利益管理和处分财产之义务，而以明示的意思表示者。”② 美国《信托法重述（第三版）》第2条认为，信托，除归复信托及拟制信托外，是一种关于财产的信赖关系，这种关系起因于建立这种信赖关系的明确意图，该意图的目的是使拥有财产权的人，为了一个人的利益或者多人利益（其中至少有一人是单独受托人以外的人）或慈善的目的，来管理该项财产。③

（二）大陆法系国家对信托的定义

从20世纪开始，大陆法系国家和地区纷纷接受和引入信托制度，在借鉴普通法系国家相对成熟的信托制度的基础上构建本国的相关制度。韩国、日本、中国均有信托成文法，都有关于信托的定义。与英美法系国家不同的是，大陆法系国家和地区更倾向于用概括而不是描述的方式来定义信托。如《日本信托法》对信托的定义为：“本法所称信托，是指将财产权转移或者为其他人处分，使他人以一定的目的而管理或处分其财产。”④《韩国信托法》对信托的定义为：“本法中的信托，是指以委托人与受托人之间的特别信任关系为基础，委托人将特定的财产转移给受托人，或经过其他手续，请受托人为被指定的人（受益人）的利益或特定的目的管理和处理其财产的法律关系。”⑤ 我国台湾地区所谓“信托法”第1条规定：“称信托者，谓委托人将财产权移转或为其他处分，使受托人依信托本旨，为受益人之利益或为特定之目的，管理或处分信托财产之关系。”

两大法系对信托所采用的不同立法方式，对信托种类和信托功能产生很大的影响。英美法系下“效果取向”的信托定义，赋予信托以更大的弹性功能，而在大陆法系的“要件导向”模式下，信托成立首先须符合法定要件，在一定程度上限制了信托的种类和功能。

（三）《海牙信托公约》的规定

20世纪下半叶以来，为了适应日益频繁的国际往来，解决因各国法律制度差异导

---

① Underhill & Hayton. Law of Trusts and Trustees. 14th ed. London: Butterworths, 1987: 3.

② Restatement (Second) of Trusts (1959) §2.

③ Restatement (Third) of Trusts (2003) §2: A trust, as the term is used in this Restatement when not qualified by the word “resulting” or “constructive”, is a fiduciary relationship with respect to property, arising from a manifestation of intention to creat that relationship and subjecting the person who holds title to property to duties to deal with it for the benefit of charity or for one or for more persons, at least one of whom is not the sole trustee.

④ 《日本信托法》第1条。

⑤ 《韩国信托法》第1条第2款。

致的法律冲突，国际法特别是国际私法得到了极大的发展。在这个大背景下，为了解决不同国家在信托事务交往中发生的信托法律冲突问题，1984 年 10 月，包括中国在内的 36 个国家参加了在荷兰海牙召开的国际私法大会第 15 次会议，经过几个月的起草论证后，于 1985 年 7 月 1 日通过了《关于信托的法律适用及其承认公约》（Convention on the Law Applicable to the Trusts and on Their Recognition，简称《海牙信托公约》）。基于制定关于信托法律适用及承认的最重要问题的共同规定，公约最终将英美法中法定信托（trust created by operation of law）、拟制信托（trusts declared by judicial decisions）排除在适用范围之外。该公约第 3 条规定："本公约仅适用于任意设定的、以书面证明的信托。"① 这样就把公约的适用范围仅限于任意信托（voluntary trusts）。《海牙信托公约》第 2 条第 1 项为"信托"下了一个定义："本公约所指'信托'是指，委托人在生前或死亡时，为了受益人的利益或者某个特定目的，将其财产置于受托人控制之下而创设的一种法律关系。"② 同条第 2 项列举了"信托"的三项特征："a）信托财产构成一个单独的基金，并且，信托财产不是受托人自有财产的一部分；b）信托财产的所有权属于受托人或者代表受托人的其他人；c）受托人有权力和职责，根据信托的条款和法律所加于他的特殊义务，管理、使用或处分财产，并负有说明的义务。委托人对一些权力和权利的保留，以及受托人可能自己享有受益人的一些权利的事实，并不与信托本身相矛盾。"③ 该定义方法采用简洁的概括加上详细的描述的方式，既照顾了大陆法系国家对追求概念清晰的要求，又采纳了英美法系国家的做法；不仅包含了大陆法系信托概念的主要内涵，也反映了英美法系信托制度的基本构造。

（四）中国《信托法》对信托的定义

《中华人民共和国信托法》第 2 条将信托定义为："本法所称信托，是指委托人基于对受托人的信任，将其财产权委托给受托人，由受托人按委托人的意愿以自己的名义，为受益人的利益或者特定目的，进行管理或者处分的行为。"我国立法者为了回避两大法系在所有权理论④上存在的根本性冲突，用"委托"来界定委托人和受托人之间的关系。信托法律关系就是"以信托财产为中心，由委托人、受托人、受益人三方面

---

① 英文原文为：The Convention applies only to trusts created voluntarily and evidenced in writing.

② 英文原文为：For the purposes of this Convention，the term "trust" refers to the legal relationships created-inter vivos or on death-by a person，the settlor，when assets have been placed under the control of a trustee for the benefit of a beneficiary or for a specified purpose.

③ A trust has the following characteristics-

a）the assets constitute a separate fund and are not a part of the trustee's own estate；

b）title to the trust assets stands in the name of the trustee or in the name of another person on behalf of the trustee；

c）the trustee has the power and the duty，in respect of which he is accountable，to manage，employ or dispose of the assets in accordance with the terms of the trust and the special duties imposed upon him by law. The reservation by the settlor of certain rights and powers，and the fact that the trustee may himself have rights as a beneficiary，are not necessarily inconsistent with the existence of a trust.

④ 英美法系国家主张，"一物两权，普通法上的所有权，以及衡平法上的所有权（受益权）"；大陆法系国家主张，"一物一权"，只存在一个所有权。

组成的法律关系"①。中国全国人大法制工作委员会关于信托定义的解释认为："理解信托的定义，可以从以下几个方面把握其基本的特征：信托是一种由他人进行财产管理、运用或处分的财产管理制度。"根据我国信托立法的本意，"信托被界定为是一种财产管理制度"②。"在信托关系中所考虑的是委托人所委托的是财产权，这是一种既包括有形财产又包括无形财产的权利，或者说是具有一定物质内容和直接体现一定经济利益的权利。财产权的内容为：一是对财产的实际使用权；二是获取财产收益的受益权；三是实施对财产管理的权力；四是对财产的处分的权力。这四种权利各有具体的、丰富的内容，可以形成不同的范围和不同的层次。这四种权利是可以分离的，分别行使或者分别加以组合。在信托关系中委托人所委托的是财产权，至于在其所包含的四种权利中，委托的具体内容，委托的范围大小，委托的层次深浅，行使权利的方式，所授的权力和所受的限制，伸缩性很大，可作出多种选择，而这种灵活性，这种选择权，都由委托人来运用。这也就是被称为委托人的财产所有人，有权依照法定的规则，自主地决定其财产运用信托的具体内容、具体方式。这种信托关系中的委托，是可以体现信托特点的，反映了信托的本质属性。"③

二、信托的法律特征及其分类

（一）信托的法律特征

一般认为，信托的法律特征可以概括为：信托财产的所有权与受益权相分离、信托财产的独立性、信托责任的有限性和信托的连续性。

1. 信托财产的所有权与受益权相分离

信托财产是信托的载体，英国衡平法对它的表述为：它被出让人交给了受让人，受让人虽然取得了它的所有权，但却并不享有为了自己的利益并按照自己的意志来支配它的权利，而只是负有为了出让人或者其所指定的其他人的利益并按照出让人的意志来支配它的义务。因此，受让人对通过支配它所产生的利益并无自行享受之权利，而是负有交付给出让人或者其所指定的其他人的义务。④ 由于英国衡平法的基本内容最终为其他英美法系国家的法律所吸收，因而英国衡平法关于"信托财产"的概念最终也成为英美法系其他国家法律中的一个概念。大陆法系国家的信托法很多都是借鉴英美法系国家的同类法律而制定的，也引进了"信托财产"的概念，概念内涵也是基本一致的。因此，无论是在英美法系国家还是在大陆法系国家，信托财产权的法律性质都具有特殊性，表现为所有权与利益相分离、权利主体与利益主体相分离。一方面，受托人享有信托财产的所有权，他可以像真正的财产所有权人那样管理和处分信托财产，并与第三人从事各种交易活动；另一方面，受托人又不能为自己的利益而使用信托财产，不能将因行使信托财产所有权所产生的收益归于自己，其对信托财产的处分权也受到一定的限

① 全国人大法制工作委员会《中华人民共和国信托法释义》第一部分绪论："信托关系是一种以信托财产为中心的法律关系"，"信托关系就是以信托财产为中心，由委托人、受托人、受益人三方面组成的法律关系"。

② 全国人大法制工作委员会《中华人民共和国信托法释义》。

③ 《中华人民共和国信托法释义》第一部分绪论。

④ 参见：张淳．信托法原论．南京：南京大学出版社，1994：100.

制，不包括从物质上毁损信托财产的自由。受托人必须妥善地管理和处分信托财产，并负有将行使信托财产所有权所产生的收益交付给委托人指定的受益人的义务。

信托财产权这一极为特殊的法律性质，在英美法系国家和大陆法系国家却有着不同的体现。在英美法系国家，受托人对信托财产的权利称为“普通法上的所有权”，而受益人对信托财产的权利则被称为“衡平法上的所有权”。英美法系国家信托财产上的这种“双重所有权”观念，源于其普通法与衡平法的对峙和信托法孕育于衡平法的特殊历史环境。大陆法系国家没有普通法与衡平法之分，因而其在继受信托制度时没有沿袭“普通法上的所有权”与“衡平法上的所有权”的提法，而是将受托人对信托财产的权利称为“所有权”，将受益人对信托利益的权利称为“受益权”。这是由大陆法系国家固有的法律传统所决定的。

尽管两大法系对信托财产权在称谓上存在差异，但在信托财产所有权与利益相分离、权利主体与利益主体相分离的法律性质上却是共同的。信托财产所有权与利益相分离、权利主体与利益主体相分离，正是信托制度与其他类似财产管理制度的根本区别之所在，是信托制度的基石，体现了信托制度的本质，是信托的一项基本法律特征。

2. 信托财产的独立性

为了确保信托财产的安全，保证信托目的的实现，英美法系和大陆法系国家的信托法都赋予了信托财产独立性的法律效力。信托财产的独立性是指信托一旦有效设立，信托财产即从委托人、受托人和受益人的固有财产中分离出来，成为一项独立的财产。对于委托人而言，其一旦将财产交付信托，就丧失对该财产的所有权，该财产就独立于委托人其他的固有财产。对于受托人而言，其虽因信托的设立而取得信托财产的所有权，但由于他对信托财产不能享受因行使所有权而带来的信托利益，所以其所拥有的各种信托财产也必须独立于其固有财产。如果受托人接受不同委托人的委托，不同委托人的财产也应各自保持相对独立。对于受益人而言，虽然对信托财产享有受益权，但这只是一种利益请求权，在信托法律关系存续期间，受益人并不享有信托财产的所有权，即使信托关系终了后，委托人也可通过信托条款将信托财产本金归于自己或第三人，故信托财产也独立于受益人的固有财产。

由于信托财产在事实上为受托人占有和控制，因而信托法对信托财产独立性的维持主要是通过区别信托财产与受托人的固有财产来体现的。信托财产的独立性主要表现为：第一，信托财产在损益方面具有独立性。受托人处理信托事务所产生的利益，除依信托条款约定应支付给受益人外，应归属于信托财产；所产生的损失，除因受托人失职所造成的以外，也应用信托财产来承担。第二，信托财产在偿债方面具有独立性。在信托法律关系存续期间，受托人无权用信托财产来清偿其与信托无关的个人债务，债权人也无权要求强制执行或拍卖信托财产来满足其与这种债务相对应的债权；受托人破产时，不得用信托财产来清偿其破产债权人的债权。第三，信托财产在继承方面具有独立性。在信托法律关系存续期间，虽然受托人是信托财产的所有权人，但为受托人占有与管理的信托财产在受托人死亡后，并不能成为受托人的遗产而按继承法所规定的程序进行转移，也即信托财产不属于受托人可供继承的财产，不应由受托人的继承人来继承。第四，信托财产在抵销方面具有独立性。在信托法律关系存续期间，属于信托财产的债权与不属于处理信托事务所产生的债务不得抵销，只有均与信托有着密切联系、属于信托财产的债权与属于处理信托事务所生的债务才能得以抵销。第五，信托财产在混同方面具有独立性。混同在信托法上是指属于信托财产的权利（不包括所有权），作为其客体的财产为受托人通过信托以外的行为所获得，从而自然地进入了受托人固有财产的范围。在信托法律关系存续期间，这种混同即使发生，属于信托财产的权利也并不因此而消灭，而是继续作为信托财产而存在。信托财产独立性原则，可以将受托人为自己的利益而处理信托财产在法律上的可能性降低到最小限度，从而极大地提高了信托财产的安全系数。

3. 信托责任的有限性

信托责任的有限性是信托的另一个基本特征，该特征源于信托财产的独立性特征。信托责任的有限性是指信托法律关系当事人因信托行为而产生的给付责任，仅以信托财产为限。在信托法律制度中，信托责任有限性是全面的，既贯穿于信托的内部给付关系之中，也体现在信托的外部给付关系之中。

首先，就信托的内部给付关系即受托人与受益人之间的权利义务关系而言，受托人在享有信托财产所有权的同时，负有依据信托文件的规定为受益人利益管理和处分信托财产的义务；受益人享有请求受托人忠实履行信托义务并给付信托利益的权利。但是，受托人因信托行为而对受益人所承担的给付信托利益的责任仅以信托财产为限，也即在处理信托事务过程中，只要受托人没有违反信托文件的规定并已尽了善良管理人的义务，即使未能取得信托利益或造成了信托财产的损失，受托人也只是以信托财产为限对受益人承担有限责任，而不以自己的固有财产承担无限责任。其表现为：未取得信托利益的，可以不向受益人给付；信托财产有损失的，在信托终止时只将剩余信托财产交付给受益人即可（适用于委托人在信托文件中规定，在信托终止时信托财产由受益人所有的情况）。

其次，就信托的外部给付关系即受托人在处理信托事务过程中与第三人发生的权利义务关系而言，受托人虽然是以信托财产所有权人的身份对第三人承担责任，且原则上应承担个人无限责任，但由于受托人作为信托财产所有权人并不享受信托利益，因而其并非真正意义上的所有人，如果使受托人就信托事务的处理完全负个人责任，不仅有失公平，也不利于受托人积极承受信托和使信托这种有益的财产管理制度的推行。基于此，无论是英美法系国家还是大陆法系国家的信托法均就受托人对第三人的责任作了一些限制。英美信托法认为，不应使受托人因其受托活动而受到无谓的损害，一定程度的免责应该是受托人无偿为受益人尽职的“条件”。这种一定程度的免责表现为：受托人可以与第三人约定，只以信托财产为限对第三人承担合同责任。受托人可以直接动用信托财产清偿第三人的债权，仅就其余额负个人责任；或者先负个人责任，然后就其损失直接从信托财产中获得补偿。如果受托人未扣除补偿数额而将信托财产转移于受益人时，还可向受益人求偿；若信托财产不足以补偿受托人因信托管理所受损失时，虽原则上不允许向受益人求偿，但如果受托人与受益人之间有特别约定，则排除此限制。① 大

① 参见美国《信托法重述（第二版）》第249、263条。

陆法系中的《日本信托法》第36条和《韩国信托法》第42条均规定，受托人就信托财产所负担的租费及其他费用，以及因在处理信托事务中自己并无过失而受到的损失，可以直接变卖信托财产从中获得补偿，并且，此项权利可优先于信托财产的其他债权人行使；受托人可向受益人索取前项的费用或损失补偿，或令其提供相应担保。可见，受托人对第三人的责任，尽管形式上是一种无限责任，但实质上只是以信托财产为限的一种有限责任。当然，受托人对第三人责任的有限性，仅适用于受托人履行信托义务无过错的情形。如果受托人对第三人的责任是因其违反信托文件的规定所致，则其个人责任不能排除，不得从信托财产中求偿或向受益人求偿。

4. 信托的连续性

信托是一项具有长期性和稳定性的财产管理制度，之所以如此，是因为信托具有连续性的法律效力。信托连续性是指信托一经依法成立，在有效期内不因受托人的欠缺或变更而受影响；受益人的受益权原则上可以转让和继承；公益信托不因原定目的已实现或不能实现而受影响，可借助“类似目的”而延续下去。

信托的连续性主要表现在以下三个方面：第一，新受托人对信托事务的承继。在英美信托法中，信托行为实质上是委托人的一种单方法律行为，只要有委托人的意思表示加上信托财产权的转移，信托关系即告成立。尽管信托设立后需要有受托人对信托财产予以管理，但受托人只与信托事务的处理有关，与信托是否成立并无实质性联系，受托人的欠缺并不影响信托本身的有效成立。据此，无论是生前信托还是遗嘱信托，如果委托人没有任命受托人，或者任命的受托人拒绝或不能接受信托，或者任命的受托人在信托实施前死亡，信托依然成立。此时，可由信托文件中指定的任命人任命受托人或者由利害关系人申请法院选任受托人。信托设立后，受托人即便因死亡、解散、破产、丧失行为能力、辞职或其他不得设立事由而终止处理信托事务时，信托关系并不因此而消灭。此时，可由信托文件中指定的任命人任命新受托人或者由利害关系人申请法院选任新受托人，继续执行信托事务，直至终止信托的法定事由出现。在此期间，新受托人不仅要承受信托财产所有权，履行继续为受益人利益管理和处分信托财产的义务，而且还要承受原受托人与信托有关的一切权利和义务。第二，受益权的连续性。受益权为享受信托利益的权利，因其本质上属于一种财产权，故原则上可以转让和继承。在转让受益权时，只要法律和信托行为没有特别规定，可以不经委托人的同意。在贷款信托和证券投资信托中，受益权随受益凭证的流通而自由转让，信托本身不受影响。受益权的继承，依继承法的规定办理，不影响信托本身的存在。第三，公益信托的连续性。公益信托的连续性表现在“类似原则”的适用上。就私益信托而言，若其所指定的目的已实现或不能实现，信托即告终止。此时，信托文件对信托财产的归属如无规定，在英美信托法中，信托财产即归受益人绝对所有；而在大陆法系的日、韩信托法中，则由委托人或其继承人取得绝对所有权。与此不同，当公益信托所指定的公益目的不能实现或实现已无意义时，只要委托人在信托文件中有将全部信托财产运用于公益事业的一般性意思表示，则公益信托并不终止，法院将根据“类似原则”使信托财产用于与其初始信托“尽可能类似”的其他一些公益目的，从而使公益信托继续存在下去。

信托的四个不同特征从不同的层面反映了信托法律制度的本质特征，它们紧密联系、密不可分。其中，信托财产所有权与受益权相分离的特征体现了信托法律制度的本质和核心，反映了信托法律制度为他人的利益转移和管理财产的最基本机能。信托财产的独立性形成了一种法律上的利益冲突防范机制，阻止受托人为谋求私利而处分信托财产，从而确保了财产的安全，它体现和服务于受托人有效地管理和使用信托财产的宗旨。信托责任的有限性是信托财产独立性原则的派生物，是信托财产独立性在法律责任上的具体体现，它有利于保护受托人的合法权益，并使信托这种有益的财产管理制度得以推行。信托的连续性体现了信托作为一项财产管理制度所具有的长期性和稳定性特征，保证了信托管理的连续性。

（二）信托的主要分类

信托极具灵活性的特点决定了信托的适用范围相当广泛，可以帮助人们实现各种各样的目的。根据信托的性质以及适用法律的不同，信托可以划分成不同的种类，为了进一步理解信托的本质，有必要了解信托的不同分类及其特征。

1. 私益信托与公益信托

按设立目的的不同，信托可分为私益信托与公益信托。私益信托是指完全为委托人自己或其指定的其他人的利益而设定的信托，也就是说私益信托是完全为了实现私人利益而设立的信托。与之相反，公益信托是指为救济贫困，发展教育、文化、科技、医疗卫生、环保、慈善、宗教等社会公益事业而设立的信托，其目的并非为委托人自己或委托人指定的特定受益人的利益，而是为发展社会公益事业。在英美法上，公益信托又称“慈善信托”。私益信托在税制上并不享有优惠待遇，但私益信托的设立和终止程序较公益信托简单，不需要经过行政主管机关的许可程序。公益信托的设立受到国家的鼓励，并且有税收安排方面的优惠。

2. 意定信托与法定信托

按照信托成立和产生的原因不同，信托可分为意定信托与法定信托。意定信托，是指依照委托人的意思表示而成立的信托，如根据合同或者遗嘱而设立的信托。法定信托是指根据法律的规定而成立的信托。

在英美法系国家，法定信托又称 Statutory Trust。议会为了政策的需要，通过成文法设立了一些信托以应对常见的一些情况如破产、未留遗嘱而死亡等。（1）破产。按照英国《1986 年破产法》的规定，破产财产（不包括破产人持有的信托财产）自动授权给受托人。根据该法，该受托人是官方的接管人或被指定的其他人。破产受托人的义务是，为了债权人的利益管理和处分破产财产，以尽可能地满足债权人的要求。（2）未留遗嘱而死亡。按照英国《1925 年财产管理法》的规定，在一个人未留遗嘱而死亡时，那些具有管理遗产委托状的人，有权以受托人的身份持有死者的财产，并有出售该财产及使用该收益偿还死者的债务、费用的权利；然后有权根据有关未留遗嘱而死亡的法律规定，在那些有权得到死者财产的人中间分配该财产。

我国《信托法》第 54、55 条规定，信托终止时，对于信托财产的归属，“信托文件未规定的，按下列顺序确定归属”，“依照前条规定，信托财产的归属确定后，在该信托财产转移给权利归属人的过程中，信托视为存续，权利归属人视为受益人”。第 72

条规定："公益信托终止，没有信托财产权利归属人或者信托财产权利归属人是不特定的社会公众的，经公益事业管理机构批准，受托人应当将信托财产用于与原公益目的相近似的目的，或者将信托财产转移给具有近似目的的公益组织或者其他公益信托。"我国台湾地区所谓"信托法"第66条也有类似规定。《日本信托法》有关公益信托的继续也规定，公益信托终了，其信托财产如无权利归属者时，主管政府机关可以按照信托本旨，运用于类似目的，使信托继续下去。这种信托并非出于当事人的意思表示决定的，而是由法律规定成立的，属于法定信托。英美信托法承认法定信托；而我国信托法原则上不承认法定信托，只承认意定信托，只有在上述几种特定情况下才承认法定信托。

3. 自益信托与他益信托

委托人为了自己的利益设立信托称为自益信托，而委托人为了他人的利益设立信托称为他益信托。两者在具体的运作方面存在较大差异，这是区分它们的意义所在。自益信托因委托人与受益人身份的重合，较之他益信托而言，委托人、受益人的权利义务也集于一身。这种方式为那些利用信托的优势为自己服务的人提供了便利。现代社会大量存在的商事信托大多属于自益信托。他益信托类同赠与，故有些国家的法律规定，他益信托的受益人要交税，但特定赠与信托的受益人是残疾人的，则可以免税。在我国信托实务中，自益信托占绝大多数。

4. 明示信托与默示信托

按设立的方法不同，信托可分为明示信托与默示信托。

明示信托，顾名思义，是指委托人以明示的方式设定的信托。所谓"明示"就是说委托人明确地表达了其设立信托的意图。这种意图可以通过合同、遗嘱或者宣言等形式表明。

默示信托，又称隐含信托，是指并非当事人明示意图的结果，而是法院根据委托人的默示行为推定其具有设立信托意图而成立的信托。在英美法中隐含信托又划分为归复信托和拟制信托两种。

概括来讲，归复信托的含义为：如果委托人对信托财产保留了某种衡平法上的权益，法院出于维护该权益的考虑，将信托财产"归复"给他，实际上是推测委托人在设定该信托时，就隐含了自己享有受益权的意思。一般在下述几种情形下，可能产生归复信托：财产转移给受托人设立信托，但委托人对财产的受益权没有完全作出处理，未处理的受益权即以归复信托的形式，回归委托人；信托目的实现后，信托财产仍有剩余的，法院也可以施加一项归复信托，把委托人作为受益人；财产转移给受托人设立的信托，但因委托人设立信托的目的为法律所不允许或者转移财产所有权因为越权而无效，结果造成信托财产回归委托人。

拟制信托，是指在一些特殊情况下，衡平法认为，特定财产的所有者纯粹为了自己的利益而持有财产是不合良心的，因而由法院施加的一项信托。譬如一个人如果：（1）主动像受托人那样干预信托事务；（2）明知是信托财产而接收受托人错误转移的财产；（3）接受财产时未支付对价；（4）违反受托人义务的方式处理信托财产；（5）协助受托人违反信托，那么法院将使他作为一个推定受托人承担责任。

5. 民事信托与商事信托

按受托人是否以信托为营业划分，信托可分为民事信托与商事信托。

民事信托，又称为非营业信托，是指受托人不以营业为目的而承办的信托。民事信托业务大多办理的是与个人财产有关的各种事务，如管理财产、执行遗嘱、代买卖、抵押、保管等。商事信托，又称为营业信托，是指以从事商业行为为目的而承办的信托，其目的就是通过经营信托业务以获得盈利。商事信托大多用于公司、企业等经济组织的各种经营业务，如投资信托、代收代付款项信托等。就信托管理而言，民事信托与商事信托的区分具有重要的意义。对于商事信托，除适用信托法的一般规定和信托法原理外，各国还专门制定相关的法律予以规范，并设立专门机构加强监管。

第二节　信托的设立、变更和终止

一、信托的设立

信托的设立是指特定当事人之间确立信托关系的法律行为。根据我国《信托法》的规定，信托的设立需要具备以下条件：

（一）有合法的信托主体

在信托关系中，委托人必须是具有完全民事行为能力的自然人、法人或依法成立的其他组织；受托人是具有完全民事行为能力的自然人、法人；受益人一般由委托人指定，也可以由法律规定，受益人可以是自然人，也可以是法人或依法成立的其他组织。

（二）有确定的信托财产

设立信托必须具有确实存在且可以转移给受托人的信托财产。信托财产不能确定的，信托无效。

（三）有合法的信托目的

设立信托的目的必须符合法律的规定，信托目的违反法律、行政法规或损害社会公共利益的，信托设立无效。

（四）有合法的设立方式

信托的设立应采用书面形式，一般包括两种：遗嘱和契约。遗嘱信托是单方法律行为，依遗嘱人单方意思表示即可成立。契约信托是双方法律行为，须委托人和受托人双方意思表示一致才能成立。在一般民事信托中，契约信托可以采用书面形式，也可以是口头和其他形式；但在商事信托中，则必须采用书面形式。

二、信托的变更

在一般情形下，信托关系一经确立，就具有法律约束力，一般不能随意变更，但在特定情形下，法律允许对信托的受托人、受益人以及信托内容进行变更。

（一）受托人的变更

受托人的变更是法律在特定情形下赋予委托人或受益人的一种变更权，主要有两种，一种是委托人特有的变更权，另一种是委托人和受益人共有的变更权。

通常受托人的变更起因于以下三种情形：（1）存在受托人不履行职责或者对委托人或其他受益人有重大侵权行为的情形。（2）出现了受托人已经无法履行或者不再具备行为能力继续履行信托事务的情形。通常有下列情形之一，法律允许变更受托人：自然人受托人死亡或依法宣告死亡、丧失行为能力人；机构受托人依法被撤销或者宣告破产、依法解散或者丧失法定资格。（3）受托人辞任。原则上，在信托关系存续期间，受托人不得辞任。但经委托人和受益人同意，受托人可以辞任，在新受托人选出前，受托人还需管理信托事务，否则对信托财产遭受的损失负赔偿责任。

（二）受益人的变更

信托设立后，如果受益人对委托人或其他共同受益人有重大侵权行为，或者出现了信托文件规定的变更受益人的其他情形，委托人可以解除信托，此外，经受益人同意，委托人可以变更受益人或处分受益人的信托受益权。

（三）信托内容的变更

为了更好地实现信托目的，法律允许在信托财产既定的情况下，经委托人、受托人和受益人协商一致对信托合同中约定的一些事项进行变更。

三、信托的终止

信托的终止是指信托关系的消灭。

信托具有连续性的特点，通常不会因为委托人或者受托人的死亡、丧失民事行为能力、依法解散、被依法撤销或者被宣告破产而终止，也不因受托人的辞任而终止，不过在出现下列情形时，信托关系会因此而消灭：出现了信托文件规定的终止事由，信托的存续违反了信托的目的，信托的目的已经实现或者不能实现，信托当事人协商同意信托被撤销以及信托被解除。

信托终止，受托人应对信托财产进行清算，并制作清算报表，清算后的信托财产应归属于信托文件规定的人，若信托文件对归属人未作规定，信托财产归受益人或其继承人所有，没有受益人或其继承人的，信托财产归委托人或其继承人所有。在信托财产转移给权利归属人之前，信托关系继续存在。

第三节 信托当事人

一、委托人的权利和义务

（一）委托人的权利

根据中国《信托法》的规定，委托人的权利主要有四种：监督权、建议权、撤销权以及变更权。

1. 监督权

监督权是指受托人有权了解信托财产的管理、运用、处分以及收支情况，并要求受托人作出说明，有权查阅信托账目及其他一些相关文件。

2. 建议权

建议权是指在信托管理过程中，当出现了设立信托时未能预见的一些特别事由，致使该管理不再适应信托目的或者不符合受益人利益时，委托人可以要求受托人调整管理方法。

3. 撤销权

撤销权是指当受托人违反信托目的处分财产时，委托人可以申请人民法院撤销该处分行为，或者当受托人违背管理义务不当处理信托事务致使信托财产遭受损失时，委托人可以要求受托人就信托财产恢复原状或者赔偿损失。

4. 变更权

变更权是指在受托人违背信托目的处分财产或者在管理信托财产过程中出现重大过失时，委托人有权按信托文件的规定解任或申请人民法院解任受托人。

（二）委托人的义务

委托人最主要的义务就是按合同的约定将信托财产转移给受托人，并且在正常情况下不得干预受托人的活动，信托文件另有规定的除外。

二、受托人的权利和义务

（一）受托人的权利

受托人的权利主要有信托财产的法定所有权、获取报酬权、损失补偿权以及管理变更权。

1. 信托财产的法定所有权

关于信托财产的法定所有权，是指信托成立后，受托人根据法律或者信托文件的规定，对信托财产享有占有、使用以及处分的权利。

2. 获取报酬权

获取报酬权是指受托人处理信托事务可以依据信托文件的约定取得报酬。通常，如果委托人未作规定，处理信托事务是无偿的。但在商事信托中，商业受托人往往是有偿提供服务，以收取佣金或手续费的方式来获得报酬。

3. 损失补偿权

损失补偿权是指受托人因处理信托事务所支出的费用、所负担的债务以及所遭受的损害，可以按照信托文件的规定请求补偿，或向受益人行使或直接从信托财产中收取。信托财产是金钱的，可以直接扣除；如果信托财产是非金钱财产，则可以拍卖、变卖该财产，并从中优先受偿。

4. 管理变更权

管理变更权是指为了更好地实现信托目的，信托机构有权请求法院变更管理方法。

（二）受托人的义务

为了更好地保护受益人的利益，与其他各国信托法一样，我国信托法也明确规定了受托人的法定义务。受托人的义务主要有忠实义务、谨慎管理义务、分别管理义务、信息披露义务以及赔偿责任。

1. 忠实义务

受托人的忠实义务，是指在信托管理过程中，受托人必须忠诚于信托目的，不能将自己置于与信托利益相冲突的位置，或者利用信托财产为自己谋求不当利益。

2. 谨慎管理义务

谨慎管理义务是指受托人在管理信托过程中必须具有一般人的注意义务，如果是信托投资公司，那么就应该尽到专家的注意义务。

3. 分别管理义务

为了确保信托财产的独立性，充分保护受益人的利益，受托人应该将信托财产与其固有财产分开管理，不同的信托财产之间也必须单独合算，分账管理。

4. 信息披露义务

信息披露义务，是指受托人应该主动定期向委托人和受益人报告管理情况或者在委托人和受益人的要求下就信托事务的管理情况予以披露。

5. 赔偿责任

赔偿责任是指受托人在管理信托财产的过程中，因自己的不当行为，致使信托财产遭受损失的，受托人应就该损失负补偿或赔偿责任。

三、受益人的权利和义务

（一）受益人的权利

根据中国信托法的相关规定，受益人的权利主要有信托财产的受益权、信托利益的请求权、信托权益的处分权以及撤销权。

信托财产的受益权是受益人最主要的权利，是指受益人依据法律或者信托文件的规定，享有对信托财产的收益权。该权利是其他权利的法律前提。

信托利益的请求权是指受益人可以依照法律或信托文件的规定主张并取得信托收益的权利。

信托权益的处分权是指受益人可以自由处分受益权，包括享有、放弃或者转让。其中放弃必须以明示的方式作出。受益人放弃信托权利的，信托终止。

撤销权是指当受托人违反信托目的处分信托财产时，受益人可以请求法院撤销受托人的该处分行为。

（二）受益人的义务

信托是为受益人的利益而设立的一种法律关系，所以通常信托受益人只享有权利，而不存在与受益权相对应的义务。在受益人与委托人为同一人的情况下，委托人承担的义务也不等于是受益人的义务。

第四节 商事信托概述

信托最初在英国设立的目的是为了规避法律的规定以达到顺利转移财产的目的，但信托业发展到今天，在私益信托领域，信托的主要功能已远非规避法律，而是借助专业人士的特殊理财资格及理财能力，为自己经营管理财产，实现财产的保值增值。这种以营利为目的的信托已日渐成为现代信托的主流。

一、商事信托概念

商事信托又称营利信托，是一个所指相当广泛的概念，概括指代那些具有私益性质、由机构投资主体担任受托人的信托。具体而言，商事信托是由信托业①（如我国的信托公司）或兼营信托业务的专业银行或商业银行等作为受托人，这些以经营信托为业的机构将信托事务商品化，以取得受益人所投资的资金，并由受托机构从事资产管理（如出租、出售、设定担保物权、投资、互易等）的信托。

二、商事信托的基本特征

商事信托除具有上述普通信托的特征外，还具有以下一些特征：

（一）商事信托的营利性特征

营利性是商事信托与普通信托最重要的区别，也是商事信托最基本的特征。商事信托的目的不是为了实施赠与或财产转让，而是积极运用信托财产以获取盈利。商事信托的营利性主要表现在以下两个方面：（1）由于普通信托大多都是他益信托，委托人通常不是唯一的或主要的受益人，所以通常存在委托人、受托人与受益人的三方关系；商事信托属于自益信托，委托人是为自己的利益设立信托或参与信托，委托人与受益人是同一人，所以只存在受益人与受托人的双方关系。（2）普通信托大多数是无偿设立的。这种无偿性体现在两个方面：其一，委托人无偿地将信托受益权授予受益人；其二，委

① 通常所说的“信托业”是以营利为目的而专业经营信托业务的组织机构，信托业所经营的信托业务因以营利为目的而被称为营业信托。

托人通过赠与的形式将信托财产转移给受托人以设立信托。而在商事信托中，委托人是为自己的利益设立或参与信托，不存在无偿授予他人利益的情形。

（二）商事信托富于组织结构性

普通信托一般是依当事人的协议而成立的，在财产经营管理上具有高度灵活性。而对于商事信托委托人来说，为节省交易成本、提高组织效率、降低经营风险，他们往往选择信托投资机构作为受托人，因为这些机构对投资行为更具专业性、更能预见风险、更能提高效率。因此，商事信托越来越呈现出组织化、机构化的特点。

（三）商事信托投资方式相当广泛

根据我国《信托公司管理办法》及相关法律法规的规定，我国的信托公司可以从事以下业务：（1）信托业务类，包括信托存款、信托贷款、信托投资、财产信托等；（2）委托业务类，包括委托存款、委托贷款、委托投资；（3）代理业务类，包括代理发行债券和股票、代理收付款项、代理催收欠款、代理监督、信用签证、代理会计事务、代理保险、代保管、代理买卖有价证券等；（4）租赁业务类，包括直接租赁、转租赁、代理租赁、回租租赁等；（5）咨询业务类，包括资信调查、商情调查、投资咨询、介绍客户、金融业务咨询等。虽然我国金融业实行的是以分业经营、分业监管为主的架构，但是信托公司则可以成为金融机构中横跨货币市场、资本市场、实业市场的实体，号称“金融百货公司”。

（四）信托财产呈现规模化、流通性的特点

商事信托的投资领域非常广泛，在资金运用、资产转换或项目经营上有重要作用。为了更好地聚积社会资本，商事信托以信托的方式向社会公众募集资金，把多个单一规模的信托财产集合为一个大规模的信托基金，并且受益人的受益权可以自由转让。受益权大众化、证券化之倾向，大大降低了投资风险，增进了资金的流通与运用。信托财产呈现出的规模化、流通性特色是普通信托所望尘莫及的。

三、现代社会中商事信托的主要类型

从商业效用和产品设计的角度讲，商事信托的类型可谓广泛。美国学者 John Langbein 将商事信托分为年金信托（主要指养老金信托）、投资信托、公司债信托、为遵守法律规范之信托、大规模诉讼之和解金信托五种类型①，其中年金信托和投资信托是现代商事信托的主要类型。

当前实务界积极推行的企业年金信托、员工退休基金信托等，均可归入上述的养老金信托。投资信托（Investment Trusts），主要包括证券投资信托（Securities Investment Trusts）、不动产投资信托（Real Estate Investment Trusts，REITs）、不动产抵押投资信托（Real Estate Mortgage Investment Trusts）、资产证券化信托（Asset Securitization Trusts）

---

① John Langbein, The Secret Life of the Trust: The Trust as an Instrument of Commerce, 77 Yale L. J. 165 (1997).

等。证券投资信托是以买卖股票、债券或其他金融资产为业的投资信托。根据受益人是否享有受益份额的赎回权，投资信托又可分为封闭式投资信托与开放式投资信托。后者在美国法上通常又被称为共同基金（Mutual Fund）。不动产投资信托与不动产抵押投资信托分别是以投资不动产与不动产抵押贷款为业的共同基金。资产证券化信托即资产证券化交易中作为特定目的实体的特殊目的信托（Special Purpose Trust，SPT）。

下文就商事信托的主要类型进行简要介绍。

（一）养老金信托（Pension Trust）

养老金信托是最接近于普通信托的一种商事信托。此种信托基于雇佣合同而设立，通过商业信托形式持有养老金或其他雇员福利资产（通常由雇主与雇员共同缴纳），从事营利性活动以谋求资产增值、实现雇员福利最大化。

养老金信托的基本结构是：雇主和雇员每月按比例分摊缴纳形成养老基金，雇主和雇员与专业的基金管理机构签订信托契约将养老基金委托给其投资运作以求得保值增值，养老金计划的成员及被赡养人是受益人。养老基金的管理运作制度具有一般私益信托的全部特征，其设计在本质上完全符合信托制度的要求。可以说，商事信托的破产隔离功能为养老基金免除了公司破产的风险，使雇员的养老金因得到有效管理而实现增值，并具有安全保障，这在一定程度上可以起到刺激雇员工作积极性的积极效果，从而避免了以在公司架构内部由公司持有的投资账户的形式存在的养老基金面临的受制于公司破产的风险。

在美国，1974年颁布的《雇员退休收入保障法案》（ERISA）中就规定了强制受托规则（Rule of Mandatory Trusteeship），要求养老金应该设立为信托的形式。这一要求的主要原因之一在于借助信托财产的破产隔离功能，保证基金资产免于公司债权人的追索。

根据美国《雇员退休收入保障法案》的规定，所有雇员受益计划（Employee Benefit Plan）项下的资产均必须以信托形式持有。养老基金是养老保险和金融体系相结合的产物，作为一项专项基金，它具有长期性、稳定性和规模性等特征。养老保险制度是社会保障体系的重要部分，它直接关系到整个社会的稳定。这就对养老基金的独立与完整有着特殊的要求，而信托财产的独立性恰恰保障了养老基金应有的独立性和完整性，从而可以促进养老基金的稳定。

（二）信托型共同基金（Trust-Type Mutual Funds）

目前，共同基金这种投资工具非常流行，它既可以公司形式组建投资公司，也可以投资信托的形式存在。其中，信托型共同基金的典型做法表现为：多数小额投资者将资金汇集成大量资金，交由专业投资机构投资于不同的标的，然后由投资专家依照基金的投资目的选择和管理资产，共同基金提供专业意见和规模经济效益。

共同基金的两大基本功能在于提供专业经营和分散投资风险，即借助于专业的投资判断为其获取利润并进而规避风险。这是因为，共同基金一般投资于二级市场（Secondary Market），即证券、期货市场，此种投资需要长期观察和专业知识才能作出正确判断，而由专业机构进行管理的共同基金正好能满足此种要求；同时，共同基金的持股者为大量的小额投资者，这可以避免因集中持股带来的风险。

目前，以共同基金形式进行投资已经成为一种发展趋势，其在各国金融市场中的地位越来越重要。

（三）特殊目的信托

资产证券化在现代金融市场中的地位相当重要，它是指创始机构（即委托人）通过签订信托合同，分割其因信托设定所拥有的信托受益权，使其得以转让给大量的投资者。资产证券化能够降低信用成本，而特殊目的信托就是指依照法律规定，以资产证券化为目的而成立的信托关系。创始机构就居于委托人的地位，与特殊目的信托机构缔结信托契约将特定金融资产设定信托于受托机构，使特定金融资产转变为受益权，受托人依据信托的本旨将证明受益人所享有的信托财产收益权的共有持分权加以分割发行表彰受益权的受益证券，然后通过证券承销商出卖给投资人。基于信托的破产隔离机制，特殊目的信托在金融资产证券化中的运用非常广泛。

（四）不动产投资信托

不动产投资信托也是共同基金类型的一种，它是指投资于不动产或不动产抵押以及二者兼有的共同基金。自 1960 年，美国国会批准了 REITs 成为一种投资工具后，不动产投资信托得到了相当的发展。经过近几年快速的发展，我国不动产投资信托不仅在实践中得到了广泛的运用，而且国家发展和改革委员会、中国证券监督管理委员会等部门也分别对该类信托出台了多个部门规章规范其运作，强化资本市场服务实体经济的能力，进一步创新投融资机制。

在信托制度发达的国家和地区，商事信托已经成为和商事公司相抗衡的一种成熟的组织形式。商事信托广泛应用于商事组织关系，恰恰验证了英国学者 Amos 在 20 世纪的预言：“英美信托制度将会传遍民法法系，好似那布谷鸟一样到处筑巢。”

复习思考题

1. 什么是信托？信托有哪些特征？
2. 如何理解信托财产的所有权与受益权相分离？
3. 什么是商事信托？商事信托与普通信托的主要区别在哪里？
4. 现代社会中，商事信托有哪些主要类型？

在线做题

扩展阅读及分析

第十一章

国际商事仲裁

在国际商事活动中，发生争议是难免的。采取什么方式来解决国际商事争议，历来是商业界和法律界重要的研究课题和实践平台。根据国际惯例，解决商事争议的方式主要有协商、调解、仲裁和诉讼。目前，在国际上人们又把协商、调解和仲裁统称为非诉讼解决方式或称可选择的争议解决方式，即 ADR 方式。① 本章则集中阐述通过仲裁方式解决国际商事争议的问题。由于仲裁及国际商事争议本身的特点，决定了越来越多的商人（企业）愿意通过此种方式来解决其商事争议。

第一节　国际商事仲裁的概念及其特点

一、仲裁的定义及其特点

仲裁，是指各方当事人通过仲裁协议的方式，自愿将其之间的争议交给仲裁协议所确定的第三人予以裁决的一种争议解决方式。②

对于这个定义，我们特别要强调，仲裁本身所具有的三个基本特性：(1) 仲裁的合意性，当事人之间通过仲裁协议达成自愿仲裁的合意；(2) 第三人，即仲裁员的必备性，不管是常设仲裁机构的仲裁员，还是临时仲裁（ad hoc）中由当事人指定的仲裁员，都是仲裁必不可少的必备条件；(3) 裁决的强制性，主要体现为裁决可以在法院中申请强制执行。

二、仲裁与诉讼的区别

仲裁与诉讼都是解决双方当事人经济纠纷的手段，都有着保护当事人合法权益和促

---

① ADR 的英文全称为 Alternative Disputes Resolution，依直译应为可选择的争议解决方式。对这个新概念，目前有两种不同的解释方式：一种认为，ADR 应是指没有强制力的争议解决方式，即只包括协商和调解，不应包括仲裁，因仲裁属于其裁决必须被强制接受的一种解决争议方式；另一种意见认为，ADR 应指诉讼之外的所有民间的争议解决方式，仲裁不仅应包括在内，而且还是 ADR 中的一种主要方式。

② 关于仲裁的定义，可以说有成千上万种，王生长的专著《仲裁与调解相结合的理论与实务》一书，专门对此作过概括介绍，请见：王生长．仲裁与调解相结合的理论与实务．北京：法律出版社，2001：52-55.

进国际经济贸易发展的作用，并且已生效的仲裁裁决和法院判决都具有法律效力，当事人必须全面履行。但仲裁与诉讼因各具特色，存在着下述明显的区别：

（一）受理案件的依据

法院诉讼是强制管辖，而仲裁则是协议管辖。法院诉讼无须一方当事人事先得到另一方的同意或双方达成诉讼协议，只要一方当事人向有管辖权的法院起诉，法院就可依法受理所争议的案件，另一方就应当应诉；而仲裁机构必须依据当事人之间达成的仲裁协议和一方当事人的申请受理案件。仲裁机构的管辖权来自双方当事人的自愿和授权，这是仲裁与诉讼的根本区别。

（二）审理案件的组成人员

在法院诉讼的当事人不能选定审判员，是由法院依法指定法官或组成合议庭审理案件；而仲裁的双方当事人有权各自指定一名仲裁员，再共同指定或根据双方同意的仲裁规则产生一名首席仲裁员组成仲裁庭审理案件。

（三）审理案件的方式

法院审理案件一般是公开的；而仲裁庭审理案件一般不公开进行，案情不公开，裁决也不公开。

（四）审理结果

我国法院是两审终审制，一方当事人对法院判决不服的可以上诉；而仲裁裁决是终局的，不能上诉，也不允许再就实体问题向任何机构提出变更裁决的要求，败诉方如不自动执行裁决，胜诉方可以向法院申请强制执行。①

（五）受理案件的机构性质

受理诉讼案件的机构是法院，是国家机器的一部分，具有鲜明的强制性；而受理仲裁案件的机构一般是民间性质的社会团体。

（六）判决和裁决在境外的执行程序

法院作出的判决要到境外执行时，需根据作出判决的所在地国与申请执行的所在地国之间所签订的司法协助条约或者互惠原则去处理。仲裁机构所作出的仲裁裁决要到境外执行时，如果作出裁决的所在地国与申请执行的所在地国均为1958年联合国《承认及执行外国仲裁裁决公约》的成员，当事人可以向执行地国的主管法院提出承认及执行的申请；如果不是公约成员国的，则需根据司法协助条约或者互惠原则处理。

---

① 但有些仲裁机构的仲裁规则，如英国伦敦的专业性仲裁机构（Grain and Feed Trade Association，GAFTA）规则就规定，凡不满意裁决的当事人可以上诉到高一级的仲裁庭，如还不满，还可以上诉到英国伦敦高等法院，法院的判决才是最终的。见GAFTA 125号规则。

此外，仲裁与诉讼相比较，仲裁还有专业性（expertness）、保密性（confidentiality）与和谐性（harmony）等特点。在阐述诉讼与仲裁的区别时还特别需要提到各国仲裁法或民商法的一条共同规定，即如果双方当事人间达成了一个有效的仲裁协议，则排除了法院的管辖权。如我国《仲裁法》第 5 条规定，当事人达成仲裁协议，一方向人民法院起诉的，人民法院不予受理。又如《美国统一仲裁法》（Uniform Arbitration Act）第 2 条第 1 款规定，如果当事人之间存在着有效的仲裁协议，而被申请人拒绝进行仲裁，在此情况下，法院应该指令当事人进行仲裁程序（the court shall order the parties to proceed with arbitration）。其他国家的仲裁法也有类似的规定。

仲裁与诉讼相比较，也有其致命的弱点，概括起来主要有以下几点：

第一，依法裁决的趋势较弱（不稳定）。因为很多仲裁员本身并不是法律专家，有的还对法律并不熟悉，因此仲裁在强调仲裁员的专业性的同时，减弱了以法律为准绳的力度。

第二，与上条相关联的就是，裁决往往会出现折中式的结果，即常有“各打五十大板”的裁决产生。

第三，仲裁员容易产生代理人的意识，因为仲裁员是一方当事人指定的，被指定的仲裁员会很自然地更多地考虑并主张指定其的当事人的利益。

三、国际商事仲裁的概念

应当指出，对于国际商事仲裁的概念，尚无统一的定论，基本上属于各国都有各国的意思表示。但是，在国际上颇有影响，并且集中了许多国家仲裁法律专家智慧的联合国国际贸易法委员会起草的《国际商事仲裁示范法》（简称《示范法》）对此概念作了较为深入并易于接受的解释。

首先，对于商事的概念，在其第一章总则第 1 条适用范围的注释中采用列举方法，作出了如下解释：“‘商事’一词应给以广泛的解释以包含所有商事性质关系的争议，无论是契约性的还是非契约性的。商事性质关系包括但不限于下述交易：货物买卖、商品交换及服务；分销协议；商务代理；代理经营；租赁；建筑；咨询；工程；转让许可；投资；融资；金融业务；保险业务；开发协议或让与；合资或其他形式的工业或商业合作；航空、海洋、铁路或公路货物或旅客运输。”《示范法》对商事概念的解释是广义的，但基本上概括了商事这一概念的基本范围和内容，至今仍有其普遍性和影响力。

对所谓“契约性和非契约性商事法律关系”的具体理解，我国最高人民法院《关于中华人民共和国加入〈承认及执行外国仲裁裁决公约〉的通知》里，又作了近似《示范法》的解释：“契约性和非契约性商事法律关系”，具体是指由于合同、侵权或者根据有关法律规定而产生的经济上的权利义务关系，例如货物买卖、财产租赁、工程承包、加工承揽、技术转让、合资经营、合作经营、勘探开发自然资源、保险、信贷、劳务、代理、咨询服务和海上及民用航空、铁路及公路的客货运输以及产品责任、环境污染、海上事故和所有权争议等，但不包括外国投资者与东道国政府之间的争端。因此，可以这么说，我国政府对商事的理解与《示范法》的规定基本上是相接近的。

对于国际商事仲裁中“国际”一词的理解，《示范法》第 1 条第 3 款也作出了定义，该定义为："一仲裁是国际性的，如果：（a）仲裁协议的当事人在仲裁协议达成之时其营业地位于不同的国家。（b）下述地点之一位于当事人营业地所在国之外：（i）仲裁协议所约定的仲裁地点；（ii）有关商事关系实质义务应予以履行的任何地点或与争议标的物具有最密切联系的地点。（c）当事人明示约定仲裁协议的标的与一个以上的国家具有联系。"

因此，通俗地说，国际商事仲裁就是指解决跨国性商事争议的一种仲裁方法，即如果仲裁审理的争议双方当事人具有不同国籍，或其营业地分处不同国家或地区，或争议标的、法律关系具有国际性，即为国际商事仲裁。

区别国际仲裁和国内仲裁在理论上是很重要的，但在实践中，对开放程度较大的国家，尤其是西方国家，一般没有什么实际意义，而在目前阶段对我国来说，则具有很重要的作用，这主要表现在：

第一，只有属于国际（涉外）商事性质的仲裁，当事人才被允许选择境外的仲裁机构（包括选择临时仲裁形式）以及被允许适用国际仲裁机构的仲裁规则和境外的实体法或国际公约或国际惯例。

第二，只要属于国际（涉外）商事仲裁，当事人申请证据保全的，相关仲裁机构应当将当事人的申请提交证据所在地的中级人民法院；但对于国内仲裁，当事人申请证据保全的，则相关仲裁机构应当将该申请提交证据所在地的基层人民法院。

第三，我国人民法院只能对国际（涉外）仲裁中的程序作出审查，以便决定该裁决能否予以承认并加以执行，但我国人民法院对国际（涉外）仲裁的实体问题无权审查，如在对事实的认定或法律的适用上，法院无权对此作出相反的结论而予以反对。而且我国最高人民法院规定，如果中级人民法院对国际仲裁裁决不予承认和执行，必须报告相关的高级人民法院及最高人民法院。所有上述有关国际仲裁裁决的承认和执行问题的规定，都与国内仲裁裁决的相关规定是不同的。

四、世界常设仲裁机构简介

当今世界在不同的国家和地区有1 000多个常设的国际商事仲裁机构，其一般可分为国际性、地区性、国别性等仲裁机构。

（一）国际性常设仲裁机构

1. 国际商会仲裁院（The International Chamber of Commerce，简称ICC）

它成立于1923年，是国际商会下设的常设仲裁机构。国际商会的总部设在巴黎。国际商会仲裁院是当今世界上提供国际经济贸易仲裁服务较多的和具有广泛影响的国际仲裁机构，是国际商事仲裁的一大中心。

2. 解决投资争议国际中心（The International Centre for the Settlement of Investment Disputes，简称ICSID）

该中心于1965年在国际复兴开发银行的倡导下，签订了旨在解决有关国家与其他国家国民之间投资纠纷的《解决缔约国与他国国民间投资争端公约》。该公约于1966年生效，目前已有近百个成员国。解决投资争议国际中心设在美国华盛顿，专门处理国际投资争议。

（二）地区性常设仲裁机构

1. 美洲国家商事仲裁委员会

它是拉丁美洲国家成立的一个区域性国际仲裁组织。1975 年拉美 12 个国家签订了《美洲国家国际商事仲裁公约》。

2. 亚洲及远东经济委员会商事仲裁中心

它是由联合国亚洲及远东经济委员会组织设立并制定仲裁规则。该仲裁中心设在泰国曼谷。

（三）国别性常设仲裁机构

1. 瑞典斯德哥尔摩商会仲裁院（The Arbitration Institute of Stockholm Chamber of Commerce，简称 AISCC）

它成立于 1917 年，是瑞典全国性的仲裁机构。瑞典在政治上是中立国，国际上认为该仲裁院在解决东西方经贸争议问题方面是较理想的机构。中国国际贸易仲裁委员会已同该仲裁院建立了业务上的联系，并且建议我国的涉外经济合同双方当事人在选择第三国仲裁时，对该仲裁院以优先考虑。

2. 伦敦国际仲裁院（London Court of International Arbitration，简称 LCIA）

它成立于 1892 年，原名为伦敦仲裁院（LCA），是世界上成立最早的常设仲裁机构。2020 年 10 月开始实施新的《伦敦国际仲裁规则》，同时，当事人也可以约定适用《联合国国际贸易法委员会仲裁规则》。

3. 瑞士苏黎世商会仲裁院

它成立于 1911 年，是瑞士苏黎世商会下属的仲裁机构。该院主要适用的规范是 1976 年 11 月 3 日商会委员会通过的《瑞士联邦苏黎世商会调解与仲裁规则》（生效于 1977 年 1 月 1 日）规则分 4 章 43 条。由于瑞士在政治上处于中立地位，因而其仲裁的公正性比较容易为其他国家和当事人所接受，许多国家的当事人都愿意选择该机构来解决纠纷。

4. 美国仲裁协会（American Arbitration Association，简称 AAA）

它成立于 1926 年，总部设在纽约市，并在全国各地设立分会，是全国最大的综合性常设仲裁机构。美国仲裁协会是民间常设仲裁机构，制定有《商事仲裁规则》。它同我国仲裁机构建立了业务联系，中美两国仲裁机构成功地联合调解解决过两国贸易中发生的争议案件。

5. 日本商事仲裁协会（Japan Commercial Arbitration Association，简称 JCAA）

它成立于 1950 年，总营业所设在东京，在神户、名古屋、大阪和横滨也设有营业所。它有自己的《商事仲裁规则》。该仲裁协会除进行仲裁工作外，还从事对仲裁人员的培训、同外国仲裁机构进行业务合作等工作。日本商事仲裁协会同 20 多个外国仲裁机构保持联系，并订有双边协议。

6. 香港国际仲裁中心（The Hong Kong International Arbitration Centre，简称 HKIAC）

它成立于 1985 年 9 月，总部设在香港，订有《香港国际仲裁中心仲裁规则》。它由理事会领导，理事会由来自不同国家的商人和其他具备不同专长和经验的专业人士组成，它的业务活动由理事会管理委员会通过秘书长进行管理，而秘书长则是其行政首长和登记官。

7. 中国国际经济贸易仲裁委员会（China International Economic and Trade Arbitration Commission，简称 CIETAC）

中国国际经济贸易仲裁委员会（英文简称 CIETAC，中文简称“贸仲委”）是世界上主要的常设商事仲裁机构之一。贸仲委设在北京，并在深圳、上海、天津、重庆、杭州、武汉和福州分别设有华南分会、上海分会、天津国际经济金融仲裁中心（天津分会）、西南分会、浙江分会、湖北分会和福建分会。贸仲委在香港特别行政区设立贸仲委香港仲裁中心。贸仲委及其分会/仲裁中心是一个统一的仲裁委员会，适用相同的《仲裁规则》和《仲裁员名册》。贸仲委《章程》规定，分会/仲裁中心是贸仲委的派出机构，根据贸仲委的授权接受并管理仲裁案件。

贸仲委制定有自己的仲裁程序规则。贸仲委在其成立之时，便制定了仲裁程序暂行规则。根据业务发展的需要，贸仲委先后于 1988 年、1994 年、1995 年、1998 年、2000 年、2005 年、2012 年和 2014 年 8 次修改仲裁规则。贸仲委现行仲裁规则于 2015 年 1 月 1 日起实施。依据现行仲裁规则，贸仲委可根据当事人之间所达成的将争议提交贸仲委仲裁的仲裁协议受理国际、涉外以及国内的契约性或非契约性争议。

第二节 国际商事仲裁协议

仲裁的管辖权源于争议当事人的仲裁协议，仲裁协议是仲裁的基石。根据各国仲裁法（包括仲裁公约）的规定，有效的书面仲裁协议是进行仲裁程序的唯一前提。有效的仲裁协议必须是书面的，其包括合同中订立的仲裁条款或以其他书面方式在纠纷发生前或发生后达成的协议。

一、仲裁协议的概念

（一）仲裁协议的定义及其类型

仲裁协议是指合同当事人通过在合同中订明仲裁条款、签订独立仲裁协议或采用其他方式达成的就有关争议提交仲裁的书面协议，表明当事人承认仲裁裁决的拘束力，将自觉履行其义务。它是仲裁得以进行的法定前提。一方面，没有仲裁协议，当事人无权提起仲裁，因而仲裁协议赋予当事人提起仲裁的程序权利；另一方面，它赋予仲裁机构仲裁管辖权，是仲裁机构受理案件并作出合法有效裁决的前提条件。

根据仲裁协议形成的具体方式，仲裁协议可以分为三种类型：一种是当事人在争议发生之前订立的，表示愿意将他们之间今后可能发生的争议提交仲裁解决的协议。这种协议通常在合同中写明，是合同的一个组成部分，称作仲裁条款。第二种是当事人在争议发生之前或之后达成的同意将争议提交仲裁解决的独立协议，即狭义的仲裁协议。第三种是当事人通过往来函电及其他有记录的通讯方式达成的一致同意进行仲裁的协议，也属于书面仲裁协议的范畴，是一种有效的仲裁协议。我国《仲裁法》第 16 条第 1 款规定，仲裁协议包括合同中订立的仲裁条款和以其他书面方式在纠纷发生前或纠纷发生后达成的请求仲裁的协议。

（二）仲裁协议的形式要件和实质要件

1. 形式要件

按照我国仲裁法律，仲裁协议必须是书面的，符合前述三种类型的仲裁协议均为书面形式。只有书面形式的仲裁协议才具有法律效力，否则，根据非书面形式的仲裁协议而进行的仲裁审理以及裁决均不发生法律效果。对于仲裁尤其是国际经济贸易争议仲裁，各国仲裁法律普遍要求以书面形式达成仲裁协议。仲裁机构在决定受理仲裁案件的时候，也会审查仲裁协议是否符合形式要件。在国际仲裁裁决的承认和执行中，仲裁协议是否符合形式要件是法院进行司法审查的一项重要内容。1958 年《纽约公约》要求仲裁协议为书面形式，并以此作为缔约国承认和执行仲裁协议的主要条件之一。《示范法》以及各国仲裁法都有此形式要件。

2. 实质要件

《仲裁法》还规定了仲裁协议的一般实质要件，明确仲裁协议应当包括以下内容：（1）请求仲裁的意思表示；（2）仲裁事项；（3）选定的仲裁委员会。这项内容是仲裁协议生效必须具备的实质要件。我国涉外仲裁协议与国内仲裁协议都必须满足该实质要求，缺少任何一项，仲裁协议都将因内容不具法定要件而没有法律效力。在涉外仲裁的实践活动中，仲裁协议缺少法定内容的情况下，当事人可以争取通过补充仲裁协议、解释仲裁协议等途径来使仲裁协议符合要求，从而获得效力。这种事后的努力能否成功，须看当事人是否一致同意。

仲裁协议在具备形式要件和实质要件的前提下，即具有合法效力。

二、涉外仲裁协议的法律效力

仲裁协议是仲裁的基础，它的效力具体表现为仲裁协议对于仲裁当事人、仲裁机构以及仲裁裁决本身的作用和影响。其法律效力主要包含以下几个方面：

（一）赋予并限制当事人的程序权利，排除法院的管辖权

当事人签订有仲裁协议的，当争议发生时，任何一方都有权提请仲裁，通过仲裁解决当事人之间的争议，这是仲裁协议赋予当事人的权利。同时，仲裁协议也限制了当事人选择诉讼的手段解决纠纷。订有仲裁协议的，当事人只能进行仲裁，且向仲裁协议约定的仲裁机构提请仲裁，而不能在法院提起诉讼。我国《民事诉讼法》第 271 条第 1 款规定："涉外经济贸易、运输和海事中发生的纠纷，当事人在合同中订有仲裁条款或者事后达成书面仲裁协议，提交中华人民共和国涉外仲裁机构或者在其他仲裁机构仲裁

的，当事人不得向人民法院起诉。”各国仲裁法也都有类似规定。

（二）赋予仲裁机构及仲裁庭对争议案件的仲裁管辖权

仲裁协议作为仲裁庭拥有管辖权的法律依据和前提，具有程序及实体两方面的意义：程序上，仲裁庭基于仲裁协议赋予的仲裁管辖权，有权主持并决定仲裁程序的进行；当事人发生争议后，任何一方当事人只能向仲裁协议中确定的仲裁机构申请仲裁。实体上，仲裁庭有权审理的争议内容必须符合仲裁协议规定的仲裁范围，当事人的仲裁请求或反请求内容超出了仲裁协议约定的范围，仲裁庭不予受理，超出这一范围作出的裁决也不具有法律效力。

（三）强制执行仲裁裁决的依据

当事人在仲裁协议中一般都会规定双方承认仲裁裁决的效力，承诺主动履行仲裁裁决。对于一方当事人不履行仲裁裁决的，另一方当事人可以向有关法院申请强制执行。申请强制执行时，除提交裁决书外，通常还必须提供仲裁协议的正本或经正式证明的副本。1958 年联合国《承认及执行外国仲裁裁决公约》第 4 条规定：“为了使裁决能在另一缔约国获得承认和执行，申请人应该在申请时提供：正式认证的裁决正本或经正式证明的副本；仲裁协议正本或经正式证明的副本。只有有效的仲裁协议才具有上述作用。”我国仲裁法律也有相应规定。

除前述我国《仲裁法》对于仲裁协议的效力及独立性的基本规定外，中国国际经济贸易仲裁委员会在其仲裁规则中就仲裁协议的效力也明确规定，合同中的仲裁条款或附属于合同的仲裁协议应视为与合同其他条款分离地、独立地存在的条款或部分；合同的变更、终止、解除、失效或无效，均不影响仲裁条款或仲裁协议的效力。仲裁委员会有权对仲裁协议的效力作出决定，除非有一方当事人请求法院作出裁定。

三、涉外仲裁协议的内容

（一）仲裁协议的内容

仲裁协议，或仲裁条款，虽文字不多，但内容十分重要。仲裁协议应言简意赅地规定仲裁的范围、仲裁地点、仲裁机构、仲裁规则以及适用法律等主要内容。这些内容将作为争议解决的明确依据。缺乏任何一项主要内容或约定模糊不清，都可能会导致仲裁协议无法发生法律效力，从而使争议的解决增加复杂性。所以，当事人应当全面、明确地规定仲裁协议的内容。

根据法律要求，仲裁协议必须具备的基本内容通常应包括以下几项：

1. 仲裁意愿

仲裁意愿即当事人一致同意将争议提交仲裁的意思表示，表明当事人愿意接受特定仲裁机构的审理，接受仲裁机构作出的合法有效的仲裁裁决的约束，并承诺自觉履行裁决的义务。

2. 仲裁事项

仲裁事项是指提交仲裁的争议范围。它明确了当事人同意将具体的争议提交仲裁，直接关系到仲裁机构的管辖范围。只有在有关的争议事项范围内，当事人才赋予仲裁机构管辖权。仲裁机构只能审理仲裁事项内的争议，并作出相应的裁决，否则属于越权审理，仲裁裁决不能发生法律效力。在当事人申请执行有关仲裁裁决，或申请有关国家的法院承认和执行仲裁裁决时，法院将考察仲裁裁决是否符合仲裁事项规定的范围。只有属于该范围的裁决，法院才予以执行；超出该范围的，因这种裁决在程序上不合法，法院将不予执行。

3. 仲裁地点

仲裁地点是仲裁协议的一项重要内容，它关系到涉外仲裁审理所适用的程序法律和实体法律。

从程序法上讲，当事人在仲裁协议中规定了仲裁机构以及仲裁规则时，仲裁的进行应遵循该仲裁规则；如果当事人没有约定仲裁规则或选择的仲裁规则对仲裁程序中的某个问题缺乏规定或规定模糊时，仲裁程序的进行就需要引用仲裁地点所在国的仲裁法律或其他程序法律加以补充。程序问题适用仲裁地点所在国的法律体现了国际私法中“程序法适用法院地法”的一般原则。从实体法上讲，对于解决争议适用的实体法律，如果当事人进行了约定，则适用约定的法律；如果当事人对此没有进行约定，则由仲裁机构按照一定的原则决定适用的实体法律。这类“一定的原则”通常即为冲突规则。由此看来，无论是程序法的适用还是实体法的适用，国际仲裁的仲裁地点都有重要意义。

另外，除了法律适用的问题外，当事人对本国与外国的法律和实践的熟悉程度是不同的，仲裁地点不同，进行仲裁的实际情况就不同，当事人需要选择更了解、更可信的地点进行仲裁。

因此，实践中，仲裁地点往往是当事人商谈涉外仲裁协议的重点之一。一般来讲，当事人都会力争在本国进行仲裁。如果争取不到本国仲裁，可以争取在第三国进行仲裁。在仲裁协议中，当事人就仲裁地点应写明进行仲裁的国家、城市。

4. 仲裁形式

国际仲裁有两种仲裁形式：常设仲裁机构和临时仲裁庭。常设的仲裁机构往往有固定的组织机构，如秘书处（局），有确定的仲裁规则作为仲裁的程序依据，拥有专业的仲裁员，仲裁员的指定、仲裁庭的组成及仲裁审理有稳定的运作体系，方便当事人进行仲裁。临时仲裁庭是根据当事人订立的临时仲裁条款或协议，在争议发生后由当事人临时指定仲裁人员组成一次性的仲裁庭，按照当事人约定的方式和规则进行审理并作出裁决。这种仲裁方式的运用，需要当事人在临时仲裁的协议中对仲裁的方方面面进行约定，即需要订明如何指定仲裁员、组庭人数、适用何种仲裁规则或自行规定仲裁规则以及仲裁费用的分担等。

由于机构仲裁比临时仲裁更为方便、确定，国际商事仲裁一般都选择机构仲裁。我国的涉外仲裁都是机构仲裁，没有临时仲裁。实践中，仲裁地点和仲裁机构所在地往往是一致的。在约定仲裁机构的时候，当事人应当写明指定仲裁机构的名称的全称。如果仲裁机构和仲裁地点不一致的，应当在仲裁协议中予以明确。有些仲裁协议或仲裁条款规定的内容很笼统，只写明仲裁在某国（或）某城市进行，没有表明仲裁机构的名称。

一般认为，选择在某一仲裁地点进行仲裁，即推定当事人默示地选择了该仲裁地的涉外常设仲裁机构。但有时该地点不一定只有一个仲裁机构，或有其他情况，如果不予以明确，会使仲裁协议的管辖权产生法律漏洞，从而为双方当事人制造了提出管辖权异议的可能性。

5. 仲裁规则

仲裁规则是仲裁审理的程序规则，是仲裁机构审理案件的程序依据。其中包括了仲裁申请、仲裁员指定、仲裁庭组成、仲裁答辩与反诉、仲裁审理、仲裁裁决及仲裁费用等各方面的内容，同时为当事人和仲裁机构遵守。

一般来说，仲裁协议指定了某常设仲裁机构进行仲裁，就认为是接受了该仲裁机构仲裁规则的约束。中国国际经济贸易仲裁委员会仲裁规则即规定，选择该仲裁机构，则认为同意按照该仲裁委员会的仲裁规则进行仲裁。但是，有一些国家允许当事人选择他们认为合适的仲裁规则，而排除所选仲裁机构自有的仲裁规则。例如，瑞典仲裁法律即允许当事人不采用瑞典的仲裁程序规则，而选择其他国家的仲裁规则。因此，订立仲裁协议，应当明确适用的仲裁规则。各国的常设仲裁机构都制定有自己的仲裁规则，国际上还有一些国际性和区域性的仲裁示范规则。

6. 仲裁裁决的效力

仲裁裁决的效力是指仲裁裁决一经作出，是否具有终局性，对当事人有无约束力，法院是否有权经当事人的起诉而重新审理的问题。从仲裁的一般特点来讲，仲裁优于诉讼的一个特点就是仲裁的裁决是终局的，一旦作出，即具有法律约束力，当事人不得向法院上诉，正是基于这一点，仲裁才被当事人广泛采纳为经济贸易争议的解决方式，它利于争议迅速、及时地解决，避免因滥诉而耗费精力、时间。

根据我国仲裁法律的规定，涉外仲裁的裁决都是终局的，具有法律约束力，当事人不得上诉，只能自觉履行裁决义务。除非发生法定情况，即程序不合法，或裁决违背公共利益，法院才有权否定涉外仲裁裁决的效力。各国仲裁法律一般都认定仲裁裁决是终局的，对当事人具有约束力。仲裁裁决的效力是国家法律赋予的，当事人在仲裁协议中不能自行约定排除仲裁裁决终局效力的这一强制规定。但有少数国家法律允许当事人不服仲裁裁决时，可以向法院提起上诉，法院有权依法撤销仲裁裁决。即便像我国法律规定了仲裁裁决的终局性，当事人仍然有可能提起诉讼并以种种证据证明法定情况的存在使得法院决定撤销或不予执行仲裁裁决。有鉴于此，当事人一般仍应在仲裁协议中明确约定仲裁裁决是终局的，对双方当事人均有约束力，以此来确认并强调仲裁裁决的终局性及对当事人的约束力。

（二）涉外仲裁协议的多种推荐条款

结合上述涉外仲裁协议的内容，以下是几种涉外仲裁协议的参考格式：

1. 我国涉外仲裁的推荐条款

中国国际经济贸易仲裁委员会示范仲裁条款为："凡因本合同引起的或与本合同有关的任何争议，均应提交中国国际经济贸易仲裁委员会，按照申请仲裁时该会现行有效的仲裁规则进行仲裁。仲裁裁决是终局的，对双方均有约束力。"

2. 香港国际仲裁中心推荐的仲裁协议

该中心推荐的仲裁协议为："凡因本合同所引起的或与之相关的任何争议、纠纷、分歧或索赔，包括合同的存在、效力、解释、履行、违反或终止，或因本合同引起的或与之相关的任何非合同性争议，均应提交按照提交仲裁通知时有效的《香港国际仲裁中心本地仲裁规则》进行的仲裁最终解决。"除前述条款外，当事人也可采用以下选择性条款："本仲裁条款适用的法律为……。仲裁地应为……"，"仲裁员人数为……。仲裁程序应按照（选择语言）来进行"。

3. 瑞典斯德哥尔摩商会仲裁院推荐的仲裁协议

该仲裁院推荐的仲裁协议为："任何有关本协议的争议，应最终根据斯德哥尔摩商会仲裁院的仲裁规则进行仲裁解决。"

4. 伦敦国际仲裁院推荐的仲裁协议

该仲裁院推荐的仲裁协议为："由本合同所产生的或与本合同有关的任何争议，包括该合同的成立、效力和修正均应提交或最终根据伦敦国际仲裁院的仲裁规则解决，该规则应视为包括在本条款之中。"

5. 国际商会仲裁院推荐的仲裁协议

该仲裁院推荐的仲裁协议为："有关本合同所发生的一切争议应根据国际商会的仲裁规则由一名或多名仲裁员仲裁解决。"

6. 组成临时仲裁庭的仲裁协议

组成临时仲裁庭的仲裁协议为："凡因本合同所引起的或与之相关的任何争议、纠纷、分歧或索赔，包括合同的存在、效力、解释、履行、违反或终止，或因本合同引起的或与之相关的任何非合同性争议，均应提交按照提交仲裁通知时有效的《联合国国际贸易法委员会的仲裁规则》进行的仲裁最终解决。"除前述条款外，当事人也可采用以下选择性条款："本仲裁条款适用的法律为……。指定仲裁员的机构为……。仲裁地应为……"，"仲裁员人数为……。仲裁程序应按照（选择语言）来进行"。

当事人签订仲裁协议的，可以参照上述格式，同时可以列明具体的争议事项。

四、涉外仲裁协议的有效性

仲裁协议要发生法律效力，必须符合法律的规定。如前所述，我国仲裁法规定了仲裁协议必须具备的形式要件和实质要件；同时，由于仲裁协议也属于合同的范畴，因此它的生效还需要满足一般合同生效的要件，如仲裁协议的当事人具有签约的民事行为能力，出于双方真实的意思表示达成仲裁协议等。只有符合这些要件，仲裁协议才能产生法律效力。一旦生效，仲裁协议即具有独立地位。

另外，我国仲裁法规定了仲裁协议无效的法定情况，同样适用于涉外仲裁协议。根据相关法律，下列情况属于无效的仲裁协议：

第一，仲裁协议中规定的事项属于依法不能通过仲裁解决的。我国仲裁法规定，婚姻、收养、监护、抚养、继承纠纷以及应当由行政机关处理的行政争议不能仲裁，当事人若在协议中规定对此类性质的案件进行仲裁就属无效。国际商事仲裁协议的仲裁事项应当仅限于涉外经济贸易争议、涉外运输及海事方面的争议。

第二，非书面形式的仲裁协议。仲裁协议必须是书面的，这是仲裁协议的法定形式要件。仲裁协议必须是以文字记载的，表现为仲裁条款、仲裁协议，或以电传、电报等书面方式确认的一致意思表示，口头的仲裁协议无效。

第三，仲裁协议的当事人无行为能力或者限制行为能力，签订的仲裁协议无效。这是民事法律行为生效的一般条件，仲裁协议也属于一种合同关系，达成这一合同的前提是当事人有签订合同的行为能力。

第四，一方采取胁迫手段，迫使对方订立仲裁协议，若证据充分，也应认定为无效。从一般法律原则上讲，因胁迫、欺诈而进行的法律行为都不能产生法律效力，仲裁协议的签订必须基于双方的自愿，否则不具有法律效力。

第五，仲裁协议对仲裁事项没有约定或者约定不明确，当事人又不能就此达成补充协议予以明确的；仲裁机构不明确或者模棱两可的。这类仲裁协议同样无效。我国仲裁法要求仲裁协议必备的三个实质内容为仲裁意愿、仲裁事项、仲裁机构，缺乏任何一个，都会导致仲裁协议的无效。仲裁法允许当事人对规定不明确或没有规定的予以补充，如果无法形成合乎法律内容的仲裁协议，则不能形成有效的仲裁协议。

我国仲裁法以明确列举的方式规定了仲裁协议的无效情况，对于不属上述情况的仲裁协议，则具有法律效力。这是排除式的规定，有权决定仲裁协议效力的是仲裁机构，除非当事人向法院请求裁定。除了没有禁止任意仲裁的规定外，大多数国家的仲裁法与我国仲裁法的上述规定基本上是趋于一致的。

第三节　国际商事仲裁程序

仲裁程序是仲裁的生命线，必须高度重视和严格遵守，各个仲裁机构都有各自的仲裁规则，这些规则都规定了各类仲裁应遵守的程序。其主要内容包括：如何申请、答辩、反请求，仲裁员如何指定并组成仲裁庭，审理如何进行，裁决如何作出，仲裁费用如何收取等。其根本作用就是规定当事人、仲裁员和仲裁机构及相关人员在仲裁中的权利与义务。在这方面，现行的《中国国际经济贸易仲裁委员会仲裁规则》，对中国涉外仲裁程序作了十分精炼的规定，反映和体现了国际商事仲裁的惯例，在此不作展开。

此外具有代表性的国际仲裁规则还有现行的国际商会仲裁规则，习惯被称为“ICC”仲裁规则，还有就是联合国贸易发展委员会颁布的国际商事仲裁规则，英文为“UNCITRAL Arbitration Rules”。其他一些国家仲裁机构的仲裁规则也很具有代表性，包括但不限于美国的《美国仲裁协会仲裁规则》(Rules of American Arbitration Association)、《伦敦国际仲裁院仲裁规则》(Rules of London Court of International Arbitration)、《香港国际仲裁中心仲裁规则》(Rules of Hongkong Court of International Arbitration) 等。

第四节 国际商事仲裁的承认和执行

一、仲裁裁决承认和执行的概念

国际商事仲裁裁决的承认和执行，是解决商事争议的最终结果，如果裁决能得到承认或执行，则争议通过仲裁得到了彻底解决；反之如果裁决得不到承认和执行，则仲裁过程得不到最终结果，从而使整个仲裁的努力付之东流，仲裁的目的全部落空。因此，仲裁裁决能否得到最终承认和执行，是整个仲裁的关键点。仲裁裁决的承认（recognition）和执行（enforcement）往往是作为一个概念出现的，如1958年《纽约公约》，该公约的全称就是《承认及执行外国仲裁裁决公约》，1985年由联合国国际贸易法委员会通过的《国际商事仲裁示范法》第八章的标题就是“裁决的承认和执行”。

事实上，裁决的承认和执行只解决一个问题，即裁决的法律拘束力。该拘束力表现在两个方面：一是当事人应主动地予以承认并加以执行；二是有关国家的法院应该予以承认和执行。其中，承认裁决是执行裁决的前提，执行是承认的结果，二者相辅相成，互为条件。因此，仲裁裁决的关键是执行：或者由当事人主动执行；或者由有管辖权的法院强制执行。

仲裁裁决的执行是指由执行机构依法定程序将仲裁裁决按内容和要求切实付诸实现的行为。由于大多数仲裁实行一裁终局制度，因此，仲裁裁决自作出之日起即发生法律效力，对各方当事人均具有约束力，当事人首先应自动履行。根据国际商事仲裁规则以及相关公约的规定，双方当事人应当依照仲裁裁决写明的期限自动履行裁决；仲裁裁决书未写明期限的，应当立即履行。当事人不予履行的，则另一方当事人有权向有关法院申请强制执行。具体来说，国际商事仲裁的执行，主要是指根据各国民事诉讼法或仲裁法的相关规定，尤其是《纽约公约》的规定而实施的一种强制执行。

联合国1958年《纽约公约》于1958年5月10日在联合国总部纽约召开的国际商事仲裁大会上讨论通过，于1959年6月7日起生效。截至2022年3月，已有169个国家和地区加入该公约，它是国际商事仲裁领域内最为成功的一个公约，基于仲裁裁决的承认和执行的重要性，可以这么说，没有《纽约公约》，就没有国际商事仲裁。我国全国人大常务委员会在1986年12月2日通过了我国加入《纽约公约》的决定。

二、国际仲裁裁决在裁决作出国（地区）的强制执行

一般来说，如果某一国际仲裁裁决是在该裁决作出国（地区）申请执行，则该国际商事仲裁裁决的执行程序原则上与该国国内仲裁裁决的强制执行程序是一致的。但在某些国家，如法国和我国，都给予外国裁决以及在该国作出的涉外裁决的强制执行以特

殊的地位。

（一）大陆法系国家仲裁裁决的强制执行

如果在大陆法系国家要求强制执行该国作出的国际商事裁决，其前提条件是必须获得法院的强制执行许可。1998 年 1 月 1 日起生效的德国《仲裁法》规定，国内仲裁（在德国作出的国际商事裁决也属此范围）只有在获得强制执行许可后方可得以强制执行。如果裁决存在该法所规定的可予以撤销的情形时，强制执行申请应予驳回，裁决应予以撤销。如果在一方当事人提出强制执行申请时，另一方当事人以裁决存有法定予以撤销的情形为由要求撤销裁决的申请最后被法院拒绝，或当事人一方未在法定期限内申请撤销裁决，则撤销裁决的理由不再被予以考虑。① 意大利、瑞典和瑞士等国家的法律都有类似的规定，即对于要求强制执行仲裁裁决的申请，法院采取一审终审的程序。此外，地处东欧的国家如俄罗斯联邦（1993 年）、乌克兰（1994 年）、匈牙利（1994 年）、罗马尼亚（1993 年）以及保加利亚（1988 年）基本上受《示范法》的影响，也采取大陆法系的“地域原则”。与其他国家的仲裁法不同，《法国民事诉讼法典》赋予外国裁决及在法国作出的国际裁决的执行以特殊的待遇，即允许在特定的条件下，要求强制执行国际商事裁决的申请人“可就拒绝承认或强制执行的决定进行上诉”。上述提及的特定条件包括如下五种具体理由，即无仲裁协议（无效或过期）、仲裁庭组成不当或独任仲裁员指定不当、仲裁员未依当事人信托完成其使命、违反正当程序及违反国际公共政策。上诉应在得到有关通知之日起 1 个月内向有管辖权的上诉法院提出。上述五种准许上诉的理由也适用于申请撤销在法国作出的国际裁决。也就是说，只有存在上述五种情形之一者，在法国作出的国际裁决方可被撤销（1981 年《法国民事诉讼法典》第 1498 条）。

（二）英美法系国家仲裁裁决的强制执行

英美法系国家与大陆法系国家在对待承认和执行国际商事裁决的法律规定上有不少区别，它集中在以下两个问题上：第一，英美法系强调转化适用，“转化适用”是指法院能否强制执行仲裁裁决的前提是，首先要把该裁决转化成法院的判决，否则法院无权对裁决进行强制执行；大陆法系则强调司法确认，即只要得到法院的强制执行许可就行。第二，英美法系中，法院在裁定是否执行裁决的程序过程中，可以作出撤销裁决或将裁决发回重审的裁定。这与大陆法系的有关规定不一致，根据大陆法系的原则，撤销程序与执行程序是分立的。

《美国联邦仲裁法（1990 年修正法案）》规定了所谓的判决转化条款（the entry of judgement clause）。该条款的意思为：如当事人在仲裁协议中约定裁决应转化为法院判决，而该法院应已具体确定的，任何一方当事人均可在裁决作出之日起 1 年内任何时候向有权作出此决定的法院申请裁定确认裁决，法院应将原裁决转化为判决。“该判决如同在法院诉讼案件中作出的一样”，并在各方面都应与法院诉讼中的判决具有同等效

---

① 1998 年《德国民事诉讼法典》第 1060 条。

力，包括应予强制执行。著名的 1996 年《英国仲裁法》也作了相似的规定，其第 66 条明确规定了经法院签发执行许可裁决可依执行法院判决或裁定的方式进行强制执行并应得到与执行判决或裁定同样的效果。强制申请通常在一审法院提出。一旦法院签发了强制执行许可，裁决就可被转化为判决。

（三）涉外仲裁裁决在我国国内的强制执行

当裁决生效后，一方当事人不履行的，另一方当事人可以根据中国法律的规定，向中国法院申请执行。由于仲裁机构是民间性组织，本身没有强制执行的权力，当事人应当向法院申请强制执行。提出申请的前提是被申请人住所地或财产所在地在中国境内，方可由相关的中级人民法院执行。但是，被申请人提出证据证明仲裁裁决有《中华人民共和国民事诉讼法》第 274 条规定的情形的，即存在仲裁程序不合法的情况，经人民法院组成合议庭审查核实，裁定不予执行；此外，人民法院认定执行该裁决违背社会公共利益的，有权裁定不予执行。上述规定表明，人民法院在执行涉外仲裁裁决时，只审查案件的程序是否符合法律和仲裁规则，而不审查案件的实体问题，即事实认定和法律适用问题。但对国内商事仲裁裁决进行审核时，法院不仅有权对仲裁程序进行审查，而且对其实体问题也有权审查。

三、国际商事仲裁在外国的强制执行

外国仲裁裁决的强制执行较为复杂，主要是根据 1958 年《纽约公约》予以调整。当前，外国的仲裁裁决能得到国内的执行，主要得益于《纽约公约》在 169 个国家和地区得到承认。

《纽约公约》共 16 条，它规定了公约的宗旨、执行范围、执行程序、申请执行的条件以及拒绝执行的理由。公约的宗旨是“承认及执行在另一缔约国领土内作成之裁决”（第 1 条第 3 款），即一缔约国领土内作出的裁决，应能在另一个缔约国得到承认并得以执行。据此，《美国联邦仲裁法（1990 年修正法案）》第 201 条明确指出，美国法院应当按该法第二章的规定实施《纽约公约》。

在实施《纽约公约》中，特别要注意的是，许多成员国在加入公约时，都通过声明互惠保留，据统计截至 2015 年 9 月，在加入公约的 156 个国家和地区中，有 74 个国家作出了互惠保留，保留面是比较广泛的，我国也作了两项保留。① 因此，在具体到公约缔约国申请执行裁决时，必须要注意到这一点。

关于执行的程序，《纽约公约》第 3 条规定，“（1）各缔约国均应承认其他缔约国作出的仲裁裁决；（2）应依援引裁决地的程序规则及公约有关条件予以执行，即缔约国负有责任依其国内程序规则强制执行，但执行条件不得违反公约的规定；（3）各缔约国在承认和执行适用公约规定条件的裁决时，不得给承认或执行内国仲裁裁决附加过苛的条件或征收过多的费用”，即应实施非歧视待遇，尤其是国民待遇原则。

关于申请执行的条件，《纽约公约》第 4 条作了简要的规定，即申请人应提交：

---

① 见 1986 年 12 月 2 日全国人大常委会通过的我国加入《纽约公约》的决定。

（1）业经证实的原裁决正本或其副本；（2）业经证实的原仲裁协议或其副本；同时，应将上述裁决及仲裁协议翻译成执行地国的官方语言。

关于拒绝执行的理由，《纽约公约》第5条列举了下述六种情形及理由：（1）仲裁协议无效；（2）违反正当的仲裁程序规则；（3）仲裁员（庭）超越仲裁权限或范围；（4）仲裁庭组成不当，即“仲裁机关之组成或仲裁程序同当事人间的协议不符，或者当事人间未订此种协议时，又与仲裁地国的法律不符”；（5）裁决不具有约束力或已被撤销；（6）违反公共政策，这与我国民事诉讼法上规定的不予执行的涉外裁决的理由比较接近。

中国《民事诉讼法》第274条第1款的具体规定是：对中华人民共和国涉外仲裁机构作出的裁决，被申请人提出证据证明仲裁裁决有下列情形之一的，经人民法院组成合议庭审查核实，裁决不予执行：（1）当事人在合同中没有订有仲裁条款或者事后没有达成书面仲裁协议的；（2）被申请人没有得到指定仲裁员或者进行仲裁程序的通知，或者由于其他不属于被申请人负责的原因未能陈述意见的；（3）仲裁庭的组成或者仲裁的程序与仲裁规则不符的；（4）裁决的事项不属于仲裁协议的范围或者仲裁机构无权仲裁的。

在具体执行上，最高人民法院还要求凡要裁定不予执行的涉外裁决，必须向高级人民法院及最高人民法院事前报告。

四、中国涉外仲裁裁决在国外的强制执行

中国1995年《仲裁法》规定，如果一方当事人申请执行涉外仲裁机构作出的已发生法律效力的仲裁裁决，若被执行人或其财产不在中华人民共和国境内，他应直接向有管辖权的外国法院申请承认和执行。在实践中，中国涉外仲裁裁决主要通过《纽约公约》在中国境外得以执行。

中国于1987年加入《纽约公约》，开创并建立了在外国执行中国涉外仲裁裁决的机制。依据《纽约公约》，中国仲裁裁决已在世界上包括美国、英国、加拿大、新西兰、澳大利亚、新加坡、德国、意大利、法国、以色列、日本和中国香港在内的20多个国家和地区成功地得到了承认和强制执行。

复习思考题

第一节

1. 你认为ADR方式是否应该包括仲裁？为什么？

2. 国际商事仲裁与我国国内商事仲裁有何异同点？你认为中国加入世界贸易组织后，是否还有必要区别国内商事仲裁和国际商事仲裁？并请说明理由。

第二节

3. 试述一个完整的仲裁协议的内容。

4. 仲裁实践中，“仲裁协议排除法院管辖”之法律原则的法理依据是什么？

第三节

5. 涉外商事仲裁的财产保全与国内商事仲裁的财产保全有什么不同？为什么？

第四节

6. 1958 年《纽约公约》与中国法律各自是如何规定不予执行仲裁裁决的理由的？并请指出它们的异同点。

在线做题

扩展阅读及分析